岩波現代文庫／学術 391

幕末維新変革史（上）

宮地正人

岩波書店

はじめに

本書の基本的視角は、幕末維新期を、非合理主義的・排外主義的攘夷主義から開明的開国主義への転向過程とする、多くの幕末維新通史にみられる歴史理論への正面からの批判である。この見解からは、極めて容易に幕末維新期を「巨大な無意味の時代」とする評価が生まれてくる。しかしながら、欧米列強が主導する軍事力を背景とした世界資本主義への包摂過程に対し、非キリスト教世界のいかなる地域と国家においても、摩擦なし、抵抗なしの「開国主義」は、例外なく当該地域と国家の従属化と植民地化の第一歩となっていった。

この世界資本主義への力ずくの包摂過程に対し、日本は世界史の中でも例外的といえるほどの激しい抵抗と対外戦争を経、その中で初めて、ヨーロッパでは一七世紀なかば、絶対主義国際体制のもとで確立された主権国家というもの(著者はこれを天皇制国家の原基形態と考えている)を、一九世紀七〇年代、欧米列強により不平等条約体制を押しつけられた東アジア地域世界にあって創りあげた。そしてこの主権国家がようやく獲得した自信をもって、上から日本社会を権力的につかみ直そうとするその瞬間、幕末維新変革過程で部厚く形成されてきた日本社会そのものが、自由民権運動という一大国民運動をもって、自己の論理、社会の論理を国家に貫徹させようとする。この極めてダイナミックな歴史過程こそが幕末維新変革の政治過程ではないだろうか。

この基本線をもって幕末維新期の国際的および国内的政治過程を統一的に叙述しようと試みたのが、今読者が手に取っている本書である。著者がこの叙述に際し、常に留意しつづけた枠組みは次の三点である。

第一、国際政治と国内政治をそれぞれ別個に理解するのではなく、複雑に絡み合い、相互に関連しあう政策複合と認識し、政治史と並立する外交史としてではなく国際政治としてとらえ抜かなければならない。また当時の日本は三千数百万人の人口を有し、古代以来の複雑な政治的伝統をもち続けた国家だということを、幕末維新変革の前提として念頭に置く必要がある。

第二、鎖国ということがらを、国を外界に対し鎖《とざ》し縮こまった「状態」ととらえるのではなく、一六世紀の日本が地球的規模での世界に外延的にとり込まれたのち、この世界とどのような関係を取り結ぶのかという試行錯誤の過程でつくりあげた、近世日本国家の国際政治システムとして認識すべきである。一九世紀四〇年代における日本国家すなわち徳川幕府の理解においては、鎖国とは、朝鮮と琉球とは国家的関係を保ち、清国とオランダとは通商をおこない、また後者の二国からは世界と東アジアにかかわる海外情報(長崎来航清国商人および出島オランダ商館長より)を入手しつづけ、それ以外の国々とは国交関係を持とうとせず、キリスト教を入れず、それを押し破ろうとする外部からの動きに対しては武力で対抗する国際政治のシステムなのである。この国際政治を貫徹できてこそ、幕府は国内の絶対的支配権を自らに保証しえた。対外的威信と対内的威圧は政治における車の両輪である。幕末史は、幕府がそれまでの国際政治システムを維持することが不可能になった正にその瞬間に出発した。

第三、従来の国際政治システムの軍事力をもっての外部からの打破は、即時的に日本国内のあらゆる階級と階層からの反撥と抵抗を引きおこし、そこには日本の様々な民族的伝統と心性が総動員される。しかし、この反撥と抵抗が持続性をもたされ、その内発的力量が拡大され凝集力が高められるためには、国内のもろもろの封建的な制約が打ち破られ、より多くの日本人が政治過程に参画できるようにならなければならない。単純化していえば、民族的力量の増大は反封建的近代化・反封建的民主化と表裏一体をなしている。しかもこの内部変革の試みは、下からだけでなく、権力内部からもたえず発想され模索され試みられ得るものなのである。

この三点を大きな枠組みとし、著者が妥当だと考えるようになった政治過程というものを、当時の諸史料に拠りながら叙述したのが以下の本論となる。議論を確定する上でも、時代的雰囲気を理解してもらうためにも、史料を多く引用せざるをえず、その出典は一つ一つ明記した。注記のなされていないものは一般的な年表に出ているか、あるいは従来最も包括的に当該時期を概説した文部省維新史料編纂事務局編『維新史』(全五巻並びに「附録」一巻、一九三九―四一年刊)において記述されている史実と事象である。

なお史料の引用にあたっては、漢字は原則として新字体に、歴史的仮名づかいは現代仮名づかいに改め、句読点、振り仮名を適宜補った。振り仮名は、漢字の訓みを示す通常の用い方のほか、難読の漢文体の訓みを示すのにも用いており、その場合の振り仮名は必ずしも漢字の一字一字に対応していない(例「不可然事《しかるべからざること》」「被仰付可被存《おおせつけられぞんぜらるべく》」「御遣被遊《おつかわしあそばされ》」)。また書籍名のうち、その当時刊行されたものには『』を、写本の形で流布したものには「」をつけて区別した。

目　次

下巻 目次

第Ⅲ部 倒幕への途

第Ⅳ部 維新史の過程

第Ⅰ部　前史

第一章　欧米列強の東アジア進出

1　進出を可能にした技術

経度測定技術の開発

マゼランが一五一九年、世界一周航海を行なおうとした当時は、緯度だけが計測できた。赤道以北では北極星によって測定し、赤道以南の航海では、ポルトガルが赤道直下において数年間、毎日正午時の太陽の角度を測った記録を利用して南緯を計算したのである。

しかし経度を測定する技術を当時のヨーロッパ人は持ち合わせてはいなかった。この技術開発のため、必死の努力が、特にイギリスにおいてなされることとなる。

一六七四年、あるフランス人科学者が、星に対する月の位置を観測することで経度が確定できるとの、理論的に正しい説を発表し、翌七五年、イギリスは、「航海及び天文学を完全なものとするため、経度を発見する目的」をもって、グリニッジに天文台を開設し、経度測定に不可欠な天体観測を開始し、ついに一七六七年、経度委員会の名前において『航海暦』第一版を刊行した。

あと一つの測定法は、基準時刻と航海時刻の差(三六〇度で二四時間、一五度で一時間の差が出る)を計測して、現在の海上での経度を得る方法である。問題は長期航海に堪え正確な時刻を表示する航海時計(クロノメーター)が果たして製作できるかということであった。イギリス政府は航海時計製作に賞金をかけて奨励する。競争の中で一七六〇年代初頭、ハリソンが成功し、他の時計師がそれに続いた。

キャプテン・クックは一七六八—七一年の第一回太平洋探険航海には『航海暦』を携え、七二—七五年の第二回航海にはケンダルの航海時計も利用する。この結果、地球上のあらゆる海上で、自己の正確な緯度と経度を航海者はわがものとすることが可能となった。

地球が航海によりますます一体化していき、さらに一九世紀前半の鉄道の国を越えての発達が、地球規模での時刻標準化を要求していった。一八八四年一〇月、ワシントンでの子午線確定万国委員会(日本代表は東大教授で理学者の菊池大麓)で、グリニッジ子午線を経度零度とすることが決定され、この国際条約に基づき、日本では八六年七月、①グリニッジ天文台を通る子午線を経度本初子午線とする、②経度は本初子午線から東西各一八〇度に至る、③八八年一月一日より東経一三五度の子午線をもって日本の標準時とすることが、勅令により定められた[1]。

蒸気機関の艦船への導入

　蒸気機関は経済を変え社会を変え、国と世界を変えていった。英国海軍は一八一五年、引き船として外輪蒸気船を導入し始めた。しかし外輪は砲撃に対し致命的弱点をもち、また外輪をつけることで大砲の数を減らさなければならないため、戦艦への導入はためらわれていた。一八四〇年代、外輪にかわりスクリューが普及し、英国海軍は四五年、外輪船とスクリュー船を綱引きさせ後者の性能を確認した上で、スクリュー艦の導入に踏み切った。ただし艦船構造は帆船型を維持し、速度も一〇ノット以下であった。

　一八五〇年、フランスが一二ノットの戦艦ナポレオンを建造するや、イギリスは対抗して五二年、帆走・スクリュー両用設計の九一門艦アガメムノンを造ったが、エンジンは最後尾に設置され、激しい振動を伴った。エンジン性能が依然として低いため石炭多量消費を伴い、各地に石炭供給基地が必要となった。白い帆が汚れることも嫌われ、入出港にのみ石炭が燃やされた。

　戦争は軍事技術を革新する。一八五三年一一月三〇日、黒海南岸シノプ沖でのロシア・トルコ海戦でトルコ海軍が撃破され、木造船は強力な艦船砲に対しては恰好の標的としての火薬庫に過ぎないことが認識され、「大砲対装甲」競争が開始する。

　一八五八年、フランスは木造構造の上に鉄板で装甲した装甲艦ラ・グロワールを建造すると、イギリスは対抗して完全な鉄艦ウォリアーを造った。船の大きさが一気に拡大し、スクリューで速度一四ノット、上部に砲塔二基設置、ただし帆走用艤装は維持したまま、重心は上に移動する。この構造が、二五トンの二基の砲塔を持った完全艤装戦艦キャプテンの一八七〇年の沈没事故をもたらした。

一八七一年、高圧蒸気機関と双発スクリューを備え、帆走用艤装を完全に撤去した大洋航海可能な戦艦ディヴァステイションが英国海軍に登場したことにより、世界の海軍は美しい帆走時代に永遠に決別することとなる。

兵器の改良

一八三〇年代までは、英国海軍も含め、世界の海軍砲の砲丸は破烈しない丸弾であった。敵艦に火災をおこさせるためには丸弾を灼熱化しなければならなかった。技術開発はここでもフランスが一歩進んでいた。フランスは一八三七年、円錐筒型の破烈弾を開発、三九年イギリスもこの砲弾を採用、五八年にはアームストロング施条式後装一八ポンド砲が野戦砲に導入され、英国海軍は同様の構造を備えた一一〇ポンド艦船砲を六一年にとり入れた。射程距離四〇〇〇ヤードのこの巨大砲が実戦で最初に使用されたのが、六三年の薩英戦争であり、六四年の下関戦争であった。

この世界最新鋭の巨砲は薩摩・長州両藩の砲台を沈黙させたが、実戦によりこのアームストロング砲の深刻な弱点も露呈した。ヴェント・ピースとよばれる挿入型点火板が爆発時の圧力のために変形し、抜き出すことができなくなる事故が多発したのである。六八年には施条式前装砲に逆戻りし、弾丸を装塡しやすいよう砲身を短くした艦船砲が採用されることとなった。(2) 再度砲身の長い施条式後装砲が採用されるようになったのは一八八一年、高性能火薬の開発により砲尾部分への圧力が緩和されたことが一因となってのことである。

2　イギリスの東アジア進出

ナポレオン戦争

「七つの海にユニオン・ジャックの翻らないところはない」と誇る、全世界を視野に入れた英国海軍の成立は、フランス革命・ナポレオン戦争という地球的規模の大戦争が契機となった。

一七九四年末から仏軍がオランダに侵入するや、九五年には英国海軍はオランダ領のケープ植民地、セイロン、マラッカを占領した。ナポレオンがインドで反英闘争を闘っていたマイソールのスルタン・ティプーを援助しようとエジプトに遠征したのに対し、九八年八月、アレキサンドリア近くのアブキール沖海戦においてネルソンは仏国艦船を壊滅させ、エジプト遠征の足場となったマルタ島は一八〇〇年、英国海軍により占領される。またティプー自身も、後年ワーテルローの戦いでナポレオン軍を撃破することになるウェリントン指揮下の攻撃軍により九九年五月に殺害された。

戦争が東アジアに波及するのは、フランス軍が一八〇七年一一月、ポルトガルのリスボンを占領したことによってである。ポルトガル領マカオに仏国艦隊と仏軍が駐留する可能性が発生した。巨大な利益をあげている東印度会社の中国貿易が妨害され、商船が拿捕される危険性が高まった。さらにフィリピンは対仏同盟のスペイン領であり、蘭領ジャワもフランスの影響下にある。

ここに一八〇八年、英国海軍のマカオ占領作戦が展開することになる。同年一〇月（文化五年八月）、フェートン号長崎侵入事件は、この作戦の一環として遂行されたものである(3)。しかしこの時は大清帝国の断乎たる拒絶により、マカオ占領作戦は失敗、それにかわって英国海軍は、一〇年にはインド洋でのフランスの拠点モーリシャス島を占領、翌一一年にはインド陸軍と連携して蘭領ジャワ全域を占領するのである。

蒸気船登場による変化

一八一五年のウィーン会議により、イギリスはジャワをオランダに返還し、かわって一九年よりシンガポールを東アジア進出の拠点とした。

ところで、蒸気船登場以前は、北東からの烈風が激しいアラビア海には定期航路がつくれず、船は喜望峰廻りとなっていたが、一八三〇年、ボンベイ（ムンバイ）―スエズ間に蒸気船が渡航し始めた。既にジブラルタル（一七〇四年より英領）からスエズ地峡までは蒸気船航路が確立していたため、三〇年代からは、貨物は喜望峰廻りでも郵便と人々はスエズを経由することとなった。四カ月かかった南廻りからスエズ経由の二カ月に短縮されたのである。

一八三七年にはボンベイ―スエズ間の航路が定期化されたが、まだ当時の蒸気機関が低能力だったため、烈風への抵抗力が心配され、三〇年代には真剣にユーフラテス河を経由して地中海に出る航路の開発が検討された。と同時に、蒸気機関の能力が低かったため、各所に石炭供給基地を確保する必要があり、三四年にはソコトラ島が、三九年にはアデンが英領とされたのである。

一八四二年、アヘン戦争に勝利し、香港を割譲させたイギリスは、シンガポール―香港間の石炭供給基地として、石炭を産出するボルネオ島北部ブルネイ沖合のラブアン島を四六年、自国の支配下に置いた。

ジブラルタル、マルタ、スエズ地峡、インド、シンガポール、香港という大英帝国の生命線維持はイギリスにとって死活的重要性をもつものであった。一八六七年スエズ運河がフランスの力により開通するや、イギリスは七五年には運河会社の株の半分を買収して支配下におき、同年紅海の支配権を完全なものにするためゼイラとベルベラ(英領ソマリランドとなる)を英領とし、さらにロシアに対し東地中海の権益を確保するため、七八年キプロスを英領とした。エジプトそのものの占領は八二年のこととなる。

対日接近

一八四二年、南京条約によりイギリスは大清帝国に対し広州・福州・廈門《アモイ》・寧波《ニンポー》・上海の華中・華南の五港を開港させたことにより、清国沿海海域を測量する課題をかかえることとなった。英艦サラマン号が四五年七月長崎に入港し、ベルチャー海軍大佐が測量許可を求めたのはその活動の一環だったのであり、四九年五月(嘉永二年閏四月)には漂流民音《おと》吉《きち》を通訳とした英艦マリナー号が江戸湾に来航して同湾の、さらに下田周辺の測量をおこなった。(4) 四六年四月琉球王国にも英国海軍は来航し宣教師ベッテルハイムを上陸・居住させるのである。

一八五三年一〇月に勃発したクリミア戦争はナポレオン戦争と同様、世界規模の戦争となった。英国海軍は極東のロシア艦隊を攻撃しつづける。この軍事行動の中で五四年九月、英国東印度艦隊司令長官スターリングが艦隊を率いて長崎に入港し、ロシアとの交戦を告げ、英仏艦船の諸港出入許可を要求、その結果、英日和親条約が一〇月一四日(嘉永七年八月二三日)に調印される。

東アジア・東南アジアでの英国海軍の重要性は、交易の発展、対露関係の緊張に伴ってさらに強まり、一八六四年からは、従来の英国海軍東印度艦隊はシンガポール以東を守備海域とする中国艦隊及びインド洋を守備海域とする東印度艦隊に分割されることとなる。

3　アメリカの東アジア進出

捕鯨産業

鯨油は欧米ではキャンドル、ランプ、石鹸に使われるとともに産業革命期の機械油として広く使用され、クジラのヒゲも婦人服やネット、ふるい、織物器具やぜんまい、さらにベッドの下敷等に利用されていた。

捕鯨業はビスケー湾などのヨーロッパ大西洋岸から始まったが、次第に北上し、北大西洋から北氷洋、さらにグリーンランド海域に漁場が移動していき、一八一四年から二三年の一〇年間、グリーンランドとデイヴィス海峡で一万二九〇七頭の鯨が英船によって捕殺されている。(5)この漁場も乱獲により三〇年代には衰退していった。

アメリカの捕鯨業の本拠地はマサチューセッツ地域であり、一七七〇年代に成長するが、独立戦争のため大西洋南半球に漁場を求めることになり、一八世紀最末期には、ホーン岬を越え南太平洋に進出してくる。一八一〇年代はチリやペルー沖合で操業、それ以降は太平洋の中心に規模を拡大し、二〇年代からはジャパン・グラウンドとよばれたミッドウェーから小笠原諸島の海域が絶好の漁場となってきたのである。日本近海での遭難がおこるのは必然的であった。太平洋上のギルバートやフェニックス等の島々は捕鯨船により発見されていき、補給基地としてホノルル、タヒチ、マルケサスなどが発達していった。四六年には捕鯨船はベーリング海をつきすすみ北極海に入ることとなる。

捕鯨船の航海は四〜五年の長期にわたるものであり、船腹一杯の樽に鯨油を満たしてから帰国する。捕鯨船員として労働したメルヴィルが一八五〇年から米国文学の古典『白鯨』を執筆するが、そこには最盛期の米国捕鯨産業が見事に描かれている。鯨油から石油へ転換するのは、南北戦争の終わり頃からである。

太平洋商業

独立戦争でイギリスと敵対したため、従来多大な利益をあげていたカリブ海域での西インド貿易から締め出されたボストン、フィラデルフィアなどの米国商人は、清国を新たな市場として開拓することとなった。一七八五年頃より始められた米清貿易は、当初は大西洋岸の諸港からケープタウン、インド洋、ジャワを経て広州に赴き、茶を輸入するというものであったが、九〇年代に入ると、北東太平洋岸のラッコ皮やチリなど南東太平洋岸のアザラシ皮などを、着物・台所用品・金物と交換して原住民から仕入れ、これらの毛皮を清国で高価に販売する三角貿易が出現し、一八二〇年代以降は清国貿易商品としてアヘンやスペイン・ドル、さらには英国製の綿織物や毛織物が登場するようになった。捕鯨業と並び、この太平洋商業にとってもハワイ諸島は重要な場所となり、四三年から米国外交官が駐在しはじめる。

ゴールドラッシュ

一八四八年一月、カリフォルニアで金が発見され、ゴールドラッシュの時代が到来した。また米墨戦争の結果、二月にはカリフォルニアはメキシコからアメリカに割譲されて米国領となり、五〇年に州となり、五二年には人口二五万人と居住者が急増していった。同地への移動は陸路と海路が半々であり、到着した船は空船のまま放置され、すべての乗組員が金鉱に殺到した。海路の日数を短縮するためパナマ地峡に鉄道が計画され、早くも五五年に開通する。

他方、一八四六年の英国とのオレゴン条約により、北緯四九度以南がアメリカ領、以北がカナダ領と確定され、アメリカは大陸横断国家となり、東部商業資本にとってもサンフランシスコ港の対中国・対日本貿易基地の性格が格段と強化される。

アメリカにとってはこのように、米国西部とカリフォルニアの比重が増大する中で、米英海戦時にも壊滅させられない対清対日太平洋航路をつくり出す課題が、一段と現実味を帯びてくるのであった。

日本との関係

オランダがイギリスと敵対関係に入ったことにより、ジャワのオランダ政庁は自国船の出島《でじま》向け出航が不可能となり、一七九八年、中立国アメリカの船イライザ号が雇われて長崎に発遣された。その後も、一七九九年、一八〇〇年、〇一年、〇二年、〇三年、〇六年、〇七年、長崎に入港するのは米国船であった(6)。

一八三七年、アメリカの広東オリファント会社重役キングは、会社所有船モリソン号に音吉を含む漂流民七名を乗せ、送還を手掛りに対日通商樹立を狙い、七月三〇日、浦賀に入港しようとして、無二念打払令(異国船打払令)下の砲台から砲撃を受け、鹿児島湾に航行しても再び砲撃を受け、やむなく広東に帰港せざるを得なかった。蛮社の獄の発端である。

アヘン戦争のイギリス勝利に均霑《きんてん》し(平等に利益を得て)、アメリカは四四年米清通商条約を結び、翌四五年批准書交換のためエヴェレット公使が清国に派遣された。彼にはまた対日通商交渉の全権も与えられた。海軍省は将官ビッドルに対し、公使に支障あれば、代わって使命を果たすよう訓令した。公使は廈門《アモイ》まで来たが、病気のため帰国し、かわってビッドルが批准書交換をおこない、引きつづき弘化三(一八四六)年閏五月二七日、コロンブス・ヴィンセンズ二艦を率いて浦賀に入港、通商交渉を求めたが拒絶され、強硬政策の指示を与えられていなかったので、そのまま帰国している。

前述した捕鯨船も日本と接触するようになってきた。一八四五年には捕鯨船マンハッタン号が漂流民を護送して浦賀に入港し、四六年にはエトロフで遭難した捕鯨船ローレンス号の船員七名が、翌四七年長崎のオランダ船に乗せられてバタヴィアに到着、シンガポールの英字新聞は、「彼らは囚人のごとく待遇された」[7]と書き、日本を非難した。

四八年には利尻《りしり》島に米人マクドナルドが意図的に上陸、長崎に送られた。オランダ商館長レフィソーンは広東駐在オランダ領事に通知、領事は同地の米国公使デイヴィスに知らせ、デイヴィスは米国東印度艦隊司令長官ゲイシンガーに移牒、彼の指令により四九年四月一八日、米艦プレブル号(グリン艦長)が長崎に入港し、マクドナルドと一五名の捕鯨遭難船ラゴダ号(西蝦夷で難破)船員を日本側から受けとった。

四九年にはカラフトで米国捕鯨船トライデント号が遭難し、船員三名は長崎からオランダ船に乗せられてバタヴィアに到着する。

さらに一八五〇年には英国捕鯨船エドマンド号が遭難して厚岸《あっけし》に漂着、三二名の船員が長崎に送られ、オランダ船でバタヴィアに出航する。

このような事態の中で四九年、極東事情に精通していた識者A・H・パーマーは国務長官に対し、遭難船員の待遇、石炭供給基地、通商のための開港等、対日交渉を港湾封鎖等の強硬手段をもって遂行するよう建議をおこない、五一年には大統領に対しても建議する。そしていよいよ五一年六月八日、米国東印度艦隊司令長官オーリックは、大統領親書を携え、①遭難米人の保護、②自由貿易、③貯炭所設置の諸要求を実現すべく、艦隊を率い米国東海岸を出航するのである。

4　フランスの東アジア進出

フランスの東アジア進出はカトリック布教と結びついていた。アヘン戦争以前からインドシナや朝鮮では非合法下で神父たちが布教活動を続け、一八三九年、朝鮮は布教活動を弾圧し、仏人神父を殺害した。

四三年、パリ外国宣教会はリボアとフォルカードの両神父を日本に入国させる目的でマカオに送った。マカオには当時仏国印度支那艦隊が碇泊しており、司令長官セシュは、神父たちを琉球に送るかわりに、同地で日本語を修得し、後日自分が琉球並びに日本に通商交渉に赴く際、通訳を務めてもらうことに関し、宣教会の合意を得た。

フォルカードと中国人ホーは仏艦アルクメーネで四四年三月那覇に入港し、フランス側は後日司令長官セシュが通商交渉に来航することを伝え、この二人が日本語を学ぶため琉球に滞在することの許可を要求し、認めさせた。

他方アヘン戦争のイギリス勝利に均霑し、フランスは四四年仏清通商条約を結び、開港場でのカトリック布教の許可も獲得した。

四六年六月、司令長官セシュは三艦を率いて那覇に来航し通商条約締結を求めるが琉球王国側に拒否され、フォルカードとホーを乗船させて七月長崎に入港、薪水及び漂流民の救護を求め、その際、フォルカードが通訳を務めた。この後セシュは艦隊を率いて朝鮮に赴き、仏人神父殺害とカトリック弾圧に対する抗議書簡を国王宛に伝達した。なおこの年九月、仏艦は那覇に交代の神父アドネ（四八年七月死亡）とルテュルジュ（四八年引揚げ）を送り届けている。

琉球はその後も仏人神父にとって日本語学習の場となった。一八五五年には同地にジラール、フュレ、カションの三神父が送られて[8]、その後日本で活躍するようになり、プティジャン神父も六〇年に那覇に入り、六三年に長崎に移動するのである。

第二章　一八世紀末以降の対露危機

1　ロシアの東アジア進出

英米仏の三国が大洋を越え東アジアに進出して来たのに対し、陸の大国ロシアは毛皮獣を追い求めながらシベリアの大地を東方に向かった(1)。早くも一六三二年にはヤクーツクが踏査され、三九年にはオホーツクにおいて太平洋に出た。クロテンに加え海獣のラッコ、アザラシ、セイウチの毛皮が商品となり始める。南下してネルチンスクがつくられるのが五四年、しかしステップ地帯からの南下と東方進出は大清帝国に阻止され、一六八九年のネルチンスク条約では、対清交易が認められるとともに、国境は大興安嶺と定められ、アムール河全流域は清国領となり、ロシア人はこの河を下っての太平洋進出は不可能となった。必然的にオホーツクから海を渡っての東方進出となる。

アジアとアメリカが陸続きかどうかの調査をピョートル大帝に下命されたベーリングがベーリング海を発見するのが一七二八年、アラスカ発見が三二年のこととなる。ベーリングはアリューシャン列島とアメリカ海岸を探険する中、一七四一年ベーリング島で死亡した。

この探険隊のシュパンベルグ率いる一枝隊が一七三八年、千島列島に沿って南下し、三九年には仙台・安房・下田沖まで航行して来た。日本への接触の始まりである。(2)七八年と七九年には千島でも毛皮を獲得するロシア人は通商を要求して松前藩と厚岸《あっけし》で交渉するようになった。(3)

ロシア人は一七八四年にはアリューシャン列島最東端コディアク島に本拠地を置き、さらに一八〇四年にはアラスカ南部のシトカにそれを移動し、この地域の発展を図ろうとした。エカテリーナ女帝はラクスマンに命じ九二年、根室で対日通商を求めさせる。(4)

ついで一七九九年、イギリスの東印度会社をモデルに露米会社が設立され、レザノフが支配人となった。北太平洋地域での毛皮獣捕獲と植民が目的である。このため、遠隔地ヤクーツクからの補給に替え、日本からの食糧・酒・生活物資の入手と、海路による日本および清国との交易関係樹立の要求が強まってくる。

他方、海軍軍人クルーゼンシュテルンは一七九三年より九九年にかけ英国海軍に加わり、インドおよび広東での東印度会社交易に通暁するようになり、北太平洋植民地にホーン岬経由で必需品を供給し、同地の毛皮を広東で交易、清国商品を喜望峰経由でヨーロッパに送る計画を実現すべく世界一周航海を樹立する。

この両者の構想が合体化され、ロシア皇帝アレクサンドル一世はナポレオン戦争の休戦時を利用し、一八〇三年、レザノフを遣日使節とし、クルーゼンシュテルンを艦長とするナジェジダ、ネヴァ二艦の世界周航艦隊を発遣する。同艦隊はマゼラン海峡を通過しハワイ諸島を経、カムチャツカ半島のペテロパヴロフスクに到着した後、レザノフはナジェジダ号に搭乗、幕府がラクスマンに交付した長崎入港許可の信牌を携え、一八〇四年一〇月(文化元年九月)、長崎に入港した。しかし幕府は送還された漂流民を受けとったのみでロシア皇帝の求める通商要求を拒絶し(開港を求めての対清交渉にもロシアは〇六年に失敗している)[5]、憤然としたレザノフは〇五年四月(文化二年三月)長崎を出航、ペテロパヴロフスクに着いたのち、レザノフは使節団を解散、クルーゼンシュテルンと二艦は広州に寄航(ただし毛皮交易は不許可)した上でクロンシュタットに帰着した。

レザノフは、本国よりの指令に基づき、コディアク、シトカ、さらに一八〇六年にはスペイン領カリフォルニアにまで南下して情況を視察し、その結果、日本開国の必要性をさらに痛感し、同年カムチャツカに戻った際、露米会社員でかつ現役海軍将校のフヴォストフとダヴィドフ両名に対し、「海賊行為をおこなって日本を窮地に追い込み、日本をして通商を余儀なくさせるように」[6]と命令を下し、帰国途次、〇七年、シベリアで病没した。

文化三(一八〇六)年九月、ロシア船はカラフトを襲撃して日本人を捕虜とし、さらに翌四年四月にはエトロフ島を、五月には利尻島を襲った。

ところで、ロシア海軍省は海軍軍人ゴロヴニンに一八〇七年、ロシア帝国に属する東方地方の未知の陸地の発見と測量とを命じ、同人はディアナ号に搭乗、アフリカ廻りで極東に向かったが、英仏間に戦争が再開、しかもロシアが同年七月締結のティルジット条約以降、イギリスと敵対関係に入ったため、ディアナ号は喜望峰で一年以上抑留された。機会を見つけて脱出したディアナ号は〇九年にカムチャツカに到着、一〇年には北米西北岸を探査、翌一一年、千島列島南部とオホーツク近辺のシベリア海岸の測量をおこなうべしとの指令を受領、エトロフ島からクナシリ島にディアナ号を移動した文化八(一八一一)年六月、幕府に捕縛、松前に護送された。副艦長リコルドが回漕業者高田屋嘉兵衛を捕虜とするのが翌文化九年、文化一〇年にクナシリ島で釈放された高田屋嘉兵衛の尽力により、日露間交渉が成立、三回にわたったフヴォストフ、ダヴィドフの掠奪行為は決してロシア政府の命令ではないと声明したイルクーツク民政長官の公文書が日本側にもたらされたことにより、ゴロヴニン以下のロシア人捕虜は釈放されて同年九月に帰国し、ロシア皇帝の通商要求を幕府が拒絶したことより勃発した九年間の対露危機の時期は、ここにようやく終息する。

ロシアの東方進出の最東端となり、対日通商要求の主要な原因となったロシア領アラスカは、一八二四年にはアメリカとの間でその南限に関する合意が、翌二五年にはイギリスとの間で東西国境の合意が成立する。しかし、クリミア戦争によりアラスカの維持は不可能だということがわかった後の一八六七年、ロシアは一八二〇年代よりユーラシア大陸をめぐり一貫して軍事的外交的対立を続けているイギリスに不利となるようにとの意図をもって、アラスカをアメリカに売却した。代価七二〇万ドルである。

2　幕府の対応

ラクスマン使節への対応

幕府がロシア問題を意識するようになったのは明和八(一七七一)年のハン・ベンゴロウ事件がきっかけとなった。ハンガリー貴族でポーランド軍に入ったフォン・ベニョウスキーは一七六八―六九年のポーランド・ロシア戦争(ポーランド第一次分割の原因となる)でロシア軍の捕虜となり、七〇年、カムチャツカに流刑となったが、七一年蜂起して船を奪い、五月に出航、七月台風で阿波《あわ》の海岸に着岸したのち、薩摩藩の奄美大島に寄り、台湾を経て九月マカオに到着した。彼は奄美大島で「ロシアがカムチャツカを占領、南下して日本を狙おうとしている」旨の手紙を認《したた》め、これがオランダ人によって翻訳された。ベニョウスキーの名がハン・ベンゴロウと訳されたため、その事件名となったのである。(7) 手紙の噂は広く国内に伝播し、工藤平助の「赤蝦夷風説考」(一七八三年)、林子平《はやししへい》の『三国通覧図説』(八五年)と『海国兵談』(九一年)等の研究を生んでいった。

老中田沼意次《たぬまおきつぐ》も、この情況下、蝦夷地《えぞち》の開拓を志向し、天明五(一七八五)年、地理検分、資源開発、貿易事情調査を目的とした蝦夷地巡検使を派遣した。同隊は東西二手に分れて翌年にかけ調査を行ない、東は厚岸からキイタップ、クナシリ、エトロフ、ウルップ島まで至り、エトロフではロシア人と接触、カラフトでは大陸との間の山丹交易の実情を把握し、天明六年末に江戸に戻るが、報告すべき老中の田沼意次は既に八月失脚し、報告は不可能となっていた。

かわって幕閣の総責任者となった老中松平定信が直面したものが、寛政元(一七八九)年五月の日本人の進出・迫害に怒りを爆発させたクナシリ・アイヌの蜂起であった(8)。幕府はロシア人がアイヌ人と結びつくことを恐怖した。現状を掌握すべく、寛政三年には東蝦夷はウルップまでの、寛政四年には西蝦夷はカラフトまでの調査・見分がおこなわれた。ラクスマンがエカテリーナ号で根室に来航するのが寛政四年九月五日のことである。翌五年には目付石川忠房が宣諭使として松前に赴き、大黒屋光太夫《だいこくやこうだゆう》他の漂流民を受けとるとともに、長崎入港の信牌を交付して彼を帰国させる。

蝦夷地問題は蝦夷地のみにとどまるものではない。同時に江戸と江戸湾防備の問題となる。松前での交渉と同じ年の一月、幕命により目付と勘定奉行は武蔵・相模・伊豆・駿河・上総・下総・常陸海岸の巡視を命ぜられ、三月には松平定信自身が巡視に旅立つのである。しかし定信はこの年七月に失脚し、蝦夷地問題は後任幕閣の担うところとなった。

キャプテン・クックの開始した太平洋探険と測量は、一七七九年、彼がハワイで殺害された後も英国海軍により一貫して継続されていった。クックの第二次・第三次航海に参加したヴァンクーバーは九〇年代初頭よりアメリカ西北海岸の測量をつづけ、ヴァンクーバー測量隊の一員だったブロートンは、その調査地帯を北西太平洋に転じ、プロヴィデンス号に搭乗し、一七九六年には下北半島尻屋岬沖を通過して北上、同年八月一一日より九月一日まで室蘭に投錨した後にマカオに向かい、翌寛政九(一七九七)年には、江戸湾から室蘭(七月二〇―閏七月二日)、津軽海峡を西に抜け、カラフト、沿海州、朝鮮海峡を通過して、またマカオに戻っている(9)。幕府はプロヴィデンス号の国籍を知ることはできなかったが、この二回にわたる外国船の出現は、蝦夷地問題の重大さの認識を幕府をしてさらに深めさせることとなった。

寛政一〇(一七九八)年の蝦夷地見分は目付・使番・勘定吟味役以下、近藤重蔵や長崎蘭語通詞も加わる総勢一八〇名の大部隊となった。同年一〇月、近藤がエトロフ島に「大日本恵登呂府」の木標を立てるのは、この時のことである。見分の結果、松前藩に蝦夷地全域を任すことはできないと判断した幕府は、寛政一一年、東蝦夷のうちシャマニ以東を幕府支配地として道路開鑿を開始し、高田屋嘉兵衛を起用し、エトロフ島への官物運送の命を下した。

享和二(一八〇二)年には東蝦夷の仮支配を完全な収公に改めるとともに、統轄機関として箱館奉行所が設置され、翌三年には、ロシア人との接触を防ぐため、アイヌ人のウルップ出稼ぎが禁止された。また幕府は、アイヌの不満となっていた場所請負制に代わって直《じき》捌《さば》き制度を導入、アイヌの撫育に努めようとする。

日露危機

ロシア皇帝の通商要求を拒んだ以上、日露間に戦争が勃発するかもしれないとの危機感は、幕府として当然いだいたことである。長崎でレザノフと交渉した目付遠山金四郎景晋《かげみち》等は、西蝦夷地見分として文化二(一八〇五)年八月江戸を出立、翌三年には宗谷まで見分する。

同年九月のフヴォストフ等のカラフト侵入の報は、宗谷海峡航行不能のため、江戸に達するのが文化四年の四月、この急報直前の三月、幕府は西蝦夷地収公を決定、松前家は奥州梁川《やながわ》に転封させられる。

カラフト急報につづき、エトロフ・利尻《りしり》事件の報がたてつづけに江戸に達し、ロシアの侵入に備えるため、南部・津軽・秋田・庄内の諸藩にそれぞれ数百名規模の出兵が下命される。また同年六月には若年寄堀田《ほった》正敦《まさあつ》以下六〇〇名の巡視団が蝦夷地に赴き、同年一〇月、箱館奉行は松前奉行と改称されるとともに、庁舎は松前に移転される。

翌文化五(一八〇八)年には、蝦夷地防備のため、仙台・会津両藩にも一〇〇〇名以上の出兵が命ぜられた。

この文化五年には長崎でフェートン号事件が勃発し、長崎奉行は責任をとって自刃、オランダ商館長は英露共謀の策動だと幕府に吹き込み、長崎では台場が増設される。

江戸湾防備強化はこのような動きと連動しており、文化七年には浦賀を会津藩、安房・上総を白河藩の警衛地域とし、両藩は翌年にかけ相模・安房・上総に砲台を築くのである。

蝦夷地では文化四(一八〇七)年六月以降、ロシア船の襲撃がとだえたため、文化六年以降は南部藩がエトロフ・クナシリ・箱館の防備を、津軽藩がカラフト・利尻・宗谷・江差・松前の防備を担うこととなる。この南部藩がクナシリを守っている文化八年六月に、ゴロヴニンらが南部藩兵に捕縛され、松前奉行所が設置されている松前の獄舎に投ぜられたのである。

文化一〇(一八一三)年のゴロヴニンらの平和裡帰国は、張りつめた軍事的緊張が解除される契機となった。文政三(一八二〇)年、会津藩は相模防備を免除され、文政四年、松前奉行は廃止されて、蝦夷地は松前藩に戻され、文政六年、白河藩は房総防備を免除され、さらに文政八年二月、日本に来航する外国船は捕鯨船のたぐいであり、西洋諸国は万里の波濤を越えて日本には来ないとの判断のもと、無二念打払令が発せられた。

しかし、この間の対露危機に際し、客観的にはっきりしたことが二つあった。

一つは直捌き制度が、理念的にはよくとも、当時の経済システムと労働力調達の面からうまく機能しなかったことである。結局文化九(一八一二)年、東蝦夷地の直捌き制度は廃止され、場所請負制度に戻された。

あと一つは、広大な海岸線を防備するのに、封建的軍役制度(石高と家格と軍事的負担が三位一体となっている体制)が機能しなかったことである。既に疲弊していた諸藩にとっては蝦夷地への大規模で長期の出兵は財政的に極めて厳しく、しかも幕藩制の単位が大名制度であるため、収公や国家的統一に対する領主制からの抵抗は強力であり、諸大名が支援する中で結局松前藩の蝦夷地復帰が実現することとなった。また南部と津軽両藩の蝦夷地出兵は寛政九(一七九七)年より始まっており、長期の越冬しての蝦夷地駐留という過重な軍役負担に際し、幕府は両藩に対し参勤交代期間の短縮を図らざるを得なかった。

3　国内への反作用

探険家

蝦夷地問題の発生と深刻化は優れた探険家兼蝦夷地研究者を生み出していった。百姓出身でその抜群の体験と能力により幕臣となった最上徳内《もがみとくない》(一七五五―一八三六)はこの典型例である。蝦夷地に赴いた最初は前述した一七八五―八六(天明五―六)年巡検使の一員、普《ふ》請役《しんやく》青島俊蔵従者としてであったが、その後、八九(寛政元)年、九一年、九二年、九八年、九九年、一八〇五(文化二)年(目付遠山に随行)、〇七―一〇(文化四―七)年(蝦夷地在勤四カ年)と、ウルップ・カラフト渡航も含め蝦夷地問題のエキスパートとして活躍、数学・測量に通じ、アイヌ語・ロシア語を学び、「蝦夷草紙」等の書物をあらわして日本人の北方知識を豊かにした。徳内は後日、シーボルトと交わってその貴重な知識を伝え、また平田篤胤《あつたね》と終生親交を重ね、篤胤の異文化理解に多大の役割を果した。間宮林蔵《まみやりんぞう》(一七七五―一八四四)も百姓の出で探険家、その前提は徳内と同じく数学・測量の並々ならぬ能力である。蝦夷地渡航は一七九九年からであるが、一八〇七年にはエトロフでロシア船の侵入を体験、〇八年から九年にかけカラフトから対岸の山丹はデレンまで踏査、間宮海峡を発見した。「東韃紀行」はその報告書である。近藤重蔵(一七七一―一八二九)は幕臣で地理学者、一七九八年より蝦夷地に渡り、「辺要分界図考」により北方の地理・地誌を解明する。

地図作成と世界地誌編纂

対露危機は日本という国土の正確な地理認識を要求する。そして正確な位置の確認は天文学の最新の知識なくしては不可能である。オランダ語を介して西洋天文学を深く学んだ幕府天文方高橋至時《よしとき》は、一七九六(寛政八)年暦法改正を命ぜられ、西洋天文学を前提とした寛政暦を九八年に作成する。至時の弟子伊能忠敬《いのうただたか》が、彼の手附となって地図作成を開始するのが九九年のことである。地図が最も求められていた蝦夷地に渡るのが一八〇〇年、同地で間宮林蔵と出会い、林蔵に蝦夷地地図作成を分担してもらった後は、忠敬は日本全国の海岸をくまなく踏査、精密測量と天体観測を展開していく。喉から手が出るほどほしい正確な日本地図である。幕府の全面的な支援のもと、各藩の協力を得て、日本全図作成が完了するのは一八一六(文化一三)年のことであった(経度に関しては『航海暦』もクロノメーターも未だ利用できなかったため、若干不正確なものとなっている)。

対露危機以降の日本認識は、一方で精密な日本全図を求めさせるとともに、他方では、もはや印度・震旦・日本といった伝統的世界ではない正確な世界地図が広く強く国内で求められる。至時の長子高橋景保《かげやす》が、林蔵の探険成果をとり入れた「新訂万国全図」を完成するのが一八一〇年、その銅版地図が刊行されるのが一六年のこととなる。

日本の伝統的学術においては、地図は地誌と地誌的知識とを同伴している。工藤や林の先駆的業績を踏まえ、当時オランダ語に最も通じ、徳内と交友し、高山彦九郎の親友でもあった前野良沢《りょうたく》が「カムチャッカ記」(一七八九年)、「ロシア本紀」(九三年)を翻訳し、幕府蘭方医桂川甫周《かつらがわほしゅう》が大黒屋光太夫からの聞取りとオランダ語文献から「北槎聞略《ほくさぶんりゃく》」(九四年)を叙述し、仙台藩医大槻玄沢《おおつきげんたく》がレザノフが送還した仙台藩領民津太夫《つだゆう》等からの聞取りとオランダ語文献から「環海異聞」(一八〇七年)を編纂し、そして地理学者山村才助が全世界規模の世界地誌「増補采覧異言」をあらわすのが一八〇二(享和二)年、すべて対露危機の時代においてであった。

語学修得と翻訳事業

異国との接触は言語なしには不可能である。蝦夷地問題が深刻化し、一七九六(寛政八)、九七年と二度も室蘭に外国船が来航するようになった以上、三回目の来航もありうると、九八年には長崎蘭語通詞楢林重兵衛が蝦夷地に派遣され、一八〇八年には同通詞馬場為八郎が同地に赴くのである。

同通詞馬場佐十郎が、その卓越した語学能力を評価され、「新訂万国全図」作成御用のため出府するのが同じく一八〇八年、この年の冬より佐十郎は江戸居住を命ぜられていた大黒屋光太夫よりロシア語を学びはじめる。

ロシア側の文書がフランス語であったことにより、一八〇八年より長崎通詞はフランス語をオランダ商館長ドゥーフから学びはじめており、翌〇九年には、幕府から英語・露語学習命令が長崎通詞に達せられた。フェートン号事件が一契機となっている。

蘭語通詞の馬場佐十郎と、幕臣でオランダ語・暦学に通じた足立左内(天文方出役)の両名は一八一三年松前に赴き、幽囚中のゴロヴニンよりロシア語を学び、佐十郎は翌一四年、文法書として整った「魯語文法規範」を完成させる。

ゴロヴニンの『日本幽囚記』刊行は一八一六(文化一三)年、ただちにドイツ語に翻訳され、その独訳版から一七年蘭語訳版が刊行された。この蘭語本が出島のオランダ商館に送られ、佐十郎は二一(文政四)年同書を入手し、幕命により日本語訳出を開始したが、残念なことに二二年に江戸の幕府天文台役宅で病死したため、青地《あおち》林宗《りんそう》らにより、「遭厄日本記事」と題して完訳されるのは一八二五年のこととなった。

馬場佐十郎は江戸にあって通詞の業務をおこなう立場にもあった。一八一八年英船が浦賀に入り通商を求めた際も、二二年同港に英国捕鯨船が入港した際も、足立とともに通訳を務め、佐十郎没後は長崎通詞吉雄《よしお》忠次郎が江戸天文台に詰め、二四年常州大津港に英国捕鯨船が入港した際は、同地に赴き、足立とともに通訳する。

このような事態は制度化されていき、長崎蘭語通詞が江戸天文台に詰め、浦賀に出向して通訳をおこない、長崎唐通詞が江戸湯島聖堂に詰め、漂着等の唐船来航に備えることとされた。ペリー来航時、長崎蘭語通詞堀達之助がペリー艦隊に向かい、"I can speak Dutch" とよびかけることができたゆえんである。

語学の必要性認識は通訳時に限られることではなくなる。西洋理解の前提として蘭書翻訳事業が公務とされるのである。一八一一年には天文方に蕃書和解《ばんしょわげ》御用が下命され、馬場佐十郎と蘭学者大槻玄沢が担当者となり、一三年には蘭学者宇田川玄真《うだがわげんしん》も御用を命ぜられる。公務が閑暇の時は、仏人ショメールの『厚生新編』(日用百科辞典の蘭訳本)を翻訳することとされた。

天文方の総責任者高橋景保は一八一四年には御書物奉行兼任を命ぜられ、幕府書庫内の洋書蓄積に努力するとともに、清国文書が漢文のみならず満州語によっても執筆されているため、満州語の研究をおこなうことにもなっていく。

対外認識軸の転換

対露危機は日本の近世を前期と後期に区分する旋回軸の機能を果たすこととなった。国交は朝鮮と琉球、通商は清国とオランダ、それ以外の諸国とはいかなる関係をも結ばず、キリスト教を入れず、圧力がかけられるならば武力をもって排除するという幕府のつくり出した枠組み＝鎖国体制が変更されなければならなくなる。

オランダ商館長江戸参府は一七世紀零年代から始まり、一六三三年より毎年恒例の行事としておこなわれてきたものが、一七九〇年より五年に一度とされ、一八五〇（嘉永三）年が最後となった。西洋との関係での日蘭関係のもつ基軸的性格が失なわれたためである。

朝鮮通信使は将軍の代替りごとにおこなわれてきており、一七六四年、家治《いえはる》将軍就任時にもなされたものが、八七年家斉《いえなり》将軍就任に際しては、八八年に幕府は通信使延期を決定、一八〇四年、さらに通信使の対馬《つしま》での応接方針を決め、文化八（一八一一）年五月、幕府上使は対馬で朝鮮通信使と会見、国書を交換した。易地聘礼《えきちへいれい》といわれるものである。

この外交上の転換は、ロシア・イギリスを主体とする西洋とその文化・文明に日本と日本人がどのような関係と態度をとるかという日本人の他者に対する自己認識の明確化となって現われてくる。

一八〇一（享和元）年、長崎蘭語通詞志筑《しづき》忠雄は、ケンペルの『日本誌』（蘭訳本が一七七八年以降日本に輸入された）を抄訳して「鎖国論」と題した。この抄訳が写本として日本全国に転写される大きな契機を創った人物が、幕府勘定奉行所役人でレザノフ長崎来航に関し同地出張を命じられた大田南畝《なんぽ》である。彼は長崎で本書を入手し、家来の奥原重蔵に書写させ、さらに「読鎖国論」と題する一文を草して、この写本に添えた。この系統の写本が国学者をはじめ各地で転写されていく。また志筑か、その弟子から広まっていった写本系統も存在している[11]。対露危機の中で、日本人の自己認識の核に鎖国という日本のあり方が自覚され、文化の価値づけがおこなわれ始めるのである。

第三章　平田国学と復古神道の成立

1　平田国学の論じられ方

平田国学というと、日本人の間では相対立する二つのとらえ方が常に必ず出現してくる。一方は維新変革のイメージの文学的源泉となりつづけている島崎藤村の『夜明け前』の世界イメージである。民衆的近代への展望とその挫折がそれであり、「草莽の国学」がその精神の結晶体とされる。

他方は天皇制国家イデオロギーの源泉と見る見方であり、廃仏毀釈運動、天皇崇拝、偏狭な排外主義、膨脹主義の思想的みなもとになったものと厳しく糾弾されつづける。

歴史を論じる際、著者が最も自戒しているのは、決して結果論的で遡及主義的な方法をとってはならず、必ずその発生過程からとらえなければならないということである。そして発生史的に見る場合、この平田国学こそは、神々が未だ生き生きと日本人の生活と意識の中に息づいていた当時において、先に述べた対外認識軸の大転換をなによりも典型的に私たちに示してくれているものなのである。

2　対中国から対西洋へ

一七八〇年代から一八一〇年代の対露危機の時代、転換期の時代の思想状況を象徴するのが、後年「寛政の三奇人」と位置づけられるようになる人々であった。

第一が、一七九一(寛政三)年『海国兵談』を自費刊行したが翌年に絶版処分とされた林《はやし》子平《しへい》(一七三八―九三)であり、第二が、純粋無垢の勤王家として明治以降は称讃されるようになる高山彦九郎(一七四七―九三)である。彼の蘭学者前野良沢との親交や蝦夷地問題への熱烈な関心を踏まえるならば、対外危機とそれに対する国家的対応の課題の中でこそ、朝廷・天皇問題が彦九郎の心中に浮上するのではないか、と著者は考えている。第三が蒲生君平《がもうくんぺい》(一七六八―一八一三)である。君平も彦九郎同様、単純な皇室至上主義者と位置づけられがちだが、一八〇一(享和元)年の『山陵志』にしろ、一八一〇(文化七)年に一部刊行された『職官志』にしろ、対外危機に対処可能な国家と国家機構のあり方を模索したものなのであり、平田篤胤《あつたね》を友とし、水戸学の藤田幽谷《ゆうこく》に多大の影響を与えるようになるのは必然的なこととなる。

3　平田篤胤と対露危機

平田篤胤(1)は蒲生君平より八年後の一七七六(安永五)年に秋田藩士大和田祚胤《さちたね》の四男に生

まれ、ラクスマン根室来航三年後の一七九五年、無一文に近い状態で脱藩出府、非常な困苦の中で勉学し、旗本の家来となり、その能力を認められて備中松山藩士平田藤兵衛の養子となった人物である。大和田家は朱子学を奉じ、国学や神道とは全く関係のない家であった。

その関心は広く、本居宣長の国学のみならず、蘭学を吉田長淑《ちょうしゅく》に学び、解剖に立ち合ってもいる。他方対露危機に関しては徹底した情報蒐集をおこない、蒐集文書を一八一三(文化一〇)年、対露危機が一段落した正にその年に、「千島白浪《ちしまのしらなみ》」と題して編纂している。さらに驚くべきことに幕府極秘文書も入手しているが(「千島白浪」には当然非所収)、著者は、国学者たちの結集センターとなっていた和学講談所を介在させ、幕府祐筆《ゆうひつ》で能書家、レザノフ宛幕府返書(一八〇五年)を清書した屋代弘賢《やしろひろかた》と交友する中で手に入れたのではないかと今のところ推測している。

彼もまた自己に対する他者を中国から西洋に転換した当時の知識人の一人であった。その根底には自然科学の認識がある。地球球体説は一六世紀には日本に伝わっていたが、カトリック経由のため天動説と合体したものであり、そして天動説は朱子学的宇宙論においても大前提となっていた。地動説を最初に紹介した一人が先に言及した志筑忠雄であり、彼の著作「暦象新書」(翻訳は上が一七九八年、中が九九年、下が一八〇二年)では地動説・力学・星雲説などが詳細に述べられている。なお、日本人の世界観転換において天文学をはじめとする西洋自然科学紹介の果たした役割は、明治初年の福沢諭吉に至るまで測り知れないものがあった。自然科学書は当時の知識人の必読文献であり、篤胤とその門弟たちは人を批判するのに、「コペルニクスも知らないで」(2)と嘲笑している。

4　復古神道の誕生

科学の前提としてのキリスト教

復古神道の基礎を築いた『霊能真柱《たまのみはしら》』を篤胤が刊行するのが一八一三(文化一〇)年のことである。対露危機への対応のしかたは、その人の性格・気質・関心・環境等により当然相違してくる。篤胤の場合には、他者西洋に対する自己と日本人の霊魂のあり方の確立が最も切実な課題となった。「やまと心を太く高く固めまくほり(欲)するには、その霊《たま》の行方のしずまりを知ることなも、先なりける」と、対外危機に対決しうる主体側の日本という国家・国土意識のありようと主体の魂の行方への確信をいかに形成するか、それはなによりもまず、篤胤自身にとっての課題でもあったのである。

ここから、一方で「もろこしのさかしらごと」と、自然科学に合致しない朱子学的宇宙論が非難の対象となり、他方でロシアに見られる強力な西洋軍事力の背後にある西洋のすぐれた科学とキリスト教への高い評価が生まれてくる。「彼国人(西洋人)の俗に天地の間なる事物を測算術を以て考えの及ばんかぎりは惟考えて、その及ばぬさきのところは欠《かき》ていわず、すべて神の御心なることを弁《わきま》えて、まことに古を好み、厚く古伝をとうとむ国《くに》風《ぶり》」と篤胤は西洋の科学とキリスト教を関係づける。西洋においても、「科学と宗教との対立」が前面に出るのは一九世紀もなかばからのこと、それ以前では神のみわざ、神の摂理が自然界に貫徹している、とのとらえ方が一般的であり、地動説を前提とした宇宙観においても、その始原にエホバ神の世界創造が位置づけられていた。

復古神道神学の形成

篤胤は相当正確にキリスト教を理解していた。創造主ゴットなる唯一神が存在すること、このゴットが世界を創造したこと、人類の始祖はアダムとイヴという二人の男女だったこと、当初は単一の言語しかなかったこと、バベルの塔の出来事により言語がわかれ、諸民族が成立していったこと、神が世界を創ったのはキリスト生誕以前四〇〇〇年頃(民権期の日本人が英語学習のテキストとして読むようになるパーレーの『ユニヴァーサル・ヒストリー』でもこのことが述べられている)であること等を踏まえ、篤胤は日本の神道を考察する。彼の武器は本居宣長の『古事記伝』である。そこでは、漢心《からごころ》の排除と徹底した文献学的考証学的方法により、それまで仏教的儒教的に牽強附会に種々説明されてきた古代日本のありさまが、国学的方法をもって見事に解明されていたからである。

篤胤は記紀神話の太陽・地球・月の形成プロセスを地動説的に解釈し、キリスト教的世界創造神話と旧約聖書的歴史展開を意識しながら、天御中主神《あめのみなかぬしのかみ》を創造主とする、きわめて首尾一貫した、儒仏的色彩を完全に排除した復古神道神学を樹立する。注意すべきことは、彼は古代研究そのものを自己目的にしていたのではなく、自己を含んだ近世後期の日本人の神のあるべき姿と魂の行方とを模索し、そのために必要切実な神学を構成するためにこそ、古事記・日本書紀・そして祝詞《のりと》を利用したということである。宣長と篤胤のどちらが古代解明の上で学問的だったかを論じても、当該時期の特質を考える際には第一義的意味をもちえない。

世界創世神話と「中つ国」としての日本

篤胤の復古神道では、日本の国生《くにう》みにおいてこそ天地創造がおこなわれる。日本は「よろずの国の本《もと》つ御柱《みはしら》たる御国《みくに》にして、万の物、万の事の万の国にすぐれたるものとのいわれ、また掛《かけ》まくも畏《かしこ》き我が天皇命《すめらみこと》は万の国の大君《おおきみ》にましますこと」が当然のこととして主張される。この考え方は、世界創世神話を根底に据えるいかなる宗教においても必然的に主張されるものでもある。

このような神道という民族宗教の体系化は、世界史への包摂過程の下、儒教的な東アジア知的共同体からの日本の離脱を象徴するものであり、単一の世界を大砲と商品を武器に創り出そうとする西洋への日本単独の明白な自己主張となる。そして、「よろずの国の本つ御柱」だとされる日本の位置づけは、篤胤生前(彼は一八四三年に没している)の段階では、何故に西洋諸国が日本に交易を求めに来るのかを説明するために使われ、また日本は世界の「中《なか》つ国・うまし国」である以上、物豊かに自足自充しており、他国へはなんら求むべきものがないとの主張の前提ともなっている。『霊能真柱』の中で篤胤は、ここに見た日本風土論と日本文化論を、先に述べた「鎖国論」をも駆使しながら展開しているのである。

5 「御国の御民」論と復古主義

「御国の御民」論

篤胤の復古神道と、それと結合した古代研究(彼は「古道学」と命名している)は、一方で天皇命《すめらみこと》やアキツミカミが高く位置づけられながらも、他方で日本を成りたたせている人々を、身分を超えた形で「御国《みくに》の御民《みたみ》」として主体性を担うものとしてとらえている。「この平篤胤も神の御末胤《みすえ》にさむらう」「世に有ゆる事物は此《この》天地の大なる、及び我々が身体までも尽く《ことごと》天神地祇の御霊《みたま》によりてなれる物にて、各々某々に神等の持分《もちわ》けまします」「賤《しず》の男我《お》々に至るまでも神の御末に相違なし」と随所で彼は述べているのである。キリスト教神学における唯一絶対神エホバと原罪をその生とともに負っているヒトという理解とは全く異質の、神とヒトとの親和性がここに存在する。篤胤の学術活動に多大の助力を続けた武州越ヶ谷の豪商山崎長右衛門も、篤胤の『古史徴開題記』(一八一九年刊)に序文を認《したた》め、そこで「あまざかるひなの御民《みたみ》となり下りて」「うらやすの安国《やすくに》と平《たいら》き神の御国の現御神《あきつみかみ》の御民」と自分を位置づけていた。

ところで江戸時代の大原則は、領主と領民との厳格な階級区分であり、身分制によるその固定化であった。百姓身分の者は苗字を有していても公式には使用できず、公文書に認めることは不可能であった。それに対し、復古神道と平田国学の世界では天皇との関係で自己を位置づけ、「何々国の御民某《みたみなにがし》」と表記する。日本という国土はそれを構成する六十余国それぞれがその国の御民からなりたち、御民によって支えられ、この六十余州こそが日本をつくりあげているのだという、日本人という国《くに》の民《たみ》意識がゆるやかな横のつながりという地域主義的発想の中で成長していくのである。

復古主義・始原主義

日本を世界をつくり出した本《もと》つ国・「中《なか》つ国」とし、日本人を神のみすえととらえる以上、このような宗教的理解は、強烈な始原主義・歴史主義・復古主義、「新しき古《いにしえ》」創出への志向性をともなうものとなる。平田国学のみならず近世後期の知的社会では、中国文化が到来する以前に日本には文字が存在したはずだ、中国文明が波及する以前に日本には固有の尺度があったはずだ、という論議と研究は、古代日本を実証的考証的に研究することが可能になり始めて以降、共通の関心事項となっていく。屋代弘賢の「古今要覧稿」度

量衡の部は、固有尺を主張する篤胤が原稿を執筆しているのである。(3)

日本をその始原から把握しようとすれば、現時点をいやおうなく歴史のパースペクティブで見ることとなり、天皇と六十余州の「御国の御民」が日本を成り立たせていた「いにしえ」においては、領主とサムライ階級は未だ存在しておらず、しかもこの「いにしえ」時代でも儒教や仏教が渡来する以前の社会こそが理想的社会になっていくことは論理必然的であった。「よく古《いにしえ》の真《まこと》を尋ね明《あき》らめ、そを規則《のり》として後を糺《ただ》すをこそ」古道学が目的としているものなのであり、「儒仏の道をかりることなく天下は治る」のである。

この考え方は領主階級が結集して幕藩制国家を形成している近世社会においては、危険な萌芽を含んでいた。師の篤胤は用心深く慎重に述べ、注意深く出板していくが、論理の帰結は弟子によっても引き出されうる。

碧川好尚《みどりかわよしひさ》とならび篤胤の二大高弟の一人生田万《いくたよろず》は、自著の「古学二千文」(一八三三年)で、古代を「薄税寛刑」の理想世界として描き出し、前年からの飢饉に領主と小前百姓との板ばさみとなった下総国松沢村の名主で篤胤門人の宮負定雄《みやおいやすお》は、一八三四(天保五)年、「御《み》民《たみ》等の財《たから》掠《かす》むる村長《むらおさ》は世の盗人の種というなり」(4)との自嘲の歌をよみ、そして越後柏崎で開塾していた生田万は、一八三七(天保八)年、天保大飢饉で苦しむ民衆を坐視しえず、米の津出《つだし》を図る桑名藩陣屋を同志たちと襲撃して敗死する。

6 「みよさし」の論理

論理的な危険性を回避するためにも、現実に妥当する政治理論は必要となってくる。神孫たる天子と、現今の将軍以下の支配体系とをいかに結合していくのか。それは「みよさし」(委任)論をもってであった。「すめらみことは山城国におわしまして顕事《あらわごと》の本をしろしめし、将軍家はその大御手《おおみて》にかわりて天下の御政をとりもうしたまい、八十諸《やそもろもろ》の大名がたを帥《い》て、その御尾前《みおさき》となりて仕え奉りたまう」と篤胤によって理論づけられる。

この理論は「御国の御民」論と連結されることにより、きわめて一般性をもつ政治理論に成長していった。在地の豪農商層は、一方では厳然として被支配階級のままでありながら、他方では村々の庄屋・名主、宿駅の本陣・問屋として、全国的行政機構の最末端に位置づけられる部厚い政治的中間層をなしていた。彼らは、「みよさし」論を踏まえながら職分委任論を発展させていき、一方では自己の行政下におく一般民衆と小前百姓に公儀秩序を具体的に説明・説得する際に利用し、他方では、それぞれに割り宛てられた職分・職責を遂行しえない上位の職務分有者への公憤と義憤を噴出させる鋭利な武器に転化させていくのである。

時代が下るに従って、ここで述べた政治思想はさらに流通しやすい形をとって庄屋・名主層に受けいれられていった。天保期に土佐藩内では庄屋同盟が組織化されるが、そこでの庄屋とは、神勅の中の天邑君《あまのむらぎみ》にはじまる「歴然たる朝臣の御直臣にて神授相伝の官軍」(5)なのであり、文久二(一八六二)年四月、義挙に参加するに際して土佐国庄屋の吉村寅太郎は両親に宛てた訣別状において、「四海王臣にあらざるは無しと雖《いえど》も、なかんずく諸侯、里正は先魁《さきがけ》致すべき理《ことわり》に候」(6)と述べることとなる。

ただし平田国学の「みよさし」論的職分委任論は、支配階級のごく内輪で語られていた儒学的「大政委任論」とは全く異質のものであることに留意すべきであろう。松平定信が将軍に対し「古人も天下は天下の天下、一人の天下にあらずと申候、まして六十余州は禁廷より御預り遊ばされ候御事に御座候えば、かりそめにも御自身のものと思召すまじき御事に御座候、将軍と成らせられ、天下を御治め遊ばされ候は、御職分に御座候」(7)と心得方を進言しているが、これは老中として将軍に進言しているのであって、一般的な幕府政治理論として公にしたわけでは全くなく、またそのつもりもない、ごく内々のものであった。一般民衆が熟知しなければならない幕府政治理論の大原則は、「論語」の「其の位に在らざれば其の政《まつりごと》を謀らず」という命題であり、権力への畏怖感情こそを民衆は自己の体質としなければならなかったのである。

7　顕世・幽世論

復古神道が民族宗教に深く根差している以上、魂の行方のとらえ方が最大のテーマとなることは理の当然である。宣長は古事記の記述をそのままに踏まえ、黄泉《よみ》の国に行くほかはないとするのに対し、篤胤はこの考え方に頑強に反対した。「冥府と云うは、此顕国《うつしくに》をおきて別《こと》に一処《ひとところ》あるにもあらず、直《ただ》ちに、この顕国の内、いずこにも有《あ》なれども、幽冥《ほのか》にして現世《うつしよ》とはへだたり見えず(中略)、その冥府より人のしわざのよく見ゆめるを、うつしよよりは、その幽冥を見ることあたわず」と篤胤は説くのである。

　我々のごく身近にありつづけ、我々を見守り加護してくれているものの、我々の目、我々の感覚からは全く見ることも感じることもできないとする霊魂の理解、霊魂が住む幽《かくり》世《よ》のとらえ方、さらにそれらと結びつきつつ、村々の氏神と産土神《うぶすながみ》が我々の生命と暮らし、郷土の平和と安寧を加護しつづけているという神々への了解の仕方は、村々の神社を守り維持し、その年ごとの多くの神社祭祀をとりおこなうことによって、己が村々の秩序とリズムを保っていかなければならなかった村々の豪農層・富農層にとっては、きわめて理解容易なものであり、神社を基軸に据えて村落と村人の倫理とモラルを維持・強化していこうとする彼らの方向性をさらに明確化するものとなっていった。復古神道神学においては、幽冥界の主宰神は大国主命《おおくにぬしのみこと》であり、そこにおいて生前の行為に対する賞罰が下されることになるからである。

　この顕世《うつしよ》・幽世の理論は、日本人の霊魂理解の面において、復古神道を仏教思想から自立させる大きな機能を果たすこととなる。これ以降、国内の民俗的風習と民俗的慣行は、仏教的解釈を介在させることなく、神道的なものと直接結びつけながら理解されることがようやく可能となり、善悪をはじめとする各種の倫理観と倫理意識も、仏教哲理から解放されて個人的に深く内面化される条件がととのえられる。

詩経の「君子は屋漏《おくろう》に愧《は》じず」とは、「慎独《しんどく》」とともに、人の目の有無にかかわらない君子の徳を強調したものであり、その出発点においては古代中国の宗教意識とつながっていたものと思われるが、この「屋漏」の空間に幽世と祖先の目が位置することになるのである。

柳田国男の歌道の先生は松浦辰男という桂園派の歌人であり、平田国学に直接かかわったことのない人物だが、深く平田国学に学び、篤胤を「まさやかに君がとかずばぬばたまの暗き黄泉《よみじ》をいかで知《しら》まし」と詠み、柳田に対し、「御互いの眼にこそ見えないが、君と自分とのこの空間も隔世《かくりよ》だ、我々の言うことは聴《きか》れている、することは視られて居る、それだから悪いことは出来ないのだ(8)」と語っている。柳田民俗学における『遠野物語』と座敷わらしの世界は、ここに敷かれた路線の延長線上に、しっかりと位置づけられることとなるだろう。

第四章　不平等条約世界体制とアヘン戦争

1　一九世紀世界のとらえ方

維新変革はどのような世界体制の中で遂行されたのか、という問題を明確にしない限り、その正しい歴史的位置づけは不可能となる。

これまでの論じられ方は二様に存在していた。一つは、帝国主義的世界体制論とかかわらせるやり方である。この体制成立以前は産業資本主義・自由貿易主義の時代であり、欧米側の非植民地主義的・平和的進出も十分可能であり、当時の極東の国際状況では日本には植民地化の危機は存在せず、無謀な攘夷主義運動さえなかったら、自然に世界市場に参入しえた、という結論にもなりうる。

あと一つは、中国近代史にひきつけた論じ方であり、一八四〇年代初頭のアヘン戦争からただちに帝国主義段階と規定し、中国の民族運動を一貫して一〇〇年にわたる反帝運動とし、そのために、一九世紀最末期からの世界史的段階の画期性が客観的には逆に曖昧となってくる。

著者は現在のところ、一九世紀初めからの欧米キリスト教列強の世界進出は、一つの世界的システムを形成しながら遂行されたととらえており、それを「不平等条約世界体制」と呼ぶことにしている。

2　不平等条約世界体制の特徴

この世界体制はフランス革命、ナポレオン戦争、イギリスを原動力とする産業革命の複雑な絡み合いの中から成立し、資本主義的大量生産商品の販路を全世界に求め拡大する資本の欲求、さらに蓄積された資本の有利な投資市場を求め拡大する資本（ただし金融資本は未成立の段階）の欲求の中から成立していった。進出する欧米キリスト教世界では、対等・平等な主権国家間の国際関係がつくられていたとはいえ、ロシアのツァーリ専制国家にしろ、プロイセン王国、オーストリア＝ハンガリー帝国にしろ、今日我々が国民国家という名称で安易に一括してイメージするには相当異質な諸国家も含みこんだ複雑な国際関係がそこには存在していたのである。

この欧米キリスト教列強が非キリスト教世界に外交と軍事を武器に進出し、商品の販売と資本の投資、現地生産物の安価購入を可能にするためには、非キリスト教世界に適用されるべき国際的な法体制がつくりあげられなければならなかった。

その第一が治外法権である。欧米主権諸国家が自国民支配の法的枠組みを、非キリスト教国家の内部にそのままそっくり持ちこむことであり、持ちこまれた場、すなわち居留地においては非キリスト教国家の国家主権が否定される。当然、領事裁判権が行使されるとともに、この居留地を根拠地として、外国人商人の内地自由旅行権と内地での商業活動の自由、キリスト教内地布教の権利等々が相手国にさらに次々と要求されていくのである。

第二が協定低率関税である。主権国家においては関税を設け、その輸出入税額を決定することは、国家主権行為の最も重要な構成要素でありつづけてきた。しかし非キリスト教世界に対する商品市場の開放要求は、非常に多くの場合、軍事力か軍事力を背景とした外交交渉においてしか実現されえない。この際の通商条約締結時、関税率が双方の協議の中で決定され、特に敗戦の結果の通商条約においては低い関税率が押しつけられる。明白な国家主権の侵犯である。

第三が片務的最恵国条款の挿入である。治外法権と協定関税を骨子とする条約締結の際、欧米諸国家はこの条款を挿入することにより、相手国が他国にその後認める特権条款を、自国側のなんらの譲歩もなしに自動的に自国に均霑《きんてん》させる権利を獲得することとなる。この条款は歴史的には欧米主権諸国家相互間の条約システム形成の中で出現したものだが、この条款は、非キリスト教世界に適用させられる時、きわめて有効で強力な威力を発揮するのである。

3　不平等条約世界体制の起源

この不平等条約世界体制はキリスト教世界とイスラム世界の古くからの接触地オスマン帝国を起源としている。カピチュレーション(capitulation)とよばれるものである。最盛期のオスマン帝国は一七世紀にはウィーン攻略寸前の状況(一六八三年)をつくり出すほどの勢力を誇り、キリスト教地域であったバルカン地域をも帝国内に包み込み、帝国内のキリスト教徒を二等臣民とし、正式の帝国臣民たるイスラム教徒と差別した支配体制をつくっていった。

他方、西洋との交易をおこなう必要から、帝国内に来航し、商業を営む諸国との間に、カピチュレーションとよばれる協定を締結していった。フランスとは早くも一五三五年に結んでおり、オランダとは一六八〇年に締結している。本来的にはオスマン帝国側からの特恵的条約であり、いつでも帝国側から停止し廃棄可能なものとされていた。

注意すべきことは、カピチュレーションの締結主体である。一六七五年にイギリスはこの条約を結ぶが、その主体はレヴァント会社という貿易会社なのである。同会社はインドでの東印度会社と同様、重商主義段階特有の特徴をもった独占会社であり、法的権限をイギリス王国から賦与され、オスマン帝国貿易に関する全権を保持し、紛争に備え各地・各港に領事を置き、貿易をおこなうすべての英国商船から税金を徴収する権限を有していた。

オスマン帝国がレヴァント会社と結んだカピチュレーションは、①英国人同士の争いと事件には帝国は介入しない、②英国人と他のキリスト教国民との争いと事件は帝国法廷が裁く、③英国人と帝国臣民との争いと事件は帝国法廷が裁く、と述べ、その第四二条に、②③の場合、英国公使あるいは領事はその裁判の場に出席し、審理を聞きともに決定する、としていた。ただし、英文では"They shall hear and decide it together"となっている箇所は、トルコ語テキストでは単に「イスチマ」(「聞く」の意味)となっていたため[1]、両者間の力関係に応じて裁判のあり方は大きく変化する。とりわけ英国人がイスラム教徒のトルコ人を殺害ないし重傷を負わせたケースは微妙となった。オスマン帝国の勢力が衰えてくると、イギリス側は訴訟手続き・証拠法・判決の量刑等すべてにわたって英国法システムに従っておこなわれない場合には反対を強く主張するようになってくる。

4　治外法権の出現

イギリス領事制の成立

イギリスにおいて産業革命が展開し、産業資本家が階級として成立する中で自由主義イデオロギーが確立していった。この思想は一方で自己認識として文明対未開、あるいは文明国対半開国(semi-civilized country)という他者・自者の対立関係軸を創り出すとともに、他方で自由貿易のため独占を廃止すべきだ、との主張を生み出していった。一八二五年、レヴァント会社は廃止され、オスマン帝国貿易の独占権が消滅し、同会社のカピチュレーションはイギリス王国にそのまま継承され、同時に同会社の領事システムは、イギリス外務省の在外官吏体系の中に編入されることとなった。

ところで、この領事システムは欧米列強の進出に不可欠なものであったことは留意してよいことである。不断に発生する貿易上の紛争を裁き、在留商人をはじめとする自国民の保護に当たる領事・総領事とその体制が創られる過程でこそ、商品の大量で安定した販売が実現されていく。商品の安価さだけで単一の資本主義世界市場が形成されたわけでは決してないのである。

ロシア帝国と治外法権

明文化された治外法権の獲得では、一九世紀初頭から一九〇五年の露日戦争敗北まで、東欧から極東に至るユーラシア大陸全域でグレート・ゲームとよばれる軍事的外交的対立・抗争をイギリスと展開しつづけたロシア帝国の方が一歩先んじた。

黒海北岸とコーカサス地域西半はオスマン帝国の支配地域であったが、この地域への蚕食を通じてロシアは膨脹していった。ロシアはイギリスとともにナポレオン戦争に勝利した一八一五年以降、その拡大方向を黒海とコーカサス地域の掌握に置いた。これに絡むのがオスマン帝国支配からの独立を図るギリシャ人であり、独立運動の拠点が、一七九二年ロシアがトルコから奪取したオデッサである。イギリスはロシアの地中海進出を警戒し、一八〇九年にはギリシャ西岸のイオニア諸島をイギリス支配下に置くのである。ロシアはまたコーカサス東半地域支配をペルシアと争い、戦争に勝利して一八二八年、トルクマンチャイ条約を押しつけた。この条約の中で初めて治外法権条項が明文化されるのである。つづく二八―二九年の露土戦争に勝利したロシアは、二九年九月アドリアノープル条約をオスマン帝国に強要し、モルダヴィア、ワラキア、セルビアを自立させ、ギリシャの独立を承諾させ、グルジア地域をロシアに割譲させ、そしてペルシアと同様、治外法権を認めさせた。

イギリスはロシアとの対抗上、オスマン帝国を支持しつつも、同時に自国の利益実現のため、弱体化する帝国に圧力をかけることとなる。そしてコンスタンチノープル駐在英国大使は一八二九年九月、英国外務省にあて、「ロシア国民と彼等の商売にかかわる特権を規定したアドリアノープル条約第七条は最も注目すべき条項である。(中略)多くの点において、独立した政府に本来的に所属すべき諸権利の行使がオスマン帝国に対して認められていない」[2]と報告する。第七条は、「ロシア国民はロシア公使とロシア領事の排他的法権と取締りのもとにおかれる」と述べているのである。オスマン帝国の弱体化はただちにフランスのつけ入るところとなった。一八三〇年、フランスはアルジェリア侵略戦争を開始するのである。

治外法権の明確化

この時期、アメリカ資本主義は急速に発達しており、イギリスの世界進出に劣らず、世界的に商船を送り出していた。一八三〇年五月に締結される米国トルコ条約では、英文テキストでは「アメリカ市民は、他の西洋諸国のやり方に従い、彼らの犯罪に応じて、米国公使あるいは米国領事によって裁かれる」との一項が入れられたのである。しかし、この条項はトルコ語の条約テキストには全く存在しておらず、その後アメリカ国内で大きな問題となっていく(3)。

イギリスも曖昧さを残すカピチュレーション規定を明確な治外法権規定に発展させせようとした。その契機が一八三六年のチャーチル事件であった。小アジアはスクタリ在住の英国商人チャーチルがこの年同地で遊猟中、トルコ人の子供に重傷を負わせる事件が発生した。彼は捕縛されてスクタリ知事のもとに送られ、さらにオスマン帝国外相のもとに檻送され投獄された。ポンソンビー英国大使は厳重に抗議するが、オスマン帝国外相は大使の要求を拒絶し、両国間の外交的大問題に発展した(4)。結局イギリス政府が重圧をかけて帝国外相を罷免させ、カピチュレーションの解釈に関しイギリス側のそれを認めさせ、さらに三八年には通商条約をオスマン帝国に承認させ、その中で協定関税を押しつけることとなる。

英国議会は、この事態に対応し、領事裁判権と裁判手続きを明確にするため、「女王陛下統治領土以外の様々な国々における女王陛下の権力と司法権の行使に関し種々の疑問を除去し、かつそれらをより効率的にするための法律」を一八四三年八月に成立させる。(5) 非キリスト教世界のいかなる地域においても、英国国民に対し治外法権を享受させる全世界的法的枠組みが、この法律によって提供されることとなったのである。

5　アヘン戦争と不平等条約体制

欧米諸国対アジア専制国家

欧米列強の進出に直面するユーラシア大陸には、既に東印度会社により蚕食が深く進行し解体させられていたインド地域世界の他に、①オスマン帝国が組織する地域世界(エジプトは相対的に自立し、トリポリ、チュニス、アルジェリア等のベルベル地域はオスマン帝国の従属国)、②オスマン帝国と拮抗し、コーカサス東半、中央アジア、アフガニスタンに影響力を有するペルシア帝国支配地域、③冊封体制をもって大清帝国が組織する東アジア地域世界(日本はその周辺に位置する)がそれぞれ存在し、各々がともに独自性を有していた。

まず、清国や日本はオスマン帝国と異なり、宗教的自治団体を内部に認めなかった。日本は出島のオランダ人に対してすら十字架の飾りを許さなかった。

また、日本を例にとると国内に居住する外国人の定住化と雑居を認めなかった。日本では中国人・オランダ人ともに女性の渡来と同行を決して許可せず、出島や唐人屋敷からの私的外出は禁じられ、外出の際は日本人が付き添い監視する制度をつくっていた。

さらに清国も日本も外国人に対する独自の法の適用を認めず、封建国家的レヴェルではあれ、国家主権は在留外国人にも完全に及ぼされるべきものとされた。高橋景保の獄死という悲劇をうみ出したシーボルト事件は、日本の国内法違反がその発端であり、違反者シーボルトには国外追放と再来日禁止処分が課せられ、また清国人の犯罪は長崎奉行が裁き、犯罪者は国外に追放され、日本への再渡航が禁じられたのである。

東印度会社対清国から英国対清国へ

一八二五年のレヴァント会社のオスマン帝国貿易独占権の解消につづき、三三年には東印度会社の広東貿易独占権が消滅し自由貿易がとってかわった。と同時に国家的な貿易統轄官の同地への派遣が必要不可欠となり、首席貿易監督官(chief superintendent)制度が導入される。ただし国家と国家との関係は未だ成立しておらず、広東地方行政機関との外交関係のみが許可されることとなる。

これ以降、アヘンを主力商品とする対清貿易拡大の過程で、イギリスはオスマン帝国との間で方向が見えてきた治外法権の清国内での確立と清国からの協定低率関税獲得が、開港場の数を拡大させることとともに焦眉の課題となっていく。オスマン帝国との間では長期にわたる力関係の変化の中で混淆裁判制度として徐々に具体化してきた不平等条約体制、その完成形態を一挙に清国に対し実現しようと狙うのである。

ただし一八三〇年代後半の段階、アヘン戦争以前の段階では、イギリス国内ですら、その法論理を納得させることは容易ではなかった。三八年四月、議会に「清国内における刑事・海軍関係・民事裁判をおこなう法廷を開設することを許可する法」案がかけられた時、七月二八日、ホーエス議員は「清国政府が同意しない限り、この法律によって賦与される司法権を有する法廷を設立することは不都合である。大臣によって提案された司法権に対する清国政府側の微小な同意の痕跡の微塵たりとも、私は発見することができない(6)」と反対意見を述べ、この法案は否決された。

アヘン戦争と治外法権の確立

一八三九年三月、林則徐はアヘンを没収、焼却を開始した。同年五月、アヘン禁令違反者は死刑にするとの協定締結を拒絶したエリオット首席貿易監督官はイギリス人に広東撤退を命令し、英船の入港を禁止した。この紛争最中の七月、撤退していた英船水夫の暴行により清国人林維喜殺害事件が発生、林則徐の犯人引渡し要求を拒んだエリオットは、首席貿易監督官制度を立法化した法律(一八三三年一二月)に従って法廷を開き、関係者を処罰したが、主犯は不明と判決したのである。

この林殺害事件をめぐって『チャイニーズ・レポジトリ』三九年八月号は、次のように論評する。「エリオットはイギリス政府より、英国国民を清国法廷の司法権に委ねてはならないとの極めて明白な訓令を得ているはずである。この訓令は、疑いの余地なく、清国法廷はいかなる外国人官吏も外国人証人も認めてはいないという悪名高い事実に基づいたものだ。この排他的精神なるものは、今やオスマン帝国においてもベルベル諸国においても既に放棄されてしまっている。この排他的精神は恐らく、現在、この地において、その最後の闘いを決しようとしているのだ(7)」と。

九月四日、イギリスより軍艦が到来して英清間に戦争が勃発、四〇年二月パーマストン外相は全権委員宛書簡の中で条約中への治外法権条項の挿入を指示していたが、四二年八月締結の南京条約(賠償金支払い、香港割譲、広州・福州・廈門《アモイ》・寧波《ニンポー》・上海五港開港)には治外法権への言及はなく、四三年一月、さらなる補充条約締結を指示してアバディーン外相はこう述べる。

状況が許す限り正式な形式において、刑事及び民事裁判での、一方で英国国民に対する英国当局の絶対的司法権(absolute jurisdiction)、他方で清国人が加わっている場合には清国官憲との共同司法権(concurrent jurisdiction)への清国政府の同意を獲得することが好都合だ。清国政府の正式な同意が欠如していたので、数年前には、清国内の英国人に対する裁判制度をつくろうとした法案が議会で否決されてしまった。清国と同じような司法権は、トルコのスルタンたちによって放棄され、そのことがカピチュレーションに記録されたが、この司法権の放棄(renunciation)は、上述のような法律を立法するに際し議会で出される諸困難を除去するだろう。(8)

この指示に従い、領事裁判権は一八四三年七月二二日締結の清英五口通商章程に明記され、治外法権の詳細に関しては、同年一〇月八日締結の英清追加条約(通称虎門条約)に明記されることとなった。なお協定関税は南京条約第一〇条に規定された。

このように、オスマン帝国との間で時間をかけ形成され確立されてきた不平等条約体制は、清国に対しては完成形態のものが軍事力によって強制されることとなった。そしてこの領事裁判権は、"Judicial Functions in Semi-civilized Lands"(9)と呼ばれることとなる。福沢諭吉らの啓蒙思想家たちが好んで文明対未開、文明対半開という文明の段階区分を持ちこみ、人を差別化していった、というよりは、それは欧米キリスト教列強が非キリスト教諸国全域に押しつけた世界史的な法的枠組みそのものであったのである。この鋼鉄のオリをいかに破砕するのか、その方法は何か、清国においても、わが日本においても至上の課題となっていくだろう。

6 不平等条約世界体制の全体構造

不平等条約体制と軍事・外交

ここではイギリスの東アジアでの例を見ておこう。完全な法的枠組みは日本では一八五八年八月(安政五年七月)の英日修好通商条約により、清国では南京条約に続く一八五八年六月の天津条約により創られる。

公使はそれぞれの首都に駐劄《ちゅうさつ》し、領事は清国では満州の営口、台湾の淡水、さらに揚子江内部にまで展開された開港場に、日本は横浜・箱館・長崎、そして後日には神戸と新潟の開港場に派遣され執務する。イギリスにとっては清国と日本は一つの単位である。駐清公使はブルース、オールコック、ウェイド、パークスと続くが、オールコックもパークスもそれ以前には駐日公使を務めているし、さらにそれ以前を見れば、オールコックもパークスも清国で領事として長年活躍してきたのである。

各港での領事裁判に不満であれば、英国民は控訴する。東アジアでの体制の完備は一八六五年、控訴裁判所(Supreme Court for China and Japan)の香港開設においてである。そしてその判事ホーンビーは、一八五七年から六四年まで、一足先に開設されていたレヴァントの同種裁判所の判事を務めていたのである(10)。

この不平等条約世界体制を軍事力で維持するのが大英帝国海軍である。前述したように英国の中国艦隊は一八六四年に東印度艦隊から分離するが、これによりイギリス海軍は世界の海を七つの海域に区分することとなる。地中海、北米・西印度、太平洋、東印度、オーストラリア、喜望峰・西アフリカ、そして中国海域の七海域である。中国艦隊は中国海域を①マラッカ海峡区域(拠点港はシンガポール)、②南シナ区域(香港)、③北シナ区域(上海)、④日本区域(横浜)の四海域に区分し、それぞれの海域で自己の任務を遂行する。

第一が開港場における英国権益の擁護であり、そのために一港一艦主義をとる。

第二が海上交通路の安全確保である。特に海賊対策が重大な任務となる。海賊はマラッカ海峡・ボルネオ・南シナ海・台湾近海を中心に極めて多い。

第三が軍事的プレゼンスである。情勢が深刻化すれば自己の海兵隊を行動させるか、陸軍連隊を上陸・駐屯させる。

第四が情報獲得である。例えば一八七五年の江華島事件の際には、函館→対馬→釜山と回航して日本の動向情報を詳細に蒐集している。

第五がロシアに対する警戒とロシアの軍事動向の把握である。一八六一年の露艦対馬占拠事件での英国海軍の行動はその好例であるが、ウラジオストクの海軍基地建設の進展状況をつかむためには七四年、調査を行なって報告書を作成、七五年に締結された千島樺太交換条約に関しては在日公使館と英国海軍が極めて緊密に情報蒐集・情報交換を行なって、ロンドンの内閣に報告している。

このような構造を形成・確立していく中で、イギリスが実現しようとしたことは、以下の諸点にまとめることができる。

第一、条約を完全に相手国に履行させ、自由貿易体制を名実ともに実現させること。

第二、条約改正条項(清国では一八六八年が、日本では七二年が改正の年とされている)を利用し、さらなる通商上の諸権益を実現させること。具体的には居留地のみではなく、国内を全面的に開放させ、清国には内水航行権、内地居住権、鉄道と電信の敷設権等を要求し、日本にも内地開放を強く要求する。

第三、キリスト教を解禁させ、内地での布教の自由を認めさせること。特にこの要求は民族宗教・伝統宗教との摩擦を生み、感情的対立をひきおこすことになっていく。

なお、「お雇い外国人」も情報入手の大切な情報源になっていたことは注意してよいだろう。

イギリスが、この不平等条約世界体制を実現するために最も重視したのが条約締結諸国(ただしロシアは除外されている)との共同要求・共同行動という行動パターンであった。英語ではTreaty Powersという名称で頻繁に登場する。他の欧米列強を共同の要求と行動に巻き込み、欧米列強の外交力・軍事力を総結集することにより、自由貿易体制を貫徹・深化させ、最恵国条款により、勝ちとる権利を均霑させ、しかもその中で自国が自動的に最大の受益者となるという論理がそこには貫かれていた。

大英帝国の新たな模索

しかし、イギリスが堅持してきた列強協同政策は、果たして有効な政策たりつづけるのか、この疑問が提起されるのが一八八〇年代の半ばからのことである。特にそれは日本にかかわって浮上してくる。八五年六月一九日、タイムズの東京通信員は次の記事を送り、八月一九日付のタイムズ紙に掲載される。

残念なことに、日本におけるイギリスの地位と影響力が以前のようなものではなくなってしまっている。(中略)(その原因が)イギリスがもはや自国の利益に貢献しない、あるいはもはや時勢に歩調の合わない一連の政策に愚かにも執着していることにあるというのも同じくらいはっきりしている。その政策とは、すべての条約国が協同行動をとるという政策だ。(中略)

(条約締結から一〇年間は)外国列強は連合して、ときどきこれを行使し、将軍政府を意のままに動かした。どんな強い国でも、この要求を退けては生きながらえることはできなかったのだ。だがたとえそれが、圧力をかけるための脅迫的で恐怖をひきおこさせさえする動力機だったとしても、それは仕事を立派かつ迅速に行うという利点があった。(中略)

(しかし今日では)同盟国の一つが他の国を出し抜くのを阻止するために、あるいは既成の型から抜け出るのを嫌う保守的な理由から、最も好ましくない形で固守されている。(中略)イギリスはその連合を維持するため、最恵国条項をその最悪の形で厳守するという苦しみを自ら被っているのだ。最悪の形とは、すなわちあり得べき互恵主義的な特徴が一切はずされたもので、またもし日本が条約国の一国に対し譲歩の見返りとして特権や免責権を与えた場合、他のすべての条約国は同じ利益を受ける資格が生じ、その場合、その利益に対して見返りを与える必要はないということを規定しているものだ。(中略)ロシア問題、巨文島の占領、朝鮮の陰謀から生じた予期せざる混乱は、すでにこの領域に気味悪く迫り始めている。イギリスはすぐにも、日本のような好ましい友人に対して影響力を強化する方がよいだろう。(11)

第五章　幕藩制国家と朝幕関係

1　朝幕関係の変遷

古代律令制国家

維新変革を歴史的にとらえようとする場合、不平等条約体制という外部から強制される世界体制と同時に、この圧力を受け止める側の国家構造の特質が正しく理解されていなければならない。それはオスマン帝国・ペルシア帝国・ムガール帝国・大清帝国、そして日本それぞれに、支配階級の人々が相互に了解し合っている支配の正統性のあり方、被支配諸階級が納得している支配されるべき統治のあり方は異なっており、しかもそれらは長い年月を経て形成されてきた、代替不可能なものなのである。日本の場合には特に古代以来存続してきた天皇と朝廷の問題がここにからんでくる。

古代律令制国家は一見中央集権的国家のように思えるが、二重構造をなしていた。在地首長層が律令制により郡司層に編成替えされ、律令制国家は彼らに対しては式内社三千有余に対し幣帛を奉幣する形等でつながりをつけ、他方で唐にならって法制度・官僚制度・

儀式儀礼等、形式的に完備した国家体制をつくりあげる。宗教的には天孫降臨神話の神孫であることにより神々を支配し、鎮護国家イデオロギーによって仏教を国家統治の下に完全に組み込む制度をつくりあげる。対外的には中国に対し冊封関係を結ばず、したがって従属関係や宗属関係を持とうとはしなかった。中華帝国システムの中では極めて特異な位置を日本は占め、そして中国側もそのことを認めていたのである。

在地領主制と天皇・朝廷

在地首長制と郡司的支配のあり方は一〇世紀を境に解体していき、在地領主制がひろがっていく。しかし律令制国家の枠組みは崩壊せず、新たな社会に対応しながら、天皇・皇室・公家集団は存続していく。一二世紀末に鎌倉で幕府が開設されることにより、征夷大将軍という官職を授与された武門の棟梁が国家公権の一部を移譲される。大犯《たいぼん》三カ条という軍事・警察権である。第一は御家人に禁裏守衛をおこなわせるための大番催促権である。これは江戸期でも、大番組の二条城守衛という形で生き続ける。第二が反逆人の追捕、第三が殺人者の捕縛である。ただし、在地領主であっても将軍と主従関係に入らない非御家人の場合には、依然として朝廷や本所《ほんじょ》・領家《りょうけ》勢力に直結していた。

これが転機を迎えるのが元寇《げんこう》の時である。鎌倉幕府崩壊まで、元との間に厳しい対外的緊張が続き、この緊張の中で国家的軍事動員の課題が提起される。鎮西《ちんぜい》奉行が国家公権として非御家人への軍事動員権を有するようになっていくのである。一方、源氏将軍が三代で断絶したあとは、身分が高くなく一御家人でしかない北条氏には将軍職は授けられず、摂家将軍、さらには皇族将軍が形式的には幕府の頂点に据え続けられる。北条氏では武門の棟梁たり得ないからである。

南北朝の動乱を治め、武門の棟梁たる実力を示した足利氏が征夷大将軍職を天皇から授けられ、室町幕府を開設する。国内の在地領主は将軍・守護大名という関係の中に秩序づけられていく。この関係が強まっていく中で旧来の諸国国衙《こくが》機構とその機能は縮小・消滅していく。国衙は守護所に吸収されていき、畿内近国の荘園のみが皇室と公家の結びつきを維持するだけとなる。在地領主制は格段に強化されていくのである。ただし寺院とそれに従属する神社勢力は中世においても依然として武家に対する寺家《じけ》として独自の寺社勢力を保持しつづけていた。

織豊政権と天皇・朝廷

前近代日本において最大の転換期となったのは一五世紀半ばから一六世紀末にかけての時期である。複合家族にかわり、はじめて単婚小家族形態の家族が社会の基盤となり、これを前提に惣村が畿内とその近国に成立していった。村落という社会の最底辺から日本が異様なまでに活性化してきたのである。この巨大な社会変容過程に対応しつつ在地領主階級の再編成と全国的結集が不可避となり、この動きは逆にまた、新たな方式での村落再掌握という事態を生み出していった。

支配階級の再編成に決定的な役割を果たしたのは日本が地球的規模での世界に包摂されたことによる鉄砲伝来であり、しかも鉄砲・弾丸・火薬等の大量生産と供給を可能にしたものが、単婚小家族を基礎とした社会的分業の広汎な展開と、東アジア規模での軍需物資流通であった。

戦闘形態の革命的変化は、在地領主とサムライ階級の在地からの切り離しと城下への集中、そして新たな組織形態の軍隊を生み出し、サムライ階級が存在させられなくなった兵農分離後の村落に対しては、年貢の村請《むらうけ》制度が制度化されていった。その社会の最底辺からの変革過程は、分散的封建国家、領主とサムライ階級の商人化の道の可能性を当初は提供していたが、現実化したのは、領主階級の強固な全国的階級結集と、この階級的重圧下での百姓・町人の封建身分的掌握というコースである。

この現実化したコースの過程において、改めて権力者にとって、自己が国家権力を掌握する上で、衰微した天皇・朝廷をいかに取り込むかという課題が提起されたのである。この模索のさなか、織田信長は横死し、豊臣秀吉は、摂関を頂点とする朝廷・公家の官職制度の中に領主階級が入りこむ形で国家公権を掌握しようとした。関白と太閤という官職と呼称が彼にとって重要な意味を持つこととなる。

2　幕藩制国家における朝幕関係

武門の棟梁と主従制

徳川家康は武門の棟梁としての徳川家の実力を確立することを第一義的課題とした。武門の棟梁とは、武士階級の中で卓越した軍事力を実証した家のことであり、軍事統帥者として武士階級全体が信頼をおく実力と能力を有する家のことである。そこでは武力と威信が重層化されている。

一六〇〇年の関ヶ原の戦いで西軍に勝利し、一六一四―一五年の大坂冬の陣・夏の陣で豊臣家を滅亡させた徳川家は、毛利家や島津家と同じレヴェルの領主階級の家であり、封建的主従関係を自己の家臣との間につくり上げれば上げるほど、逆にそれは排他的社会結合をつくり出すことになり、徳川家を含むこの多くの領主主体の排他的結合を包含する国家的政治的枠組みがどうしても必要になってくる。主従制を全国的に展開すれば封建国家が形成されるわけでは決してないのである。

家康は征夷大将軍に任ぜられるや、京都から遠く離れた江戸に幕府を開設し、軍事統帥能力がなによりも問われる征夷大将軍の資格において全国の諸大名を支配した。彼は秀吉のように摂関を頂点とする朝廷・公家の官職制度に大名を編入することをせず、完全に別建てとし、そして大名・サムライの朝廷に対する官職推挙権を自分、即ち将軍が掌握した。

官職は武士階級、特に大名にとっては国家公権分有意識を形成する上では必要不可欠のものであったのである。さらに中世には独自勢力であった寺社勢力をも自己の全面的支配下に置き、その統轄担当者として寺社奉行を任命する。(1)

徳川幕府と天皇・朝廷

江戸幕府が国家権力を握る上で、このように朝幕関係は死活的重要性を有していた。その第一の前提は天皇・朝廷との良好な関係を維持し朝廷尊崇の態度を幕府が示すことである。天皇・朝廷の側は、戦国期衰微の極に達していた自分たちを徳川家が再興してくれたことへの深い感謝の念を抱いており、またキリスト教を防遏《ぼうあつ》してくれたこと(＝鎖国体制の形成)は、徳川家への彼らの信頼の気持ちをさらに強化したのである。(2)

前近代の朝幕関係を研究する河内祥輔氏は、江戸幕府に奉仕する儒者の朝幕関係認識を次のようにまとめている。

彼ら儒学者にとって、史学研究の目的は「徳川の世」の正統性を明らかにすることにあった。なぜ今、徳川氏がこの世を治めているのか、京都の朝廷は政治の実権を失っているが、なぜそれでよいのか、「徳川の世」ははたして永続するのか、その説明を歴史に求めたのである。そこに二つの解明すべき課題が生まれる。第一は朝廷が政治の実権を失った理由であり、第二は武家(平氏・鎌倉幕府・室町幕府・豊臣氏)が滅亡をくりかえした理由である。(中略)この定式は平安時代以来の歴史を、天皇に対する摂関・上皇・武家の「不敬」・「謀反」・「僭上」の展開とみなす。つまり権力闘争の歴史であったとする。(中略)武家が次々と滅亡するのは、天皇に対する「謀反」のためである。その点において、儒学者にとっては後醍醐天皇がきわめて重要であった。彼らは後醍醐は「王政」(「天皇親政」)の復活を目指したとみなし、それに「謀反」したのが北条高時と足利尊氏であるとみる。故に、鎌倉幕府と室町幕府の滅亡は必然であり、同時に後醍醐「中興」の失敗によって「王政」の復活はもはや不可能であることが明瞭になったと解した。(中略)ここに「徳川の世」の意義が導かれる。「神君」家康は「天子」(天皇)を尊び、「天子」を滅亡から救った。(中略)徳川氏には全く「謀反」の行いはない故に、「徳川の世」は永続しうるという。つまり「徳川の世」は、過去の「武家の代」からの単純な延長の上にあるのではなく、過去の「武家の代」のあり方の否定の上に成立した、というのが彼らの考え方であろう。[3]

著者は彼の理解に賛同する。

国王と公方様

江戸時代の歴代天皇は、それ以前と同様、一貫して神武天皇より自らの代を数え、神武天皇の皇孫と名乗りつづけた。[4] この自己意識は、中国的な易姓革命を否定することとなり、また、三種の神器・禁裏賢所・伊勢神宮と結合させて自己を日本国王と呼称させることとなる。「大王」号も「大日本国大王」というように、使用する例もある。一般民衆が天皇と朝廷を前提に国家を意識していたことは、「本朝」とか「皇朝」という言葉が広く流通していたことからも窺えることである。

それに対応する将軍の自己意識は、なによりも「日本国征夷大将軍　源《みなもとの》朝臣《あそん》諱《いみな》」という自署形式に表現されている。これが故に、新井白石の時、一時的に朝鮮国王とのつりあいの関係で、「日本国王」という将軍称号が朝鮮通信使に対し使用されたことがあるが継続されず、曖昧な「大君」称号が使用されつづけるのである。

この天皇・将軍の相互・結合関係を基軸に国家公権が認識され理論化される。天皇に授けられる将軍職はなによりも武職なのであり、この武職を核心に将軍は国家公権を掌握し、「御公儀《ごこうぎ》」となる。将軍が没すると世子は上様《うえさま》と呼称され、将軍宣下《せんげ》式が終了したその瞬間から公方様《くぼうさま》と呼称が変更される。朝廷を尊崇し四夷を平定すべき新たな国家権力者がここに正式に誕生する。天下様《てんかさま》とも一般民衆は呼んでいた。

このように公儀権力を構成する上で不可欠な国家機構の中に天皇・朝廷が位置づけられ、天皇・朝廷と合体し、しかも幕府が主体となる形で「御公儀」が成立する。「天領」とは「御公儀」直轄地であるため、幕府直轄領も禁裏御料もともにこの名称で呼ばれるのである。

3　日常性の中での朝幕関係

江戸幕府は率先して朝廷を尊崇する態度を示し、戦国期には一万石にまで減少した禁裏御料を三万石に増加し、天皇に奉仕する家臣の公家たちに対しては分家(＝新家)を認め、一三〇家までに増加させた。この結果、皇室・公家・地下官人《じげかんじん》知行高は一一万石までに増えていく。

この朝廷と幕府間の最高儀礼が将軍宣下式であり、将軍宣下使が江戸に下向し、城中で宣下式がおこなわれ、公方様が誕生し、国家公権の掌握者となった新将軍が領地を改めて賦与するため、判物・朱印状を交付する。賦与される対象は大名家は当然のことながら、宮家・公家・寺院・神社も含まれている。交付対象とならないものは、禁裏御料と徳川家の私的家臣である旗本・御家人のそれであり、これらの賦与行為は、公儀主体たる天皇および将軍に対する公役《くやく》への反対給付だと著者は解釈している。

この朝幕関係は毎年儀式化され可視化されなければならないものであった。将軍は新年に当たり年賀使として高家《こうけ》を京都に派遣し、伊勢神宮と日光東照宮へは将軍名代が遣わされる。朝廷は答礼として毎年三月、勅使・院使を江戸に下向させ江戸城中で盛大な儀式が挙行される。「忠臣蔵」はこの場での武家接待の争いが発端となったのである。毎年の日光例幣使も朝廷の神君家康に対する厚い思いを沿道の日本人に示す重要な行列となった。

新年につぐ大きな対朝廷行事が八朔《はっさく》の御馬献上であり、さらに新茶・氷砂糖・初鮭・初鶴(将軍鷹狩の鶴肉である)等々の進献儀礼が続くのである。

4　身分秩序と朝幕関係

国家公権の分有者となり「小公儀《しょうこうぎ》」とも呼ばれる大名は、サムライ階級の一員ではあるが、そこから分離され、特有の階層に転化される。大名は家督相続の際将軍に「お目見《めみえ》」の儀式をおこない、一万石レヴェルの大名では、従五位下の官位と受領《ずりょう》等の官職名が将軍の推挙により天皇より授与される。その後も昇進のたびごとに京都で複雑な手続きをしなければならないため、一定レヴェル以上の大名家は京都留守居を置くこととなり、それ以下の諸大名は有力京都商人を御用達《ごようたし》として依頼する。有力大名の場合には公家や皇室と姻戚関係をとり結ぶこととなる。水戸家と有栖川宮《ありすがわのみや》家、島津家や津軽家と近衛《このえ》家、長州家と勧修寺《かじゅうじ》家、山内家と三条家等々がその例となる。

国家公権の分有者である以上、諸大名は徳川家との親疎関係に従った親藩・家門・譜代・外様《とざま》といった種別とは別個に、国守(＝国持)・準国守・城主(＝郡大名)・城主格・無城といった伝統的国制史的な区分名を有することとなる。

国家公権を実際に担い行使する幕府役人も公の資格を得るために、ふさわしい官位・官職を保持していなければならない。老中は侍従レヴェル、大坂城代は従四位下、京都所司代は従四位下侍従、禁裏附や大番頭は従五位下であり、朝廷から官位・官職を授かる際の礼金は「官金」と呼ばれ、侍従拝受の際では幕末期で一五〇両となっている。

朝廷が幕藩制国家の身分秩序形成に関与するのは将軍・大名・幕府役人のみに限定させられてはいない。古代以来の伝統を保つ宗教の場合も同様であった。僧侶の場合、位階は法印・法眼《ほうげん》・法橋《ほっきょう》、官職(僧官とよばれる)は僧正・僧都《そうず》・律師(それぞれ大と権がつけられて六級となる)と分かれており、これらの位階・僧官も朝廷から授けられる。また寺々は宗派によって分かれており、各々の宗派は本寺末寺制度で統御され、各宗本寺には宮門跡《みやもんぜき》・摂家門跡・准門跡制度が確立し、朝廷との関係においてゆるぎない統制が貫徹させられるのである。

全国の神職たちも公家の吉田家か白川家のいずれかをたよって位階と受領名を朝廷から授けられ、これが神事を司る資格となる。

この官職制度は幕府医師や幕府絵師にも共通しており、またこの方法は公家に下降し、盲人は公家の久我《こが》家から検校《けんぎょう》以下の盲人官職を授かり、陰陽師《おんみょうじ》は公家の土御門《つちみかど》家が身分的に統制することとなる。さらに職人や芸能人も位階や受領名を授かることによって、自己の社会的地位を上昇させようとした。この官職補任の手続きは幕末まで一貫しつづけている。

ここに見た身分秩序も近世朝幕関係が成立・確立される歴史的過程の中でとらえる必要

があるだろう。一六四五(正保二)年、朝廷より東照宮号が下賜され、翌四六年には奉幣勅使が日光に赴き、これが翌四七年より日光例幣使として恒例化される。同時期の四七年に伊勢例幣使が再興され、同年、輪王寺門跡《りんのうじもんぜき》に後水尾《ごみずのお》天皇皇子の守澄法親王が就任する。宮門跡の中でも最高の地位に、日光・東叡山・比叡山三山を支配する輪王寺宮がすわったことを意味するのである。

5 幕末期の変化

第一章で言及したように、一八四四(弘化元)年から四六年に琉球には仏英両国の宣教師が渡来し、四四年にはオランダ国王の開国勧告書簡が幕府に送られ(第六章)、四六年七月(弘化三年閏五月)には米国艦が浦賀に来航(第一章)、幕府に開国を要請するようになってきた。ここに国家の不可欠の構成要素と自らを位置づけている天皇・朝廷と、国家の自立と独立をその軍事力で保持していかなければならない徳川将軍および幕府との関係が問われ始めることとなる。

弘化三(一八四六)年八月、幕府に対し朝廷より勅書が下される。(5) それに云う、「近頃(異国船渡来の)其風聞屢《しばし》ば彼是《かれこれ》叡念にかけさせられ候、猶《な》お此上、武門の面々、大賊を畏《おそ》れず、宜《よろし》く籌策《ちゅうさく》これあるべく、神州の瑕瑾《かきん》これ無き様、精々御指揮候て、弥々《いよいよ》宸襟を安んぜらるべく候」と。この勅書に対し同年一〇月、京都所司代は浦賀・長崎・琉球への諸国艦船来船の事態を朝廷に奏上するのである。

ここに見るように、朝廷は将軍と幕府を諸大名とサムライ階級を指揮する「武門の面々」と呼び、自己をその中心に置く「神州」を安泰たらしめる方策の実施を要請している。だが一七世紀前半に固定化した軍事体制と軍事力で、はたして幕府は天皇と朝廷の要請を果たすことができるのだろうか。

第六章　アヘン戦争の日本への影響

1　アヘン戦争情報の日本への渡来

オランダ船経由

オランダのバタヴィア政庁は幕府に対しアヘン戦争勃発の報知を文書でおこなうこととし、特別報告書(「別段風説書《ふうせつがき》」)が一八四〇年七月二九日長崎入港のヘンリエッタ号によりもたらされた。(1) この報知により幕府は英清戦争の本格的な開始を知ったのである。幕府はこの報知や後述の清国商人情報を踏まえ、天保一三(一八四二)年七月、異国船打払令をやめ、かわって薪水食料給与令を発した。

一八四一年に来日する予定の蘭船は遭難したため、この年長崎入港の蘭船はなく、四二年七月に二艘の蘭船が入港、この際四一・四二年二カ年分の別段風説書が提出された。同年九月一七日、出島の蘭国商館に幕府達書が送られ、そこでは、打払令を撤回し給与令を発したことを諸外国に伝達するよう、バタヴィア政庁への依頼方が要請されていた。

別段風説書は四三年には八月に、四四年には七月にそれぞれ長崎に達したが、蘭国商船とは別個に四四年七月には蘭国軍艦パレンバン号が来航し、日本の開国を勧告するオランダ国王親書が幕府にもたらされた。この時、南京条約全文、五口通商章程および税率表もともに幕府宛に送られたのである。

四五年には別段風説書は七月に長崎に来たが、同書類とともに英清追加条約(虎門条約)が附属文書として送られてきている。

清国船経由

長崎には毎年五～七艘の清国商船が浙江省の乍浦《サホ》より来航しており、長崎奉行所はこれらの商船から海外情報(口単《こうたん》・単報《たんぽう》とよばれた)を得ていた。アヘン戦争にかかわる最初の報告は、一八四〇年和暦七月入港の船からのものであり、そこでは三八年春のアヘン禁令を命ずる皇帝上諭、三九年林則徐の広東派遣、同年和暦九月二八日の清英間の武力衝突と広東の外国人撤退等が報ぜられている。

同年和暦一二月入港船の「口単」は定海県の失陥、「英国第三公主」(女性)捕縛(誤伝)等を報じている。

四一年和暦六月入港の「丑(この年の十二支)二番船」の報告では「第三公主」捕縛の件が述べられており、また、同年和暦一一月に乍浦を出航した「丑五、丑六番船」の「口単」には、前年六月の寧波《ニンポー》攻撃、余姚県での「英国第三公主」の捕縛の件が報告される。

この英人女性捕縛の流言はよほど伝播していた様子である。

一八四二年和暦一月に「寅一・二番船」が入港した後、清国商船の長崎入港は杜絶し、和暦一一月・一二月に「寅三・四・五・六番船」が一〇カ月ぶりに長崎に来航する。この一一月報告では、和暦四月八日、乍浦が英艦によって攻略され船が焼却されたため、九月に造船、ようやく来日できた旨が述べられている。

ここに見るように、清国情報は清国政府よりの報告ではない、商人たちの私的な情報アンテナに依ったものであったが、オランダ側のものが、自国の利害に引きつけたものであったのに対し、侵略戦争のリアルな実態を伝えており、また清国商人達は同時に多くの戦争関係出版物も日本に持ち込んできた。しかもそれらは漢文のため、たちまち日本全国に伝播されていくのである。

2 幕府の対応

アヘン戦争勃発は幕府にとって対岸の火事ではなかった。天保一三(一八四二)―一四年にはイギリスは戦艦を日本に差し向けるという噂が流布したのである。打払令変更の検討が開始されるとともに、天保一二年五月には、アヘン戦争以前から洋式砲術を研究していた長崎町年寄高島秋帆《たかしましゅうはん》とその門弟たちを出府させ、徳丸ヶ原で洋式銃隊調練を行なわせ、翌一三年六月には彼に洋式砲術の教授を許可している。また天保一二年一二月には目付鳥《とり》居忠耀《いただてる》と幕府代官江川太郎左衛門英龍《えがわたろうざえもんひでたつ》に伊豆・相模・安房・上総の巡視を下命、翌一三年八月、川越藩に相模、忍《おし》藩に房総の海岸防備を達するのである。

弘化元(一八四四)年より三年にかけては、琉球への仏英両国軍艦の来航と宣教師の留置、蘭船の長崎来航とオランダ国王の開国勧告、米艦の浦賀来航と通商要求等、さらに事態は切迫したものになってきた。

いかに対処するかをめぐって、弘化三年には幕府内では打払令復活案も検討されたが、強硬策は戦争を引きおこす、農兵取り立ては危険、大船建造にも馴れていないなどの反対論が出され、結局ことなかれ主義のまま、目立った具体策は講じられることがなかった。ただし弘化四年二月、江戸湾防備強化のため、彦根藩に相模、会津藩に房総の海岸防備を川越・忍二藩とともに分担すべき旨が達せられる。

外国船の日本近海出没の回数は増え続け、嘉永元(一八四八)年五月には打払令復活が再び評議されるが、財政的に困難であるとともに万国を敵にまわすことの不利が主張され、不可との結論となる。翌二年には漂流民音吉《おときち》を通訳としたマリナー号が浦賀・下田に来航、三たび打払令復活評議がなされるが、結論は同じであった。

このような堂々めぐりの論議のかたわらで、天保一三(一八四二)年一〇月には、讒言を信じて高島秋帆を捕縛、投獄し、嘉永二(一八四九)年三月には奥医師・表医師とも、外科と眼科以外には蘭方を用いることを禁止し、三年一〇月には卓越したオランダ語学力を有し江戸青山に潜伏中の高野長英を、幕吏に取り囲ませて自殺させている。自発的に事態を変え、人材を登庸し、軍事技術の摂取を図ろうとする姿勢は微塵たりとも存在してはいなかった。

採られる手段は結局封建的軍役体制の論理のもの、封建的軍学理論のものにとどまることとなる。嘉永二年七月、幕府は松前藩には福山城の、九州肥前五島《ごとう》藩には福江城の築城を命じ、両藩主を、大名格式の中の「城主」に格上げするのである。

嘉永五(一八五二)年六月、この年の別段風説書が提出され、そこではアメリカ遣使情報が記されていた。しかし幕府内の情報検討では、この報はオランダが通商を自国に有利にするためにおこなっているとか、英国人の意向を受けてのものだとの批判がなされ、また国内人心を動揺させてはならないとの意見が通り、なんら防禦態勢もとられないまま、別段風説書を漏洩させない厳重措置が講じられた。もっとも異国船渡来地の長崎・琉球に関る福岡・佐賀(隔年で長崎警備役を負う)・鹿児島の三藩主に対してだけは、別段風説書の抄出書が示されたが、①来航情報は疑わしいこと、②人心が動揺するため、この情報は世間に流布させてはならないこと、③各自の担当警備を油断なくおこなうこと、④しかし世間にそれとわかる仕方ではなくおこなうこと、との注意書を添えてのことであった。(2)

だが、不退転の決意のもと、ペリー艦隊四艦が来航したのは、長崎どころではなく、なんと幕府のお膝元江戸湾そのものであったのである。

3　海外知識の摂取

アヘン戦争の全貌を最初に簡略かつ極めて正確に伝えたのは、仙台出身の優れた青年漢学者斎藤竹堂が弘化元(一八四四)年に執筆した「鴉片《アヘン》始末」一冊であった。本書は写本で全国に伝播し、争うように読まれていった。弘化四年には、後年幕府儒官となる塩谷宕陰《しおのやとういん》が関係諸史料を博捜し「阿芙蓉彙聞《あふようい ぶん》」全七巻を編纂する。

アヘン戦争の衝撃は、日本人の眼を一挙に世界に拡大させた。大清帝国を敗北させ、交易を強制し、領土を割譲させた蛮夷イギリスは世界のどこに位置するのか、西洋諸国は現在どのような発展状況にあり、世界のどこに進出しようとしているのか、その軍事力と国力はどの程度のものか、この痛切な日本人の知的欲求が、蘭学界の中核的存在箕作阮甫《みつくりげんぽ》を義父に持つ卓越した地理学者箕作省吾《しょうご》を奮いたたせ、『坤輿図識《こんよずしき》』全五巻を執筆・刊行させるのである。第一巻は日本をはじめとするアジアと地中海、第二巻はトルコを含めた欧州、第三巻はアフリカ、第四巻は南北アメリカ、第五巻はオーストラリア、堂々とした世界地誌がここに出現する。日本人はこれでも満足しなかった。より詳細に、しかも歴史的に深めることを要求する。

省吾は弘化三年から四年にかけ補巻『坤輿図識補』全四巻を引きつづき刊行していった。第一巻が輿地《よち》総説、第二巻がアジアとアメリカの補足、ここにジョージ・ワシントンの詳細な伝記が加えられる、第三巻がヨーロッパの補足、第四巻が人物略伝として、アレキサンダー大王、アリストテレス、ピョートル大帝、そしてナポレオン一世の伝記が述べられている。当時の日本人は、今日の我々よりも、詳細に、しかも地理・国勢が歴史と結合された形において、世界を認識することとなった。この世界地誌の時代は、ペリー来航を間にはさみ、継続し、そして読者の数を益々増加させていく。蘭学界元老の一人杉田成卿《せいけい》(玄白は彼の祖父)は『地学正宗《せいそう》』四冊を嘉永四(一八五一)年に、残り三冊を安政三(一八五六)年に刊行し、省吾の義父箕作阮甫は、『図識』『図識補』をうけ、『八紘通誌《はっこうつうし》』ヨーロッパ部三巻を嘉永四(一八五一)年に、残り三巻を安政三年に刊行する。省吾が惜しくも結核のため、弘化三年、二七歳の若さで病没したためである。

ここに見た地理を歴史的にとらえようとする日本人の志向は、世界歴史のテキストをも生み出すこととなる。頭抜けた対外関係への関心は、当然欧米を歴史的に把握しようとする熾烈な意欲をかきたてる。前述の斎藤竹堂は嘉永四年、アダムとイヴのパラダイスから一八四〇年ナポレオンの遺骨が祖国へ帰葬されるまでを扱った簡潔な漢文体世界歴史「蕃《ばん》史《し》」を執筆し(3)、これまた写本で流布していった。彼もまた嘉永五年閏二月、三八歳の若さで病没する。

4 『海外新話』と『海外新話拾遺』

ところで、アヘン戦争のリアルな実態を日本人に知らせる上で、最も大きな役割を果したものは、嶺田《みねた》楓江《ふうこう》の『海外新話』と『海外新話拾遺』であろう。文章は日本人がなじんでいる実録体読本《よみほん》の口調のいい語り口のもの、しかも随所に画が挿入されている。嶺田は漢学者で梁川星巌《やながわせいがん》門下の漢詩人、国事を憂いて天保一四(一八四三)年には松前に赴いている。彼は『夷匪犯境録』『経世文編』『聖武記』等を典拠に嘉永二(一八四九)年に執筆(自序は三月となっている)、全五巻五冊で同年四月までに刊行するが、同年一二月、江戸の町奉行所に召喚され、人心惑乱を理由に嘉永四年一月まで押込め処分にされ、釈放後は三都所構《ところがまえ》(追放処分)を命じられて江戸滞在が不可能となり、上総国望陀《もうだ》郡請西《じょうさい》村に移らざるを得なくなった。彼は維新後も同地に住み続けて子女の教育に当り、多くの門弟の尊敬を一身に集めて同地に明治一六(一八八三)年死亡、生涯妻帯せず、晩酌代以外は、収入の大半を理科の教材や薬品などの購入費に充当したと伝えられている。

『拾遺』全五巻五冊は処罰中の嘉永三年に秘密出版されており、なかなか刊本が入手困難のため、本書は写本された形でも国内に流布していくのである。

5　吉田松陰の海外認識

右に述べた書物は、刊本にしろ写本にしろ、読まれなければ意味はない。書物史研究の眼目が読者分析となるゆえんである。ここでは嘉永四(一八五一)年四月、はじめて江戸に遊学した吉田松陰という青年兵学者（英語では military engineer となる）の事例を見ていこう。

この年の五月、叔父玉木文之進宛書状には、「近時、海国必読書、阿芙蓉彙聞とも、目録は私が西遊日記中に記し置き候（中略）、乍浦集詠抄二冊上木(4)」とある。「海国必読書」は編者未詳の写本、『乍浦集詠鈔』とは、アヘン戦争に遭遇した清国諸名家の詩賦を沈約《しんやく》が編集したものを、嘉永二（一八四九）年冬、漢詩人小野湖山が抄出して刊行したものであり、序文には大沼枕山や鷲津毅堂《わしづきどう》が名をつらね、巻尾には頼山陽の二男頼支峰が文を寄せている。

同年六月二日、家兄宛書状には、「海外新話拾遺一本、御買入相成り候由《そうろうよし》、未だ拝見申さず候(5)」とあり、秘密出版された『拾遺』が長州辺でも売買されているのである。

同年六月八日、家兄宛書状には、「坤輿図識・図共に、便《たよ》り之《こ》れあり候節、御送り越し、頼み奉り候(6)」とあり、『坤輿図識』も長州の兄が入手していたことがわかる。

同年六月二八日、文之進宛書状には、「先達《せんだつ》て聖武記四冊、彼の方へ送り候処、是《こ》れ又落手の由(7)」とある。『聖武記』全一四巻は大著『海国図志』を著した魏源の一八四六年の著作、英露両国の入寇と清国の武備を論じたものである。

同年七月二二日、文之進宛書状には、「八紘通誌三冊、右は坤輿図識正続編に漏れ候事を著わし候書の由、箕作《みつくり》玉海（省吾）が父の著わし候書に御座候、嘉永三《（ママ）》年新刊なり(8)」とある。松陰が『坤輿図識』『坤輿図識補』に続け、『八紘通誌』をも読んでいたことが、ここから判明する。

同年九月二三日、家兄宛書状には、「今年和蘭風説書御覧成され候や、都下にては未だ世間に流伝仕らざる由、世評には当年の儀、何故か長崎にて翻訳の節、御奉行所へ通辞召出され、奉行前にて翻訳仰せ付けられ、訳稿を止め候事は差免《さしゆる》されず候由、是れに因り世間に流伝仕らずと申す事に御座候(9)」とある。「別段風説書」自体が海外情報入手の大事な手掛りであったこと、嘉永四年には漏洩防止のため厳しい措置が長崎奉行所によって執られたことがわかる。翌五年には更に厳重な翻訳作業監視態勢がとられたため、流出しなかったのは当然のことといえるだろう。

同年一一月二八日、家兄宛書状には、「海防彙議二編借り候て佐世大夫へかし候(10)」とある。「海防彙議」九巻は幕府医師塩田順庵が諸家の海防策を輯録したもので、続いて「海防彙議二編」「海防彙議附録」「海防彙議補」と編纂が進展していったものだが、この書状で言及されているのは、「海防彙議二編」のことだと思われる。

ペリー来航の現場には嘉永六(一八五三)年五月、江戸に再遊してきた松陰も臨んでおり、その様子を報じた六月二〇日の家兄宛書状の中に、「九日栗浜《くりはま》に於て両奉行出張、四藩の海陸軍備を設け、夷書引受の次第、国体を失するの甚《はなはだ》しき、海外新話中に図之れある琦善《きぜん》、逆将義律《ぎりつ》との対面と同日の話にて、口に上《のぼ》すも尚《な》お心を痛む、夫《そ》れは扠《さ》て置き、吾が陣の備方、何とも無紀律の極、目に視る尚お魂を消す、此《こ》れ争《いか》でか醜虜の侮を招かざらんや(11)」

とある。
松陰が『海外新話』をよく読んでおり、満州族の清国欽差大臣琦善と英国海軍軍人で首席貿易監督官エリオットとの交渉場面を描いた挿絵が強く印象に残っていることが、この書状から明らかである。そして彼のいう通り、当日の日本側警備の有り様は、アメリカ側の露骨な軽蔑の対象となったのである。

6　松浦武四郎の海外認識

松浦武四郎(一八一八―八八)といえば、幕末期蝦夷地探険家としてのみ有名だが、アヘン戦争後の海外情報の国内流布の実態を知る上でも、吉田松陰以上に価値ある史料を私たちに残してくれている人物なのである。

彼は伊勢松坂在の津藩領須川村豪農の子、津藩儒者平松楽斎に一〇代半ば頃学んだ後、家を出奔し諸国を遊歴、僧侶となって長崎に滞在していた天保一四(一八四三)年二月二八日、郷里の家兄宛書状の中では、

> 当時長崎大混雑、諸役人はバハン(海賊)相現れ、江戸旗本衆御下りに付、上下大乱、又々当月初頃より西南に相当り白き光物数百丈《じょう》相出、長崎にては白き光と黒き光と二筋相見、前代(未)見聞の天変と、今夜頃にては薄く相成り、其沙汰は異国船参候前評と申触、諸大名の手当、九州は厳重に相成り候[12]

とあり、アヘン戦争時の長崎の様子がリアルに報ぜられているのである。武四郎は、この事態の中で、長崎町役人津川文作に蝦夷地問題の重要性を教えられ帰郷、蝦夷地に向かうこととなる。

還俗《げんぞく》して蝦夷地に渡航、その後江戸に出て、嘉永元(一八四八)年七月二八日に発した家兄宛書状には、「平松よりも時々便り、当方よりは異国船の義に付、毎月両度ずつ、書状遣し申候間、伊勢の様子は委細承り申候[13]」とある。武四郎は蝦夷情報提供者として生計をたてていくこととなるが、その出発がここに窺える。

嘉永二(一八四九)年四月一五日、津の旧師平松楽斎の武四郎宛書状には、「海外新話、御近作にて手に入り候由、一部御世話給《たまわ》り度《たく》御願申候[14]」とある。武四郎は嶺田の『海外新話』刊行作業のごく近くで動いているのである。

嘉永三年三月一二日、生家宛書状には、

海外新話相揃候本、手元に無御座《ござなく》候間、少し写しまじりに御座候え共、一部呈上仕候、尚《なお》、近く西洋武器図も出板仕候、只今是に取懸り申候、今四五日の内には蝦夷国図も出板、是も今両三日の内には出来仕候間、後便差上申候(中略)、大都会の御府内にても、古賀(謹一郎)先生や羽倉(外記、簡堂)先生其外諸先生へ引廻しに相成、海防慷慨の談にて、種々と御話しを承り候身と相成候も、放堂(蕩)の中にも鉄心石腸を人より見られ候間と奉存候[15]

とある。武四郎の江戸の暮しぶりが如実に現れている。松坂在の生家自体が『海外新話』全冊を読もうとしていることに注目されたい。蝦夷国図は正式名称を「蝦夷大概之図」といい、嘉永三年三月の題言を有するものである。刊行は四月。残念ながら武四郎が刊行するはずの「西洋武器図」は、どのようなものか不明である。

同年三月一四日、武四郎宛楽斎書状に、「新葉集、いかにも宜敷《よろしく》、開版悦《よろこび》申候、委細十部計《ばか》りか、又は左様《さよう》相成《あいなる》間敷《まじき》哉《や》、無遠慮《えんりょなく》中越、いのり申候(中略)、外夷の様子に聞及の事共、くれぐれ承度存候[16]」とある。外国情報を武四郎が伝え続けていることがわかるとともに、武四郎が出板を予定している新葉和歌集を数冊、津で売り捌いてやると楽斎が約束している。武四郎は、元弘以降弘和までの南朝方の人々の和歌を宗良《むねなが》親王が撰した「新葉和歌集」を、志気鼓舞のため嘉永三年の内に刊行しようとして、藤田東湖の跋を前年に既に得ているのである。

同年四月九日、生家宛書状に、「蝦夷図一葉呈上仕候(中略)、来五月初旬には西洋武器図を出し申候(中略)、先達て差上候海外新話にて、先大分の金を得、二三年此方の借金払仕候て、一安堵仕候[17]」とある。発禁処分にされると値が急上昇するのは、なにも錦絵だけの話ではない。『海外新話』も写本で補って全巻を揃えると、おそらく結構な売値になったはずである。

同年五月二〇日、武四郎宛楽斎書状には、

蝦夷の図二枚 忝《かたじけなし》、相楽申候、是は其土地の話を承り候て見候わば、別して面白く可有之《これあるべく》候、他日の会見を期申候、何卒相成候わば、今四五枚、料は可送申《おくりもうすべく》、御遣し御頼申候、海外新話、御世話にて手に入候わば、御送頼入候(18)

とある。蝦夷地の地図の需要も多く、また『海外新話』を読みたい人々が津にも相当いたことがわかる。

同年六月三日、武四郎宛楽斎書状には、

海外新話一部御送り、当処、漸《ようやく》三部計《ばかり》参り居候事迄ゆえ、諸人殊《こと》の外《ほか》見たがり候折から、いずれも悦申候、相成候わば、今一二部も御贈り給り候わば都合に御座候(中略)、蝦夷の略図御贈、当処、海外の事、素《もと》より宜《よろしく》研究致し候人少く、右の品など実に都合に候間、相成候わば、是亦料《これまたりょう》を御申越、御贈御願申候、松前辺に毎々異船通行の様子、何故か誠に不安なる事に候、面倒憚《はばかり》には候得共、此後共、又々委細御知らせ祈入候、当処にては斯様《かよう》の事、格実の話し承りがたく、流伝の噂を聞候迄に候(中略)、御目付方々より閣老へ差上の稿、御写し贈り給り忝存《かたじけなくぞんじ》候、承り度とも、手に入不申候処、大に悦申候、海外新話の出処、犯境録、侵犯事略の類、一向当処へ参り居不申、何卒手に入候わば、いずれにても宜敷《よろしく》、御贈いのり入候、最も料の処も無御遠慮御申越いのり入候、聖武記類も又宜御頼申候(19)

とある。この書状によれば、武四郎は旗本との人脈を介して幕閣評議に関る文書を入手できる立場にあったようである。楽斎としても藩儒らしく、『海外新話』が依拠した清国渡来諸刊本そのものを読むべく、その送付方を武四郎に頼んでいる。

六月三日付書状を得た武四郎は、入手できた分をただちに津に送った様子である。同年七月二日、武四郎宛楽斎書状に、

縷々《るる》御申越の主意相考候得ば、何分北方夷虜の侵犯を蒙られ候、至忠皇国の御為、尤《もっとも》な遠慮を深く感心致し候、(中略)其許《そこもと》度々蝦夷地へ渡られ、直々見及申され候事、世人の憂より切なる筈に候、世人に度々北夷に渡り候人も無之、殊に当処などにては、右の話いたし候人も稀に候、されば至憂の処、皇国の人々へ説話いたされ、用心する事を知らしむる事、本朝への真忠かと存候、(中略)海外新話二部、聖武記一部、蝦夷略図二部、此は方々より頼まれ候えば御世話頼入候、海寇窃来一部、写し次第返上可申候、右の通落手いたし候、(中略)犯境録、いまだ手に入不申候得共、少し心あたり有之候えば、少々見合可給候、(中略)陳化成報忠録はいまだ見及不申候、表忠崇義集と申は、京都より借、見及申候(20)

とあり、確認のため、届けられた諸本の目録を書き送るとともに、蝦夷地問題での武四郎の啓発活動を慫慂《しょうよう》している。

津では『海外新話』の需要が絶えなかった様子で、同年八月二三日の武四郎宛楽斎書状は、「海外新話一二部ほしく、人に頼まれ申候(21)」と述べている。一部受領の礼状を楽斎が

発するのが九月一八日、同年一二月一六日の武四郎宛楽斎書状には、「長英臨死のふるまい、壮烈可惜《おしむべく》候、用い方の可有之《これあるべき》人に候[22]」とある。一〇月三〇日の壮絶な長英自殺の模様を武四郎が報じたことを受けての楽斎の感想である。両人の幕府方針への批判的態度が、ここににじみ出ている。

同年一二月一七日、ようやく刊行できた『新葉和歌集』を家兄に送るとともに、武四郎は書状の中で「新葉和歌集、此《こ》度《たび》上木仕候間、一部呈上仕候、(中略)是は此原本、江戸表の書肆向に一向当時無御座候故に上梓仕候、実に南朝還幸中の歌にて、有志の輩、坐右に置て志気を磨研致し度《たき》本に御座候[23]」とあえて刊行したゆえんを率直に語っている。

武四郎は緊迫の度を増してくる対外関係に備えるべく、『新葉和歌集』に続いて、アヘン戦争の際、一八四二年西暦六月一六日、呉松砲台を死守して戦死した江南提督陳化成の忠義を称える漢詩集『表忠崇義集』の刊行を計画する。まず原本を入手しなければならない。いかなるネットワークのもとで親交するようになったのか、嘉永四(一八五一)年六月二三日、先に言及した斎藤竹堂は武四郎宛書状の中で「表忠集事、松崎様へ相出し置候、御序に御伺被下候[24]」と返事をしている。松崎とは昌平坂学問所儒者の松崎満太郎のこと、学問所所蔵原本借用の仲介を武四郎のために竹堂がしているのである。

刊行は同年八月、早速旧師楽斎に送っているが、九月一日付添状では「此度表忠崇義集上梓仕候、一部進上仕候間、乍憚《はばかりながら》御笑止可被成《なさるべく》候、然し、是又義勇の賞詩世間に只残り候を欲《ほっし》ての事故《ことゆえ》、一向校合も不仕《つかまつらず》、致し候間、定《さだめ》て巻中疎なる事沢山御座候哉に奉存候(25)」と謙遜している。

嘉永五年一月、武四郎が帰省中の閏二月、江戸で開塾中の竹堂が病死、遺族は郷里の奥州遠田郡沼辺村に引き揚げたが、深い恩義を感じていた武四郎は帰府後ただちに沼辺村に弔問に訪れ、翌六年五月、竹堂の兄と相談の上、竹堂の遺書『読史《とくし》贅議《ぜいぎ》』を上梓した。ペリー来航はその翌月三日のこととなる。

第七章　漂流民のもたらした世界知識

1　漂流民情報の意味

清国《しんこく》文献やオランダ語文献から海外情報を入手することと、漂流民からそれを入手することは、相当異なった性格を有していた。後者の場合、日本人の目と耳がそこに介在している。日本人の目で、日本人の耳で異国のものを見、感じとること、ここに現出する生々しいリアリティは、近世後期の日本人をして多くの漂流記を読ませ、写させ、そして漂流民に経験を語らせていった。ロシアの風土・歴史、そしてその地に暮らす人々の生活は、第二章で触れた大黒屋《だいこくや》光太夫《こうだゆう》「北槎聞略《ほくさぶんりゃく》」や仙台の津太夫《つだゆう》「環海異聞」によって、広く知られるようになっていったのである。漂流民の日本帰還[1]という事実そのものが、北太平洋海域への欧米諸国の進出という世界史の展開が前提となっていたが、ここではアヘン戦争後から一八五〇年代にかけ、欧米諸国の実態が、救出された漂流民を介して日本人にどのように伝えられていったのか、若干の例を見てみよう。

2　漂流民音吉とその仲間たち

第一章及び第六章で既に音吉《おときち》に言及しているが、開国前夜の漂流民情報の背後には音吉ら在清日本人漂流民の動きが絡んでいるので、はじめに述べておく。

天保三(一八三二)年一〇月、尾州の一五〇〇石《こく》船、宝順丸が鳥羽湊出航後に遭難、乗組員一四名中一一名が壊血病で死亡、一四カ月の漂流後、音吉・岩吉・久吉三名のみがカナダ西海岸に漂着、土地のインディアンの奴隷となった。この事実を知ったハドソン湾会社支配人シンプソンは会社船を派遣し、一八三四年夏に音吉らは救出され、ハワイ・喜望峰を経由して、三五年六月、ロンドンに到着した。シンプソンは音吉らを利用して対日通商関係樹立を意図したのだが、英国政府が否定的だったため、音吉らは会社船に乗せられ三五年一二月、マカオに到着した。

一方、肥後川尻船の乗組員だった庄蔵・寿三郎・熊太郎・力松の四名は、天保五年一二月、天草から長崎に向け航行中遭難してルソン島に漂着、マニラからスペイン船でマカオに着くのが三七年三月のことである。

広東の英国当局は送還に乗り気ではなく、オリファント会社重役キングが会社船モリソン号で日本に送還しようとするも、三七年、無二念打払令による浦賀・鹿児島湾での砲撃のため、やむなく広東に戻ることとなる。なお、この航海の際、ペリー艦隊来航時通訳として乗船することとなる宣教師S・W・ウィリアムズも同乗している。

清国に戻った後、音吉は上海のデント商会に勤め、四九年にはマリナー号の通訳として、五四年にはスターリング艦隊の通訳として日本に来航することとなる。

岩吉と久吉はイギリス貿易監督庁通訳となるが、岩吉は五二年に死亡、久吉は六二年には福州に居住し、その後の消息は不明である。

庄蔵は香港で雇人を使っての仕立屋・洗濯屋を経営、寿三郎は五三年に死亡、熊太郎は四三年以降消息不明となっている。

力松は新聞社・印刷所に勤め、一八五五年、英国艦隊の通訳として箱館・長崎に来航することとなる。

3　ジョン万次郎

土佐国幡多《はた》郡中ノ浜に生まれた万次郎が、同国高岡郡宇佐から伝蔵・五右衛門・寅右衛門・重助とともに出漁したのが天保一二(一八四一)年一月五日、数え年一五歳のことである。七日に遭難、一三日に鳥島に漂着、四カ月後米国捕鯨船ジョン・ホーランド号に救出されて一八四一年一一月ホノルルに上陸、伝蔵ら四名は在留(四五年に重助病死)、万次郎だけが再乗船し、捕鯨船員となって太平洋上で捕鯨活動に従事し、四三年五月、ホーランド号はマサチューセッツ州フェアヘブンに帰港、万次郎は船長の世話で学校に入学、勉強した後、四六年五月、捕鯨船フランクリン号に乗って再度の太平洋捕鯨航海に出、四八年には一等航海士の資格を得ている。四九年九月、フェアヘブンに帰港後、同年一一月、日本帰還を目指してカリフォルニアに出発、五〇年一〇月にはホノルルに至り仲間に帰国を勧めるが、寅右衛門は拒否、同年一二月、ボートのアドヴェンチャー号を積み込んだ上、伝蔵・五右衛門とともにサラボイド号でホノルルを出帆、琉球最南岸に接近したところでアドヴェンチャー号を降ろし、摩文仁《まぶに》海岸に上陸したのが一八五一年二月三日(嘉永四年一月三日)のことである。ただちに琉球政庁による取調べを受けた上で、嘉永四年八月鹿児島に送られるが、そこでは藩主島津斉彬《なりあきら》自らが万次郎たちから詳しく聞取りをおこなっている。九月末長崎に送られて長崎奉行所の取調べをうけ、郷里の土佐に送還されるのが嘉永五(一八五二)年七月のことである。

土佐では河田小龍が万次郎たちから詳細に聞取りをおこない、「漂巽紀略《ひょうそんきりゃく》」を編纂するが、本書を含め、万次郎の各所での口書《くちがき》や談話筆記は、ペリー来航を間にはさんだこともあって争って読まれ写されていき、アメリカとその社会の実態に関する最新情報として日本人の骨肉となっていくのである。彼はペリー来航直後、幕府に普請役《ふしんやく》として召し出され、様々な方面で活躍することとなる。

4　天寿丸一三名の漂流民

嘉永二(一八四九)年一〇月、紀州日高郡薗浦《そのうら》和泉屋庄左衛門の船、天寿丸(九五〇石、一三人乗り、沖船頭虎吉)は浦賀から江戸湊に入り、戻り荷としてイワシと油粕を積み込んだ上、同月二二日江戸を出航、下田を経由して子浦を嘉永三年一月六日に出帆、西に向かったところ、三日後に遭難、三月一一日、北緯四五度、東経一五五度の海上で米国捕鯨船ヘンリー・ニーランド号に救出された。同月一九日、ヘンリー・ニーランド号は海上でロシア捕鯨船マレンゴ号と出合い、漂流民中八名が移された。翌二〇日、ヘンリー・ニーランド号はペテロパヴロフスク港に入港、三名を捕鯨船ニムロッド号に移した後、残った虎吉・吉三郎を乗せ北氷洋で捕鯨をおこなった上で九月四日ホノルルに入港、間もなくニムロッド号もホノルルに入り、五名は再会を果たした。つづいてマレンゴ号も入港したが八名の漂流民は乗っておらず、五名に対しては、彼らはロシア人に引き渡した、ロシア人は八名の日本への護送方を約束した、と告げている。

虎吉ら五名がホノルル滞在中、万次郎に呼びとめられ、奇しくも四人の土佐国人と面会した。彼らは一一月、米国捕鯨船コッヘン号に乗って香港に到着するが、嘉永四年二月、この五名を呼びとめるのが肥後の庄蔵であった。虎吉らは清国船で日本に帰国すべきことを強く勧められ、フランス船に乗りマニラ経由で上海に着き、音吉の世話で乍浦《サホ》に移り、一二月二〇日乍浦を出航、長崎着が同月二八日のこととなる。この長崎奉行所で虎吉ら五名は、奇しくも万次郎ら三名と再会するのである。取調べ終了後の嘉永五年四月、紀州藩に引き渡され、故郷に帰るのは六月に入ってのことである。

他方、嘉永三年三月一九日、マレンゴ号はペテロパヴロフスクに入港、八名はロシア官庁に引き渡され、対日交渉諸資料作成のための情報提供者として利用されることとなった。ペ市滞留中に半七が死亡して七名となった天寿丸乗組員七名はオホーツク海アヤン港に寄港した後、露米会社船でアラスカのシトカに送られ、彼らからの聞取りによる日本関係情報(日本語辞書、仮名、数字、貨幣等)冊子二冊がプチャーチン遣日使節団に送られるのである。

作業終了後の嘉永五年五月四日、彼らを乗せた露米会社船メンシコフ号はシトカを出航、六月二四日下田に入ったが、韮山《にらやま》代官江川太郎左衛門(英龍)は七名の受取りを拒絶、メンシコフ号は下田を出航、五海里ほど離れてから二隻の小船に七名を乗せ、七名の上陸を見届けた上で退帆した。七名は江戸に送られ、取調べ後、嘉永六年一月、郷里に帰還、半年前に虎吉らが戻っていたことを知った。彼らのもたらした海外情報は広く伝わるとともに、時期が時期だけに、一二名全員が士分に取りたてられ、苗字帯刀を許されて藩の水夫《かこ》となるのである。

なお、このメンシコフ号は、嘉永六年七月、プチャーチン艦隊の長崎入港の際、シトカから来航して艦隊に加わることとなる。

5　栄力丸一七名の漂流民

嘉永三年九月、摂州船栄力丸(一五〇〇石、一七人乗り、沖船頭万蔵)は酒・砂糖等を積んで江戸に向け兵庫を出帆、一〇月、江戸で戻り荷の紅花と麻、浦賀で大豆・小豆・小麦・干《ほし》鰯《か》等を積み込んで西に向け航海中、同月二九日紀州沖で遭難、五三日目に太平洋上で米国船オークランド号に救出され、サンフランシスコ港に入港した。

アメリカは栄力丸漂流民をオーリック艦隊の対日交渉に利用するため、嘉永五(一八五二)年三月彼らをセント・メリース号に乗せ香港に送ったが、万蔵が四月三日病死してハワイに埋葬されている。

しかしながら、全権使節がオーリックからペリーに交替する事件が発生し、予定されたペリー米国艦隊がなかなか香港に来ず、肥後の力松らは清国船での乍浦からの帰国を強く勧告、他方若い彦蔵・治作・亀蔵の三名は米人に勧められ、この年の秋、サラーフーバア号でサンフランシスコに戻るのである。

香港に残った一三名は、ようやく来航したサスケハンナ号に乗せられて上海に移動するが、米艦で帰国することを忌避する一三名のために同地で音吉がペリー艦隊と掛け合い、結局芸州の仙太郎(米国水夫よりサム・パッチと呼ばれた)一名を米艦に残留させることで交渉が成立、一二名は嘉永六年四月に、音吉の助けで乍浦に移るが、折悪しく、太平天国の乱のため、この年は一艘の清国商船も長崎に出帆できず、ようやく乍浦を出港できたのは翌嘉永七年七月一二日のこととなった。乍浦滞留中の二月、岩吉が逃亡、船中で安太郎が病死し、同月二七日、残り一〇名が長崎に到着し、四年ぶりに祖国の土を踏みしめることとなる。

米艦に残置されたサム・パッチ(仙太郎)はペリー艦隊の五三年第一回航海にも五四年第二回航海にも乗船し、米日交渉の結果、一八五四年三月四日(嘉永七年二月六日)、幕府役人に引き渡されることとなる。『ペルリ提督日本遠征記』には次のように情景が描写されている。

約束によって、サム・パッチが連れだされて、日本役人の面前に出された。彼はこの高官達を見るか見ないうちに、明らかに全く恐懼して直ちに平伏した。サムは祖国に到着すると生命が危険に曝されるだろうと述べるので航海中仲間の水夫達から屢々《しばしば》笑われ、からかわれていた。そしてこの哀れな奴は、多分最後の時が来たのだと思ったに違いない。アダムス艦長は、極めて憐れ千万な恐怖を抱きつつ、四肢を震はせながら跪いている彼サムに膝を上げるようにと命じた。サムに対し自分がアメリカの軍艦にいるのであり、乗組員の一人として全く安全であって、恐怖すべきものは何もないことを思い出させたのだが、祖国の人の面前にいる間は気を取り直させることができないと判ったので、間もなく立ち去らせた。(2)

米艦にとどまることとなった仙太郎は、艦隊に海兵隊員として乗船していたゴーブルにつれられてアメリカに渡り、宣教師となって一八六〇年に再来日したゴーブルに従って、日本に戻るのである。

さて、サンフランシスコに戻った若い三人はどうなったろうか。彦蔵は一八五八年米国に帰化し、五九年開港直後の日本に、米人として横浜米国領事館通訳として勤務しはじめた。この後、彼はアメリカ彦蔵、あるいはジョセフ彦と呼ばれることとなる。

治作は五九年、商船に乗って開港直後の箱館に戻っている。また亀蔵は商船に雇われてサンフランシスコから香港に来た時、ちょうど新見《しんみ》正興を正使とする遣米使節団が帰国の途次、ナイアガラ号で香港に寄港した時に遭遇、万延元（一八六〇）年九月一七日、使節団に出頭して帰国したい旨を出願、同乗して日本に帰るのである。

ところで、嘉永七年二月、乍浦で逃亡した岩吉はその後どうなったのか。

アメリカ彦蔵は来日途次の一八五九年四月、広東で岩吉に会っている。岩吉は彼に、自分は今オールコック（元広東領事、五八年一二月駐日総領事、五九年末駐日公使）のもとに寄遇しており、彼に従って日本に帰国すると語ったのである。オールコックは五九年六月に来日するので、この時に通訳として来日したと思われる。

この通訳岩吉は来日後伝吉と名乗り、日本人からは「熊野の伝吉」と呼ばれたが、彼は仙太郎のような性格ではなく、大英帝国在日代表団通訳として、馬で江戸の町中を乗りまわし、日本のサムライと争いを起こすこととなる。

安政六年一二月一七日(一八六〇年一月九日)、英国公使館高輪《たかなわ》東禅寺において外国奉行酒井忠行は公使館書記官ユースデンに、次のように申し入れている。

伝吉の別当声掛ヶ候処、天下の往来故、片寄候には不及《およばず》と(侍)申候由、自分共にも馬又は駕籠に乗り鎗を建候節は、先の者制し候得共、乗切等の節は此方にて除け候様致し候通例に有之候(中略)、当国にて下賤の者にても外国士官に相成居候上は、余の外国人同様に此方共は心得候え共、誰申と無く、元日本の下賤にて、当時貴国の士官に相成居、馬上等にて乗廻し候を、世人何と無く軽蔑致し候より、間違も生じ安くと存、心配致し候

これに対しユースデンが「何故伝吉を下賤と申事、御承知被成候哉」と質問したのに対し、

高貴の者、漂流可致儀《いたすべきぎ》無之、何《いず》れ下賤の者に限り候事、(中略)先日、伝吉済海寺(仏国公使館)へミニストルの使に参候帰路、鉄砲にて犬を打殺候由、届出候者有之、(中略)伝吉事、毎々手違有之、心配致し候儀に付、可相成は神奈川へなり共遣候様致し度(3)

と答えている。旗本の目から見れば、船乗りは身分の低い下賤な者ということとなり、この十重二十重の視線がたまらないあまり、日本に帰国する気にならなかったのも理解できるが、百姓・町人の乗馬は禁止、公道でのピストル発射が許されるなど思いも寄らない当

時の日本で、乗馬してサムライに道を譲らせようとする態度が何を惹起させるか、外国奉行ならずとも心配するのが当然のことである。

果たして安政七(一八六〇)年一月七日、伝吉は英国総領事館の門前で何者かに切殺された。

オールコックは本国外務大臣宛に次のようにこの事件を報告する。

"Although a Japanese by birth (having been shipwrecked and picked up by some Americans ten years previously, when to be once cast out was to be denationalized by the Japanese law), he preferred the European costume, seeming to have preserved some old feelings of hostility to the officials and system of government, and determined to identify himself with his new masters. He was unfortunately far from prudent or discreet, and I fear, counted too much upon the protection it was in the power of the flag to afford.(4)"

(大意)　彼は一〇年前米国人に助けられた漂流民だが、日本の役人と政府に敵意をもっていたようで、新しい主人に自分を同化させようとした。不幸にして彼は謙虚どころではなく、そしてあまりにも英国の保護に頼りすぎた。

仙太郎にしろ岩吉にしろ、封建制下の民衆の等身大のリアルな姿を、今日の私たちに伝えているのである。

6　漂流民の評判と活躍

マリナー号に日本人漂流民が乗船し通訳をしているという事実は、マリナー号の浦賀並びに下田への来航自体が重大な対外事件と意識されただけに、さらに危機感を強める作用を果たした。日本人通訳の存在が全国的に知られることとなる。嘉永二(一八四九)年七月一〇日、大坂で漢学塾を開いていた広瀬旭荘《ひろせきょくそう》は豊後日田の兄広瀬久兵衛に宛て、こう書状を認めている。

音吉の噂

江戸表より追々当五月浦賀入港の英船に乗候《そうろう》唐人にて、長崎へ二十七度来り、邦言を善《よく》候と申て、筆談舌戦して、以華従夷《かをもっていにしたがう》、何如《いかん》と問候時、今は以得財為主《ざいをうるをもってしゅとなす》、華夷の弁非所急《いそぐところにあらざるなり》也と申者、実は我邦尾張南鄙《なんぴ》の民、如張元《ちょうげんのごとき》(五代の張允のことか)者、彼に降り候て嚮導せし事仔細に相分り、廟堂の驚不一方《ひとかたならず》、役人中並《ならびに》聖堂書生、町々儒者共へ禦戒《ぎょかい》の策問、然候《しかそうらい》て書上候分凡《およそ》二百余冊、閣老以下日検数巻《ひにすうかんをけんする》の由、大同小異、奇策は無之由、夫《それ》より高島砲術の門人下曽根金三郎と申人、俄《にわか》に数級超擢、浦賀へ被遣《つかわされ》、不次の黜陟《ちっちょく》も有之、秋帆事、不遠《とおからず》官に被徴《ちょうせられ》候由風聞、昨年異船の儀差上候時申上候通り、今は読書生五尺の童も皆洋史を調え候、洋禁全解にて、官より其事を知り候人を被賞《しょうせられ》候由、是より世上の学風並官路大変革始り可申と、坪井(信

良)・塩田(順庵)諸方より内に中来候(5)

これによると音吉は、日本人でありながら英国に内通するものと捉えられ、そのことが幕閣をさらに驚愕させ、海防策の建議奨励と高島流砲術家下曽根金三郎の浦賀派遣を実現させたと理解されている。江戸からの情報提供者は、詩友で「海防彙議」編纂中の塩田順庵や、旭荘が天保一四(一八四三)年から弘化三(一八四六)年にかけて江戸に開塾中、彼の弟子となっていた名蘭方医坪井《つぼい》信道の義子信良《しんりょう》であり、彼らの希望的観測から幽閉中の高島秋帆の起用、洋学禁圧方針の転換、幕府人事の大変革のことまでも旭荘は言及しているが、しかしこの期待は、嘉永二年段階では全くの空望みに過ぎなかった。

力松の話

嘉永二年には英国への内通者と捉えられていたモリソン号の被害者たちの実情が、その後国内に理解されていき、帰国の勧めも試みられるようになる。長崎奉行所は力松の要望に従い、家族の消息を調べたが、それによると、島原城下より二里ほど離れた漁村出身だが、父は病死、母しげは存生、もっとも力松は貰子、となっている。安政二(一八五五)年八月、長崎奉行尋問役を勤めていた野々村市之進は力松から漂流の事情を尋ね、力松の回答をこう記録している。

二十三年以前、塩・肴積入、四人乗にて長崎表売用罷越《まかりこし》、途中にて難風に逢、吹流、人をも喰候島へ漂着、ヲロシヤ属国の由候えばマルケイリ島歟、夫《それ》よりイキリ《イギリス》便船にて日本へ両度まで地方《じかた》近く参り候えば、何れの場所にても被打払《うちはらわれ》、難寄附《よりつきがたく》、無余儀《よぎなく》イキリ人商人世話に相成、港香《香港》に住居、妻をアメリカより迎、子供両人有之由(6)

アメリカ人女性と結婚し、二人の子供もあっては、帰国の勧めを受けたにしても、おいそれと応じるわけにはいかなかった。貰子だからということもあったかも知れないが、欧米女性と結婚、世帯をもった庶民が当時の日本で生活できるとは、いかなる日本人といえども想像することは不可能だったのである。

天寿丸元漂流民江崎太郎兵衛

音吉や力松はいかんともしがたい体制の問題から、やむなく異郷でその生を終えることとなるが、天寿丸の一二名は前述したように、帰国したのち、士分身分となり、苗字帯刀を許された。その内の一人は江崎姓を名乗り、日高郡名屋浦《なやうら》の遠見番所番人役を命じられる。嘉永七年九月、プチャーチンはディアナ号に乗り、クリミア戦争のさなか、英仏戦艦に拿捕される危険を顧みず大坂湾に進入、交渉地を下田と指定され、紀淡海峡を通過して東航する一〇月四日、加太浦に碇泊するが、藩命を受けた江崎太郎兵衛はディアナ号に乗り込み、退去交渉をしている。残された記録を見る限り、語形変化のないままのロシア語の単語をならべての意思疎通だが、それなりに藩命を果たしているのである。(7)

7　世界知識入手と漂流記

万次郎の漂流譚

前述した万次郎の場合、色々な記録が存在しているが、その一つ「漂流万次郎帰朝談」からアメリカの語られ方の若干を紹介してみよう。

○人物は篤実寛仁にて悪をなさず、人殺し盗賊など総てなし
○婚礼の式は縁組とて日本の引鮑を遣わす如き事なく、神に告げて夫婦となる、それが済めば則ち其女を連れて物見遊山抔《など》に出ること常なり
○夫婦の情至って厚く家内睦まじきこと余国に類なし
○アメリカ国王の居は平地屋敷にて、此方の大名類の如く大城を構えたるは絶て無し
○官人等も往来に権威を取る事など決してなし
○民百姓たりとも、学問次第にて挙用す
○畑開発しても、年貢諸掛りものなく、開き次第にて、ひらきさえすれば地所夥敷《おびただしく》有り(8)

勃興期のアメリカは、封建制下大名とサムライ階級が絶対的権力を持ち、男尊女卑が伝統だとされ、田畑には過重な年貢だけではなく、石高に応じた掛り物が幾重にも賦課されていた当時の日本と対比され、無意識的に理想化されて語られている。世界地誌の文字面《もじづら》

からは感得不可能な「体験」が、ここには介在しているのである。

永住丸一三名の漂流民と漂流記

天保一二(一八四一)年一〇月一二日、摂州船永住丸(一三〇〇石、一三人乗り、沖船頭善助)が奥州へ航行中、犬吠埼沖で遭難、翌年二月にスペイン船に救出されたが、うち九名がカリフォルニア(当時は未だメキシコ領)に放置され、他の四名はその後の消息不明のままとなる。

九名のうち善助と初太郎は天保一三年米国船でマカオに送られるが、同年五月ホノルル寄港の際、土佐の漂流民伝蔵ら四人と会っている。翌一四年一月、初太郎だけがマカオに上陸させられて、S・W・ウィリアムズの家に連れて行かれ、そこで肥後の庄蔵らと会っている。その後初太郎は乍浦に送られる。善助はマカオから上海に送られ、同地の音吉の世話で天保一四年九月に乍浦に着き、初太郎と再会する。清国商船に乗って長崎に到着するのが、この年一二月三日のこととなった。

初太郎は阿波出身なので、天保一五年八月、長崎において阿波藩士斎藤寛作に引き渡され、郷里の岡崎村(現在の鳴門市内)に帰郷、その直後の九月、阿波藩主の面前で漂流談を語るが、その詳細を藩儒前川文蔵が「亜墨新話」にまとめ、さらにこの話を同藩蘭学者井上春洋が『亜墨竹枝』と題して二八首の七言絶句に詠み、弘化三(一八四六)年に刊行する。

またペリー来航により世界地誌需要が激増したため、阿波藩洋学者たちが編集した地誌三冊を添えた『海外異聞　一名亜墨利加新話』が嘉永七(一八五四)年に刊行される。

善助は紀州牟婁《むろ》郡周参見《すさみ》浦出身なので紀州藩に引き渡され、紀州藩士岩崎俊章が彼の漂流談を聞き取って「東航紀聞」にまとめ上げた。他に善助の口書《くちがき》も伝えられている。善助はその後伯父の家を継いで士分となった。

カリフォルニアに残った七名の漂流民のうち亥之助・太吉・儀三郎・弥市の四名は天保一五(一八四四)年四月、便船を得て六月下旬にマカオに着き、一一月中旬舟山に北上、寧《ニン》波《ポー》に半年ばかり滞留するが、ここで能登の儀三郎は帰国を断念して英国役所で働くこととなり、残りの三名は清国商船に分乗、亥之助と太吉は弘化二(一八四五)年七月一二日、弥市は七月一三日に長崎に到着する。

このうち島原出身の太吉は、その口書が伝えられており、周参見浦出身の弥市に関しては「紀州国熊野周参見浦弥市漂流噺」が作成され、それとは別種の「漂流外国物語」も記録されている。後者は一一四丁、中に中国語一頁、スペイン語一七頁の語彙集が収められている[9]。

8　漂流民から話を聴くこと

広瀬旭荘の例

漂流記・漂流譚は漂流民の話を聞いて作成されるものであり、文字になじみがなく文章に縁遠い彼らが執筆したものではない。出発点はあくまでも「語りの場」なのである。したがって、この「語りの場」自体が重要な知識吸収の場となり、さらに語りそのものが広く伝播していった。前述の初太郎の藩主を前にした漂流譚は大坂の広瀬旭荘《きょくそう》のもとにも次のように伝えられてくる。弘化三年一一月一八日、兄の広瀬久兵衛宛書状に、

先月末、阿波の天文学者の話に、阿州舟人初太郎と申《もうす》者、数年阿墨利加《アメリカ》に飄泊せしものを阿侯召されしが、初太郎いう、往年の白気は彗星なり、其本を得る者は勝、末を得るもの危し、其末は亜細亜に当る故、其より当方に向け、年々軍艦を差出候様相成候、初太郎香港にても渡海の用意専《もっぱ》ら有之と話候由、全くおどしの言に候え共、菟角用心に若《し》くなしと申て、阿波にもボンベン等こしらえ候由、ボンベン、高島以後止居候処、右天文学者、工夫を以てこしらえ候由、又夷船の底を炮にて穿《うがち》候工夫出来候等承り候、其仁は間瀬の話によれば、天学を以て不知者《しらざるもの》なし、前川文蔵は至懇の由[10]

とあり、君前談は単なる異国趣味ではなく、西洋列強の清国での軍備状況を含む生々しいものとなっている。というよりは、これが主要関心なるが故に、漂流民の話に藩主・藩重

役までが熱心に傾聴したのである。

添川廉斎の例

旭荘と同じく会津農民出身の添川廉斎《そえかわれんさい》(一八〇三―五八)も儒者、儒者の使命は四書五経を講ずる経学にあるというよりは、儒学の学理と精神に基づき時務策をいかに組み立てるかというところに存在する。斎藤竹堂や塩谷宕陰《しおのやとういん》のみならず、志ある儒者たちが対外情報に恐ろしいほど敏感であることは故《ゆえ》なしとしないのである。その廉斎(頼山陽門弟)は江戸で、頼山陽の愛弟子で備後福山藩(藩主阿部正弘は老中)藩儒石川和助他五名とともに、弘化五(一八四八)年二月一四日、越中船長者丸遭難者次郎吉をかこみ、彼の話を聞き取っている。(11)

この長者丸(六五〇石、一〇人乗り)は、東廻り航路で江戸に航行する途中、天保九年一一月、釜石沖で遭難、漂流中三名が死亡、残り七名は天保一〇年四月、米国捕鯨船ジェームズ・ロッパー号に救出されてハワイに上陸、同地で一名が病没し、六名の漂流民はペテロパヴロフスクからシトカに送られ、天保一四年三月、六名を乗せたロシア船がシトカを出帆、五月にエトロフに上陸させたのである。六名は松前経由で江戸に送られ、ここで一名が病没、取調べの上、弘化三年一〇月、五名は帰郷を許可された。しかし、翌弘化四(一八四七)年六月、再出府を命じられて取調べを受けている時期に、廉斎たちは次郎吉から話を聞くのである。この嘉永元(一八四八)年三月に一名が病没、四名が放免されるのは九月に入ってからのことである。四名が帰郷した後の嘉永二年三月一七日、金沢藩主がこの四名から漂流談を聞くこととなる。

廉斎の例からも明らかなように、役所が聞き取って作成する漂流民各人の口書の他に、取調べ中の聞書と放免帰国後の聞書とができ上っていくこととなる。

松浦武四郎の例

このように、漂流民からの聞取りは、各地でおこなわれていた。松浦武四郎の日記にもそのことが記録されている。彼は弘化二年四月から一〇月まで、シレトコまで探査した後江戸に出、年末に嶺田《みねた》楓江《ふうこう》(この年に知りあいになっていた)とともに漂流民沢山松兵衛の話を聞いている。実はこの松兵衛には前年末、釜石で会っていたのである。松兵衛はその地の遊女屋の主、翌年三月出府、参宮というので、郷里への書状を武四郎は託したのである。それが、「松兵衛、其船仙台沖にて吹流され、強盗島の辺まで漂流し、爰《ここ》にて米利堅船に助けられ、浦賀に送り来りしなり」「我は蝦夷が島を廻り来りし事を話したれば、松兵衛の申けるは、予はラトロネスまで往て見物したりとて絶倒致しぬ」ということになったのである。(12)

しかし、漂流民の話はすべてが正しいとは限らない。しかも松兵衛の商売が商売である。

武四郎が知る由もなかったことだが、事実は、弘化二年一月二〇日、釜石の千寿丸（六〇〇石、一一人乗り）が江戸へ航行中、常州平潟沖で遭難して漂流、二月九日、米国捕鯨船マンハッタン号に救出され、既に同船に救出されていた阿波幸宝丸漂流民（鳥島に漂着、二月八日に救出）一一名とともに、三月一一日浦賀で日本側に引き渡されたのである。その一人がこの「ホラ吹き松兵衛」なのであった。

漂流民情報を蒐集する場と人物

漂流民の見聞は郷里に戻った後の聞取書とともに、長崎奉行所で作成される彼らの口書によっても伝えられていく。しかし、当時の日本では、風説の流布自体が嫌疑をかけられると首が飛ぶことにもなりかねない行為となり、また奉行所は「情報公開」の義務を負っているどころではない。一般民衆にとっては恐しい役所でもある。それがどのように漏洩していったのか。「和蘭別段風説書《ふうせつがき》」の漏洩には、オランダ通詞と各藩との出入関係が介在していたが、「口書」漏洩の関与者の少なくとも一人は、第六章でも言及した津川文作、号蝶園という人物である。

彼は長崎酒屋町組頭を勤めており、漂流民が長崎に送られて来るたびに、彼らの口書の上申を取扱っていたのである。海外事情に精通し、松浦武四郎に蝦夷地問題の重大さを語れる立場にあったことも当然といえるだろう。

先に『亜墨竹枝』を刊行した井上春洋という人物に触れたが、彼は弘化三年には長崎に蘭方医学を学ぶため遊学しており、この津川と面識となって、「此人好事にて漂流記を多く書き集居、拙著亜墨竹枝など兼《かね》て見せ置候」と述べている。そして四月二七日、町で津川とふと出会った一件を次のように述べているのである。

唯今より石灰町聖寿院と申《もうす》寺へ参り、紀州の漂流人弥一（ママ）相尋《あいたずね》候所存にて、紀州役人受取に参居候故、□□には難逢《あいがたく》候得共、幸い今日は港内諸堡見物に一統出行候に付、唯々参候様、長崎住居紀州用達村田四郎次より申来候、幸いの道連《みちづれ》、一同可参旨《まいるべきむね》、噂に付、大に喜び、兼《かね》て初太郎より内々頼《たのみ》も有之、同時漂流の内、帰り人有之候えば、兄七太郎の安否尋《たずね》呉《くれ》候様被申《もうされ》候故、直《ただち》に同道、右寺に参り申候(13)

これによると、津川は弥市送置の際は口書作成には関っておらず、そのため同人が紀州帰国まで滞在している聖寿院で聞取りをおこなうため急いでいるのである。なにかとうるさい紀州藩役人の外出を知らせたのが紀州藩長崎用達を勤めている村田四郎次であることも興味深い。このような長崎商人間の連絡網があってこそ、好事家津川の漂流譚蓄積が可能となったのである。

とすれば、東日本での漂流民取調べをおこなう江戸の幕府役所はどこなのか、そこでの口書は誰を媒介に漏洩していくのか、先の添川廉斎の事例を見ても、十分調べてみる価値はありそうである。

第Ⅱ部　幕末史の過程

第八章　米露英艦隊の来航と日本の開国

1　ペリー艦隊の来航

ペリーの方針

第一章で見たように、日本を開国させたという栄誉を担うはずの米国海軍将官はオーリックであった。サスケハンナ、プリマス、サラトガ三艦を率いて日本に向かった彼は、しかしサスケハンナ号艦長と確執をおこし、結局一八五一(嘉永四)年一一月、その職を罷免された。この報が当人に達するのは艦隊が香港に入港した五二年初頭のこととなる。オーリックからペリーへの異動に伴う艦隊日本渡航の遅延は、第七章で触れたように、栄力丸漂流民の運命にも影響を及ぼした。

米墨戦争時、海戦において勇名をはせたペリーは、一八五二年三月、東印度艦隊司令長官に補され、遣日米国特派使節を兼任することとなった。米国政府のペリー宛訓令は、①通商協定締結の目的をもって日本に入国すること、②特定の港において薪水糧食の補給を受けるようにすること、③米国汽船の太平洋横断に必要な貯炭所を設けさせること、④米国遭難船員の生命と財産の保護を実現させること、となっていた。

ペリーは一八四六年のビッドル対日通商要求の失敗等を勘案し、次のような行動原則をたて、長時間を投入して政府訓令を実現しようとする。即ち、まず他ならぬ江戸湾においてこそ米国大統領国書を日本政府に受領させる(=鎖国の打破が一にここにかかっている)。国書を受領させられたことにより、日本政府は国書へ回答する義務を負う、それには数カ月の時間が必要となる、回答を求め再航し、日本側回答と米国側の要求項目をつきあわせる米日交渉の場を実現させ、訓令に沿った米日条約を締結させるという行動原則である。

したがって国書伝達の際、米国側の従来にはなかった強硬姿勢を明言するペリー書翰が大統領国書以外に必要となってくるのである。江戸湾入港前日に旗艦サスケハンナ号艦上で執筆されたペリー書翰(漢訳文の和解文)は日本政府に対しこう述べている。

> 四艘の小船を率い御府内近海に渡来致し和約の趣意御通達申候、本国此外《このほか》に数艘の大軍船有之《これあり》候間、早速渡来可致《いたすべく》候間、右着船無之《これなき》以前に、陛下御許容被下《くだされ》候様仕度《つかまつりたく》候、もし和約の儀御承知無御座《ござなく》候わば、来年大軍船を取揃い、早速渡来可致候[1]

二度の来航

一八五二年一一月、ペリーはミシシッピ号で本国を出帆、喜望峰廻りでシンガポールを経由、五三年四月七日に香港に入港、ここで先着していたサラトガ、プリマス、サプライ三艦と合流、上海から戻って来たサスケハンナ号を旗艦として移乗、五月二六日(和暦四月一九日、これ以降和暦で表記する)に那覇に寄航、嘉永六(一八五三)年五月三日那覇を出港して八日小笠原諸島に入り、貯炭所候補地を調査した上で一七日那覇に戻り、二六日、江戸湾に向けて抜錨する。

嘉永六年六月三日、いよいよペリー艦隊サスケハンナ、ミシシッピ、プリマス、サラトガの四艦は江戸湾に入った。黒船の出現である。相州・房総を固める川越・彦根・忍《おし》・会津の四藩と江戸湾防備諸砲台はなんらの働きもすることはできず、ペリー艦隊の嘲笑の的となった。

浦賀奉行所与力《よりき》中島三郎助は浦賀副知事と称し、オランダ通詞堀達之助を伴って旗艦サスケハンナ号に上り、来航の意を糾《ただ》した。米国側は大統領国書受領を強硬に主張し、拒否するならば兵を率いて上陸せんと述べることとなる。

六月六日、江戸城総登城の幕命が諸大名に下った当日、ペリー艦隊は幕府に圧力をかけるべく、江戸湾の真奥部にまで進入して水深測量を行なった。結局この示威行動の結果、幕府は国書受領を決定、六月九日(西暦七月一四日)、久里浜《くりはま》で国書受領式が挙行され、ペリーは身辺警衛と米国軍事力誇示の目的をもって三〇〇名の兵力を上陸させた。

受領式当日から二日間、幕府側の退去要請を無視して江戸湾奥部まで進入行動をとり、日本政府の指示には従わないとの態度を明白にした上で、六月一一日ペリー艦隊は江戸湾から退去する。

ペリーは六月二〇日(西暦七月二五日)、那覇において琉球王国政府に貯炭所建設を許可するよう要求し、清国に引き揚げた。ここで日本政府への贈物を運んで来るレキシントン号の到着を待つためである。

嘉永六年一二月二五日(一八五四年一月二三日)、清国を発したペリー艦隊は那覇に寄航、翌七年一月一〇日(西暦二月七日)、江戸湾に向け抜錨、一月一六日(西暦二月一三日)、江戸湾は浦賀よりさらに内海の小柴《こしば》沖にその姿を現した。サスケハンナ、ポーハタン、ミシシッピ、マセドニアン、ヴァンダリア、サザンプトン、レキシントンの七艦である。その後二月六日にサラトガ号が、二月二一日にサプライ号が江戸湾に入港、米日交渉は九艦の軍事的圧力のもとに進展する。

2　日米和親条約の締結

日米両国の異なる思惑

小柴沖に現われたペリー艦隊と幕府との第一の争点は幕府回答の受領場所をめぐってであった。幕府は浦賀周辺を主張したが、ペリーはより江戸近郊の場所を主張し、事態が進展しないとみたペリーは、艦隊を多摩川河口の大師河原《だいしがわら》沖から羽田沖合にまで進入させて圧力をかけ、一月二八日、応接地は神奈川と決定された。

第二の争点は幕府回答をめぐってであった。二月一〇日の第一回会談において、幕府側代表委員林大学頭《はやしだいがくのかみ》は、①五カ年の準備の後、港を開き、同港にて石炭・薪水・食糧の供給、救助された難破船乗組員の引渡しをおこなう、②それまでの間は長崎にて石炭を供給する、③米国船舶需要品は供給されるが、価格は交渉による、と米国大統領国書への回答をおこなった。ペリーがこれを呑む訳はなかった。何のために八カ月も極東海域に待機していたのか。

二月一九日の第二回会談において、ペリーは幕府案を全面的に拒絶して開国の即時決行を迫った。米国側の強硬な姿勢に直面する幕府代表は江戸に書状を送り、「出格の御英断無之《これなく》候ては、迚《とて》も平和には相済不申《あいすみもうさず》、治乱の境、此所に有之《これあり》、扠々《さてさて》恐入心配仕居候(2)」と幕府の決断を求めた。

このような力関係のもと、三月三日、日米和親条約が締結された。即ち、

一、下田は即刻、箱館は嘉永八年三月より開港し、薪水・食糧を給与する

二、米国漂流民船員は下田と箱館において引渡す

三、他国との条約において日本が与える特権については、自動的に米国にも均霑《きんてん》される
（＝最恵国条款）

四、締結後一八カ月が経過した後は、日本に米国領事が駐箚《ちゅうさつ》する

ここに二〇〇年以上継続した徳川幕府の鎖国体制が初めて破られることとなった。しか

しながら通商に関し日米間には理解のくい違いが存在した。日本側は「漂流民撫恤《ぶじゅつ》幷《ならびに》航海来往の砌《みぎり》、薪水食糧石炭等船中欠乏の品々被下度《くだされたし》との義、御聞届に相成[3]」ったととらえたのに対し、米国側は、「条約そのものの文句の中に、通商に関して将来、より拡大した規定を設けるという意味が明らかに含まれている」と解釈したのである。それは英文テキストに明らかであった。即ち、

Article VI　If there be any other sort of good wanted, or any business which shall require to be arranged, there shall be careful deliberation between the parties in order to settle such matters.

Article VII　It is agreed that ships of the United States resorting to the ports open to them shall be permitted to exchange gold and silver coin and articles of goods for other articles of goods, under such regulations as shall be temporarily established by the Japanese government for that purpose.

（大意）欠乏品や商取引が出来した際には、米日間で調整されるべきであり、米船は日本政府の規制のもと、金銀貨その他の品物と他の品物との交換を許可される。

となっているのである。さらに米国商人の開港場居住の手掛りも次のように設けられていた。

Article IV　Those shipwrecked persons and other citizens of the United States shall be free as in other countries.

Article V　Shipwrecked men and other citizens of the United States, temporarily living at Simoda and Hakodate, shall not be subject to such restrictions and confinement as the Dutch and Chinese are at Nagasaki.[4]

（大意）　米国人漂流民やその他の米国市民は自由であり、下田と箱館では長崎での蘭人・清国人のような制約と監禁を受けることはない。

このような米日条約条文がアメリカ国民に示されたため、アメリカ人は通商が認められたと理解し、商品を積載して日本に来航し、日本官憲との間に紛争をひきおこすこととなる。この問題を調整し新協定を日本側に認めさせることが、安政三年七月二一日（一八五六年八月二二日）、下田に来航した米国総領事ハリスの初仕事となるのである。

ハリスの巧みな交渉の結果、安政四年五月二六日（一八五七年六月一七日）、下田で調印された日米条約は通商と米国商人に関し、次のように規定する。

第二条　下田並箱館の港に来る亜米利加船必用の品、日本に於て得《え》難《がた》き分を弁ぜん為に亜米利加人、右の二港に在住せしめ、且《かつ》合衆国のワイス・コンシュル（副領事）を箱館の港に置くことを免許す

第四条　日本人、亜米利加人に対し法を犯す時は、日本の法度をもって日本司人罰し、亜米利加人、日本人へ対し法を犯す時は、亜米利加の法度をもって、コンシュル・

ゼネラール或はコンシュル罰すべし(5)

第四条にハリスは領事裁判権を明記させた。そして米日和親条約に従い下田では「欠乏所」が開設され、開港後は事実上の商取引がなされ始め、箱館でも同様の事態となった。

ペリー艦隊の下田・箱館調査

話をペリー艦隊に引き戻そう。ペリーは交渉の中で下田港が言及されたので、船を派遣して下田港の状況を二月二五日に調査させ、その上での三月三日の調印となる。調印後ペリー自らも艦隊を率いて三月二一日、下田に入津し、同月二七日、吉田松陰と金子重之助が密航を企てて下田碇泊中のミシシッピ号に乗り込むも、拒絶され日本側に引き渡される事件が発生する。

ペリー艦隊は四月一七日、下田から箱館に向けて出帆、二一日箱館に着し、同港調査の上五月八日に同港を出帆して一二日に下田に帰来、同月二二日、下田追加条約を日本側と結んで、米国人の遊歩範囲を決め、石炭は下田で供給されることを確認、併せて滞日中死亡する米国人の埋葬所は下田玉泉寺としたのである。

すべての仕事をやり遂げたペリーは、六月二日下田を抜錨、同月七日那覇着、同月一七日、物品の相対売買、薪水供与、難破船救助等を約した米琉修好条約を琉球王国に認めさせたのであった。なお和親条約批准書交換のため、安政元(一八五四)年一二月、米国使節アダムスがポーハタン号で下田に来航し、安政二年一月五日批准書を交換、翌日下田を退去している。

3　ロシア遣日使節の来航と日露和親条約

第二章で見たごとく、ロシアの対日通商関係樹立の欲求は一八世紀後半にまでさかのぼる。米国が日本に開国を迫る遣日使節を派遣するとの情報を得るや、ロシアはただちに遣日使節派遣を決定、海軍将官プチャーチンが全権使節となりパルラダ号に乗船、喜望峰、ジャワ、シンガポール、香港、小笠原諸島を経由し、嘉永六年七月一八日(一八五三年八月二二日)、パルラダ、オリヴァーツァ、ヴォストーク、メンシコフの四艦を率いて長崎に入港した。ペリー艦隊に遅れること一カ月半のことである。

しかし、プチャーチンとロシア艦隊を取りまく状況はペリー艦隊と全く異なっていた。ヨーロッパでは露土戦争勃発の空気が濃厚となり、英仏両国がオスマン帝国側で参戦となれば、たちまち極東海域にも戦争が波及する。プチャーチンはメンシコフ号を上海に派遣し情報収集に当たらせるが、幕府代表の筒井政憲・川路聖謨《かわじとしあきら》との交渉最中の嘉永六年一〇月二三日(一八五三年一一月二三日)、長崎奉行に再渡来を約し、四艦を率いて上海に退去する。露土戦争の開始は五三年一〇月二三日、英仏両国の対露宣戦布告は五四年三月二八日(嘉永七年二月三〇日)、ここにクリミア戦争が勃発、極東海域のロシア艦船は英仏海軍拿捕の対象となり始める。

プチャーチンは上海の地が危険になったと判断し、嘉永六年一二月五日、長崎に再来、翌七年一月八日(一八五四年二月五日)同港を退去、琉球からマニラに赴き、いよいよ英仏参戦の気配不可避の情況をつかむや、三月二三日(五四年四月二〇日)、三度長崎を訪れ、五日後に退去、箱館に寄港した後、シベリア海岸のインペラトルスキー湾(ロシア革命後ソヴィエト湾と改称)に退避し、老朽化したパルラダ号の代艦ディアナ号の来着を待つのである(パルラダ号はその後同地で焼却される)。クリミア戦争勃発は露日条約締結へのプチャーチンの意欲を阻害しないばかりか、かきたてるものとなった。懸案の国境確定問題がかかっていたからである。

この湾にディアナ号が到着したのが五四年七月八日、プチャーチンを搭乗させたディアナ号が一路南下して箱館に入港するのが嘉永七年八月三〇日(一八五四年一〇月二一日)、さらに太平洋岸を南下して大坂湾に入るのが九月一八日(一一月八日)、日本側と折衝の結果、露日和親条約交渉の場は下田と決定され、一〇月一五日(一二月四日)、ディアナ号は下田に入港する。同月二三日に日本側の筒井・川路両使節が下田に到着、一一月三日(一二月二二日)に交渉が開始される。東海大地震が発生するのは翌日四日のこと、大津波を受けた下田港は壊滅的被害を蒙り、ディアナ号も大破し、修理のため駿河湾曳航中の一二月二日(五五年一月一九日)、ついに沈没してしまったのである。

だが、このような過酷な状況に屈することなく、プチャーチンは条約交渉を進め、安政元年一二月二一日(一八五五年二月七日)、露日和親条約が調印された。同条約により長崎・下田・箱館の三港が開かれ、両国ともに自国民を裁判する権利が認められた。これにより、ロシア領内の日本人は日本政府が裁判することになる。領土問題では千島列島に関してはウルップ島とエトロフ島の間を国境とし、カラフトについては両国は互いに譲らず、結局全島を日露両国民の雑居地としたのである。

4　日英和親条約の締結

イギリスはアメリカやロシアのような対日行動をとることは不可能であった。五一年に発生、滅満興明《めつまんこうみん》の旗をかかげた太平天国の乱はまたたく間に華南・華中の地に拡大し、英国の商業権益を脅かし、その対応で手一杯となっていた。アヘン戦争時ですらとだえなかった乍浦《サホ》商船は、この一八五三年には一艘も長崎に入港できなかったのである。だが、一方で、ペリーが締結した日米和親条約の内容にイギリスが強い不満をいだいたことも明白な事実であった。ただこの段階では動きが取れなかったのである。

動くのは極東の英国海軍である。英仏両国が対露宣戦布告をして以降、極東の英仏両国艦隊はロシア海軍とロシア商船を捕捉するため行動を開始し、一八五四年九月八日(嘉永七年閏七月一五日)、四艦を率いて長崎に入港した英国東印度艦隊司令長官スターリングは、長崎奉行に対しロシアとの交戦を告げ、英仏艦船の諸港出入の許可を求めた。本来の入港目的は、日本の諸港がロシアの対英仏軍事行動の基地となるのを阻止するため、日本に戦時局外中立の立場をとらせるためであった。通訳はあの漂流民音吉であった。

西暦一〇月四日(八月一三日)付の英国草案では、

Article I The warships of Great Britain and her opponents in this and future wars are to be excluded from Japanese ports and waters except as herein provided.

Article II The warships of Britain and other Treaty Powers are to be admitted to Nagasaki and two other ports, but in time of war are not to effect repairs, obtain supplies of munitions, bring in prizes or remain over fourteen days.(6)

(大意) 第一条、英国および交戦国の軍艦は戦時下では、次の規定を除いて日本の港および日本の海域から排除される。第二条、英国および条約締結国の軍艦は長崎並びに他の二港に入港を許可される。しかし戦時下では修理、軍需品の供給、戦利品の持ち込みおよび一四日以上の停泊はできない。

となっていた。

しかしながら日本側には戦時局外中立という国際法の認識がそもそも存在せず、たとえ音吉が正確に翻訳する能力を保持していたとしても、この種の条約締結は不可能だったと著者は考えている。結局、嘉永七年八月二三日(一〇月一四日)調印された日英和親条約はアメリカとのそれを踏襲したものとなった。そして英仏両国艦隊は、一八五六年三月三〇日、パリ条約によってクリミア戦争が終結するまで、敵艦・敵船を捜索しつつ、オホーツク海に至るまでの極東海域をくまなく遊弋《ゆうよく》しつづけるのである。

なお、日米・日英・日露和親条約につづき安政二年一二月二三日(一八五六年一月三〇日)、出島商館長クルチウスと長崎奉行との間に日蘭和親条約が締結され、これによりオランダ人は出島から自由に出られることになり、またオランダ人が日本の法律を犯したときは、オランダ側がオランダの法律で処罰できることとなった。最初の片務的領事裁判権規定であり、前述したように、ハリスがこれを引き継ぐのである。

5　クリミア戦争と日本

クリミア戦争はナポレオン戦争につづく世界的規模での大戦争となった。ロシア帝国の北太平洋海軍拠点カムチャツカ半島ペテロパヴロフスク港を攻略するため、英国の太平洋艦隊(当時、東印度艦隊の守備範囲と区分されていた)四艦は仏艦三艦とともに一八五四年五月一七日、南米ペルーのカリャオ港を出航、七月一七日ハワイに寄港した後、同月二五日にはカムチャツカ近海に達し、八月三〇日、ペ港に入港して猛烈な砲撃を開始した。しかしロシア側の守備は堅固で強力に応戦し、翌三一日、英国のプライス司令長官は自殺、九月一日と五日、二度にわたり海兵隊を上陸させて攻略を試みたが、いずれも失敗し、八日英仏艦隊は撤退を余儀なくさせられたのである。

しかし、英仏海軍のこのような攻撃が繰り返されるならば長期にペ港は維持できないことも、ロシア側には明らかとなった。ロシア軍は一八五五年四月同港を撤退(カラフトのクシュンコタンに兵営を築いていたロシア兵も攻撃に備え同年六月に撤退する)、このことは同時にアリューシャン列島とロシア領アラスカの維持が不可能となったことも意味したのである。

この年五月二〇日、英艦九艘、仏艦五艘の連合艦隊がペ港攻略のため再入港するが敵兵は皆無、連合艦隊はアラスカに向かうこととなる。

このペ港の壮烈な攻防戦はロシアの極東戦略の転換点となった。北米大陸進出の方向性が断たれ、それにかわり、清国領内を流れるアムール河を下って太平洋に進出し、サハリン島全域とアムール河以北及び後年沿海州と命名されるアムール河南岸・ウスリー河東岸の広大な清国領の自国編入が国家的課題となるのである。

クリミア戦争はディアナ号を失ったプチャーチン以下五〇〇名のロシア海軍軍人の問題でもあった。プチャーチンは一日も早く帰国させたがっている幕府と交渉、伊豆半島西岸の戸田《へだ》で洋式帆船建造にとりかかった。(7) 二本縦帆マスト、八〇トン(四〇〇石船に相当)、船の長さ八一尺、竜骨の長さ六二尺、船幅二三尺、砲門八口《こう》(実際には積まず)のスクーナー型船である。竜骨を骨格とする船舶建造は戸田村の船大工棟梁上田寅吉(後日の横須賀造船所初代工長)以下、協力する多くの日本人船大工にとっては、技術修得の絶好の機会となった。

建造中の安政二(一八五五)年一月二七日、米船カロライン・フート号が下田に入港、クリミア戦争に参戦するため一五〇名余の士官・下士官たちが同船を雇って二月二五日下田を出帆、ペ港に到着する。

つづいて竣工したヘダ号に乗ったプチャーチン等四八名は三月二二日出港、当初はオホーツク海のアヤンに寄ったのちペ港に向う予定であったが、英艦に追跡されアムール河河口のニコラエフスクに逃げ込むことに成功する。

残置されたロシア人二八〇名余は、六月一日、ドイツ商船グレダ号で下田を出帆する。この中には掛川藩浪人の橘《たちばな》耕斎と彼から日本語を学ぶ中国語通訳ゴシケヴィッチ(後日、最初の箱館領事となる人物)がいた。グレダ号はアヤン港に入港する直前、遊弋中の英艦バラクータ号に拿捕されてしまい、乗組員全員はクリミア戦争終了後の一八五六年四月、ロンドンで釈放されるのである。

ところで、ヘダ号の設計図をプチャーチンが残してくれたこともあり、上田寅吉ら戸田村の船大工は、その後スクーナー型船を六艘建造し、これらの船は君沢《きみざわ》型(戸田村は伊豆国君沢郡にある)と呼称されることとなった。さらに箱館で改良されたものが建造されることとなり、これは箱館型と呼ばれ(その後「小廻船」といわれるようになる)、蝦夷地・北海道で長く活躍することとなった。現在北海道の利尻町立博物館には二本の縦帆と二つの船首三角帆をもつ「小廻船」模型が展示されているが、その解説には、大正から昭和にかけ、動力船が出る前の帆船で、利尻では天塩と結ぶ航路に使われ、島からはニシンカスや海産物、天塩からは製材・薪材や米・味噌・醬油等の生活物資を運んだ、小廻船は動力船の出現と、利尻との交易地が稚内にかわったことにより消滅した、と述べられている。

第九章　ペリー来航はどう受けとめられたか
——風説留世界の成立

1　風説留世界とは何か

欧米列強は資本のための単一世界を創り出すために、地球上のあらゆる地域と伝統的諸国家に商品と軍事力をもって進出していった。一八五三年のペリー来航もその一つにすぎない。しかし非キリスト教世界の各地域と各地の伝統的諸国家の対応は、正に千差万別となった。

日本の場合特徴的なことは、来航情報が瞬時に全国に伝播し、人々がそれを記録し、そして江戸の事態を深い憂慮をもって凝視するという社会が出現していたということであった。幕府が知らせたわけでは決してない。風説の流布は、政治に与ってはならない被支配諸階級にとっては明白な犯罪行為であり、場合によっては死刑に処せられかねないものであった。新聞や政治雑誌の刊行など一般民衆にとっては思いもよらない行為だったのである。しかし、それにもかかわらず、人々は情報を求め、あらゆる手段を用いて収集し、記録し、写して冊子に綴っていき、さらにそれを回覧していった。当然絶対権力者たる「御《ご》公儀《こうぎ》」の政治に対する批判パンフレットや諷刺狂歌・嘲笑落首のたぐいも旺盛に収められていく。その中で人々は、政治に対する批判的主体に成長していった。

著者は、幕末期日本全国で作成されていったこの種の冊子を「風説留《ふうせつどめ》」とよび、日本で公論世界が端緒的に形成されたことを示す有力な手掛りとして重視している(1)。それは明治初年、全国各地で新聞が経営としてしっかりと成立する社会的前提を象徴するものとなるのである。

幕末から維新期の政治は激変につぐ激変の中で展開していく。しかし、あらゆる局面の背後に、その展開を凝視する三千数百万日本人の目があること、この衆人環視の政治舞台において幕府が自らを国家としてふるまわざるを得なかったことは、一瞬たりとも忘れてはならないことがらなのである。日米和親条約締結以後の幕府政治の動向を追う以前に、迂遠なように見えても、あえて本章を設ける理由がここにある。

2　幕府が風説流布を嫌う理由

江戸時代の政治主体は「御公儀」幕府を頂点とする領主と武士階級であった。それ以外の被支配諸階級は政治の舞台から完全に排除されていた。封建政治の二大原則は「論語」に依拠する「由《よ》らしむべし、知らしむべからず」と「其の位《くらい》に在らざれば其の政《まつりごと》を謀らず」である。政治支配と政治権威の絶対性は、この二大原則に基づいて政治理論化され、人民の完全な権力依存性と表裏一体をなしていた。

この禁令を犯す者には死罪が適用される可能性が常に存在しつづけていた。安政大獄は飯泉喜内《いいずみきない》という人物が京都と政治情報を交換していたことと関わりをもっており、大獄開始時期には事件は「飯泉喜内初筆一件」とも称されていた。喜内はこの行為自体が「御公儀を憚《はばか》らず不届至極《ふとどきしごく》」との理由で斬罪に処せられた。この意味では「一味徒党」の禁と同等の大罪になりえたのである。

今日では時代物テレビ番組で「瓦版屋《かわらばんや》」などという職業が平然と登場させられているが、したがって実際には全くありえない話である。瓦版とよびならわされている木板摺りのものは、幕末期では摺物《すりもの》・一枚刷《いちまいず》り、あるいは読売《よみうり》と呼ばれていたもので、正規の絵草子屋《えぞうしや》で販売されるか、歌の「くどき」のように読売の形で行商しながら売られるものであり、政治的なものはあり得ない。珍事などを扱うものもあったが、風説流布にされかねず、彫りと刷りが極めて粗悪な、つかまる前に売り抜けてドロンという極く短期の危い商売のものである。政治諷刺となりうる「狂歌」や「なぞなぞ」も、同様の性格のものと思われ、彫りがとても粗悪である。権力により黙認されていたのは非政治的な火事や地震の速報レヴェルのものであり、地震報道や「火事場附」など、彫り・刷りともに正常なものは絵草子屋が販売していた。

この中で注意すべきものは、幕末期の歴史展示の際、常に出陳されるペリー来航時の「御固附《おかためづけ》」の絵である。これだけは異常に数が多い。著者は権力側が民衆の動揺を鎮めるため、作成と販売を相当バックアップしたのではないのかと考えている。

3　経済発展と情報網の展開

このような基本的政治体制のもとで、何故に情報が瞬時に伝播したのか。それは経済が出発点となる。

江戸幕府と諸大名は領主階級主体の経済体制を一七世紀につくり上げていった。江戸・大坂・京都の三都経済システムは一七世紀後半に確立するが、それは領主階級が獲得する年貢米を換金する全国市場のシステムにほかならない。大坂の経済的地位と西鶴の文学もこの大枠の中で成立していったし、浪人芭蕉の俳諧連歌という座の文芸を支えていた人々も、このシステムの中で生きた者たちであった。

この領主階級主体の枠がくずれ、非領主的な国内市場が次第に形成されてくるのが一八世紀後半である。(2) それを国内情報網形成の側面からとらえると、一七七〇年代に三都飛脚が機業地である上州の藤岡・高崎・伊勢崎・前橋・桐生・大間々や、製糸業が盛んとなった奥州にむけ、宇都宮・喜連川・白河・郡山・二本松・福島・桑折・仙台に取次所を開設する事態が一つの指標となるだろう。この時期から各地域の経済活動が次第に高まり、そして各地域相互の結びつきが次第に強化されていく。この指標も情報網のあり方を如実に我々に示してくれている。

京都を例に取ってみよう。同地で天保初年「諸州国々飛脚便宜鑑」[3]が刊行されているが、そこでは「紀州御飛脚所(高野・泉州)　柳馬場三条下ル　桔梗屋武右衛門」「越中富山三度宿(附飛驒高山取次)　御幸町三条下ル　茶木屋伊助」等々、一一八もの飛脚屋が京都から全国の各地に書状・荷物を発送し受け取るシステムが確立するようになっていた。

江戸の場合も同様であった。万延元(一八六〇)年当時の六組飛脚は一八〇軒の飛脚屋(書状は軽量荷物として扱われる)を組織し、日本橋組は東海道宿々、京橋組は日光道中、神田組は甲州道中、大芝組は中山道宿々、芝口組は美濃路、山の手組は奥州道中と水戸・佐倉の両街道と特化されている[4]。

ただし、問題はこの成長・展開する飛脚産業(今日的にいえば陸運業)は権力に対し全く自立していなかったことである。領主御用の業務に民間業務が加わる形で発展したものであり、また幕府と各地の幕府諸機関は、容疑者の書状差押えを、まず飛脚屋手入れから開始する。

この問題をかかえつつも、飛脚屋は情報の担い手に成長していく。例えば、安政五(一八五八)年三月二日の大火ではない江戸出火情報を大坂の江戸飛脚は、「此節柄の義、何共案思られ中候に付、所々江戸飛脚の処、内々探索つかまつらせ候処、当月六日迄の処は、江戸御別条無之趣(5)」との説明を附して摺物として得意先に配布しているのである。大坂商人は江戸商人と経済的に太いパイプでつながっているだけではない。取引先が類焼したならば、見舞状を出さなければならないのである。このような社会が出現した段階では、各地の日本人は、なにか不安な風聞があった際、まず飛脚屋に出掛けて確認する習慣がつくられていくのである。

逆に、情報網が全国的に展開されると摺物を増大させることにもなる。その典型が一枚刷りの「火事場附」である。江戸・大坂などの大都会に出て働く男女が、遠国の親や親類に自分の安否を知らせ、併せて大火の規模を報知するのに利用されたのである。嘉永三(一八五〇)年二月五日の江戸麴町から出火した火事は、藩邸五二宇、町数五七丁、長さ二三町、幅四町の大火となったが、その際出された「焼場方角附」には、「遠方の人にもしらせん便ともならんと図をしるし拙言を添るのみ(6)」と末尾にある。

4　経済的情報網の形成と文化の広がり

漢詩集の出板

漢学・儒学は本来的にはサムライ階級の学問であり、その余業として漢詩作成がおこなわれた。しかし漢学の社会への浸透は武士以外の人々の漢学・儒学学習の働きを創り出す。備後神辺《かんなべ》の菅茶山《かんさざん》(一七四八―一八二七)は、天明期に同地に黄葉夕陽村舎という私塾(廉塾《れんじゅく》)

を開くが、それは藩校とは関係を持たない在村私塾であり、門下生には僧侶・神職・医師及び豪農商の子弟が多く、忠孝をうるさくいう士大夫教育が直接の目的とはならず、被支配階級上層の教養教育が主眼となり、豊かな感性を育成するための漢詩作成が門弟に奨励される。茶山自身も著名な漢詩人であり、彼の漢詩集が出板される。この漢詩集出板には書肆との間の校正関係の連絡を含めた書状のやりとりと校正刷りの往復が当然の前提となる。

廉塾の発展形態が豊後日田の広瀬《ひろせ》淡窓《たんそう》(一七八二―一八五六)の私塾咸宜園《かんぎえん》となる。塾生は高野長英・大村益次郎・羽倉簡堂など、全国から四〇〇〇名と称せられ、淡窓は私塾経営で生計を立てていた。門弟にはサムライはほとんどおらず、僧侶・神職・在村医師および豪農商の子弟たちが中心であり、廉塾同様、情操教育に重きがおかれ、漢詩作成は門弟の課題ともなっていく。淡窓も著名な漢詩人で、兄の詩集を出板するため、大坂で開塾していた弟の広瀬旭荘《きょくそう》が、大坂の書肆と日田の兄との間を書状で頻繁に仲介しつつ出板にもち込むのである。経済的情報網の確立なしには漢詩集の出板自体不可能な事業であった。

咸宜園の場合注意すべきことは、多くの咸宜園同窓生の漢詩アンソロジーもまた三度にわたり大坂の群玉堂から旭荘の働きにより出板されつづけたことである。第一回は『宜園百家詩』(天保一二年刊、二二五名所収)、第二回は『二編』(嘉永六年刊、一〇八名所収)、第三回は『三編』(嘉永七年、一九六名所収)であり、この際には、投稿のよびかけ、投稿送付、序・跋の依頼と発送、校正刷りの送付・返却等々、繁多な書状と小荷物のやりとりなしには到底出板にまでは持ち込めない。

アンソロジー『宜園百家詩』編集の場合には、同窓生の結束による教育機関咸宜園の経営強化、西日本における咸宜園の影響力拡大という狙いがこめられていたが、このアンソロジー漢詩集の出板は一九世紀に入っての日本文芸界の特徴ともなっている。

古くは文化一二(一八一五)年の、市河寛斎・柏木如亭・大窪詩仏・菊池五山の四漢詩人の作を集めた『今四家絶句』があるが、その後『文政十七家絶句』『天保三十六家絶句』『嘉永二十五家絶句』『安政三十二家絶句』『文久二十六家絶句』『慶応新選詩鈔』に至るまで、世の趣向に投じた出板が続く。これには自信作寄稿への呼びかけから始まり、序・跋の依頼事務、詩に対する批評の依頼等々、書状と情報網の大活躍なしには刊行は夢にも考えられないことであり、このような出板活動の蓄積の上に、全国が一体化した漢詩文壇が日本において成立するのである。

和歌アンソロジーの出板

個人和歌集は和歌の歴史とともに古いが、江戸時代、国学興隆百年間の多くの歌人の和歌を集め題別に分類して後進者のために『類題草野集』一二巻にまとめた国学者が幕府先手与力の木村定良(一七八一―一八四六)、編纂時期は文化一三(一八一六)年春から文政元(一八一八)年にかけてのことであった。木村の場合にはここ一〇〇年間の諸家歌集を集約しての作業であったが、時あたかも、全国各地に歌会グループが成立し、それぞれのサークルを指導する在野の歌詠みがその力量を発揮する時代に入ってきた。

この新たな文化状況を踏まえ、全国から和歌を募集し、類題ごとにまとめる大事業を決行したのが、本居大平門下の紀州国学者加納《かのう》諸平《もろひら》(一八〇六—五七)、文政一一(一八二八)年のことである。この『類題鰒《ふくぎょく》玉集』刊行企画は見事に的中し、以降嘉永七(一八五四)年の第七編まで、毎編二冊ずつ、諸平は編集・刊行しつづけた。全国からの多くの詠草と書状を集約することが当然作業の前提となる。

さらに紀州藩士長沢伴雄(一八〇八—五九)も、諸平の事業にならい、京坂地域の人々の和歌九〇〇〇首を集めて、『類題和歌鴨川《かもがわ》集』と題し、嘉永元(一八四八)年に刊行し、好評を博したため、『類題鴨川次郎集』『同三郎集』『同四郎集』『同五郎集』と刊行しつづけている。それだけ日本の和歌を詠む人々の層が部厚くなってきたのである。

狂歌集の出板

狂歌が盛んとなり、石川雅望《まさもち》(宿屋飯盛《やどやのめしもり》・六樹園)派と鹿津部真顔《しかつべのまがお》(北川嘉兵衛)の両派が月次《つきなみ》狂歌のシステムをつくるのは文化期の後半、一八一〇年代のことである。あらかじめ宗匠が出題(兼題という)し、毎月全国から狂歌をつのり(投稿料として「入花料」が必要)、毎月一定日に秀歌を複数の判者が選び出し、それを「狂歌集」として刊行していくのである。多くの場合、番附形式で優秀作者が評価される一枚刷りの摺物が伴い、さらに月次歌合の成績そのものも総計されていき、番附形式の優秀作者一覧の摺物も刊行される。

この月次狂歌は全国的な組織が前提となっており、各地の指導的人物がそのサークルの判者、都講《とこう》となり、その内、江戸以外の地方に住む者は異境判者・異境都講とよばれていた。各地の狂歌組織は、自己組織に投歌されたものを毎月江戸に送り、江戸では「狂歌集」と摺物を毎月作成して各地の狂歌組織に送り、それらが各人に配布されていくのである(7)。このあり方は、書状と荷物の運送網が全国展開していない限り、到底存在不可能なものであった。

5　ペリー来航と風説留の成立

公論世界の端緒的形成

鎖国体制下での非領主的国内市場の形成と各地域の力量がそれぞれ蓄積されていく過程での全国的文化の展開は、日本という国土(ただし琉球と蝦夷地は入っていない)と日本人という意識を、サムライ階級以外の被支配諸階級・諸階層全体に、特にその上層にある豪農商と在村知識人の間に創り出していった。幕府は一切政治情報を公開しないのにもかかわらず、日本人は瞬時に、この大事件をつかみ取る。情報が公開されず、公的に流通させる制度がつくられていなくとも、つかみとる能力を日本人が有しており、自分たちで事態を判断し、政治的意見を形成し、政治批判を展開できる段階に日本が入っていたことが、幕末維新期を考察する際の根底に据えられなければならないと著者は考えている。

「鎖国か開国か」「攘夷か和親か」が第一義的課題だったのではない。この問題を論議する土台＝「公論」世界が事実において形成されつつあったこと、このことと、天皇と朝廷をとり込み、四夷を平定しうるとする武威をふりかざすことで「御公儀」の威光と政治の全権を排他的に掌握しつづけて来た幕府の専制体制との矛盾こそが問題の核心なのである。

越中高岡医師・佐渡養順

佐渡三良《さどさんりょう》(九代目養順《ようじゅん》、一八二〇—七九)が入手したペリー来航の第一報は、江戸にいた弟坪井信良《つぼいしんりょう》(一八二三—一九〇四)の嘉永六(一八五三)年六月一三日付の書状である。

当六月三日暁天、異国船数艘渡来いたし候に付、相糺《あいただし》候処、弘化三年同処(浦賀)に渡来する北亜墨利加バッムン国ネウヨルグと申《もうす》処の船、大なる者二艘、長さ五十間余、幅二十八九間、人数凡《およ》そ七八百、大炮七八十挺厳重に相備《あいそなえ》、又鉄張り蒸気船二艘、是《これ》も大炮四十挺余、外に「バッテイラ」と申小船七八艘、是又鉄張りにて都合十二三艘、小船などに於ては艣楲《ろかい》不相用《あいもちいず》候得共、進退迅速にて転廻自在、実に奇とすべき者なり、是迄とはちがい、江戸近く侵入仕候に付、浦賀近辺は申に及ばず、都市抔《など》の騒動大方ならず、評議紛々、たしかの処は分り兼《かね》候得共、矢張交易願と申ことにて、何分是迄、右の願数度に及候え共、御聞入無之《これなき》故か、此度は異人も大に奮激致、其勢あたるべからざる由《よし》にて、応接の者と雖《いえども》共寄附不申候(8)

佐渡養順家が代々医師をつとめてきた高岡は、越中でも加賀藩直轄地で文化程度の高い土地であった。高岡で最初の蘭方医となった長崎家と佐渡家は姻戚であり、西洋医学にも関心を寄せていた佐渡家八代目養順の二男が江戸に出、名蘭方医坪井信道の養子に乞われて坪井信良となるが、この信良からの書状が右に見たものである。兄の九代目養順は、弟からの絶えることない書状をもとに、高岡の町で同志と時事を談ずる集会をもったことが伝えられている。それほど良質の政治情報を信良が兄に伝えられたのは、箕作阮甫《みつくりげんぽ》の親友で緒方洪庵《おがたこうあん》の師、江戸蘭学界の中心人物であった義父信道から受けついだ豊かな蘭学界人脈と、併せて幕府天文方の情報も入手可能だったためであった。佐渡家に残っている分だけでも、安政元(一八五四)年では一月七日・一七日・二七日、二月七日・一六日、三月一日・一三日・一九日、四月一日・一六日・二七日、五月二日、六月五日・二三日・二八日、七月三日・二三日、閏七月一日・二一日・二八日、八月五日・七日・一七日、九月一〇日、一〇月四日、一一月一一日、一二月一〇日と、ヨーロッパで新聞のもとになったニューズレターと全く同じ性格の書状が送りつづけられている(9)。

信良は書状とともに、江戸での摺物を含む諸出板物、母親宛の草紙物、そして錦画類をも送りつづけている。信良の書状だけでほぼ完璧な政治情報源となり、諸方からの断片的な情報を綴り込む風説留に仕立てる必要は佐渡家の場合、存在しなかった。保存される書状群自体が風説留になるのである。

ただし私たちがここで注意しなければならないのは、兄の九代目養順が強烈な情報需要主体であったこと、そしてこの主体が高岡という町の情報需要に支えられていた、ということである。書状というものは、今も昔も、相互の緊密な応答関係なしには、絶対に蓄積されることはありえない。信良の書状と少なくとも同一回数の書状を兄の養順は送りつづけ、自分の意見、家族の様子、そして高岡と加賀藩の動向を弟に知らせつづけたはずなのである。

九代目養順は、高岡という地方の町におりながらも、蘭学とともに世界の動向をつかもうとしつづけた。彼と佐渡家の関心は現在金沢市立図書館に寄贈されている佐渡家旧蔵文庫(「蒼龍館文庫」)からよく窺うことができる。多くは信良が送ったものだが、それ以外のものも、そこには含まれている。地誌関係に絞って見てみると次の通りである。

『坤輿図識』(弘化二―三年)、『地学正宗』(嘉永三―四年)、『八紘通誌』(嘉永四年)、「漂客談奇」(嘉永七年五月一日、養順弟賢隆が写した万次郎漂流譚)、『海外漂流年代記』(嘉永七年)、「呂栄国漂流記・阿奥漂民旧記・土佐宇佐浦漂流人口書《くちがき》」、『海国図志　籌海篇』(嘉永七年)、『海国図志　アメリカ部』(嘉永七年)、『海国図志　プロシア部』(安政二年)、『海

国図志　ロシア部』(安政二年)、『海国図志　イギリス国部』(安政三年)、『海国図志　インド国部』(安政四年)、『美理哥国総記和解』(嘉永七年)、『英吉利国総記和解』(嘉永七年)、『亜米利加総記』(嘉永七年)、『地球説略』(一八五六年・清国出版)、『瀛環《えいかん》志略』(文久元年)、『世界国尽』(明治四年、慶応義塾版)

世界動向への関心がペリー来航の時にかぎられた一過性のものではないことが、ここからも窺いとることができるだろう。

紀州日高郡北塩屋浦在村医羽山大学

しかし佐渡家の場合は例外的といっていい。単一の情報ラインで最良の情報が入手できることは、まずありえないことだからである。普通の場合は八方手を尽し、種々の、偽文書も含めての諸情報を入手し、整理し、写し取り、合綴して冊子仕立てにしていかなければならない。また、この形態の方が集団の中で回覧するには都合がいい。紀州日高郡北塩屋浦の在村医羽山大学《はやまだいがく》(一八〇八—七八)は、ペリー来航をきっかけ(編纂の意図を記した序文は嘉永六年七月付)に「彗星夢雑誌《すいせいゆめぞうし》」(全一〇九冊、内二冊欠)を作成し始める。[10] しかし一介の一在村医が、どのような方法で政治情報を集めていくのだろうか。

(a)　羽山大学自身の情報網

まず第一に、医者は患者から病状だけではなく、世間話をし、旅をして来た患者からは、彼や彼女の見聞を聞く。医療活動の場が情報収集の場になりうるのである。

第二に、羽山家では自宅で特効薬を調剤し、手代に近隣諸国へ売薬させていた。手代の見聞も風説留に記録される。

第三に、情報収集に熱心な大学は、情報の担い手たちを自宅に招請し、夜話しをさせている。見聞の広い人々には回国修行の僧侶がおり、木棉栽培と製糸が盛んな紀州の地に来る木棉商人がおり、そして海運業の盛んだった紀州の浦々の船頭と水夫《かこ》たちがいた。紀州の船乗りたちは西は下関・兵庫・大坂、東は浦賀や神奈川まで、日常的に航海するのである。大学は生麦《なまむぎ》事件や下関砲撃事件の体験談を彼らから聞き取ることとなる。

第四に、近隣の有志者との間で情報交換グループを形成していた。御坊《ごぼう》の町は近く、その地の商人たちは蝦夷地交易にも関係していたので、蝦夷地情報も記録の対象となる。

第五に、大学は個人的に親しい人々から書状で遠隔地の情報を知らせてもらっている。紀州国内では和歌山城下の商人と田辺領牟婁《むろ》郡岩田村里正から情報を得ているし、親類の医師沢井俊蔵が大坂の緒方洪庵塾、次に江戸の竹内玄同塾で蘭方医学を修業している時は、俊蔵が塾で入手した話とハリス対話書などの文書が大学の許に伝えられる。蘭学塾自体が情報の溜り場なのである。

江戸情報は他に同地にいた万屋作兵衛という人物からも伝えられるし、大坂情報は堺屋樋口彦左衛門から恒常的に入るようになっていた。実は樋口も自分のまわりに情報グループを組織しており、大学側の入手情報を求めていたのである。羽山・樋口ラインに見られるように、幕末段階では、相互の均等で均質な情報交換が情報網維持・拡大の前提となっていた。

(b) 瀬見善水情報網との情報交換

大学は日高郡の大庄屋瀬見善水《せみよしお》(一八一三—九二)と親しく、相互に入手情報をやりとりしている。善水は加納諸平の高弟で、著名な歌詠み・国学者でもあったが、大庄屋という立場上、大学では集めることの困難な情報への接近も可能だったのである。

第一に、郡内随一の行政家・名望家なので、郡内有力者で地士クラスの人々から情報が入ってくる。

第二に、大庄屋という役目上、紀州藩日高代官所に入る諸情報と藩庁諸達書を知る立場にある。

第三に、武芸者・剣術遣いからの情報がある。紀州藩は長大な海岸線を防禦するため、各郡に浦組を編成させ、軍事訓練をおこなわせていた。この訓練のために剣術指導が求められ、安政期には千葉周作の甥千葉重太郎(坂本龍馬の親友でもあった)が指導のため日高郡に来ていたのである。善水は浦組の責任者として、訓練にも関係し、また砲台建設にもかかわらなければならなかった。

第四に、大庄屋として、折にふれ和歌山城下の藩庁に出頭しなければならず、そこでの入手情報がある。

第五に、善水が力量ある歌人、国学者であることから形成される国学者交友網からの情報がある。飯田年平・伴林光平・佐々木春夫からの通信が大学の風説留に加えられる所以である。また善水は京都情報を蘭方医新宮涼庭の養子涼介から入手していた。この涼介は紀州那賀郡の出身で、福沢諭吉が最も信頼していた義塾出身の医師松山棟庵の兄でもある。

（c）菊池海荘情報網との交叉

一介の在村医羽山大学の風説留が全国的な視野と情報を具えることが可能となった理由の一つは、瀬見善水と菊池《きくち》海荘《かいそう》（一七九九―一八八一）との間に恒常的な情報交換がおこなわれ、その多くが大学のもとに廻ってきたからである。海荘は紀州有田郡を代表する名望家で豪商、江戸や大坂に店を有し、また全国レヴェルの知名度を誇る著名な漢詩人でもあった。海荘情報にはいくつかの特徴がある。

第一に、菊池家家業ルートからの各地の豊富な情報とともに、有田郡は紀州商人を輩出した土地でもあって、桜田門外の変等の江戸情報は書肆の須原屋茂兵衛からもたらされるし、また郡内広村の浜口梧陵《ごりょう》も海荘と親しい全国レヴェルの大豪商で、銚子に醤油醸造業を営んでいるため、元治元（一八六四）年の天狗党騒乱情報は浜口から海荘に伝えられている。

第二に、京都情報は藤屋長兵衛という人物から入手する。

第三に、大坂情報は柏岡恕堂という人物から恒常的に入ってきている。情報の内容からすると、単なる一商人ではなく、大坂町奉行所になんらかのかかわりがあった人物かと思われる。

第四に、紀州藩内密情報は地士出身で海荘の門弟となる由良義渓から伝えられる。由良は紀州藩改革派の伊達宗興《むねおき》(陸奥宗光の兄)とつながり、文久・元治期には藩周旋方に任じられて活躍するのである。

第五に海荘の文人ルートがある。「彗星夢雑誌」には塩田順庵・瀛洲《えいしゅう》(田辺藩士で儒者・漢詩人の小川楨斎のことと思われる)・大槻盤渓《おおつきばんけい》からのペリー来航情報が記録されているが、いずれも海荘宛のものである。(11)

塩田順庵は江戸で海荘の協力のもと大部な「海防彙議」を編纂した親友で、六月に第一報を送っているが、残念ながら「彗星夢雑誌」には写し取られていない。七月六日付の第二報は、

(前略)此義は一昨年蘭人を以《もって》申通し置候事に候得ば、今更被相拒《あいこばまれ》候義有之間敷《これあるまじく》、若又《もし》此地にて不受取候わば、直様江戸表へ罷越《まかりこし》差出し可申様申出候、(中略)是迄何一つ防禦の備立という事不見《みえず》、此分にては戦争に至り候わば、不教民《おしえざるのたみ》を以戦には一敗塗地には必定に御坐候、如此《かくのごとく》成行候事、閣老も罪なしと不可謂《いうべからず》、去故にや、福山侯の評判大に悪敷《あしく》、門に落歌張候事度々有之

とペリーの強硬姿勢を指摘して阿部正弘の評判に言及している。
　七月八日付の瀛洲書状では、

> (前略)万一事破に相成候わば、広東はイギリス取合同様に落入可申候、蒸気舟一艘に日本船百艘向候ても勝に見込更に無之候、海中の取合は頓《とん》と出来不申様に奉存候

と、その軍事的格差に絶望している。
　七月一二日付の大槻盤渓書状では、

> (前略)僕義も浦賀へ両度余り、其始中終、詳に致候者恐らく僕等程の者少し、プレジデント幷《ならびに》ベルリの書翰も人より早く熟覧仕候処、扠々《さてさて》処置六ケ敷《むつかしく》、唯々手を束《つかね》候計《ばかり》に御坐候、(中略)書翰の大意四つ有、和親・交易・石炭・難民、不許此四者時《このよんしゃをゆるさざるとき》は開兵端《へいたんをひらく》の意、(中略)老兄妙計事策も有之候わば承り度候

と、事態の困難さを嘆息している。

当該段階の情報の特質

　くり返しとなるが、この段階の情報の特質は、双方が主体となっての双方向での恒常的やりとりが前提となっているということである。今日風の分業化された情報供給→流通→消費としての需要という図式は適用されない。情報発信・需要主体が全国的に成立しながらも、情報の商品化が体制によって阻止されつづけているという特殊歴史的な社会的政治

段階が根底に存在していたのである。したがって、急速に形成されてくる民族的輿論＝「公議輿論」と幕府・諸藩の専制的家産制的政治体制との構造的矛盾を歴史過程の中に常に見据えていかなければならないと著者は考えている。

第一〇章　幕府の安政改革

1　ペリー来航と攘夷主義

幕末維新期を理解する上で「躓《つまず》きの石」となっている日本人の思考パターンは、すべてのことがらをイデオロギー的に判断しようとすることである。「攘夷主義者だったのに変り身が早かった」とか、「攘夷主義者だったのに、その思想が深くなかったから変身できた」とか、この説明のやり方が現在でも平然と通用している。著者は一貫してこのような説明の仕方に反対してきた。客観的な、とりまいている世界全体とそれとの主体との関係をまずとらえる必要があり、次に主体の客体への働きかけの中でどのようにイデオロギーや政治思想が生まれ、そして変化していくのかを実証的に検討していかなければならない。

攘夷主義とレッテルを貼られている政治思想は、少なくとも日本の場合、外国人嫌いだから、あるいは世界の事情に通じていない無知蒙昧だから形成されたのではない。国家権力が外圧に対し主体的に対応不可能に陥った時、国家と社会の解体と崩壊の危機意識から必然的に発生する。その条件が消滅すれば、当然存在しなくなるものである。すべてを世界史を前提とした政治過程として理解すべきだ、と著者は思っている。日米和親条約によって日本が鎖国から開国に転換した時は、まだ攘夷主義は日本人をつかみ取りはしなかったのである。

2　ペリー来航への事態認識

第九章で見た坪井信良・塩田順庵・大槻盤渓らの認識やその他の諸史料でみる限り、ペリー来航の性格は次のように位置づけられていた。

一、幕府がそれ以前から譜代大名を動員して施していた江戸湾防備体制が全く機能しなかったこと
二、一八四六年、第一回目の通商要求に米国使節が浦賀に来ていたこと
三、従来とは異なり江戸間近にまで、湾奥深く進入したこと
四、長崎回航命令を峻拒したこと
五、幕府高官の書翰受領まで退去しなかったこと
六、後続艦船が多数渡来すると軍事的圧力がかけられたこと

そして六月九日の久里浜での国書受領以後は、幕府の回答如何と、三千数百万の日本人が凝視する。坪井信良の兄宛七月三日付書状に、次のごとく言う通りである。

願一条も不相成《あいならざる》趣《おもむき》に被仰渡《おおせわたさる》べきの事故、左すれば唯々平々退帆可致哉否《いたすべきやいなや》、何共難計《はかりがたく》、

必《かならず》戦争に及可申事と、上下一同心痛仕居《つかまつりおり》申候、数百年天下太平の惰民、干戈《かんか》を動す様に成候ては如何可有哉《あるべきや》、無覚束《おぼつかなき》事共に御坐候(1)

幕府は四艘の米艦の圧力により国書を受領し、九艘の米艦の圧力により和親条約を締結せざるを得なかった。嘉永七(一八五四)年二月一日、幕府書院番と小姓番の両番頭が、「平穏とのみ被仰出《おおせいだされ》候わば、終《つい》には御固《おかため》大名の内、不伏の者も出来、万一御警衛の義御断《おことわり》申上候向《むき》も出来候ては臨時《ときにのぞんで》の御心配」と、公儀の威信凋落を憂慮し、「滅亡の覚悟にて打払候は、御武威も相立可然哉と奉存候(2)」と幕府権威と武威との関係を指摘するのも当然なら、「御備向等、未《いま》だ御厳整にも無之候折柄、御余儀無く」和親条約を締結したとの朝廷に対する幕府奏聞に対し、公卿で議奏を務める東坊城聡長《ひがしぼうじょうときなが》が「専ら御固と称し国兵を労《つか》れしめ、今に至りて請うが如き、剰《あまつさえ》二ヶ所の土地を遣す、神明に対し何の顔《かんばせ》これ有らん(3)」と非難するのも自然のことわりである。

和親条約調印直後の江戸の幕府の失態を批判する政治的雰囲気を、松浦武四郎は伊勢の足代弘訓《あじろひろのり》にこう伝えている。

水戸侯は、大分悪く云ものは有之候得共、是は和蘭学者係幷《ならびに》林家門人の和学者・漢学者のみ、店かり、裏たな、棒てふり迄、人心専ら水戸老侯へ帰し居候、別て越前・尾州・薩・肥後・長・仙台・会津、専ら水戸表へ帰し居候、土州・阿州共帰し候(中略)、(幕府側代表委員)林家(林大学頭)評判、上下となく悪く

○あめふりて林の辺り青くなり
○大学か孟子わけなく四書にない、ろん語同断中庸な事
　等落首出申候(4)

嗷々《ごうごう》たる幕府批判は、しかし、この段階ではどのような攘夷主義をも生み出しはしなかった。幕府自体が体制改革の必要性を認識し、歴史の前進方向に向け自ら改革を主導しえたからである。

3　老中首座阿部正弘の決意

日米交渉が一段落した嘉永七(一八五四)年四月一〇日、老中首座阿部正弘は将軍家定に次のように辞職を申し出る(辞表内願書は二月二六日作成、四月一〇日提出)。

弘化元年、和蘭陀使節長崎へ渡来、其頃より追々異船相見え、殊に一昨年秋、咬𠺕吧《ジャワ》都督より新加必丹《カピタン》差向候始末共勘考仕候得ば、此度異船渡来一条も予《あらかじ》め相知れ候事に御座候、就《つい》ては兼て御武備相整、海岸防禦筋行届候様取計可申《もうすべき》処、御備向未だ御全備不相成、諸向共武備相整不申、無処《よんどころなく》応接方万端穏便の御取扱に相成、権宜《けんぎ》の御処置とは乍申《もうしながら》、追々御国法相崩《くず》し、御国辱に相成候段(中略)、全私不行届の故と重々奉恐入《おそれいりたてまつり》候、此上精勤仕、粉骨砕身、御国恩を可奉報《ほうじたてまつるべき》は勿論の儀に御座候えども、何分奉対上《うえにたいしたてまつり》心中奉恐入候は不及申《もうすにおよばず》、諸藩へ対し面目を失い、此儘《このまま》相勤罷在《まかりあり》

候ては、公辺御処置に於ても自然御手緩《てゆるみ》の様に相見申候(5)

正弘は奉公を尽すべき将軍に対し恥じ入っていることを責任者として率直に述べている。弘化元(一八四四)年のオランダ国王親書以降、緊迫する事態が明らかになっていくにもかかわらず、江戸湾防備体制は無論のこと、軍事力強化の面でも何ら手を打つことができず、その結果、すべてが権道に従い穏便な措置を取らざるを得なくなった、鎖国という幕府の大法を維持することができず、公儀権力の担い手たる幕府にとっての国辱となり、諸大名に対する威信も大きく失墜させてしまった、この上責任者の私が在職しては、緊急を要する幕政改革を弛緩させることとなる、と彼は言上しているのである。彼はこの内願書と同時に提出した文書において、「不容易御時節、総体の気、格別に御引立、並に諸事追々御改革無御座《ござなく》候ては不相成《あいならざる》御時節(6)」と幕政大改革の必要性を強調する。

だが将軍家定はこの辞表を受理しなかった。この難局を切り開くのは老中の中では彼しかいないと認識していたからである。「夫は伊勢守一人の不行届と申には無之」「唯今相引候ては、おれが困るから、能々《よくよく》其趣を為申聞《もうしきかせ》、不快にても押て早々出勤いたし候様(7)」にと伝えよと閣老に命じたのである。さらに四月六日の京都大火、禁裏御所炎上の凶報が辞表提出と日を同じくして到来、やむなく阿部正弘は一三日より再び登城することとなった。

正弘は、朝廷に対し諸大名に対し一般民衆に対し暴露された幕府の軍事的政治的実力を建て直し、幕府の公儀権力としての威信を回復すべく、そして、これ以上の譲歩を諸外国に決してしない決意をもって幕政改革の先頭に立つこととなる。将軍＝譜代大名・旗本・御家人の利害(著者はこれを「将軍譜代結合」と呼んでいる)を最優先し、外様《とざま》排除・旧慣墨守に固執する幕府内勢力は、この時期、旧来の立場をそのままの形では主張できない状況に陥ったのである。

4　安政改革の構造

譜代大名依拠から全大名依拠へ

江戸湾防備体制を譜代《ふだい》大名のみで、したがってその財政負担能力の範囲内においておこなった結果が、ペリー来航の際白日のもとにさらされた。しかも、開国した今後、全国のどの海岸に外国船が来航するかも知れない事態となった。譜代・外様《とざま》を問わず全大名が動員されなければならなくなる。外様大名を警戒するため禁止されていた大船建造が嘉永六(一八五三)年九月一五日に許可されたことを皮切りに、全大名動員政策が展開される。喫緊の課題としての江戸湾台場《だいば》建設が同年九月から始まるが、朝廷に対しては京都御所・大坂湾・伊勢神宮警備体制をつくらなければならず、ロシアに対しては国境守衛と雑居地カラフト維持のため蝦夷地対策を展開しなければならず、さらに開国後の日本の全海岸線を防御するため、海岸を領する全大名に自領土の防備体制を構築させなければならなくなる。

摂海(大坂湾)防備に関しては、淀川河口に砲台が建設され、淡路島からみて、北の明石海峡では淡路を領する阿波藩の岩屋砲台と明石藩の明石砲台が、東南の紀淡海峡では阿波藩の由良砲台と紀州藩の加太砲台が築かれていく。また摂海海岸線守備のため因州・備前・土佐・柳河・長州等の各藩が守備区域を割り当てられていく。王政復古クーデタ直前、長州藩が西宮に出兵するのも、王政復古直後、土佐藩兵が仏国海軍と堺事件を起こすのも、元々はこの摂海防備体制とかかわってのことなのである。

将軍家定と島津斉彬《なりあきら》養女篤姫《あつひめ》との結婚も、阿部正弘にとっては外様大名結合政策の一環であった。ただし将軍正妻の格式からは、篤姫は斉彬の実の娘、近衛《このえ》忠熙《ただひろ》養女という形式的身分が求められることになる。そして安政三(一八五六)年一二月の婚礼後は、篤姫の呼ばれ方は将軍正妻の正式呼称たる御《み》台様《だいさま》となるのである。ペリー来航時の国書とペリー書翰の諸大名への開示や徳川斉昭《なりあき》の国政参与任命(ともに嘉永六年七月)も、全大名依拠政策の先駆的なものである。

朝廷との結合強化政策

全大名の上に立ち国政の舵をとりつづけようと幕府が決意する以上、これまでにもまして朝廷との結合を強化し、公式合体の公儀性を大名・サムライ階級、そして一般人民に顕示していかなければならなくなる。嘉永七(一八五四)年四月、御所炎上の際、財政苦境の幕府が迅速に再建を実現したのも、この目的があったが故であり、軍事力強化の課題実現のため、諸寺梵鐘を大砲に改鋳する必要に迫られ、寺院僧侶の官位官職授与権を有する朝廷に要請し、安政元年一二月二三日(一八五五年二月九日)、梵鐘改鋳を命ずる太政官符を発してもらったのも、一面では朝幕結合強化を狙ったものであった。幕府は、この太政官符に述べられた朝旨を受ける形式をもって、安政二(一八五五)年三月三日、大砲鋳造のための梵鐘改鋳令を全国のすべての寺院に発令するのである。

開明派旗本の登庸

全国の諸藩に幕命を達し、幕府の方針に沿って藩政改革をおこなわせるためにも、大名とサムライ階級がその能力を信頼し、その指導に服することをよしとする優秀な旗本たちが幕府諸局の担当者となっていなければならなくなる。

ペリー来航以前のような家の慣例や年功序列というものが大幅に取りはらわれ、真の行政能力を有する旗本たちが続々と登庸されていく。川路聖謨《かわじとしあきら》・井上清直・岩瀬忠震《ただなり》・大久保忠寛・永井尚志《なおゆき》などの例はよく知られている。

勝海舟も旗本(微禄の旗本だが)の中で唯一といっていいほど、蘭学を修めていた人材であったにもかかわらず、ペリー来航以前は、父小吉と同様、非職小普請として鬱屈した日々を送らざるを得なかった。蘭学を学ぶことは、幕臣としては、立身に有利どころか、何の役にも立たない身の危険を招くものに過ぎなかった。しかしペリー来航が彼を幕府の中に押し出した。ペリーは彼にとっての大恩人となる。嘉永六(一八五三)年七月の第一次建白において、彼は十字砲火を浴せる砲台プランを提唱し、その能力が幕閣の注意をひいたと見るや、同月第二次建白において、①人材登庸・門閥打破、②軍艦建造の原資は租税増徴ではなく、建造した軍艦による出貿易で蓄積、③洋式調練をおこなうとともに、軍工廠と士官養成の軍学校の創設を主張、その構想力の抜群さに目をつけた目付大久保忠寛が、勝を引き立てるパトロンとなる。旗本以外にも、長く幽囚されていた高島秋帆が釈放され江川太郎左衛門手付として洋式砲術指南役となり、漂流民万次郎が普請役に登庸されて洋式帆船建造に参画するなど、幕府のめざましい人事刷新は衆人を瞠目驚嘆させるものがあった。

蝦夷地収公

文化一〇(一八一三)年、高田屋嘉兵衛とディアナ号副艦長リコルドの尽力によりゴロヴニンが帰国し、対露危機が去った後は、第二章に述べたごとく、封建国家と領主階級支配の政治論理が貫かれ、蝦夷地全域が松前藩に戻されることとなった。しかし箱館が開かれ、ロシアに対しては千島列島で国境を接し、カラフトで全島雑居という事態となるに至り、北蝦夷・東蝦夷・西蝦夷の三地域からなる蝦夷地は、軍事的にも外交的にも松前藩という小藩が管轄しうる土地ではなくなってきた。一度収公された苦い経験を持つ松前藩は閣老その他と結んで迫り来る第二次収公の危機を阻止しようと画策するが、阿部正弘は北方問題の将来を見据え、安政二年二月、奥州梁川《やながわ》に代地を与え(福山城周辺のみ領有許可)、松前藩主松前崇広《たかひろ》に藩領上知を命じた。松前藩は老中松平乗全《のりやす》(三河国西尾藩主、崇広と縁戚)並びに老中松平忠優《ただます》(信州上田藩主)と結んで、なおも旧領回復を試みたため、阿部は同年八月、将軍の名に依って両閣老を罷免し、かわって安政大地震の直後の一〇月九日、佐倉藩主堀田正睦《まさよし》を老中に任命した。そして、この上知政策に併行し諸藩に対し蝦夷地への進出を強く奨励していくのである。

その経歴により幕臣から親しく情報を入手しうる立場となった松浦武四郎は、安政二年一〇月一三日付の津在住・川喜田石水宛書状の中で今回の老中人事につき、

上田侯退役の義は、是は西ノ丸御跡取の義にて御座候、阿部侯は一橋様を西ノ丸へ入《いれ》候存念、是全く水戸へ当つけし也、上田侯は紀伊様を西ノ丸へ入候か、又は三河様(津山藩主松平慶倫《よしとも》)を入候存念也

西尾侯は松前家縁家にて、同家蝦夷地上地に相成候を、復領の存念を被頼《たのまれ》、多く金をとり候事露顕に御座候(8)

と幕臣間に流布した噂を伝えている。

ところで、箱館奉行職は、貿易及び諸外国事務を扱うのみならず、ロシアとの外交問題にも深くかかわる重職となり、その職務に堪えうる優秀な人材として、嘉永七(一八五四)

年六月、勘定吟味役より竹内保徳《やすのり》が、同年八月、目付より堀利熙《としひろ》が、安政三(一八五六)年七月、勘定吟味役より村垣範正《のりまさ》がそれぞれ任命されることとなる。

幕府海軍の創設

ペリー来航以前より、台場による海岸線防禦は海軍と連携することによって始めて軍事的効力を発揮できることは、佐久間象山《しょうざん》の力説しつづけてきたことであった。幕府はオランダに依頼、スンビン号(観光丸)を練習船とし、海軍中尉レイケン以下のオランダ人二十余名を教官として雇い入れ、安政二年末より長崎海軍伝習所において、勝海舟・矢田堀景蔵・中島三郎助らの幕臣や小野友五郎(笠間藩士で幕府天文方出役、後年幕臣となる)・五代才助(友厚)・川村純義・中牟田倉之助等の諸藩士に西洋軍事技術の伝習教育を開始する。教育内容は航海軍用術、造船砲術、船具測量、算術、機関、砲術訓練等に分科されており、幕府鉄砲方、浦賀奉行組与力同心、江川太郎左衛門手代等には大小砲の射撃方法、陸戦、台場の築造等砲術関係の技術修得が命ぜられているように、海軍・航海術のみならず陸戦技術の貪欲な吸収も含まれ、また幕臣のみならず、諸藩士をもともに訓練することによる、幕府・諸藩の艦船を併せた統一日本海軍の建設が目指されていたのである。

安政四年にはヤパン号(咸臨丸)が来航、カッテンダイケ海軍中尉以下が新たに教官となって第二期生訓練が開始され、第一期生は同年江戸に帰り、この年新設の軍艦教授所教授方に任命される。幕府海軍の創設である。

ただし海軍は人材を養成するだけでは建設できない。最低のところでも蒸気機関と船体の修理設備が不可欠となる。安政四年一〇月、艦船修理を目的に長崎製鉄所建設が始められ、文久元(一八六一)年四月に竣工する。この建設工事の際、日本で最初の近代的レンガがオランダ人指導のもとに焼かれるのであった。

同様の課題をその後江戸湾でもかかえることとなり、機関修理・機関製造を目的とした横浜製鉄所が慶応元(一八六五)年八月に竣工し、そして同年九月、船舶の修理及び造船を目的とする横須賀製鉄所の起工式が挙行されることとなる。

幕府陸軍の創設

幕府の安政改革は海軍のみならず洋式軍隊の創設も意図していた。安政三年、江戸で講武所が開業し、幕臣への洋式調練が開始された。海軍同様、陸軍建設においても幕府は幕臣のみならず諸藩士にも訓練を施し、共通した枠組みをもった幕府・諸藩陸軍をつくっていこうとする意図を有しており、砲術師範として江川太郎左衛門(英龍の子英敏)と下曽根金三郎が任じられ、彼らの部下たちが指導に当たった。しかし海軍と異なり、洋式陸軍建設の最大の障害は、軍役と石高《こくだか》と身分制が三位一体となって固結化した幕府・諸藩の封建的軍事体制そのものであり、これをいかに打破するかが軍隊近代化の根本的課題であることが、やがて広く認識されていくこととなる。

他方、海軍と同様、兵器の修理及び製造という技術的課題も待ったなしで提起される。ペリー来航に対処すべく、嘉永六(一八五三)年八月、湯島に鋳砲場が設けられ、青銅砲の製造が始まるが、より強度のある鉄製砲製造のため、反射炉建造問題が大きな課題となり、伊豆韮山《にらやま》の地に反射炉がつくられ、安政四(一八五七)年に竣工、さらに文久二(一八六二)年には江戸小日向《こひなた》関口水道町に砲身を削るため水車仕掛けの大砲製作場が建設される。これが明治初年、小石川の砲兵工廠に発展するのである。また東京とならぶ大阪の砲兵工廠は、明治初年、長崎製鉄所の機械と職工を移して創設される。

砲台も各地で築造されるが、蝦夷地では箱館弁天台場が文久三年に、五稜郭が元治元(一八六四)年に竣工、横浜・長崎でも砲台が築かれていき、神戸地域でも和田岬砲台が元治元年に、西宮砲台が慶応二(一八六六)年に完成している。

西洋医学の修得

(1)お玉ヶ池種痘所

幕府漢方医の医学館は種痘に反対の立場をとりつづけていた。しかし安政四年には蝦夷地で天然痘が大流行し、幕府はアイヌ人に対し強制接種事業を展開した。時代は漢方医の理論を信用しなくなってきたのである。

この安政四年八月、江戸市中の蘭方医と蘭学者たちは、勘定奉行川路聖謨の名前をもって、幕府に除痘館開設を出願し、翌五年一月、幕府が許可したことをうけ、同年五月七日、神田お玉ヶ池川路拝領地に種痘所を開設する。この種痘所は万延元(一八六〇)年一〇月、幕府の直轄となり蘭方医大槻俊斎が頭取となって、同所で種痘を施すとともに、蘭方医術の教授をおこなうこととなった。文久二年四月、俊斎が病没するや、大坂の緒方洪庵が呼ばれて出府、同年八月、西洋医学所(文久元年一〇月、種痘所から改称、さらに文久三年二月、医学所と改称される)頭取兼幕府奥医師に任じられる。活動も整えられ、種痘・解剖・蘭方医学教育が三本柱とされ、維新後は大学東校から東京大学医学部に発展していくのである。

(2) 長崎養生所

蘭方医学の伝習は、優秀なオランダ人医師からなされなければならない。下総佐倉に順天堂を開設した佐藤泰然を実父にもつ幕府奥医師松本良順はこのような決意をかため、幕閣の許可を得て、海軍伝習の名目をもって安政四年長崎に赴く。そして同年第二期海軍伝習隊責任者カッテンダイケに従って来日した海軍軍医ポンペに従学し、併せて全国各地より集まる日本側医学生の取締役として活躍する。この学生の中には佐藤泰然養子の佐藤尚中や、語学の天才司馬凌海も交っていた。ポンペは良順や長崎奉行の協力を得、臨床教育用の医学校附属病院を文久元年九月に竣工させる。日本で最初の洋式近代病院である。長崎養生所と命名された。養生所は慶応元(一八六五)年には精得館と、維新直後の明治元(一八六八)年には長崎府医学校病院と改称され、その後長崎大学医学部に発展する。

ポンペは文久二年に契約期間満了で帰国し(後任は海軍軍医ボードウィン)、同年江戸に戻った松本良順は、翌文久三年、緒方洪庵が病没するや、後任の医学所頭取としてポンペ直伝の体系的な医学教育(テキストはポンペの講義ノートを用いた)を医学所の医学生に徹底的に教育していった。維新後には、山県有朋に懇請され、初代の陸軍軍医総監となって軍医制度をつくりあげることとなる。

5　西洋科学技術導入のインフラストラクチュアづくり

蘭学は蘭方医学を学ぶために発達してきたが、ペリー来航後は、西洋の科学技術を導入する上での必須学問として幕府によって振興されることになる。(9) 大筋をたどると、安政二(一八五五)年、天文方蕃書和解御用掛《ばんしょわげ》が洋学所に拡充改組され、安政三年には蕃書調所に、文久二(一八六二)年には洋書調所に、文久三年には開成所と改称されていき、幕府直轄西洋科学技術導入研究センターの機能を果たすこととなる。維新後は大学南校と称され、明治一〇(一八七七)年東京大学に変わっていった。

西洋科学技術の導入のために第一に必要となるのが蘭日辞書を刊行する事業であった。ペリー来航以前は、佐久間象山が刊行を申請しても幕府はにべもなく拒否したように、蘭学の普及自体が幕府によって無用視ないし危険視されていたのだが、客観的事態はそのような態度を許さなくなったのである。幕府奥医師で蘭方医の桂川甫周《かつらがわほしゅう》が刊行事業の中心となり、協力者の中核的人物として柳河春三《やながわしゅんさん》が活躍、安政五年八月、『和蘭字彙』全一三冊が完成する。

しかしながら安政六年の開港とともに、もはやオランダ語ではなく英語が世界的言語となっていることが判明し、英日辞書刊行の緊急性が当事者に痛感される。

安政二年八月、洋学所頭取に任命され、それ以降文久二年五月まで蕃書調所の責任者でありつづけた開明的儒学者古賀謹一郎が、この事業の編纂責任者として白羽の矢を立てたのが、プチャーチンとの条約交渉にも通訳として参加(古賀も全権委員の一人だった)しながらも、讒言《ざんげん》のため江戸伝馬町の獄舎に投ぜられていた堀達之助であった。安政六年一一月、古賀は堀を救い出し、英日辞書編纂責任者に任じた。堀はピカルドの“A New Pocket Dictionary of the English-Dutch and Dutch-English languages”(一八五七年の再版本)を底本とし、文久二年、『英和対訳袖珍《しゅうちん》辞書』を洋書調所より刊行する。

その後、仏日・独日・露日の各辞書の編纂が課題となり、仏日辞書に関しては、開成所教授となった村上英俊が個人レヴェルで『仏語明要』(一八六四年)を編纂刊行したが、独日・露日の辞書は幕末期には編纂刊行するまでには至らなかった。

ところで、西洋科学技術導入のためには、語学修得のためのインフラを形成しなければならない。即ち第一に辞書、第二に文法書、第三にリーダーのそれぞれ大量出版である。

日本の場合には、オランダ語学習カリキュラムが参考とされた。蘭学者たちは手書きの辞書を前提に、文法書(文典、ガランマチカ)と読本(単語会話篇、セインタキス)の学習という教育方法を既に開発していたのである。

このため、蕃書調所—開成所の期間、英語教育のために、“Familiar Method”(1860), “English Grammar”(1862), “Elements of Natural Philosophy”(1863), “English Spelling Book”(1866), “Book for Instruction”(1866)等が、仏語教育のために、“Les Premiers Pas de L'Enfance”(1867), “Nouvelle Grammaire Française”(刊年不明)等が、独語では『独逸単語篇』(一八六二年)、『独逸語文典』(一八六三年)等が刊行されていく。

このような組織化された語学修得を前提として、各分野で、極めて実践的な科学技術導入が図られていった。

絵図方《えずかた》では臨写図・測量図・製図・設計図・地図の方法論と技術導入が試みられ、臨写と複写両面での必須技術として写真技術が修得されていった。

物産方《ぶっさんかた》では、外国交易上の必須学問としての物産学が必死に学ばれていく。名称と実物を合体させないことには商品取引も交易も土台成立しえないからである。物産方の最初の仕事が辞書作成時の動物・植物・鉱物等諸物産語彙への和名賦与の事業となる。

精錬方《せいれんかた》は硫酸・硝酸・塩酸等の諸薬品を扱うこととなるが、これらは医学とともに軍事上の必需品ともなり、様々な分野と関連していくこととなる。そしてより正確な活動内容を示すものとして、慶応元(一八六五)年、精錬学は化学と改称される。化学局の責任者は川本幸民と柳河春三であった。

しかしながら、西洋の科学技術導入は個別分野の導入にはとどまらなくなっていく。西洋そのものの全体的認識という課題が浮上し、そして当然西洋の学問体系認識も、そこには含まれることとなるのである。この課題が意識された最初は、文久元年一二月(一八六二年一月)に日本を出発する遣欧使節団随員に対し、ヨーロッパ各国の政治・教育・軍制等の視察と報告が義務づけられた時であろう。福沢諭吉は最も見事にその義務を果たした。そして翌文久二(一八六二)年九月には、洋書調所教授の西周《にしあまね》と津田真道《まみち》がオランダに留学、フィセリンクについて自然法・国際公法・国家論・経済法・統計学等を学び、慶応元年一二月(一八六六年二月)に帰国するのである。

しかしながら蕃書調所—開成所は、同時に幕府に奉仕する機関としても機能させられる。横浜では英字新聞「ジャパン・ヘラルド」が文久元年秋に、「ジャパン・エクスプレス」が文久二年春に創刊されるようになり、外国情報の有力な入手先として日本人にも認識されるようになると、幕府はその翻訳方をこの組織に下命するようになる。不定期なものは文久二年からなされていたが、定期的組織的に翻訳され、老中に提出され始めるのは文久三年六月頃からであり、「ジャパン・コマーシャル・ニューズ」が最初の翻訳対象新聞となった。なお、これら英字新聞は公然と販売され機密文書ではなかったこともあり、柳河春三は翻訳者集団会訳社を組織し、翻訳したものの控を需要者に有料で提供するようになっていった。柳河が日本で最初の本格的新聞『中外新聞』を刊行する前提がここに敷かれるのである。

江戸ではこのように蕃書調所─開成所の流れで西洋科学技術導入の窓口が開かれ、長崎では前述したポンペ、ボードウィンの流れで西洋医学が医学校・病院を介して国内に伝えられていくが、箱館でも箱館奉行所は安政三(一八五六)年、蘭学者武田斐三郎《あやさぶろう》を諸術調所教授・学頭に任命して西洋科学技術導入の窓口とし、調所には山尾庸三や井上勝などの長州藩士や前島密《ひそか》が学ぶこととなる。

元治元(一八六四)年、武田は江戸の開成所に移動したため、諸術調所は自然消滅の形となったが、慶応二(一八六六)年には、箱館奉行は漢学を教授していた箱館学問所の中に洋学科を設置し、通弁塩田三郎が出府を命ぜられたため、かわりに箱館に移動してきた開成所教授・堀達之助に教授掛を命じ、そのもとで通弁官三名が通訳養成を担当することとなった。洋学希望者が増加したため、翌慶応三年には箱館洋学所と改称され、英語の素読、洋算、地理書・文法書の輪講、さらに文章作成のための文会などがおこなわれるのである。

第一一章　吉田松陰の歴史的位置

1　吉田松陰の軌跡とその思想

国家の魂

幕末史でいうところのいわゆる尊王攘夷派は、各藩ごとに形成のされ方が異なっている。水戸藩では徳川斉昭の腹心藤田東湖《とうこ》をリーダーとし、鹿児島藩では島津斉彬の厚く信頼していた西郷隆盛を主軸として誠忠組が結成され、土佐藩では剣の武市《たけち》半平太《はんぺいた》、学の間崎哲馬《まさきてつま》が両輪となって土佐勤王党がつくられ、そして長州藩尊攘派はすべてが吉田松陰(一八三〇―五九)の門下生か、その強烈な影響を受けたサムライたちであった。

松陰(通称寅次郎)は師佐久間象山《さくましょうざん》から深く学びとり、師の象山も数百の門弟の中でとりわけ松陰を信頼した。松陰は安政五(一八五八)年一月、真宗勤王僧・月性《げっしょう》にこう書通している。

来原《くりはら》の書中には委曲之れなく候えども、墨夷に吾が国を開いて貰うを愉快とするに似たり、此の所吾が師象山甚《はなは》だ活眼あり、大意吾が国より人を開くは妙、左候えば通信

通市も心の儘なり、人に開かれ涙出でて呉に妻《めあわ》す分にて迚《とて》も国は持ちこたえ得ざるとなり(1)

これは鎖国論者の言では全くない。そこには国家の魂が問題とされ、欧米列強の創り出した地球規模の世界の中で対等に互していく力量をもつ主権国家となることは果たして可能か、との切実な関心事が簡潔にいい尽くされている。サムライ階級からの主権国家形成の課題が樹てられているのである。だが、そのためのマニュアルは一切なく、国家の仕組みは幕府―諸藩主―サムライと微動だにもしないように構成され、しかも知行制と表裏一体となった封建的軍役体制が兵学者松陰も含めがんじがらめにサムライたちを縛りつける。

この松陰がかかえこんだ課題は松下村塾《しょうかそんじゅく》の門弟に共有されていた当の課題ともなった。高杉晋作は安政五年末、師の松陰に、こう吐露する。

人が私の議論さして鎖国論云けれども、さようでも無御座候《ござなく》か、惟《ただ》容易開けるを恐るる而已《のみ》なり(2)

嘉永七(一八五四)年三月、松陰は下田において米艦で密航しようとして挫折、投獄される。相手の国に負けないためには、なによりも相手の国を知らなければならないと国禁を犯す決死の覚悟をきめたのである。この時、日本人の中でいくにんの人々が松陰と同じレヴェルの思いをいだいていたのだろうか。岩瀬忠震《ただなり》も安政四年段階で海外渡航を出願するが、にべもなく却下され、日本人の海外渡航がようやく許されるのは、慶応二(一八六六)

年を待たなければならなかった。

師の象山は、おのれが投獄されるきっかけとなった松陰送別の詩を嘉永六(一八五三)年九月に送っている。

送吉田義行

之子《このし》霊骨有り　久しく鷩躄《べっへき》(いざり・びっこの意)の群を厭う　衣を奮う万里の道　人事未だ人に語らず　則ち未だ人に語らずと雖《いえど》も　忖度するに或いは因有らん　送行し郭門を出ず　孤鶴秋旻《びん》(秋空)に横たわる　環海何ぞ茫々たる　五州自から隣有り　周流形勢を究めよ　一見百聞に超えん　知者機に投ずるを貴ぶ　帰来須《すべ》からく辰(辰年、一八五六年)に及ばん　非常の功を立てずんば　身後誰が能《よ》く賓せんや(3)

傲岸不遜といわれたあの象山が松陰を「之子霊骨有り」と評したのである。また彼の下田行きの際には彼の漢文書翰草稿を添削してもいた。

国禁を破った行為に対しては、当然死罪もありえたのに、在所蟄居処分で済まされたのは、思うに、幕閣内で松陰の志をよしとする人物がいたからであろう。また、国禁を犯した米艦になんら対処しえない自分たちが、国禁を犯した松陰だけを死罪に処することは、武士として内心忸怩たるものがあり、死罪を主張することをためらった閣老も中には存在したのかも知れないのである。

松陰の門下生

松陰は江戸伝馬町の獄舎に投ぜられた年の九月、長州藩に引き渡され、一〇月、萩の野山獄に入れられ、翌安政二（一八五五）年六月から獄中で同囚たちに向かい「孟子」を講じ始めている。同年一二月に免獄となり、実家杉家への禁錮処分となるが、「孟子」講義は継続され、安政三年六月一三日が最終講義となった。その直後の八月から松下村塾の活動が開始、来学する若者が多くなり、安政四年一一月には松下村塾新舎（八畳一室）がつくられ、翌五年三月にはさらに増築されている。この三月二〇日が、孝明天皇の「条約勅許不可」勅諚が発せられる日なのである。

同年七月、藩は松陰に家学（兵学）教授を許可し、松下村塾は全盛期を迎えるが、同じ七月、塾生数名が時局偵察のため上京し、幕府のやり方に怒る松陰は老中間部《まなべ》詮勝《あきかつ》要撃に関し知友塾生一七名の血盟団を組織、驚いた藩庁は一二月に彼を再投獄、他方幕府は安政大獄取調べの過程で長州藩士吉田松陰の名が浮上してきたため、江戸檻送の命を下し、安政六年五月二四日、杉家にて家族一同に訣別、六月二四日江戸藩邸に到着、七月九日、再度伝馬町の牢獄に投ぜられ、吟味の際、間部要撃計画を自ら発言し、一〇月二七日、獄中にて斬首された。

松陰のもっともそばにおり、彼の心情を熟知する立場にあった叔父玉木文之進は、万延元（一八六〇）年一二月、甥の心事を次のように記している。

寅二郎(次)事は他国遊行以前、爰元《ここもと》にては差定まり候師と申すも之れなく、偏《ひとえ》に私取立仕り、実は父師の恩義相兼ね候者に之れあり(中略)、寅二に於ては当今の勢必然為すべからざるを知りて是れを為すもの、皇国の汚辱天下の大事に関係仕り候事には死を致し候者も之れなくては日本の気魄撲滅に至るべくとの見付にて、至親父兄の禍をも顧みざる事に候えば、事の是非は兎も角も憂国の赤心に於ては誠に憐むべき事(4)

松下村塾に学んだ若きサムライたちには、維新変革後高官に出世した伊藤博文・山県有朋・山田顕義・品川弥二郎・野村靖のような人々もいれば、禁門の変で闘死した久坂玄瑞・寺島忠三郎・入江九一、あるいは禁門の変の責任をとらされて斬首された楢崎弥八郎や前田孫右衛門、四境戦争で精根を使い尽した高杉晋作、さらに維新変革後、新政府のとる方向に反対し殺害された大楽源太郎や刑死した前原一誠、そして佐賀の乱討伐に反対して投獄された岡部富太郎のごとき人たちもいた。広々とした門弟たちのこの振幅は松陰の実家杉家からも見てとれるのである。

松陰の十三回忌、廃藩置県直後の明治四(一八七一)年一〇月、玉木文之進は次の七言律詩を松陰霊前にたむけている。

為す可からざるに於て猶且《なおかつ》為す　丈夫の本領自《おのずか》ら斯《か》くの如し　名を正し分を明かにし心曽《すなわち》信あり　夏を尊び夷を攘う義豈《あに》疑わんや　世事紛紜《ふんうん》慨嘆を長うし　人情浮薄日に推移す　知るやいなや十有三年の後頑鈍依然独り痴を守るを(5)

これはこの年七月の廃藩をよろこんでいる者、新政府の方針を歓迎している者の詠ずる詩では少なくともない。吉田松陰の家を継いだ甥、即ち彼の兄梅太郎(杉民治)長男小太郎は明治九(一八七六)年一〇月、萩の乱に加って戦死し、玉木文之進も乱の直後、先祖の墓前にて自刃する。そして文之進に幕末期学んだ乃木希典《のぎまれすけ》(乃木家は玉木家の本家)の弟で文之進の養子となった玉木真人も萩の乱に参加して戦死した。

このような、後には歴史の進展とともに大きく分岐していく人々が共通して松陰からつかみとった変革思想とは何だったのか。それは、サムライ階級が幕藩制国家のイデオロギー的制約を打破して、主権国家を形成する主体に転換する上での核心となるものだったと著者は考えている。以下、その要点を押さえていってみよう。

2　「講孟劄記」の論理とエートス

儒学の中での宋学の位置

松陰の思想は、ほとんどが書状の中で、そして特定の相手に対して論じられている。唯一まとまった形で彼の思想をつかむには、「講孟劄記《こうもうさつき》」という獄中・村塾での「孟子」講義しかない。彼は密航失敗ののち、もう一度、儒学を根本(儒学＝朱子学はサムライ階級の倫理の根底に置かれていた)からつかみなおそうと努め、それを前提として具体的な政論を展開していこうとするのである。

中国思想史においては、宋代に入って、始めて「孟子」「大学」「中庸」が「論語」と並び四書に位置づけられた。その完成者が南宋の朱子である。宋代の朱子学は、明・清の国家によって換骨奪胎された御用朱子学・官制朱子学と同一視してはならない(6)。

宋学においては「士大夫は当《まさ》に天下を以《もっ》て己が任とすべし」というのが、その学問的スローガンであった。このような宋学＝朱子学だったからこそ、「孟子」をあえて四書の中に編入したのである。

宋学にとっての「孟子」は以下の特徴を有していた。

一、天理と人の本性を結びつける理論には、孟子の性善説と仁義礼智の四端に自然の性である惻隠・羞悪・辞譲・是非がなるのだとの理論は必要不可欠なものであった。学問は訓詁ではなく、道を学ぶことだとの主張は、宋学の際立った主張であり、これ故に「道学」という言葉が発生する。後世の「道学者」のニュアンスとは全く異なるものなのである。

二、孟子が尭・舜を語り、夏・殷・周の三代を倦むことなく語りつづけていることは、宋学の「三代の治に返れ」というスローガンに最もよく適合した。「三代の治」をその歴史性において孟子が保証したからである。

三、孟子には強烈な儒教的主体性論が存在していた。それは「士」というものに凝集される。「君に召されざる所の臣あり」(公孫丑下第二章。以下②の形で示す)との語は宋学・朱子学の君臣関係を論ずる際の最も核心的な理論的根拠となった。「文王を待ちて而《しか》る後に興《おこ》る者は凡民《ぼんみん》也、夫《か》の豪傑の士の若《ごと》きは、文王無しと雖も猶《なお》興る」（尽心上⑩）、あるいは「夫れ天は未だ天下を平治するを欲せざる也、如《も》し天下を平治せんと欲せば、今の世に当りて、我を舍《お》きて其れ誰ぞや」（公孫丑下⑬）という孟子の言葉は、士大夫の済生救民の使命感を鼓舞激励するものとなる。

この国家に先行する儒学の「士」の主体性論が秦の焚書坑儒の原因となったものであり、韓非子が儒と俠に対し、「儒は文を以て法を乱し、俠は武を以て禁を犯す、而して人主之を兼礼す、此乱るる所以也」、「学者は則ち先王の道と称し以て仁義を籍《か》る」、「帯剣者は徒属を聚め節操を立て、以て其名を顕《あらわ》して而して五官の禁を犯す」と口を極めて非難する所以のものであった。

松陰の主体性論

松陰は「人の性は即ち天理なり、天理は悪なし、故に性に豈悪《あに》あらんや」という出発点から、「大学」の八条目である格物・致知・誠意・正心・修身・斉家・治国・平天下の回路を経て、仁義で充実した理想国家の樹立に至るまでの自己の筋道の一貫した学問を、訓詁学・詞章学・考証学・道教・仏教などの曲学に対比させ、朱子と同様に「正学」と断言する。定式化された八条目は、松陰においては生成期の宋学・朱子学と同様に、全体となって始めて意味をもつものであった。換言すれば「修己治人」の四文字は不可分離に結合したものとなるのである。だからこそ彼は自らの修める「正学」を「義理経済の学」、即ち義を体得し理を究め経世済民を実践する学問とも表現するのである。自らの目標は、学においては孔子の最愛の弟子顔淵《がんえん》であり、志においては湯《とう》を助け殷王朝を開いた賢者伊尹《いいん》であると一度ならず講義の中で述べているのも同じ意味である。

しかしながら、当時にあっては、これは際立って特異な主張となる。聖賢の道を学ぶと口ではいっても、四書を学ぶサムライのほとんど誰もが、〝国を治め天下に太平を齎《もたら》すことが自分の任務〟だとは夢にも思っていなかったからである。この八条目を暗記するだけではなく、全身全霊で躬行実践しようとする志と決意、そしてそのことによってうまれる自己確信は、儒学だけが正統な政治思想であるとされていた当時においては、自らがなんの規制・束縛をも受けない独立した政治主体であることを高らかに宣言することにほかならない。老儒山県太華《やまがたたいか》が鋭く嗅ぎつけたのは、幕藩制イデオロギーとは異なるこの異様な自己主張だったのである。

他方、政治主体であるということの保証は、宋学にあっては、なによりも自らに透徹した倫理性を確立すること、天より受けた人の本然たる性なるものを、耳目口鼻手足がうみ出す諸々の私欲と格闘し克服する中で涵養し拡充する努力の中にのみ存在していた。彼が万人の生得している性善の情をたたえている初発の状態、即ち「初念」「初一念」なるもの大切さを随処で強調しているのも、離婁下⑫で孟子が「大人《たいじん》は其の赤子の心を失わざる者也」と述べているように、この純一にして偽りなしとする赤子の心が、天下を治める至徳の大人のありようと直結していたからである。

政治主体の確立が自己の厳しい倫理規範の確立を前提とし、しかもその規範の自己確信を必ず伴わなければならないとすれば、「大学」の八条目の中で「誠意正心」が最も重要な部分となってくる。これは朱子が生涯を通じて主張しつづけたものであり、松陰も「深憂とすべきは人心の正からざる也、苟《いやしく》も人心だに正《ただし》ければ、百死以て国を守る」(文公下⑨の講義)、「苟も人心先ず不正ならば、一戦を待たずして国を挙て夷に従うに至るべし」(同上)と、講義の中で、この誠意・正心の二項目を繰り返し力説している通りである。

特に誠意の「誠」という哲学的カテゴリーは、「中庸」が「誠は天の道也、之を誠とするは人の道也」といっているように、道と結合した特別の意味を内包していた。松陰も仁義礼智を「道」とし、「誠」とは、「この道を専一真実に行て息《や》まざること」(尽心下の講義)と明確に規定している。だからこそ、孟子が離婁上⑫において、「誠は天の道なり、誠を思うは人の道なり、至誠にして動かされざる者は未だこれあらざるなり、誠ならずして未だ能《よ》く動かす者はあらざるなり」と述べている一句を、松陰は最も大切な座右銘とし、同志の人々に繰り返し繰り返し語りかけたのである。

「得君行治」を妨げるもの

ただし儒学において治を行なう者は君であって臣ではない。道を体得した臣が明主を輔佐して政治を行なうのが正しいあり方である以上、明主と賢士との結合を阻む者たちへの激烈な批判は「剳記」の際立った特徴をなしている。そして、この結合を妨害する主要なものが、郷原《きょうげん》なのである。

「論語」陽貨一七の⑬に、既に「子曰《のたまわ》く、郷原は徳の賊也」と厳しく非難され、孟子も尽心下において、「これを非《そし》らんとするも挙《い》うべきなく、之を刺《そし》らんとするも刺るべきなし。流俗に同じくし、汙世《おせい》に合わせ、之に居《お》ること忠信に似、之を行なうこと廉潔《れんけつ》に似たり、衆皆之を悦び、自らは以て是となさんも、而《しか》も与《もっ》て堯・舜の道に入るべからず、故に徳の賊と曰《い》うなり」「斯《こ》の世に生まれては斯の世を為さんのみ、善《よみ》せらるれば斯《すなわ》ち可なりと、闇然《えんぜん》として世に媚《こ》ぶる者は是れ郷原なり」としばしば批判しているのを受け、松陰は尽心下⑱⑲の講義中で、「郷原の小廉曲謹」について述べ、小人を以下の三類型に分類している。

一、愚夫　余就縛以来、多く同心・岡引・番人等を閲するに、陳蔡の卒徒の如き少なからず、是実に喩すべからざる者にて、愍《あわれ》むべきの甚しき也

二、俗人　稍《やや》気概あり、稍奇異の節あるを見ては駭《おどろ》き怪む也、是今世士林の人大抵此類

三、俗儒　其学原《も》と程朱より出づ、程朱道徳を尊ぶの説を仮て、己が不材不能を錺《かざ》らん

為めに材能を黜《しりぞ》け、己が無気無節を掩《おお》わん為めに気節を悪む、是尤も憎むべき者にて、今果して孔孟程朱再生すとも、必ず此人の容るる所とならざる也

このような立場が堅持される以上、現実には藩内で明確な党派を樹てることは積極的に肯定されることとなり、藩校明倫館グループに敵対する松陰グループが「我党」とはっきりと自覚されて形成されていくのである。

「士」のエートス

松陰は尽心上⑩の講義の中で、「当今天下の士風亦《また》頗《すこぶ》る衰う、松本小邑と云ども、諸君能《よ》く心を戮《あわ》せ、断然として古武士の風を以て自ら任じ、以て天下の先とならば、亦豪傑と云べし、今一介の士を以て天下の先とならんと云えば、自ら憚らざるに似たれ共、孔孟何者ぞ、程朱何者ぞ、亦是一介の士を以て天下後世の程式となること彼が如し」とまでいい放っている。藩内身分秩序など、「士」が天下のためにさきがけとなろうとする以上、歯牙にもかけないとの姿勢が明瞭に打ち出されているのである。

客体の構造

では主体が働きかけるべき客体はどのように捉えなおされるべきなのか。

(1) 天朝

松陰にとっての国家論の大前提には宋学・朱子学における国家論が据えられていた。朱子学にあっては第一に孔孟の時代となる春秋戦国期の国家がモデルとなる。そこでは衰微した周王朝とその天子、天子のもとでの諸侯、諸侯に従う各国の卿と大夫、諸侯の国々で仕官する「士」、最後に支配される民という構造が存在する。第二のモデルは宋王朝である。強力な夷狄に抗し続ける単一でよく統合された帝国皇帝と皇帝権が、全国の士大夫層の協力のもとに確立していたのである。宋ほど国家とは外敵に闘うものというイメージを打ち出したものはない。松陰は、この二つのモデルを日本の国家のあり方にオーバーラップさせているのである。

そこでの中国と日本の王権の差異は、松陰にとっては全くの異質的存在というよりは普遍性と特殊性の関係においてとらえられていたと著者は考えている。朱子学での普遍性とは、天理が即人の性となる自然と人間との関係であり、松陰は中国のように、天命常ならずとして禅譲《ぜんじょう》・放伐《ほうばつ》をもって交代する王権は中国的な特殊性であり、日本のように天孫降臨以来連綿と絶えることのない天皇・朝廷が国の中心にある王権は日本的な特殊性(しかし朱子学を奉ずるものとして普遍的価値である徳の有無の問題は、松陰の天皇論には一貫して伏在しつづけている)であると優劣の問題を介在させることなく理解していた。

ただし、この日本的王権のとらえ方も、幕藩体制的イデオロギーのそれとは相当に異なっており、山県太華はその危険性を察知したからこそ厳しく批判するのである。しかし、当然のことながら太華も、批判の根拠として禅譲・放伐と不可分離な中国的王権のあり方を持ち出しはしない。江戸幕府と朝廷が合体しての「御公儀」が前提となっている国家論が山県のそれであった。他方、松陰においては、ペリー来航後の幕府の動揺は自己の国家論の確信をさらに深めさせていったのである。

（2）幕府

幕藩体制イデオロギーを根拠づける役割をもつ太華も含めた長州藩藩校儒者たちが、幕府というものを国家そのものに限りなく接近させつづけようと努めたのに対し、松陰は幕府を天朝を奉持する軍事的指揮官的役割を果たすべきものと位置づける。「夫《それ》征夷大将軍の類は、天朝の命ずる所にして、其職に称《かな》う者のみ是に居ることを得、故に征夷をして足利氏の曠職《こうしょく》の如くならしめば、直に是を廃するも可なり」（恵王下⑧の講義）と断言し得たのは、このような位置づけからの当然の帰結であった。彼は将軍のことを太華への駁論の中では「主帥」とも表現している。

（3）大名

将軍を軍事指揮官とする以上、おのれが主君も含めた全国の諸大名は、おしなべて征夷大将軍のもとにあり、その統帥と軍事指揮に従う戦闘部隊の隊長ということになる。彼の言葉をもってすれば「戦陣の大将」（離婁下⑳の講義）なのである。しかるに藩校儒者などの幕藩体制擁護のイデオローグたちは、自己の主君そのものも、儒学でいう天子のあり方に相似させ、一藩を自己完結的な国家ととらえさせ、主君を最上のものに観念させようと努めていた。このような朝廷を限りなく影の如きものとらえさせ、幕府を「朝廷」とよび、大名を「国君」とたてまつり、領民に「大公儀」と「小公儀」という二重の磐石な公権力が支配していると意識させることは、鎖国体制下、一国完結経済のもとでの社会構造を安定化させる上では非常な有効性を発揮しつづけた。だが、たった四艘の黒船に対してすら、国家そのものとされた幕府がおのれの国法を強制することが不可能になったという異常な事態が全国人民に周知されるや、急速にその説得性を喪失していくのである。

（4）大名のもとでのサムライ集団

松陰も江戸期の封建教学の解釈に従い、宋学の「士」をサムライ階級と等置するが、彼においては主君―家臣という縦の君臣関係が前提とされているものの、「士」＝サムライ階級の当面する焦眉の課題は、藩域を超え、日本全国を単一単位として外敵への対決姿勢を確立するというものなのである。「抑《そもそも》今の士は名《な》づけて武士と云、基本職、禍乱を平げ夷賊を攘うにあり」(尽心上の講義)と彼は主張する。このサムライ論からするならば、主君たる大名も、大名が奉仕する将軍も、その巨大な岩石のように重く固い縦系列の重力を失い、それぞれが本来果たすべき機能においてのみ、それにおいてのみ評価され、また激しく批判されることとなるだろう。まして藩内身分制など問題にならなくなり、足軽《あしがる》や中間《ちゅうげん》などの軽輩たちが、サムライ論を楯にして口角泡を飛ばす大論戦を家老・重役とくりひろげる修羅場が無数に現出する。

国家回復の課題

松陰にあっては、ペリー来航、下田・箱館の開港、カラフト南部クシュンコタンでのロシアによる要塞築造などは、遼・金・元の軍事的圧力に苦しみ、結局国家を滅亡させてしまった宋朝の歴史と比較され、重ねあわされて考えられる。というよりも、江戸後期の朱子学を学んだサムライたちのごく自然で条件反射的な思考様式がこのようなものだったのである。

したがって松陰は、右に見た最近の諸事件は、軍事的圧力のもとでの国家解体現象の端緒と位置づける。

「堂々たる征夷大将軍より、列国の諸大名より、幕府の老中諸奉行より、諸家の家老用人より、皆身をもって国に殉じ、夷狄を掃蕩する処置なきは何ぞや」(告子上②③の講義)

「癸丑甲寅墨魯《アメリカロシア》の変、皇国の大体を屈して陋夷の小醜に従うに至る者は何ぞや、朝野の論、戦の必勝なく、転じて変故を滋出(はびこらせること)せんことを恐るるに過ぎず、是亦義理を捨て功効を論ずるの弊、ともに逆境を語るべからざる者に非ずや」(梁

恵王上①の講義）

ここに見るように、将軍・大名・重臣等おしなべて、彼らの治者としての内的主体性の崩壊を松陰は激烈に攻撃する。

「孟子」の離婁上⑦には、斉の景公が呉の軍事的重圧のもと、呉に命令するだけの実力ももたず、かといって、申し出を受けつけなければ国交を断絶して自ら危険を招くことになると、涙ながらにおのが娘を呉国に嫁《とつ》がせた故事が述べられているが、この箇所の講義において松陰は、「一時の権道《けんどう》、保国の良図《りょうと》と思うの族は、人に羞恥と云ことあるを夢にも知らず、斯人《かかる》をして路に当らしめば、国体を失い国事を誤ること、豈《あに》限りあらんや」と、日米和親条約締結を念頭において批判している。

このような、人に羞恥の思いを懐かしめ羞悪の念を惹起させる外圧による国家の解体現象に対し、国家の魂を回復させること、というよりも新たにそれを創出すること、これが松陰の目標となり、それが即ち「維新の精神」となるのである。

弱から強へ

対象の正確な認識が松陰にとっては政治主体確立の課題と不可分離に結合しており、彼においては、単なる相手への非難・誹謗だけには決してならなかった。それは日本自らがかかえこまざるを得なかった内在的問題の自己認識となるのである。

「真学者・真明主出ずるに非れば、僅に順境を語るべくして、未だ逆境を語るべからず、吾輩逆境の人、乃《すなわ》ち善く逆境を説くことを得るのみ」（梁恵王上①の講義）

「封疆の攻守、郊野の戦争、一勝一負何ぞ数るに足らんや」（梁恵王上⑤の講義）

「兵略を以て是を論ずるに、屈伸の利に通ずるに非れば奇勝を制すること能わず」（同右）

といった、四艘の黒船にも国家の体裁を示し得なかった日本国家の脆弱性のリアルな認識がそこにはある。この弱をいかにして強に転化させられるのか。それは主動力なしには不可能である。

「古の仁智の君、強暴の敵を待つ、志を存すること甚《はなは》だ久遠、敢て一旦の利害を較せず、一時の屈伸を論ぜず、遂に善く大仇を斃し大功を建る、実に欽慕に余りあり、後世の人智短浅、一旦敗衄《はいじく》すれば、志気頓《とみ》に沮喪し、復《ま》た能《よ》く為すことなし」（梁恵王下③の講義）

蟷螂《とうろう》の斧《おの》と見えるような微小な集団が国家回復を終極の目標に据え、錯綜する政治情況を見極める中で、諸々の契機を組み合せ結合し、新しい力の結集体を形成する中で自己の勢力と党派を増大し拡大し、遂に政局のヘゲモニー・主動権を掌握する、そのダイナミックな政治力学の中では、おのれの死を含めた敗北も不可避的かつ必然的なものとなってくる。「百敗一成」が彼の刑死後、尊攘派のスローガンとなり、連敗の末、巨大帝国英国から独立をかちとったワシントンが彼らの英雄となるゆえんである。

国家と民心

右に見た政治指導者が第一になすべきこと、それは闘いに向けての準備ではない。民心をいかにつかみとるか、ここにすべてがかかっている。

「上を親み長に死するの兵に非ざれば用《もちう》べからず、後世是を知らずして、勝を器械節制の末に求む」(梁恵王下⑫の講義)

「大業を興さんとならば、征伐の日に在ずして昇平無事の日にあり、昇平無事の政、真に民心を得るに足らば、其余亦何ぞ多言せん」(梁恵王下⑩の講義)

と松陰が述べる如くである。しかも彼にとっての民心とは、長州藩の民心というだけではない。日本全国の民心が念頭に据えられているのである。

「吾曽《かつ》て水府(水戸)に遊び、桑原幾太郎を訪う。桑原余が為めに云う、諸藩の士を観るに、大抵東奥へ夷船の見えたるは、筑紫には患えず、北陸へ夷人の来りたる、南海には憂えざる者多し、何ぞ自ら小にし自ら私するの甚しきや、凡《およ》そ神州に生れたる者は、切に此念を除去し、共に神州を憂い、四海同胞の如くあり度《たき》ことなり、況《いわん》や夷虜の害、独り東のみにして西は関らず、独り北のみにして南は関らざるに非ず、一旦事変起らば東西を分つことなく、又南北を限ることなし、神州一同の大患なり、思わざ

るべけんやと、余乃《すなわ》ち起て謝す」（告子下⑪の講義）

「国家夷狄の軍、固《もと》より君相の職にはあれ共、神州に生れたらん者は普天率土の万民、皆自ら職とせずんばあるべからず」（尽心上③の講義）

「方今外夷四面より我が釁隙《きんげき》を伺う、此時に当て六十州の人心を一塊石となし、もって彼小醜を懲らし、海波を清めんことを願う所なり」（梁恵王下③の講義）

強大な外圧に抗しうる主権国家形成には、六十余州の人心を結合し結集しなければ不可能、とのリアルな認識は、やがてサムライ階級が国家を下から支え維持し強固にさせる日本民族形成のイニシアチブをとらなければならないという主張に発展していくこととなる。

第一二章　蝦夷地問題と松浦武四郎

1　ペリー来航までの軌跡

これまでも第六章と第七章で松浦武四郎に触れてきたが、彼は日本史全体の中での幕末期蝦夷地問題を考える上でも、最も取り上げるにふさわしい人である。本章ではこの側面から、武四郎の個人的軌跡に沿いながら検討してみよう。

松浦武四郎は武士出身ではない。勢州一志《いちし》郡須川村の豪農で庄屋の家の四男である。また、きまった学問をしたわけでもない。一三歳から一六歳にかけ津の藤堂藩儒者平松楽斎に学んでいるだけである。学歴社会の今日から見ると、蝦夷地問題にどのようにかかわり、また定職のないまま「輿地家《よちか》」として江戸でいかに生活できたのか、疑問が湧いてくる。そして、これは武四郎個人の問題というよりは、幕末期日本社会がもった蝦夷地問題に対する関心の異常な強さと結びつけて初めて理解されることだと、著者には思える。

松浦武四郎は天保四(一八三三)年一月、一六歳の時、平松塾をやめ、二月江戸に赴き、一カ月ほど過ごした後、中山道を経て帰郷している。江戸滞在中、益田勤斎のもとで、その後彼の生活のかてを得る上で役立つこととなる篆刻《てんこく》技術を学ぶのである。

一七歳の天保五年九月、生家を出奔して四年間放浪生活をつづけ、足跡は全国に及んでいる。その間日本は天保の大飢饉にみまわれており、何でくいつないでいたのか、強い関心が惹かれるところである。

一九歳の天保七年一月、長崎で疫病にかかるが、周囲の人々の手厚い介抱をうけ死地を脱し、三月出家して文桂と名乗り、長崎や近在の寺の住職を勤めることとなった。二三歳の天保一一年九月には壱岐と対馬に遊歴している。

二四歳の天保一二年七月、長崎町役人津川文作からロシア南下の事態を聞き蝦夷地問題に目覚め、同地に赴くため、八月郷里に戻ることとなる。

二七歳の弘化元(一八四四)年二月に還俗、蝦夷地を目指し竜飛《たっぴ》岬や下北半島最先端にまで達したが、蝦夷地入りは果たすことができなかった。一つの理由には、この年六月、高野長英が脱牢し、全国的に旅人吟味(取締り)が厳しかったことがあげられるだろう。

二八歳の弘化二年二月、江戸に戻るが、三月には出立、江差《えさし》にある斎藤佐八郎の手船に乗船できて渡海し、同地で佐八郎の世話になり、自分の人別《にんべつ》を江差に入れることができた。この斎藤家は、当時日本全国の豪農豪商によく見られた遊歴文人を世話する家であった。ただし西蝦夷行きは旅人取締りが厳重で不可能となり、箱館町年寄白鳥新十郎の世話で箱館に赴く。新十郎の二男の医師雄三と京都滞在中に知人となっていたことが頼るツテとなったのである。新十郎は武四郎を和賀屋孫兵衛手代にしてくれたため、ムロラン、サル、アッケシ、ネムロ、シレトコまで赴くことができた。新十郎はこの方面の場所請負人でもあったからである。

同年一〇月、箱館に帰り、この地で勢州の儒者で松前藩に召し抱えられていた山田三川と会い、一一月本土に渡って南下、水戸では会沢正志斎《あいざわせいしさい》を訪ねて水戸学に接近しはじめ、江戸到着後に嶺田楓江《みねたふうこう》と親交を結ぶこととなる。楓江も並々ならず北方問題に関心を寄せていたサムライ、天保一〇(一八三九)年には自身蝦夷地に赴いた人でもあった。

二九歳の弘化三(一八四六)年、北上し水戸で再度正志斎を訪問した後に江差に到着、ここで松前藩士斎藤作左衛門らの世話で、カラフト詰藩医西川春庵の下僕となって同地に渡る。七月にはソウヤ、モンベツ、シレトコまで東海岸づたいに南下した後に八月一三日にはソウヤに戻っている。つづいて西海岸づたいに南下、イシカリからは川船でチトセに上り、そこから東海岸のユウフツに出て、九月江差に帰着する、この一一月四—五日、江差に来ていた頼三樹三郎《らいみきさぶろう》と百印百詩の技を競うのである。この頃までには、武四郎の篆刻の腕が非常に上達していたことが窺える。

三〇歳の弘化四年には、松前で山田三川方に止宿、五月には南部に渡船し、西に向かい弘前から南下して佐渡、九月には出雲崎に渡り、館林を経て一一月に江戸に到着、松前藩儒市川管斎宅に同居することとなる。

三一歳の嘉永元（一八四八）年、この年は江戸の市川宅で生活しているが、交友する人々は嶺田楓江、小野湖山、石川和助（＝関藤《せきとう》藤陰）、門田朴斎、牧野黙庵（四国高松藩儒）、遠山雲如（漢詩人）、鱸《すずき》松塘（漢詩人）等であり、六月には蝦夷地で世話となった山田三川が松前藩から永《なが》の暇《いとま》となったので、彼の面倒を見てやっている。この頃から藤田東湖に仲間とともに金を送り出す。「是より源烈公方の人を慕い歩行《あるき》ぬ、また烈公よりもいと有り難き仰ごとを蒙りたり」(1)と彼は日記に書き入れている。

三二歳の嘉永二年一月、武四郎の蝦夷地行きに際し、羽倉外記・箕作阮甫・石川和助・添川寛平・那珂通高・古賀謹一郎から送別の詩文が寄せられている。北上の途次水戸に立寄るが、東湖や戸田銀次郎には、処分中のため面会することはできなかった。蝦夷地渡海後は、クナシリ場所請負人柏屋喜兵衛船に乗り込み、船の賄《まかな》いとなってクナシリからエトロフにまで渡っている。八月には箱館に戻り、その後、盛岡・仙台・相馬から三春をぬけて須賀川に出、奥州街道を南下して江戸に着くが、到着後『海外新話』出版の件による楓江処罰の事実を知るのである。この出版には第六章に述べたように武四郎も深くかかわっていた。

三三歳の嘉永三（一八五〇）年、松前江戸藩邸内市川管斎宅において「蝦夷日誌」草稿を作成し始めるが、五月頃転宅し、九月に脱稿している。家を移動したのは、松前藩との関係がよくなくなったためであろう。この年の一一月には、藤田東湖より「新葉和歌集」写本及び跋文を送られ、『新葉和歌集』を上梓する。

三四歳の嘉永四年、向島新梅荘のそばに借家して出版事業に専念する。

一つは五月に刊行する一五丁の『婆心録』(松平定信著)である。この出版に関し幕府儒者林家ににらまれるが、以前から交友のあった漢学者斎藤竹堂(「鴉片《アヘン》始末」の著者)に助けられている。

二つめは第六章でふれた八月に刊行する二冊本(三〇丁・三二丁)の『表忠崇義集』である。附録に「陳化成報忠録」がつけられている。

三つめは九月に刊行する一七丁の『断璧残圭』(熊沢蕃山晩年手記)である。

このような武四郎の対外危機にかかわる出版事業は彼個人の孤立した動きでは全くなかった。『海外新話』刊行もこの流れの中にあったのだし、武四郎の友人小野湖山は嘉永二年冬、『乍甫集詠鈔』一巻を上梓している。アヘン戦争に遭遇した清国諸名家の詩賦を沈《しん》約《やく》が編した『乍甫集』を抄出したものである。序文は大沼枕山や鷲津毅堂《わしづきどう》(永井荷風母方の祖父)が書き、巻尾には山陽二男頼支峰の文が収められている。

また嘉永三(一八五〇)年には、武四郎と交友のある鷲津毅堂が三巻本の『聖武記採要』を上梓する。『聖武記』は魏源の著、その一八四六年増訂本を毅堂は底本にしている。この出版が町奉行所詮議の対象とされ、毅堂が房州に逃亡してかろうじて難をまぬがれた一件は荷風の『下谷叢話』に詳しい。

さて三五歳の嘉永五(一八五二)年一月、武四郎は『三航蝦夷日誌』を携えて伊勢に帰省するが、二月六日、津の旧師平松楽斎家を訪うや、直前の一月二八日に楽斎が死去したことを知り大落胆、伊勢神宮の足代弘訓《あじろひろのり》に面会したのち上京して蘭学者新宮凉庭に会い、大坂に出て坐摩神社祝部となっていた桜東雄を訪れる。東雄は嘉永二年、気吹舎《いぶきのや》に無断で平田篤胤の「出定笑語《しゅつじょうしょうご》」を木活字版で出版した常陸の国学者である。武四郎は伊勢から木曽路を経て江戸に着している。

なお、日記からはよく分からないが、武四郎は嘉永三年四月に『蝦夷大概之図』、五月に『西洋武器図』、同年中に『蝦夷ばなし』(三〇丁、無彩絵一三葉)を、嘉永四年には『蝦夷国沿革図』を出版している。これらの販売が彼の収入となり、仕官しないでも、自分の主体的行動そのもので生活を成り立たせている。裏がえせば、それだけ蝦夷地への関心が日本人に強かったことを語っているのだということができるだろう。

また、右の『蝦夷大概之図』に載せた漢詩には、「(刺史)頗《すこぶ》る権を弄し、緇徒《しと》(僧侶)騙欺《へんぎ》を事とす、況んや街頭の女、相携えて嬌姿を衒《みせびらか》す、弊風一に此に至る、何ぞ更に礼儀を問わんや、風を観るに多くの慨歎、終《つい》に東北の阿《くま》を探るに、標柱は満禄《(ママ)》を界《さかい》し、一水にして鄂羅(ロシア)を隔つ、周廻八千里、島嶼《とうしょ》紛として幾多、人口は日に損欠す、志士嗟咤《(ママ)》し易く、若《も》し騒擾の事有らば、何《いず》こより干戈を出さんや、(中略)此理誰に向って説かん、心襟徒《いたず》らに惨慽《さんせき》、此策誰に向って持《じ》さん、言を出だせば忽《たちま》ちにして譴斥せらる」(2)とあり、松前藩の蝦夷地支配への厳しい批判と北方問題への深憂が表明されている。松前藩が警戒し始めるのも無理はないのである。

したがって武四郎の身の上を旧師の平松楽斎が案ずるようになるのも当然であった。この嘉永三年七月、楽斎は次のように書状の中で武四郎を戒めるのである。

其許《そこもと》の如く其地を踏《ふみ》候人も世にまれに候得ば、何卒此上自身の一言一行も深く謹慎せられ、宋の高儒の正心誠意の学問を心がけられ、全くの真忠より憂国の為に出《いで》し言論に候得ば、人々も心服、禍害にも遠《とおざ》かり可申候、此意味毎々御用い可有之、企望の至に候、不然《しからざれ》ば、北門を憂候人、禍にかかり候ては、其後来の志士忠臣のさわりに候、自他の為に相成不申候、呉々得御意度事《ぎょいをえたきこと》に候(3)

2　ペリー来航と松浦武四郎

武四郎、幕府に注目される

嘉永六年六月三日、ペリー艦隊が江戸湾に来航したとき、武四郎は江戸にいた。以前より出入りしていた宇和島藩から呼び出され、早半鐘の節は駆けつけるようにと命ぜられるのが一一日、一八日には吉田松陰と会い、以降諸有志と儒者鳥山新三郎宅にて会合を重ねることとなる。そして八月六日には「三航日記」清書本三五冊を徳川斉昭《なりあき》に献上するのであった。

この頃、藤田東湖《とうこ》や藤森天山らは、第一二代家慶が七月に没し、孝明天皇名代の公家が第一三代の家定に将軍宣下《せんげ》をおこなうため東下する際、朝廷より国体を辱《はずかし》めざる様の御沙汰書を出させようと画策していた。幸い武四郎は公家の堤《つつみ》民部卿維長《これなが》に、嘉永五年二月上京の折、拝謁しているので、彼に京都工作をおこなわせては如何、ということとなり、友人の鷲津毅堂が八月三〇日に武四郎に依頼に訪れるのである。それは藤森が「先兄御心易き松浦生は兼々《かねがね》(堤)相公へ御出入、御内々御懇命を蒙り候哉にも承り及候、万一右様の御建議等被為在《あらせられ》候御様子にても相伺候義はこれなく候哉」(4)云々と、仲介を毅堂に頼み込んだためであった。

武四郎は己れが使命を快諾、藤田東湖策、藤森天山策(九月一四日付「海防論」)、新井三太夫(仙台藩士)策(九月一〇日付)、吉田松陰策(九月一三日付)、鷲津毅堂策(九月一四日付「克《こく》誥《こう》編」)、鳥山新三郎策の六点の意見書を懐中にして九月一六日、江戸を出立する。前日、毅堂の叔父で幕臣大沼基祐の養子となっていた大沼又三郎(安政大獄で処罰される。枕山は又三郎の叔父)宅にて武四郎の送別会が催された。

武四郎は甲州街道から信州に入り、伊那《いな》路から中馬《ちゅうま》街道を経て名古屋から一〇月一日には津に到着、実家に立寄った上で伊勢神宮に赴き、足代弘訓らと神宮守衛策を論じ一〇月一一日に着京、公家工作は堤維長には自ら当たり、三条実万《さねつむ》には池内大学を介し、久我建《こが》《たけ》通《みち》には春日潜庵を介し試みるも、うまくはいかなかった。滞京中、彼は新宮凉庭、平塚瓢斎、梅田雲浜、頼三樹三郎、梁川星巌らと交流している。

江戸に帰着するのが一一月一九日、すぐさま首尾を問いに藤森や鷲津等が駆けつけている。今回の工作について、当時江戸では、藤森・鷲津・松浦武四郎の三名が申合せ、斉昭の名を仮り、京都に錦旗を賜りに行ったとの悪評がたてられていたのである。

この一一月、将軍宣下使の一人として三条実万が下向し、池内大学が随員として来府、武四郎は工作が実現しなかったことを知らされる。

前述したように、ペリー艦隊は翌年一月、江戸湾に再来し、三月三日日米和親条約が締結され、当初武四郎等が動いた幕府の強硬姿勢形成の試みは失敗するが、この和親条約締結はまた蝦夷地問題の全面化という事態をも生み出した。松前藩に疎外されていた武四郎は新局面を迎えることとなったのである。

嘉永七(一八五四)年四月、武四郎は伊勢の足代弘訓に、左のように書通する。

吉田寅次郎も下田にて六日夜(正しくは三月二七日)、アメリカ船に乗込候処、アメリカ人一向承知不仕候、バッテイラにて此方へ送り帰し被申《もうされ》、懐中に佐久間の送別の詩有之候より、六日の夜、佐久間も捕われ、揚りや(屋)へ行申候、則、吉田も十四日に御当地へ被引申《ひかれもうし》候、同居人鳥山新三郎も十五日に一度呼出しに相成申候、長州より此頃もらいにかかり居候、如何相成候哉、今一人長州の足軽同道仕候由、此事、佐久間はかかわりさえ無之候わば、随分隠に相成候得共、何分にも江川が佐久間をねたみ居候事故、実に陸《むつか》敷《しき》由に御座候、折角私共は去冬より吉田・鳥山・永鳥(肥後郷士)の如き木葉《こっぱ》慷慨の交を断居候間、大に此度は幸と疑を先々免れ居候、ことに御目付等にて大に世話致し呉《くれ》候人有之候間、此憂は決て御案じに被成下間敷《なしくだされまじく》候(5)

昨年冬の悪評以降、武四郎は身辺を注意し、吉田や鳥山らとの間に距離を置きだしたのである。江川と佐久間の関係が悪いとの注釈も興味深い。西洋砲術流派に関しては、江川と対立関係にあった下曽根金三郎グループの幕臣に近い立場にあったからかも知れない。それにしても目付が庇護してくれているとの表現には特に注目する必要があるだろう。箱館開港に伴い、当然松前藩からの蝦夷地収公という政治課題が浮上し、江戸において蝦夷地事情に最も通じ、しかも松前藩から悪くいわれている武四郎の存在が、幕府にとっても奇貨居《お》くべきものとなってきたのであった。

武四郎の幕府接近

ペリー来航はプチャーチン長崎来航と表裏一体の関係にあった。嘉永六(一八五三)年よりロシア問題も幕府の政治課題の前面に押し出されてきた。しかも対露外交には国境問題がからんでいる。いやおうなく幕府としては、北蝦夷地・東蝦夷地・西蝦夷地三方面すべての蝦夷地全域に対し、箱館奉行所設置を皮切りに外交的軍事的対応が焦眉の課題となってきた。その際、どうしても必要になるのが武四郎的な人物なのである。ということは同時に上地を恐れる松前藩がことごとく武四郎の動きを妨害することにもなる。

武四郎日記の嘉永七(一八五四)年一月のところには「此頃頻りに松前家にて我を恨《うらむ》るよし、世間専ら沙汰ありたり」(6)と記され、二月には堀織部・松本十郎兵衛・永井玄蕃らの目付から呼び出されている。武四郎に幕府が注目しだしたのである。

また彼は諸大名や旗本からもしばしば声をかけられる人物となってきた。ペリー来航以前からつながりのあった宇和島藩からは、嘉永七年五月、藩主伊達宗城《だてむねなり》の腹心吉見左膳より、ペリーが下田で目下交渉している内容を探索するように依頼されて同地に赴いているし、七月には幕府御小納戸《こなんど》津田半三郎からは、将軍に提出したいので蝦夷地大地図を作成してくれるよう頼まれている。

この作成された大地図写を貰いたいと、津藩・会津藩・安中藩や旗本で目付の浅野一学、勘定奉行の川路聖謨《かわじとしあきら》らから武四郎は依頼されるのである。特に、武四郎は当時川路に仕えていた薩藩浪人の子で水戸藩領で生まれた日下部《くさかべ》伊三治《いそうじ》(伊三次)とつながりを持っていたが、この伊三治は川路と水戸藩との間を仲介する役割も果たしていた。また嘉永七年一月から目付となった遠山金四郎からも所望され、この大地図写を彼は渡している。

武四郎にとって対日使節プチャーチンの動向は、蝦夷地問題と直結しており、その動向探索は必要不可欠であった。下田において嘉永七年一〇月から日露交渉が始まるが、全権委員の一人松本十郎兵衛の従者となって彼は下田に赴き、一一月四日の東海大地震に遭遇する。彼のこの下田情報は津藩や掛川藩からも求められた。

松浦武四郎が蝦夷地問題に最も通暁している人物として幕府や諸侯、有志旗本から評価されてくる時期、武四郎もその期待に誠意をもって応えようとする。安政元(一八五四)年日記年末の箇所には、

扠《さて》、此年の如き憂き事計《ばかり》聞と申ことはあらじと、独《ひと》閑窓に影を吊《とぶら》いて思えらく、十年もの間、蝦夷地の事には苦心致し置しも、今度何卒我が工風の策を奉りて御開発の仰《おおせ》ごとなどもあれかしと計りて、四度まで松本君へ奉りしことも、何の御用いもなく、又やんごとなき方よりありし仰ごとも、□□□□が讒にて水の泡となり、村垣君(勘定吟味役)の思召も、彼□□□□□□が為に流れ、堀君の御思召も□□□□□が為に消え、鵜殿君(目付)の願い継れしも□□□□□が為にやめに相成候、三島屋敷の住居も□□□□が巧にて松前家に讒を入れ、立のかされ、如何にもかく赤心も用ゆるに処なきはと(7)

云々とあるのである。

したがって安政二年二月、幕府が蝦夷地一円上地との決断をなしたことは武四郎を狂喜させ、歌をつくらせる。

シリベシ山の胡砂はれそめて
夷人等も春立御影今や仰がん(8)

幕府に対する期待がたかまる一方の武四郎は、この年の五月、幕府に左の著作物献納を出願する。(9)

覚

一　蝦夷日誌　　十一冊
　　附録　　一冊
一　再航蝦夷日誌　　十四冊
　　附録　　一冊
一　三航蝦夷日誌　　七冊
　　附録　　一冊

宛先は箱館奉行支配組頭勤方向山源太夫並びに箱館奉行支配組頭河津三郎太夫の両名である。

幕府は収公後の蝦夷地全域の地理調査を計画し、武四郎を雇い入れようとした。その話を聞き喜んだ藤田東湖は、安政二(一八五五)年一〇月二日大地震で圧死する直前、「松浦ぬしが蝦夷に行をおくりて」(10)と詞書きして、

玉ほこのみちのくこえて見まほしき
　蝦夷が千島の雪のあけぼの

との歌を送っている。

正式に幕府御雇いとなったのが、この年の一二月二五日、水戸殿家来加藤木《かとうぎ》賞三厄介《やっかい》(食客となっている)松浦武四郎に対し、「御雇入被仰付《おおせつけられ》、箱館表へ被差遣《さしつかわされ》候、尤《もっとも》御手当の儀追て可申達候[11]」と申渡される。場所は箱館奉行堀織部正屋敷、申渡人は組頭近藤鉊蔵である。

幕府御雇いとなる

安政三年、三九歳の武四郎は二月江戸を出立、三月には場所請取役の向山源太夫に随行して箱館を出発するが、八月には庇護してくれていた源太夫の死をソウヤで看取る悲劇にみまわれ、その後向山の代行を務めてモンベツ、ネムロ、サマニを経て一〇月箱館に戻った。しかしさすがの彼も疲労困憊の極に達したのだろう、一一月から病臥し死を覚悟するまでの重篤となったが、幸いに回復する。

安政四年に入ると蝦夷地山川地理取調御用を申し渡され、蝦夷地西部を探査し、八月に箱館に戻っている。

安政五年も前年に引き続く大調査の継続、一月に箱館を出発、蝦夷地を一周して八月に箱館に戻っている。武四郎の三年がかりのこの大探査は、海岸のみならず、蝦夷地内陸部も含んだ全面的なものであり、これではじめて日本人は蝦夷地の地理の全貌をつかんだこととなった。調査が一段階した武四郎は、安政大獄の嵐がふきすさぶ江戸に一一月に到達する。

3 「輿地家」松浦武四郎

幕府への見切り

武四郎の「日記」を辿っていくと、安政五年一一月九日、仙台についた時に「此処にて江戸表井伊掃部頭《かもんのかみ》の暴政聞て驚く[12]」とあり、二二日に江戸に着し、翌二三日の条に「此頃正義の物御召捕に成りしに依て、岡田新五太郎殿(以前世話してくれた幕臣)等一向我に不構《かまわず》(武四郎を水戸派と見なしたのである)、人情可歎々々[13]」と、今も昔も変らない風見鳥の役人に愛想を尽かしている。

すまじきものは宮仕えと、安政六年一二月一二日、御雇御免を出願、一九日に許可されるが、「日記」同日の条では「今日御用召百五十人計の由、何れも井伊掃部頭派の者計《ばかり》出るなり[14]」と極めて派閥的な幕府人事を批判しているのである。

武四郎は幕府御雇となる以前から、既に自己の行動そのものでなんとか生計をたてていた。御雇いを免ぜられた後は、探査報告書ともなる「日誌」「地図」の作成に従事、出板することにより、彼の著作物は「多気志楼」ものとして大流行し、また以前にもましての諸家御用もあり、「輿地家《よちか》」松浦武四郎は生活も豊かに、立派に江戸で門戸を張ることができるようになったのである。安政六年九月には福田とうと結婚して家庭を営み、文久二

(一八六二)年一月には蝦夷地再勤を、同年九月には箱館勤務を打診されるも、ともに謝絶する。幕府に失望するとともに、幕府の蝦夷地政策に信を置かなくなったのである。かわって有志大名の動きに期待を寄せるようになっていった。文久三(一八六三)年二月付の尾張藩士水野三四郎宛書状で、彼はこう述べている。

> 御藩は御大家の事に御座候間、何卒《なにとぞ》蝦夷地少々御手出し被成《なされ》候共、宜《よろしく》御座候、貴地に御有志は無御座《ござなく》候哉、何卒地所御願受、御開被成候様仕度　奉存《ぞんじたてまつり》候、当節阿波様、(カラフトの)東地を三十余里御願立に相成候、南海の諸侯として北地を御望に成候事、実に感服仕候、又越前大野土井能登守様には、北蝦夷島ライチツカより五十度のホロコタンまで、凡《およそ》三十七八里の処、御願受に相成、取開居候、此如《かくのごとく》諸侯にて右の如くなる事、感心仕候、今の世までも水戸老侯御在世に候わば、如此むざむざ魯夷の為に蚕食せられ候も有之間敷哉《これあるまじくや》、此分に候わば、今五六年の間にて、カラフト一島は魯夷の有と成可申候、種々議論も有之候得共、忌諱の儀故、不申上候[15]

カラフトの現状に危惧していることはよく文中から窺えるが、幕末期の江戸で生活し続けるためには細心の配慮が必要となる。その意味では勢州人らしく言動はしっかりと慎んでいるのである。

薩摩藩と松浦武四郎

武四郎に着目する藩の中に薩摩藩もあった。慶応元(一八六五)年の「日記」八月八日の条には「薩藩柴山良助来る」(16)、同年一〇月一日の条には「薩州やしき南部弥八郎へ行く」(17)とある。柴山は江戸留守居添役、弥八郎は同藩探索方である。

また慶応二年四月一日の条には「岩下佐治衛門(佐次右衛門、方平)出府致し西郷より伝言あり」(18)と記されている。武四郎日記は簡略で、多くの件が記入されてはいない。この間の武四郎と薩藩との交渉内容を我々に知らせてくれるのが、慶応二年三月二九日付の在江戸柴山良助から在国の堀直太郎に宛てた左の書状である。

松浦より中立の蝦夷一条、京都にて御議論の処、先《ま》ず、御見合の向《むき》のよし、此節宮家より竹(ママ)四郎京都まで御呼寄のこと、西郷氏など御議論の由にて、我より内談可致《いたすべき》旨承知、其後相談におよび候処、初めは受合宜敷《よろしく》御座候え共、少し相談可致類も有之とか申事にて、再談におよび候処、当分の世態、未《いまだ》長征の事も可被免丈《まぬがるべきだけ》、殊に御国の処、幕府へ嫌疑甚《はなはだ》しく、今之を穏当の薬剤を以て所《しょ》するか、激剤を以てするかの二つ、何れとも所し悪しき時節にて、今暫時機会相見合候上、何分相渡し度との事にて、今の世に当り稍《やや》因循の答振《こたえぶり》にて、議論におよび度、能々《よくよく》存申候えども、京師より貴翰、蝦夷一件は先御見合の方と申事御承知、殊に夫々の方、京師御引取の段も承知いたし候間、強《しい》て其儀を相進め、上京の上、はかばかしく御決議にも不相成、並々なる位にては、却《かえっ》て如何敷《いかがわしく》存じ、岩下家へも形行《なりゆき》申出候処、先ず相見合方可然《しかるべし》との御沙汰故、其儘《そのまま》さし置申候、何分此人物、北地の事を主立《おもだち》御取用無之候ては、迚《とて》も召に応じ申間《もうすま》敷《じく》、御許《おんもと》の方にて能き御都合にも罷有《まかりあり》候わば、早々為御知被下度《おしらせくだされたく》、是非ともと申節にいたし候わば、御備下の所、随分御受可仕候間、無御油断《ごゆだんなく》御周旋奉願上候、

左候て又、御在府中兼て御話も申上置候竹四郎より借用の蝦夷図の所、奥蝦夷図一通は于今《いまに》催促に逢い、甚気の毒千万御座候間、御写し方相調次第、為御差登《おさしのぼせ》被下様にとの事、桂太夫(桂四郎のこと)へ御直に御状も差上置、其上上村休助殿にも托し、貴君にも其段御頼申上越候処、于今相届不申、御繁雑中御取紛の訳とは乍申《もうしながら》、余りの儀に奉存候間、何卒貴兄御引受、桂家へ形行御申出、早便より為御登《おのぼせ》被下様、御取計被下度、伏て奉願上候(19)

これによると、慶応元年八月頃から、薩藩は西郷を中心として武四郎を雇い入れ、蝦夷地に対し積極的な策に打って出ようと動いており、武四郎には具体的プランを出すよう要請していたが、武四郎の側では幕府から嫌疑のかけられている薩藩に付いて果たして事が進捗するのか、危ぶんでプランを依然として渡さず、他方では京都薩藩邸でも、長州再征の動きがいよいよ本格化する中で、それへの対処が中心となり、蝦夷地を手掛りとした対幕政策の展開を中止したことが判明する。四月一日の岩下の武四郎来訪は、これまでの交渉は取りやめとの責任者西郷の意向を伝えるためのものだったと考えられる。この問題は

元治元(一八六四)年、禁門の変直前の坂本龍馬らの蝦夷地開発・交易の動きとつながりをもつ可能性もある。[20] 慶応元(一八六五)年には龍馬ら旧神戸海軍操練所の面々は長崎で薩藩の庇護のもと、交易結社をたちあげているのである。関連史料の発見に期待したい。

なお、武四郎との接触の中で、薩藩は武四郎の蝦夷地地図を借用していたことも、この書状から明らかであり、国許での写図作業がはかどらず、他方で武四郎からの返却催促の板挟みとなった良助の悲鳴も聞こえてくる。

ところで、岩下の武四郎訪問には、肝付兼武《きもつきかねたけ》も同行している。兼武は薩藩士で古くより蝦夷地に関心を寄せ、嘉永三(一八五〇)年には同地に赴き、また嘉永四年一二月には吉田松陰と会って国事を語り合っている。その後蝦夷地で生活するようになり、一時箱館奉行所の役人となったが、服務違反により罷免されたのちは箱館で牛飼を営み、元治元年九月、宅地が上地となったのを機に箱館を引き払って江戸に出て来ていた人物である。[21]

このように、幕末期に薩藩と深い関係を持っていたため、王政復古直後、同藩大久保利通の強い推挙(三月二五日)をうけ、京都に召された上、閏四月二四日、箱館府が設置された際、武四郎は府知事清水谷侍従に次ぐ徴士判府事に、薩藩士井上石見とともに任命されることになるのであった。

第一三章　ハリスの下田来航と日米修好通商条約交渉

1　日米約定

ハリスが初代の駐日総領事に任命され、併せて条約改訂全権委員に任ぜられるのが一八五五年八月四日、下田に来航するのが五六年八月二一日、和暦では安政三年七月二一日のことである。

ハリスが下田奉行との間で最初に交渉したのが米日和親条約の枠内で最大限米国に有利な条件を明確化することであった。第八章で言及したように、この結果は一八五七年六月一七日(安政四年五月二六日)、「日米約定」の中で明文化される。

一、最恵国条款により、長崎も開港すること
二、下田と箱館に米人居留を許可すること、また箱館に副領事の駐箚を認めること
三、従来の日米貨幣交換価格を一ドル一歩《ぶ》から一ドル三歩に変更すること
四、「亜米利加人、日本人へ対し法を犯す時は亜米利加の法度を以てす」との条文を日本側に認めさせ、治外法権を承認させること

五、三港での交易を認めること
六、下田港での遊歩七里以内との制限を緩和すること
七、総領事及び総領事館員に対しては、商人からの品物直買を許可すること

2 第二次アヘン戦争の開始と日本への影響

一八五六年一〇月八日、清国の広州においてアロー号事件が勃発、パークスは広東《カントン》代理領事として英清対立激化に奔走する。

同月二三日、英軍は広州への攻撃を開始する。クリミア戦争がこの年三月に終了し、英国は懸案の対清問題に本格的に乗り出すことが可能となったためである。この攻撃に怒った広州の中国人民衆は英米仏の外国人商船を焼打ちする。

しかし、英国の本格的軍事攻勢は、翌五七年五月、北インドでインド人傭兵が反乱を起し、北インド全域をまきこんだインド大反乱(=セポイの乱)に発展したことにより中断され、自国の宣教師殺害事件を口実に加わった仏国と英国の連合軍が、清国政府に最後通牒をつきつけるのは、五七年一二月二四日のこととなった。同月二九日、英仏連合軍の猛攻により広州が陥落する。

英仏連合軍と英仏米露四カ国の全権使節が渤海湾白河河口に到着するのが五八年四月、同月二四日、四カ国の全権使節は清国政府に対し要求項目を提出する。

クリミア戦争終結を踏まえ、英国が極東に本格的に再進出することを見越し、予想される対日圧力を利用してオランダ領事クルチウスは安政三年七月二三日(一八五六年八月二三日)、次のような書翰を幕府に発する。

　緩優交易を求む、(中略)外国より緩優交易に付、此後とても拒嫌あらば、幸福の日本国、究《きわめ》て航海する世界数ヶ所の強国、然も強国一同と闘戦に可及《およぶべき》は、和蘭政府聢《しか》と見究む、(中略)日本の交易筋条約取締として、大ブリタニア弁イールランド《アイルランド》女王の全権、近々長崎へ渡来可致《いたすべし》(1)

そしてキリスト教信仰の許可、踏絵の廃止、開港場への婦女小児来航許可、蘭国船に対する束縛撤去等を求めるのである。出島のオランダ人が長年耐えてきた幕府禁制解除の要求である。

　広州での軍事衝突の報はただちにクルチウスの利用するところとなる。長崎奉行に対し彼は安政四年二月五日(一八五七年二月二八日)、広東での闘いを述べ、こう説得しようとする。

　若《もし》始終御国風を御守被成《なられ》候ては、唐国同様の風習と沙汰いたし可申候、去年中差上候条約副章中の事、御取用相成候得ば、御国風御改可被為《なさるべく》との機は、早速欧羅巴に伝播いたし、追々外国御交接の御居合《おりあい》も可然、(中略)此度唐国の一件、外国の事と御聞捨なく、事情得《とく》と御賢察、御所置御座候様仕度(2)

ハリスもアロー号事件を利用する。安政三年一二月一三日(一八五七年一月八日)、幕府に対し彼は、「日本は目今大災に臨めり、この災は甚だ近きにあり、国民の無事なるすぎわい(生業)並に面目も、皆な此災に臨む、この災は合衆国より起らざれども、他の政府より起る」(3)との書翰を発するのである。

3　幕府の対応

英国の本格的な極東への再進出の形勢はオランダ側から長崎奉行に伝えられており、クルチウス書翰以前の安政三年七月一〇日(一八五六年八月一〇日)には、長崎奉行は幕閣に左のように報じている。

蘭船中立、英国香港の奉行ボウリング、今より二ヶ月程を隔、当地へ相越候趣意は、是迄引合候ステールリング(スターリング)にては行届兼《ゆきとどきかね》候趣にて、本国より被呼戻《よびもどされ》、右ボーリングを撰出申付候趣に御座候由、交易筋を是非相開き候心組の趣申聞候、右故暹羅《シャム》と交易の条約写抔《など》を先差出候儀と奉存候(4)

ところで、老中阿部正弘は、守旧派二老中を罷めさせた後の幕閣を強化するため、佐倉藩主堀田正睦を安政二(一八五五)年一〇月、安政大地震の直後に老中とした。幕閣は早晩来るだろう列強の交易要求に対処すべく、安政三年一〇月、堀田正睦を外国事務取扱とし、彼のもとに大目付の土岐頼旨、勘定奉行の川路聖謨《かわじとしあきら》と水野忠徳《ただのり》、目付の岩瀬忠震《ただなり》を外国貿易取調掛に任命したのである。

幕府はクルチウスやハリスの勧告を踏まえ、列強の圧力が加えられるそれ以前に日本側の態勢を構築しようとする。安政四年三月、堀田正睦は左のごとき覚書を作成して、関係幕臣たちに諮問するのである。

> 何分彼に押付られ候様にては御体裁も不宜《よろしからず》、且《かつ》は右様の御国風、万国へ伝播いたし候えば、何れの国よりも只々手強《てごわ》に押返し可申出《もうしいずべし》、左候《さそうらわ》ば内外共に御不為《ごふい》には相成間敷哉《あいなるまじきや》、詰り断切《ことわりきり》に難相成筋《あいなりがたきすじ》は、最初より其見居にて取調置候方、手後れにも不相成、万事の御都合にも可相成哉、（中略）各国申合、先ず虚喝にて申威し、亜蘭（アメリカとオランダ）に説得為致《いたさせ》、猶《なお》も不相整候わば、英夷凶威を以押付候手段抔《など》には有之間敷哉、若《も》し右様の実情にも候得ば、英夷渡来を待候も上策にも有之間敷、（中略）且亜蘭の中立にては不被差許《さしゆるされず》、英夷の中立にて御聞届有之候は、二国へ対し候ては御信義も薄（からん）[5]

事態が急迫する以前に、交易の仕組みの枠組みを日本側が主体的につくっておかなければならなくなる。

翌四月、堀田の諮問に答え、海防掛大目付と目付はこう主張する。

第一、開港場は長崎一港だけでは無理だろう

第二、貿易会館を取建てて官側が統制する

第三、彼の強圧を受けて開港という事態になれば「全く彼に押付けられ候姿との一筋に相聞《あいきこえ》、折角御英断を以て時勢御見透の詮も無之《これなき》様罷成《まかりなり》、天下一般の気配《けはい》も如何可有之《これあるべき》哉(6)」

幕府に対する国内の不信感を惹起させないためには、幕府が主導権をにぎらなければならない。大目付・目付も堀田と同意見である。したがってまず岩瀬と水野を長崎に派遣し、オランダとの間で条約改正交渉をおこない、その改正枠組みをもって下田のハリスと交渉するとの方針が樹てられ、両名は長崎に赴くのである。

日蘭交渉の結果、安政四年八月二九日(一八五七年一〇月一六日)、日蘭追加条約が締結された。その骨子は、

第一、長崎と箱館を開港場とする。したがって本州には開港場は設けない

第二、居留地を設け役人立会での会所交易とする。したがってオランダ人と日本商人との自由取引きは認めない

第三、オランダの国書は長崎奉行が受領する。したがって蘭国公使の江戸駐箚はない

交渉過程で踏絵も廃止されたが、岩瀬らが何を狙っていたのかは、七月上旬の彼の伺書に明らかである。

下田奉行においても、右仕法の趣を以、此方より仕出し、亜国官吏へ引合候わば、近き的証も有之儀に付、凡《およそ》同様の振合には承伏可仕哉、(中略)和蘭の方早々取極、右は

凡の目当に致し候わば、(中略)強ての差支《さしつかえ》も有之間敷(7)

日蘭貿易の枠組みで米国も説得できるとの岩瀬の自信が溢れている。そして岩瀬・水野は八日後の同年九月七日(一八五七年一〇月二四日)、ロシアとの間に同様の日露追加条約を締結する。

何故ロシアが長崎に？との疑問は当然のことだが、英仏連合軍と清国との大戦争の結果必然的に締結される、英仏側に格段に有利となるであろう新条約に均霑しようと、アメリカとともにロシアも対清使節を渤海湾に派遣し、その艦隊が長崎に寄港するのが、ちょうどこの時だったのである。対清使節は日本人に既に熟知の、あのプチャーチンである。したがって日露新条約締結当日、岩瀬が次のごとき感情をあらわにした書状を幕府に送るのもよく理解できる。即ち、

今度魯西亜、此通りに為相替《あいかわせ》相済候は大に向後外国の貿易申出候節の大根基出来《でき》、誠に大慶仕候、(中略)今日魯西亜相済、実に向来の御都合は中迄も無之儀、真に雀躍の至に御座候(8)

と歓喜の思いを吐露している。

ところで、このような岩瀬の見通しは、彼個人のものではなく、関係者一同の共有していたものであった。佐倉藩の蘭学者で、主君正睦のブレーンとして彼を補佐していた西村茂樹は、同年一〇月正睦宛上書で、「魯西亜・和蘭は互市の法相立《あいたち》、亜米利加は登城、拝

礼をも被仰付《おおせつけられ》候上は、此上仏・英の諸夷渡来候とも、大抵御見通しは相付候事と奉存候(9)」と語りかけているのである。

したがって同年一一月三日、幕府は蘭露両国と追加条約を締結した旨を国中に触れ、その文面中に、「向後長崎・箱館において(オランダに)交易御差許」し、ロシアも同様、「右については外条約相済候国々も、追々右の御所置に可相成《あいなるべし》(10)」と、近い将来に微塵の疑いも差し挟まない文言を明記したのであった。

4　ハリスの出府と日米修好通商条約交渉

ハリスの出府を、日米和親条約はそこまでは許してはいないと反対しつづけた老中阿部正弘は安政四(一八五七)年六月一七日に死去し、他方、堀田ら幕閣は、条約交渉は日蘭交渉の筋で進めることができると確信、八月二八日、ハリスを出府させ将軍に拝謁させる旨を国内に布告する。ハリスの着府が一〇月一四日、将軍家定への拝謁と国書呈出が二一日のことであった。つづいて条約交渉ということとなる。そしていよいよ一〇月二六日、ハリスは堀田邸を訪れ、世界の大勢を説き、米国との通商開始の急務を次のように演説する。

○西洋各国にては世界中一族に相成候様いたし度《たき》心得に有之、右は蒸気船相用候故に御座候

○右故、遮《さえぎっ》て外と交を不結《むすばざる》国は、世界一統いたし候に差障候間、取除候心得に御座候

○日本の危難は落掛り居申候、右は英吉利差続欧羅巴各国の事に御座候
○英吉利国の水師提督ヤーメス・スチルリング《（ジェイムス・スターリング）》取締候条約は、彼政府にては不伏に御座
候
○英吉利は日本と争戦致し候義を好て心掛居候
○壱人と条約御結被成《むすびなされ》候と、品川沖へ五十艘の軍船引連参《ひきつれまいり》候ものと条約被成《なされ》候とは、
格別の相違に御座候
○私儀、日本へ渡来いたし候節、於香港、英吉利の惣督ジョン・ボウリングに面会いた
し候処、日本への使節被申付《もうしつけられ》候由、内々話聞候、其後御国に参り候てより、書翰四
通差越申候
○勿論右面会は、私に(私的に)出会候儀に御座候、右差越候書翰中、日本政府へ係《かかわ》り候
事、認有之候
○右の内、日本へ渡来の節は、日本人の是迄不及見程《みおよばざるほど》の軍船を率い、江戸表へ罷出、御
談判仕候心得の由に御座候
○江戸より外に可罷出処《まかりいずべきところ》無之よし、中越候
○右願の一は、ミニストル・アゲントの官人を都府に留置候事、第二は日本数ヶ所へ英
船参、自国の品を賒《かい》候通、勝手次第に日本の品物を買調候様いたし度心願に有之、若《もし》
右の願成就不致《いたさず》候わば、直に干戈《かんか》に及び候心願のよし、尤唐国の争戦にて、渡来いた

し候期遅延いたし候よし申越候

○終りの書翰に申越候趣にては、蒸気船計五拾艘余に可致よしに候

○唐国戦争相止み候わば、直様参候段、聊《いささか》相違無之候

○格別上智のもの申候には、今般唐国の戦、永くは相堪え候儀、迚《とて》も出来申間敷よし、左候得ば、無程《ほどなく》御当地へ参り可申候(11)

右はハリス大演説の抜萃だが、第二次アヘン戦争勝利後の大英帝国軍艦の圧力で条約締結を強制される以前に米国と条約を結ぶことが、幕府の権威維持のためには有利だとの論理で一貫している。

ハリスと日本側委員目付岩瀬忠震・下田奉行井上清直との間の日米修好通商条約第一回交渉は、安政四年一二月一一日(一八五八年一月二五日)におこなわれた。

日本側：長崎と箱館二港のみ開港する。

ハリス：それは呑むことはできない。

ハリス：商売は交易場においておこない、役人の立会貿易は許されない。今回の条約が不十分なものにとどまるならば、欧州各国はたちまち大軍を率いて来襲するだろう。

日本側：公使を江戸に駐箚させることはできない。

ハリス：支那の戦争も北京に公使を置いていなかったから起こったものだ。交易のた

めに京都・大坂・江戸・品川を開くべきだ。[12]

第一回目の交渉は双方の条件提示の激しいやりとりに終始した。ハリスは当日の日記にこう書きつけている。

(彼らはいった、)ロシアおよびオランダとの間に結んだばかりの条約に盛られているのと同様の条件で、アメリカ人と貿易をはじめることに決定したと(中略)、(自分は和親条約第九条の最恵国条款を指摘し)数カ月前にすでに我々に効力を発生している条項を私に申し出ることとは、実に下らないことだ。公使を江戸の居住、あるいは公使の好きな場所から閉めだす提議は極めて無礼である。公使の迎接にこのような条件を付するよりは、公使の迎接を拒否する方がはるかによかろう。公使と領事は国際法の下においてかかる人々の享受するあらゆる権利を持たなければならない。私は、それらの権利以上の何ものをも彼らにもとめないが、それ以下のものを承知することはできないと。

この議論に対して、日本委員は備えを欠いていた。それは閣老会議の指示によって極めて巧みに用意されていた彼らのプランを全く覆《くつがえ》した。彼らは極めて狼狽した。[13]

多岐にわたる日米交渉は、安政五年一月一二日(五八年二月二五日)の第一三回交渉で結了した。両国委員の合意した条約案は、アメリカ側の主張をほとんど全面的に取り入れたものとなった。

第一、公使は江戸に駐箚し、領事は各開港場に駐箚する第二、開港場は下田・箱館のほかに神奈川・長崎・新潟・兵庫(下田は神奈川開港六カ月後に閉港)、開市場は大坂・江戸とし、調印の翌年には神奈川・長崎の二港を開く
第三、貿易は居留地での自由貿易とする
第四、治外法権を認める
第五、遊歩地域は神奈川・箱館は一〇里以内、長崎は周囲幕領内とする
第六、関税は日米両国の協定関税とする

ここで注意すべきなのは、ハリスの演説書をはじめ、日米間の対話書すべてを大名に対して幕府は公開していったことである。事態の深刻さは周知のこととなった。そして各大名の筋から当然のように、日米交渉の実態は日本全国に洩れ伝わることとなる。

5　国内合意形成問題

日本のこれまでのあり方からすれば、ハリスが登城し、国書を将軍に奉呈すること自体が国家的大問題となる性格のものであった。一八四四年、オランダ軍艦のもたらしたオランダ国王親書は長崎奉行が受領し、しかも幕府はその返書において、今後国王が親書をよこしても、開封せずに返却する、と明言したのである。また、五三年の米国国書は浦賀奉行が受けとっている。

このような虚勢を張る自信を喪失した幕府は、事前に整えていた条約案の枠組みもハリ

スに一蹴され、アメリカ側の線で合意せざるを得なくなったことを自覚した段階の安政四年一二月一五日(一八五八年一月二九日)、幕府は全大名に対し、日米条約交渉に関し意見書の提出を求め、一二月二九日と三〇日の両日、諸侯に登城を促して将軍臨席のもと、交渉の経緯を説明し、意見を率直に問うたのである。

大名の意見は以下の三グループにまとめられるだろう。

第一は、徳川斉昭《なりあき》に代表される強硬論で、一般に「無謀な」と形容されてきたものである。しかし論理は極めて通っており、宗家とともに立ち、ともに亡びなければならない御三家の一つとしてどうしても言わざるを得ない主張、将軍制度の維持・存続を是が非でも大前提とする主張なのである。彼は言う、朝廷を尊崇する幕府こそが諸大名を統御していくという今までの体制を維持しようとするならば、外国の軍事力に屈伏するようなことがあっては絶対にならない、強力な将軍権力のみが幕府を維持できる、と。したがって、奇妙に聞こえるだろうが、斉昭は新しい政治システム構築の示唆も、諸大名からの新たな合意調達方式の提案も、なんらしようとはしなかった。また参勤交代制の緩和による諸大名強化策も主張しはしない。出てくるのは、一一月一五日の彼の意見書[14]にあるような、自分がアメリカに赴いて交渉するとか、大坂城を借り、一〇〇万両を出してもらって大砲と大艦をつくる、といった奇妙な提案か、堀田正睦を罵倒するといった形での、もって行き場のない感情爆発なのである[15]。万策尽きると、幕府の要請に応えるべきだ、と一転して朝廷に対し主張することとなる。[16] 事態は手に負える範囲をはるかに逸脱してきたが故に、発言と行動の奇矯さのみが顕著とならざるをえない。

第二は、福井藩主松平慶永や鹿児島藩主島津斉彬のような外様も含めた有志大名達の意見である。その主体は、これまで将軍＝譜代結合によって完全に政治から排除されてきた外様大名とみていい。凡庸で世子のない将軍徳川家定が全大名の支持を得ることはむずかしい、英明の一橋慶喜を世子に据え、非常時の際最も要請される全大名・サムライ階級に対する軍事統帥権の問題を明確にするとともに、全大名の輿望を担い、かつふみこんだラディカルな幕政改革を断行し、新体制を創り出しつつ、その新体制を前提として、やむなく締結せざるを得ない日米新条約への勅許をかちとる、という方向性をもつものであった。

第三は、譜代大名の圧倒的多数と旗本・御家人の大半の意見である。彼等にとっては、将軍を軸に譜代大名と旗本が政治権力を掌握しつづけてきた従来の体制（将軍＝譜代結合）を改変することは全く問題にならず、あくまでこれまで通りの政治のありかたを維持する立場をとる。参勤交代制の緩和など論外である。しかしながら、対外戦争など、できる状態では全くない、したがって敗戦の上で条約を押しつけられるよりは、今呑んだ方が有利だ、事情をよく説明すれば朝廷も分かってくれるはずである。京都へかれこれ申し遣わす者どもが幕府以外から出てくると、勅命といって禁裏守衛を主張したり、参勤を拒否する大名が出かねないと、彼等は深く憂慮していたのである。[17]

6　条約勅許奏請方策の採用

ハリスとの交渉が、日蘭追加条約的枠組みを大きく逸脱し、これまでの国内合意を根底的に覆すものになってきた段階で、岩瀬や川路など堀田正睦のブレーンは条約勅許案を主張しだした。事態がここまで深刻化した以上、幕府と朝廷の結びつきのさらなる強化で乗り切ろうと決断したのである。日蘭日露両追加条約の締結に際しては、京都所司代が朝廷に報告しただけであった。

彼らのこのような決断の前提には、日米交渉に対し尾張藩主徳川慶勝《よしかつ》、仙台藩主伊達《だて》慶邦《よしくに》、鳥取藩主池田慶徳《よしのり》、徳島藩主蜂須賀《はちすか》斉裕《なりひろ》らが、条約締結に際しては条約の勅許が必要となると主張していたことがあった。また徳川斉昭と水戸藩主徳川慶篤《よしあつ》父子は、ハリスの要求に対する幕府の措置が、もしも征夷大将軍の任に相反するものあらば、幕府は朝廷並びに諸侯にむけ責を負わざるを得なくなると強く警告していた。「朝廷を尊び四夷を平定する」征夷大将軍の名目がその内実を求められたのである。

一〇月二一日と二六日の二度の対話書は、所司代を介し朝廷に送られ、一二月二日の堀田がハリスに条約交渉を許可した際の対話書も同様の手続きで京都に進められようとしたが、川路聖謨は、それにかえて特使派遣を主張し、この結果、一二月一四日、林大学頭と目付津田正路が条約交渉開始を報ずるため上京の途につき、年末の二九日に両名はこの件を奏上するのである。

一二月下旬の段階において川路は、「御国をしらしめす天子の御許なくては、いかでその条約に調印かのうべきや、宜しく特例の御使を差立られ、御許を受けさせられて然るべし、さなきときは、東照公の遺訓に背き、乍恐《おそれながら》朝廷を蔑視し奉ることともいうべくして、実に恐入りたることとなり」(18)と発言している。岩瀬も川路案に賛成する。老中自らが上京・奏請の上、勅許を受ける方策である。

将軍家定はこの方策を裁可、安政五(一八五八)年一月九日、堀田・川路・岩瀬等に上京・奏請すべき旨台命《たいめい》が下った。

堀田一行は一月二一日江戸を出立、二月五日に着京、「全世界を敵とし、国中無算の生民を永く塗炭に苦しましむる許り《ばか》、即今乾坤《けんこん》一変の機会」(19)と孝明天皇と朝廷への説得にかかるのである。

ただし、この奏上時においては、堀田らは朝廷側の軟化を図るべきなんらの幕政改革案も、具体的対外防禦策も、国内人心安定を狙った将軍継嗣案も全く用意してはいなかった。世界の大勢論一本槍での説得工作を試みたのである。他方、孝明天皇と五摂家以下の公家の面々は、一〇月二六日のハリスの大演説を熟知し、英国の軍事的圧力がすべての事態の出発点となっていることを、よく理解していたのである。

この段階では、堀田とそのブレーン達は従来の「御公儀」「御威光」の自信に裏づけられた惰性的楽観論にいまだ立っていた。

安政五年一月一二日、松平慶永が堀田に面会した際、正睦は「京都にはまず十日計り居たらんには事果つべければ、三月節句前には罷帰」らんと語っている。[20]またハリスとの交渉でも、安政五年一月四日(五八年二月一七日)の会談の際に日本側委員は条約には天皇の勅許が必要だと発言する。ハリスは問い返す。

この非常に重大な会話がおわるや、私は彼らに、もしミカドが承諾を拒むなら、諸君はどうするつもりかと訊ねた。彼らは直ぐに、そして断乎たる態度で、幕府はミカドからの如何なる反対をも受けつけぬことに決定していると答えた。私は単に儀式だけと思われることのために、条約を延期する必要がどこにあるのかと問うた。彼らは、この厳粛な儀式そのものに価値があるのだと答えた。そして、私の了解したところによると、ミカドに対して以上のように荘重に上奏し、ミカドの決定が最後のものとなって、あらゆる物議が直ちに治まるであろうというのであった。[21]

7　朝廷の対応

ただし朝廷は朝廷としての反応をした。幕府は、ハリス一人の口舌により、想像もできなかったほどの大譲歩を強いられている。ハリスが演説書でいう英仏艦隊五十余艘が来襲したならば、どこまで屈従してしまうのか。それで、天皇から征夷大将軍職を授けられている「将軍」といえるのか。他方、このような大譲歩を強いられ、大坂を開市し、兵庫を開港とまで容認しながら、禁裏と皇統を象徴する三種の神器、皇祖を祭る伊勢神宮の守衛と安全策に関し、なんらの具体策も朝廷に対し提示できない。すべては「事態」と「世界の大勢」一点張りで、天皇の勅許を求めようとしている。それは幕府と将軍として不当ではないのか、というものであった。孝明天皇の態度もこのようなものであり、そして公家の大半もこの線で団結し、強硬派公家達八八名が大挙参内するという異例の「列参事件」が安政五(一八五八)年三月一二日に勃発した。その組織者が中山忠能《ただやす》(明治天皇外祖父)・大原重徳《しげとみ》・岩倉具視《ともみ》・正親町三条実愛《おおぎまちさんじょうさねなる》・久我《こが》建通《たけみち》らの人々だったのである。

　これに加うるに、幕政改革の要《かなめ》としての将軍継嗣問題にかかわり、主君の命を含められた福井藩士橋本左内や薩摩藩士西郷隆盛が、朝廷に世子を一橋慶喜と希望する旨を表明させるべく、積極的に京都で入説工作を展開し、また水戸藩士たちは斉昭・慶篤の意向とは関わりなく、独自に一橋慶喜の世子化を意図して京都で活動する。朝廷側からすれば、「関東」(朝廷が幕府をいう時の呼称)を一枚岩と見ることは不可能であった。

　さらにこの段階で、より本質的な運動が表面化してきたのである。これまで見てきた江戸での議論は幕府内の諸大名レヴェルのものにとどまっていた。このレヴェルでは、斉昭の奇矯と見える言動も含め、あくまでも幕府維持・存続ということが全体の合意となっていた。しかしながら、京都で公家たちに入説しようと奔走していた在野の志士たちは、幕府存続という枠そのものを取り払っての国家構想をいだき始めたのである。幕府が倒壊しても構わない、朝廷の権威をたかめ、国内の総力を朝廷に結集することで、この日本の危機を打開しうる権力を創出すべきだ、と彼らは主張する。彼らによれば、将軍職とは、朝廷の命を受け、国家を対外的に維持できる武門の棟梁に授けられる官職であって、徳川家に限られはしないのである。可能態としての王政復古政権も、この論理のいきつく先にありうることとなる。排外的攘夷思想として、「頑迷固陋」のレッテルを貼ることで片づけられない、抵抗主体としての新しい国家論の浮上である。その主唱者が梅田雲浜、頼三樹三郎・梁川星巌らの志士達であった。したがって彼らは次章で見るような朝廷の対幕強硬化を狙って画策することとなる。

様々な政治潮流の交錯する中、安政五年三月二〇日、条約は勅許せずとの勅諚が発せられた。即ち、

　今度仮条約の趣にては、御国威難立被思食《たちがたくおぼしめされ》候、且諸臣群議にも、今度の条々、殊に御国体に拘り後患難測《はかりがたき》の由言上候、猶三家以下諸大名へも被下台命《たいめいをくだされ》、再応衆議の上、可有言上被仰出《ごんじょうあるべくおおせいだされ》候事(22)

というものである。

また、政局の一つのポイントであった将軍継嗣問題に関しては、三月二二日、次の御沙汰書が堀田正睦に渡される。それは、

急務多端の時節、養君御治定、西丸御守護、政務御扶助に相成候者、御にぎやかにて御宜被思召候、今日幸の義可申入《もうしいるべく》、関白殿・太閤殿被命《めいぜられ》候事(23)

というものであり、橋本や西郷等が期待していた「英明・人望・年長」という三条件はそこには含まれてはいないものとなった。

8　勅諚以降の動き

条約勅許せずとの勅諚が発せられたことにより、幕府内は大きく二つのグループに分化していった。

一つのグループは、再応衆議の上、条約勅許を奏請するには、幕政改革プランを明確化し朝廷の納得を得なければ、事態を切りぬける最後的手段の勅許獲得は不可能と考える改革派グループである。

安政五(一八五八)年四月一四日、岩瀬は次のように主張する。

此節同志一統の建議には、第一西城へ賢明の君を建られ、次に宰輔を置《おか》れ、閣老の上に立《たち》て事を執り、議を決する人無くては、静謐すまじき時勢なるよしを中立、(中略)先《ま》ず此二大件を定め、而后《しかるのち》、京師の御扱い・夷狄の御処置等をも、此条理より立行《たちゆ》かでは、上下人心の帰向も定りがたくて、寧謐すべき見込更に無し(24)

世子決定と外様大名を含んだ幕政合議体を老中制度の上に据え、幕政大改革を断行することによる事態の解決という、政治危機を上からの変革により乗りきろうとするものである。

四月一八日、福井・高知・宇和島三藩主は左のごとき意見で合意する。即ち、

墨夷の方は御条約通り御済せにて、内地変通の御改革これあり、約《つづむ》る所、必戦の覚悟を立るより外《ほか》に、神州を保存し叡慮を安んずべき策は有之間布《これあるまじく》(25)

外圧に屈しない権力形成と勅許獲得とが、彼らにとっては政策複合として考えられている。

堀田に随行し、京都で種々の工作をおこなったにもかかわらず、結局勅許獲得に失敗した川路聖謨は、失敗の原因を熟考し、世子問題の解決こそが難局打開の第一歩だ、と、五月三日、次のような意見書を作成している。

条約為御取替《おとりかわさせ》相成候様仕度候処、御三家初《はじめ》右の(反対の)趣にては、勅答にも被為叶《かなわさせられ》、御国内の人気居合候様にはとても参不申《まいりもうさず》、其節は此末御国内治り不申義《もうさざるぎ》と奉存候(中略)、御国内の人気に背《そむ》き不申《もうさざる》節は、外夷の兵端を御踏被成候は、必定に御座候、され共、二つの内、一つ御取計方附易《つけやすき》方御所置候得ば、則二つながら被行《おこなわれ》候義と奉存候(中略)、(京都の様子では)非常の大御改革有之候には、御基源を御手厚に可被遊《あそばさるべき》筋にて、依ては人望の帰候御人を儲君《ちょくん》(後継者)に被成《なされ》候方可然哉《しかるべきや》の思召は、彼地出立の節迄動き不申候間、其一事、今般内実重の御趣意かと奉恐察候、(中略)儲君の義

被仰出候《おおせいだされ》わば、縦令《たとえ》条約の義は勅答の如くに無之候とも、最初よりの叡慮思召通に相成候義に付、穏に御許容可有之《これあるべき》か、(中略)速に人望の帰し候御方へ右の御沙汰被為在《あらせられ》候わば、上は天子より下諸侯並末々に至り候迄、其一事にて穏に治り可申《もうすべき》かと奉存候(26)

川路はこのように、世子を朝廷の内心の希望通りに決定すれば、岩瀬のような幕政大改革断行がなくとも、再奏請の際、条約は勅許されるだろうと踏んでいたのである。

あと一つのグループは将軍家定をめぐって形成される将軍＝譜代結合グループである。家定は凡庸ではあるが、よくいわれるような無能者ではない。安政五年で数え年三五歳の一人前の成年男子である。家定は養君を設けよとの諸侯の上書に怒っている。自分はその年でもないし、御台所《みだいどころ》を迎えて間もない今日、こともあろうに「御年比《としごろ》も御不似合の御方を(諸侯は)申出」ている。徳島藩主の(蜂須賀)阿波守は近い親類なのだから、内々に直接言上すべきところ、「諸大名と申合せ、表向に一封など出し候事、けしからぬ事」、「(島津)薩摩守までかように申出し、新御殿(篤姫は形式上は斉彬の実の娘とされている)もあるに上をあなどり候様成事、きつうきつう御はら立(27)」なのである。養君をどうしても、とのことならば、血のつながりといい、養父・養子の年齢差からいって紀州藩主の慶福《よしとみ》(のちの家茂)が然るべき人物となる。

このような将軍家定の不満が充満しつづけているその最中、思いもかけない条約不勅許との報告が四月二一日、勅許を自分でうけ合った老中堀田正睦からなされ、しかも朝廷は養君問題にまで言及したとのこと、驚愕した家定として、この背後に慶喜の実父徳川斉昭が存在し、将軍押籠《おしこ》め、一橋を樹《た》てて「御権威」を振るう魂胆か、と連想するのは、それはそれで無理もないことではあった。

幕府政治の根幹は将軍専制のディスポティズムである。老中の合意を追認するだけが将軍ではない。老中首座堀田正睦への信頼が完全に消滅した以上、家来として信用していた老中で上田藩主松平伊賀守を介し、徒頭《かちがしら》薬師寺元真を彦根藩邸に赴かせ、譜代大名筆頭で三五万石の彦根藩主井伊直弼に大老に就任すべしとの上意を伝達させる。

四月二三日、台命をうけて登城した直弼に、将軍家定はじかに大老に任ずる旨を達する。この間老中会議など開催されてもいない。

このような異常なやり方で、全幅の将軍の信頼のもと、大老に就任した井伊直弼に幕政の全権が集中するのは必然的ななりゆきとなった。養君問題に少しでも言及すれば、将軍廃立を図っていると非難される雰囲気が急速に醸成され、一橋派と見なされた幕臣たちは次々と左遷あるいは罷免されていく。

ただし、ここで確認しておかなければならないことは、養君問題に関する将軍家定の意志は明確ではあるものの、井伊大老は、この時点では養君問題に決着をつけることなく、勅諚の求めに応じ、しかも幕府作成案文を提示しつつ諸大名の意見を取りまとめる作業に入ったことである。勅許やむなしとの大名合意をとった上での再奏請の際、養君問題がそこに不可分離に絡んでくるだろうことは、井伊派の人々も十分に理解していたからである。

だが、このような、ゆるやかなテンポでの対立と妥協がその骨子となっている国内政治の存在の余地を、一九世紀後半に入った国際政治はもはや許容しなくなってきた。六月一九日、日本は無勅許条約調印という、未曽有の異常な事態の中にほうり込まれることとなる。

第一四章　安政五カ国条約と安政大獄の開始

1　ハリスとの条約交渉を国内ではどう受けとめたか

公家集団

ここで、ハリスとの条約交渉と条約勅許奏請行為が国内でいかに受けとめられていたかを、いくつかの集団に分けて見ていこう。

まず朝廷内部ではどうだったのだろうか。

強硬派公家のリーダー岩倉具視は、安政五(一八五八)年三月一四日の「神州万歳聖策」の中で左の四点を強調する。

第一、和親不可然事《しかるべからざること》　弥《いよいよ》　古来制度の通り被為守《まもらせられ》候事、朝家安全・武運長久・天下
泰平と奉存候

第二、徳川家長久可被思召《おぼしめさるべき》の事、御説得の上、猶《なお》強情に中募り候わば、徳川家のため、是非なき次第を以て、速に三家三卿譜代の大名等へ被宣旨下《せんじをくだされ》、俗吏の面々御取除きの様被仰付可被存候《おおせつけられぞんぜらるべく》

第三、国内一致防禦の事、英夷の華盛頓《ワシントン》を攻るに、華盛頓挙国一心同力にて拒之《これをこばみ》、五
年を経て英夷遂に其勝事を不得《えず》、求和《わをもとめ》候趣也

第四、皇都警衛幷江府大坂等の事、家門の大藩中、大将として京都守衛、大坂大藩にして一人の名将被差置《さしおかれたき》度義に存候(1)

交易開始によって国内体制が激変させられることに反対し、従来の制度維持が、朝廷にとっても幕府にとっても国内安全のためには然るべしと主張する一方で、勅命による幕政改革の方策を示唆し、またこれまでの譜代大名による京都・大坂警衛を外様を含めた大藩に変更せよと述べていることに注意すべきであろう。更に長期の苦戦を強いられた米国独立戦争が外圧への闘い方の参考とされている。

岩倉と並び強硬派であった中山忠能《ただやす》ら公家たちの安政五年三月七日付連署建白はこう主張する。

墨夷一使者の応接すら強情不容易《よういならざる》の由、(中略)此上諸蛮追々来集し、表には互市利潤を説き、実は所欲《ほっするところ》を極め、拒めば大炮軍艦を以て恐嚇《きょうかく》せしむるの夷情、(中略)終《つい》には許《ゆるし》がたき難題を設け、兵端を開き、皇国を押領するの時に至り、何を以て敵対すべく哉、(中略)従来大禄を領する諸藩至誠の赤心承度事《うけたまわりたきこと》に候、且右の場合に及ぶ節は、乗輿《じょうよ》を何の地に奉安《やすんじたてまつ》り、大樹公《たいじゅこう》(将軍)已下条約を致し候輩も、亦何《いずれ》の地に逃れ被安居《あんきょせられ》候心得に候哉、関東始諸大名の見込、詳《つまびらか》に被聞召《きこしめされ》候上、御返事御沙汰、肝要

に存上候(2)

ここには公家一般の憂慮が率直に語られている。ハリス一人によってここまで譲歩するならば、列強に軍事力で圧迫され、戦争になった場合に幕府と諸大名はどうするつもりか、大名たちの赤心を聞きたい、天子をどこに安んじ奉るのか、将軍にとっても安居の地は果たして存在するのか、なんらの方策も提示しえないまま、条約勅許を奏請する老中堀田に対するいらだちと憤りがにじみ出ている。

在京志士

第二に在京志士の意見を見てみよう。

後日、井伊派から梅田雲浜《うんぴん》・梁川星巌《やながわせいがん》・頼三樹三郎《らいみきさぶろう》とともに「悪謀方四天王」の一人に数えられる儒者の池内大学は、一月二九日付「鄙見草案」の中で左のごとく主張する。

是非共祖宗の良法に反し大変革を被行《おこなわれ》候儀に候わば、朝廷にも亦当時の事勢御変革被為在《あらせられ》、大樹御上洛、親《したし》く禁闕を警衛被成《なされ》、関東には速に西城の世子を被定《さだめられ》、親藩の内可然《しかるべき》人を被撰《えらばれ》、輔翼御座候様被仰出《おおせいだされ》候わば、乍恐《おそれながら》宸襟も可被為安《やすんぜさせらるべく》候(3)

条約案を勅許するならば、将軍は上京して天子を警衛し、江戸は世子を定めて防衛させ、老中制の上に親藩藩主が将軍を補佐するよう勅令を下すべきだと、公武合体体制の強化と幕政の大変革のイニシアチブを朝廷がとるよう提言する。

小浜《おばま》藩浪士で儒者の梅田雲浜は、この安政五（一八五八）年一月より青蓮院宮《しょうれんいんのみや》（後の朝彦《あさひこ》親王）に入説し朝廷の強硬化を画策するが、その頃の彼の意見書は、次のようなものであった。

> 朝廷の御独断を以、海内へ貫通仕候程の御勅答被為在度《あらせられたき》事、（中略）征夷家を始、天下の列侯に至る迄、一同に心を合せ速に打掃い可申との台命を可被下《くださるべき》歟、三公九卿百官其外勤王の者共を御率《ひきい》候て御親征可被遊《あそばさるべく》候、（中略）方今天下の勢可一変《いっぺんすべき》時に候、（中略）朝廷の御決不決に由て天下立処《たちどころ》に興廃仕候[4]

天皇親征をも展望した朝廷主導の対外強硬策を彼は入説しているのである。梅田においては大名制度自体が対外危機に対処しうる国家形成にとって障害になっていると認識していたことは、七月かその直後、吉田松陰門下生の久坂玄瑞《くさかげんずい》が離京する際贈った「送久坂玄瑞序」の中で「我は知る、今の諸侯、其必ず無能なるを、今の諸侯、童心無知、財竭《つ》き武弛《ゆる》み、一日天下事あらば、只《ただ》其自国の立たざるを恐る、奚《なんぞ》天朝を奉じ外寇を憂《うれ》うる暇《いとま》あらんか」[5]と極言していることからも明らかである。

サムライ階級

第三に、サムライ階級はどう見たのかということを検討してみよう。

まず、とりあげるのは幕府からの諮問に備え、熊本藩重臣（反幕派では全くない平均的サムライたちとみていい)が作成した三月六日の左のような意見書である。

最《も》早《はや》仮の御条約も大略被究《きわめられ》候上にて、精々御廟議の上に可有之《これあるべく》候えば、兎角可被仰立《おおせたてらるべき》様も無御座、然処、人心居合《おりあい》の一条は誠に大切の儀にて、居合不申《もうさず》は、公儀の御処置に不安《やすんぜざる》処より起可申《おこりもうすべく》、下地《したじ》義気盛なる天朝の人民に付、得度《とくと》居合不申内、御変革に相成候わば、若《もし》や外夷を忌悪み候情を押え兼《かね》、又は彼等が軽蔑の仕方を憤り候抔《など》の処より、彼に対し不法の儀等有之、其程次第御国内の混雑をも引起し、(中略)左御座候えば、安寧の御処置、却て後日の患害共可相成も難計《はかりがたく》候上、此上は不被得止《やむをえられず》、御変革の御趣意、明に天下に被示《しめされ》、(中略)海防筋御世話、士気御引立、列藩の国力疲弊不致様、仮令《たとえ》ば参勤交替の期を被寛《ゆるめられ》、或は江戸在留の家族等、国勝手被仰付《おおせつけられ》抔、非常の御変革有之、此上不容易御難題等申出の節は決て不被許《ゆるされざる》筈に付、其覚悟に居候様被命《めいぜられ》候わば、人民無疑《うたがいなく》居合、愈《いよいよ》我神国義勇の徳を失不申[6]

熊本藩重臣が危惧するのは、条約締結に対する国内人心の猛反撥と外国人に対する敵対行動である。それを防止するためには、参勤交代制緩和や正妻世子帰国許可によって列藩の武備充実を可能にする幕政改革と、これ以上の譲歩は決して行なわないとの幕府の天下に向かっての態度表明だと建言する。

　次に示すものは、四月中旬の吉田松陰の「対策一道」である。外圧によって他律的に開国されたのでは国は保たないという思想で一貫してきた松陰は、三月二〇日の勅諚を喜び、

萩藩主が幕府の諮問を受けたと仮定しての対米問答案を草したのである。即ち、
航海通市は固《もと》より雄略の資にして祖宗の遺法なり、鎖国は固より苟偸《こうとう》の計にして末世の弊政なり、然《しか》りと雖《いえど》も、之れを言うこと難きものあり、今の航海通市を言う者は能《よ》く雄略を資《たす》くるに非ず、苟《いやしく》も戦を免《まぬ》かれんのみ、其志、固より鎖国者の戦を以て憚《はばか》りと為さざるに如かず、故に世の和を言う者は心実に戦を畏《おそ》れ、内に自ら恥《は》ずるあり(7)
と、条約是認者の「航海通市」論は戦いを恐れての口実に過ぎない、「戦を畏れて和を講ずる、是れ聖天子の軫念《しんねん》したまう所以なり」とする。
もしも幕府が君公に対処方策を下問したならば、「天勅は奉ぜざるべからず、墨夷は絶たざるべからず」と答えるべきである。米国は日本の為を図っての条約と主張するだろうが、それに対しては「吾が国は三千年来未《いま》だ曽《かつ》て人の為めに屈を受けず、宇内《うだい》に称して独立不羈《ふき》の国と為す。今貴国の命を受くれば、乃《すなわ》ち其の臣属となり、今貴国の教を奉ずれば乃ち其の弟子となること、勢已《や》むを得ざるなり、三千年独立不羈の国、一旦降りて人の臣属弟子となる、豈《あ》に大統領、貴使臣(ハリス)、人の為めに謀慮するの意ならんや、(中略)吾れの往きて答うるを待て」と応答しなければならない。そして国内の大改革を断行し、人材登庸・大艦建造・海外交易をおこなうこと三年ののち、米国に赴いて和親の約を締結すべきである。「果して能く是《か》くの如くならば、国威奮興・材俊振起、決して国体を失うに至らず、又空言以て驕虜を懲するの不可なるに至らざるなり」というのが松陰の結論と

なる。ここでいう「国体」とは、とりもなおさず日本の国家的独立と、その独立の内実を満たす内発的なエネルギーなのである。

豪農商と知識人

第四に、サムライ階級ではない一般知識人や豪農商はどう見ていたかを検討してみよう。町人儒者広瀬《ひろせ》淡窓《たんそう》の弟にして大坂で開塾していた文人儒者広瀬旭荘《きょくそう》は、実家の九州日田の広瀬家に、入手した風説を送っていた。

安政五(一八五八)年二月三日付では、

> 徳山にて、今春江戸より来り候十二月五日亜墨と応対始末三巻を為見《みせ》候、誠に驚入《おどろきいり》たる国務、併我不解《かいせざる》事多し、偽作にては無之哉《これなきや》と申候処、公は当時は在府の由、公より御示の由、誠に驚入候事耳《のみ》、(中略)唐去年の乱は右の始末に詳なり、亜人より唐は必可滅《めっすべし》、大略魯より満州を取り、英仏合力、広東を取り候中に有、洪秀泉(全)、十に九は魯の物に相成[8]

とあり、対話書が徳山藩主の手から家臣へ、家臣から旭荘のような部外者に伝わっていった経緯がよくわかる。旭荘は対話書の内容を、はじめ偽作だと思ったほどの驚きようである。ただし清国情勢は太平天国の乱、英仏連合軍、ロシアの南下など、よくとらえられている。また、二月一三日付では、

墨夷追々猖獗《しょうけつ》の由、大坂にも商館立候風聞、果然時《はたしてしかるとき》は時事可知《しるべく》、夫《それ》を見ては即日帰郷と決居候(9)

とあり、日米条約案中の大坂開市が旭荘に伝わり、そうなったら大坂の塾を閉ざし日田に帰郷すると告げている。二月日付不明では、

二月十三日、墨夷の願書を国(長州)中に示し、臣下の存寄《ぞんじより》申出候様と有之、臣下は皆主戦(10)

とあり、対話書に対し長州藩内で意見徴集がおこなわれ、サムライたちは皆主戦論だと伝えている。二月二〇日付では、

阿墨一件、人心恟々、諸藩皆怒り居候、何れ景延広、安重栄、劉知遠(五代の時、遼国に従った漢人たち)の如き者可出《いずべし》と申《もうす》風聞候、士人問我者《われにとうもの》、別無一言《べつにいちごんなく》、但《ただ》時情如何耳(11)

とある。中国の五代の時のように、外国に内通する者が出てくるだろうとの噂が流れていたこと、旭荘に長州のサムライが問うことは、今後どうなるかということだけだ、ということがわかる。

英仏艦隊来襲との軍事的圧力により、やむなく日米条約が締結されたのが六月一九日、わずか一一日後の大坂より旭荘は左の書状を郷里に発信する。

江戸も墨英仏魯四国の船渡来、上方よりの貨物一切不請《うけず》、元旦仕切も不成《ならず》、大坂大不景気、前代未聞、金は上り、米は又随て上り、奇なる世態、東方の事、巷説紛々に付、

余り強気を以《もって》打払抔《など》申者は召捕に相成候由、界《(堺)》の町人入牢あり、先《まず》降参の形に一決との風聞[12]

と、大坂におきた事態がリアルに報ぜられている。「先降参の形に一決」との表現はいいえて妙である。この時の幕府の態度は、普通の日本人には、このように見えたのである。

あとの一例は、『夜明け前』では浅見景蔵の名前で描かれている美濃中津川本陣当主市岡殷政《しげまさ》が同志の助けを借りて丹念に記録していた「風説留」[13]のうち、安政五年一月から三月にかけ、どのような京都情報が入手されていたか、である。

日付順にならべると、

一、林・津田宛伝奏衆示命の趣(一月)

二、鷹司《たかつかさ》・三条・烏丸《からすま》・久我《こが》・徳大寺・一条・二条・中山・万里小路《までのこうじ》ら各公家の意見書(一月からのもの)

三、二月二二日付幕府寄りの公家に対する脅迫文

四、三月二〇日勅諚及び勅諚につき御沙汰書

五、三月二二日付堀田よりの伺書に対する返書

六、堀田備中守御暇の節京都警衛に関し被仰渡書(四月二日)

となっており、基本史料はすべて正確に入手しており、極めて強い関心を、平田国学入門以前の地方の名望家がいだいていたかが、よくわかる。その中の二月付中山忠能意見書を

左に引いておこう。

種々難題の条目等申募《もうしつのり》候段、神州の恥辱、国家の安危、此時と存候、(中略)此上は偏《ひとえ》に一州の人意一斉和同し、蛮夷の姦謀を為屈伏《くっぷくさせ》候儀第一と存候間、早く武辺《ぶへん》三家始諸大名、更に各別懇切の示談有之、上下万民、納得し心を一にして国体を不損様、速に改正の所置可有之由《これあるべきのよし》、急度御沙汰被為在《あらせられ》候様、聖断所《あおぐところに》仰候、只今の内早く改正無之、苟且《こうしょ》因循に候わば、朝廷の御危難は勿論、於将軍家も禍害不遠《とおからず》と深く歎入存候(14)

この中山の意見書を前出の強硬派公家連署建白と併せ見る時、公家においては朝廷の危機が同時に将軍家と徳川幕府の危機と表裏一体のものとしてとらえられていることが明瞭である。彼らにとっては、幕府に対する強硬姿勢は、幕府を倒壊させるというよりは、幕府のあるべき本来的姿勢への回復という力学において位置づけられていたものであった。

2　第二次アヘン戦争と安政五カ国条約

天津条約の締結

しかし、前章末尾で述べたように、世界史のテンポは日本国内の政治の悠長な掛引きを許容しなかった。英仏連合軍は一八五八年五月二〇日、大沽砲台を陥落させ、二六日には天津郊外に迫った。この清朝の危機に際し、海のプチャーチンとならぶ陸のロシア帝国代表東シベリア総督ムラヴィヨフは五月二八日、アイグン条約を強要し、アムール河以北をロシアに割譲させた。このことによってアムール河河口のカラフト島が露日間の切迫した国境確定の対象地に浮上してくる。

海からのロシア帝国対清使節プチャーチンは六月一三日、連合国と清国間の調停を名目に露清天津条約を締結し、陸路だけではなく、初めて開港場への進出を可能とし、同時に最恵国条款を獲得する。

同月一八日、調停を名目に米国対清使節リードは米清天津条約を締結、最恵国条款を獲得する。

同月二六日、英軍全権代表エルジン(エルギンとも)は左のごとき英清天津条約を締結する。

一、英国は公使を北京に駐箚させ、各開港場に領事を置く

二、牛荘(のちに営口に変更)、登州(のちに烟台に変更)、台湾(台南)、潮州(のちに汕頭に変更)、瓊州《けいしゅう》、漢口、九江、鎮江および南京を、以前からの五開港場に追加して開港場とする

三、キリスト教宣教師の布教は自由である

四、英国人は内地旅行権・通商権を与えられ、開港場で家屋を建築し、教会を建て、医院・倉庫等を設けることができる

五、英国商船は長江一帯で通商できる

六、英国は清国と上海において関税について改訂交渉をおこなう
七、英国は領事裁判権と片務的最恵国待遇が与えられる
八、清国は賠償金四〇〇万両を英国に支払う
六月二七日、仏軍全権代表グロは仏清天津条約を締結し、賠償金二〇〇万両を獲得することとなる。

なお、フランスは台湾において台南のほかに淡水をも開港場として確保したため、同島では二港が条約締結国に開かれることとなった。

そして七月八日、英仏連合軍は条約締結をまって天津を離れるのである。

安政五カ国条約の締結

安政五年六月一三日(一八五八年七月二三日)、米国汽船ミシシッピ号は下田に入港、同港駐箚総領事ハリスに、天津条約が成立し、英仏両国艦隊が日本に向かおうとしていると報じた。ハリスにとってみれば、英仏両国全権が対日条約を締結すれば、五六年以来の自らの苦心がすべて水泡に帰すことになる。そうさせてはならない。つづいて入港した米国軍艦ポーハタン号に搭乗、神奈川附近の小柴沖にハリスが来着するのが六月一七日、英仏両国艦隊の渡来以前に、準備の整っている米日修好通商条約案の調印が済みさえすれば、この枠で他国との条約が成立するとの説得のもと、六月一九日、ポーハタン艦上において、

日米修好通商条約一四カ条、貿易章程七則が調印された。日本側委員は岩瀬忠震《ただなり》・井上清直の二名である。

　ハリスが幕府に対し、「壱人と条約御結《むすび》被成《なされ》候と、品川沖へ五十艘の軍船引連《ひきつれ》参《まいり》候ものと条約被成《なされ》候とは、格別の相違に御座候[15]」(安政四年一〇月二六日、堀田正睦への演説)と口をすっぱくして説得し、「諸外国は競って強力な艦隊を日本に派遣し開国を要求するだろう。日本は屈服するか、然らざれば戦争の惨苦をなめなければならない。戦争が起きないにしても、日本は絶えず外国の大艦隊の来航に脅かされるに違いない。何らかの譲歩をしようとするならば、それは適当な時期にする必要がある。艦隊の要求するような条件は、私のような地位の者が要求するものよりも、決して穏和なものではない。平和の外交使節に対して拒否したものを、艦隊に対して屈服的に譲歩することは、日本の全国民の眼前に政府の威信を失墜し、その力を実際に弱めることになる[16]」(「ハリス日記」による同日の演説)と警告した事態が、正にそのままの形で現出したのである。

　ハリスは対日交渉において、この軍事的圧力を機会あるごとに援用していた。安政四年一一月二五日(一八五八年一月八日)の対日交渉では、「大胆な態度をとり、威嚇的な口調を示せば、彼らはただちに私に従うであろう[17]」との計算から、当日の交渉を、「今や其《そ》の残留せる問題は、唯《ただ》日本政府開国の国是を確立するか、将《はたま》た鎖国の古制を頑守するかの二事に在り、日本政府幸に前者に出ずれば可なり、若《も》し後者を選ばば、余は断然旗幟を撤して帰国せんのみ、其平和の使臣に代って来らんものは、必ず幾隊の軍艦ならん。日本の迷夢を覚醒せんものは、唯砲烟弾雨の外《ほか》はあらず(18)」との捨てぜりふで交渉を打ち切っている。

ハリスの圧力により、米国ペースで交渉が進展したが、国内合意形成をめざしての条約勅許奏請運動は、当事者の予想に反して失敗し、新大老のもと、再奏請のため手続きをとっている最中、この緩慢なテンポを国際政治の急転回が挫折させた。三千数百万の日本人の眼前において、ハリスの予言どおり、「政府の威信を失墜させた」幕府は、軍事的圧力に屈して条約調印を余儀なくされた(19)。不平等条約体制のもと、安政六年六月五日(一八五九年七月四日)より神奈川・長崎・箱館三港の開港と自由貿易の開始、日本の世界市場への急速な編入が始まるのである。

五八年八月一八日(安政五年七月一〇日)日蘭条約がクルチウスと、八月一九日に日露条約がプチャーチンと、八月二六日に日英条約がエルジンと、一〇月九日、日仏条約がグロとの間で締結、しかも最恵国条款により、一国への譲歩は、ただちに他国に均霑する。安政五カ国条約体制がここに成立した。

3 無勅許開港断行がひきおこしたもの —— 朝幕関係の分裂

水戸への降勅へ

欧米列強と日本の軍事的格差には隔絶したものがあったが、他方で、日本の国内政治には国内政治なりに、三千数百万人の日本人の間で長年にわたって形成され、空気のように、支配階級のみならず圧倒的多数の被支配諸階級の人々にも受容され、納得され、行動に具体化されてきた仕来《しきた》りと伝統、約束ごとと合意形成の方法がそれなりに存在していたのである。この時点での問題の焦点は、幕府が、衆議をまとめて再度奏請するとの天皇に対する約束を、事態の急進にやむなくさせられたとはいえ破却し、無勅許のまま調印してしまったということであった。国家意思形成のあり方自体が問題の核心に据えられた。軍事的屈伏という幕府の実力の暴露が違勅問題とニカワで接合されてしまったのである。

　六月一九日の条約調印は、即日老中奉書の形態で朝廷に報告され、二七日に朝廷に達した。孝明天皇は、己れへの約束を幕府が破ったことに怒り、自分が無視されたと、譲位の意志を言明した。その際の宸翰には、左の二点[20]が明言されている。

　一、武士の名目にて仮令《たと》い治世続き候とて、敵し難き旨申候ては、実に征夷の官職紛
　　失、歎ケ敷《なげかわしき》事に候

孝明天皇にとっては、自己が授与する征夷大将軍という官職は、あくまで国内および国際政治の統御者であり、またそのような者たらねばならない者の役職なのである。

　二、当時政務は関東に委任の事、強て申候も、公武間柄に拘り候事、是亦容易ならざ
　　る事と存候

孝明天皇にとっては、今回の問題は関東だけで処理すべき案件ではない。対外的に国家

を成り立たせている要素の一つ、朝廷そのものの問題でもあり、その点に関しては幕府に全面委任はしていない性格のものなのである。

孝明天皇は周囲の説得に従い、譲位での意思表示に替え、詳細な説明を求めるべく、調印の件につき、三家並大老の内、「早々上京可有之《これあるべし》」との勅諚を下すこととし、これは六月二九日幕府に降され、七月六日幕府に達した。このことについて天皇は翌年一〇月の関白宛宸翰で、「(あの時は)為国家《こっかのため》熟談致度に付、大樹公上京も可申入《もうしいるべき》存慮に候得共、時儀如何と、先《まず》三家大老の中《うち》召候(21)」と述べており、本来ならば将軍の上洛を望んでいた、と本心を明かしている。天皇にとっての幕府の序列は、将軍・御三家・大老・老中の上下関係となっていたのである。

ところが幕府は、三家も大老も差支えあり、老中を上京せしむべしと返答、七月一八日、朝廷に達した。孝明天皇は一度ならず二度までも自分の意志が無視されたと、いよいよ譲位の意を固くした。八月五日の宸翰では、三月二〇日の勅書の趣意は「京都計《ばかり》の為を存候にては無之《これなく》、徳川家の為不宜《よろしからず》と存、無隔心《かくしんなく》返答(22)」したのだ、と、幕府にとっても、あのままの条約締結は好くないと考えた結果のものだ、と説明し、あわせて、オランダ・ロシア・英国との間の条約締結については「届捨《とどけすて》に申越」した無礼のやりかたと怒りをあらわにし、この上は不審の意並びに譲位の意志を幕府に伝えたいと述べている。

八月七日、参内した近衛忠熙《ただひろ》・鷹司輔熙《すけひろ》・一条忠香《ただか》・三条実万《さねつむ》・議奏・武家伝奏は、天

皇の意志を水戸藩に降勅させる方法を進言し、譲位の念を撤回させた。ただし関白九条尚《ひさ》忠《ただ》は参内しなかった。

翌八日、水戸藩に対し、幕府有司面々の責任を問い、徳川家を扶助し、内を整え、「外夷へ侮《あなどり》」を受けざるよう周旋すべき旨の勅諚が下された。ともに、この勅諚を「同列の方々・三卿、家門の衆以上、隠居に至る迄列藩一同にも達すべし」との勅諚に添えた別紙が武家伝奏から水戸藩京都留守居に下されたのである。

朝幕関係が悪循環の一途をたどる中、ついに幕府以外の諸大名に天皇の意志を伝える政治的勅書が下されるという、徳川幕府始まって以来の異常事態が出現した。しかも、この水戸藩宛降勅に併行して、朝廷は、近衛家を介して尾張・薩摩・津三藩主に、一条家を介して肥後・備前・土浦三藩主に、鷹司家を介して加賀・長州・阿波の三藩主に、三条家を介して土佐と福井の二藩主に、勅諚写を伝達するのである。なお、幕府にも同文の勅諚が送られる。

このような勅諚や内勅の形をとった天皇の諸大名への意思発動・意思伝達を阻止する法を、幕府は、幕初以来なんら保持してはいなかった。ここにおいて、朝幕関係は完全に分裂することとなる。国家意思形成システムは崩壊してしまった。佐幕派と見られていた関白九条尚忠は九月四日、政務を執る上で不可欠な内覧という資格を剝奪されてしまったのである。

幕府と大名との矛盾

大老井伊直弼による無勅許条約調印という苦渋の決断は、大名との間の溝を一挙に拡大することにもなった。六月二一日、御三卿の一橋慶喜《ひとつばしよしのぶ》と田安慶頼《たやすよしより》が登城して大老に面会、慶喜は勅許なしの調印及び老中奉書での非礼な報告方法を難じた。六月二四日、福井藩主松平慶永《よしなが》は大老邸に赴き、違勅調印を批判し、将軍が違勅をあえてするにおいては、諸大名もまた台命《たいめい》を奉じないだろうと指摘し、併せて継嗣問題に関しても激論した。

この六月二四日、慶喜は登城して違勅調印を詰問、同日尾張藩主徳川慶勝《よしかつ》と水戸藩前藩主徳川斉昭《なりあき》とその子で同藩主の徳川慶篤《よしあつ》が不時登城し、違勅調印を非難するとともに、継嗣問題も提起し、将軍の面前で決定せんと主張、さらに慶永を大老とすべしとも発言する。彼らは慶永も同席させたいと求めたが、家格の違いを楯に大老は拒絶した。

この六月二四日、無勅許調印という異例の事態を憂慮した高知藩主山内豊信《とよしげ》は、宇和島藩主伊達宗城《むねなり》及び津藩主藤堂高猷《とうどうたかゆき》と相談した上で、「違勅の筋、難奉承伏《しょうふくたてまつりがたく》、責ては此已後、被為安叡慮《えいりょをやすんぜさせらるる》御所置、迅速に御施行有御座度《ござありたく》」(23)との廻状を同席の諸大名にまわした。断りの返事が肥後・上杉・広島浅野の三家、承諾の返事が岡山・二本松・久留米・秋田・弘前の五家から寄せられた。山内豊信は六月二七日にこの外様大名要望書を幕府に提出する。

幕閣としては、条約を調印してしまった以上、継嗣決定問題はかけひきの材料にならなくなり、六月二五日、将軍継嗣を紀州藩主徳川慶福《よしとみ》(家茂)とする旨を発表、七月五日には、「三家を処分することは実に大事、また将軍病中故、然るべからず」[24]との老中久世《くぜ》広周《ひろちか》の反対を押し切って、反対派の処分を決定した。即ち、徳川慶勝には隠居・急度慎《きっとつつしみ》(謹慎)、徳川斉昭には急度慎、近親者との書通禁止、徳川慶篤と一橋慶喜には当分登城禁止、松平慶永には隠居・急度慎の処分が下された。

しかもこの処分の翌六日、第一三代将軍徳川家定が病没したのである。

ところで、幕閣と有志大名らの争いと幕府の厳罰という異常な事態を、一般的な藩のレヴェルでは、どのようにとらえていたのだろうか。ここでは山内豊信の廻状に賛成の意志を表明しなかった熊本藩を例として検討してみよう。

熊本藩江戸藩邸当局者は、廻状に賛同しなかったと自慢げに国許に報じたが、八月二六日付の返書において在国政府は、もっと慎重な態度然るべしと、次のように書通している。

(不時登城は)何様御忠告に相違は無之筋合に候処、於将軍家は無双権貴の御方々、右の訳に因て無比類《ひるいなき》御重譴を被受《うけられ》候ては、一統の仰天は更に不論《ろんぜず》、御当人様方の御意中、御家来の心底如何可有之哉《これあるべきや》、(中略)万々一、京都より右御不平の御方々へ潜《ひそか》に御怨応有之、江戸表御隔絶と申埒《らち》にも相成候えば、中国四国に長州土州有之、北陸東海に越前尾張有之、陸地の通路一切六ケ敷《むつかしく》、加之《これにくわうるに》外寇をも打混、浦賀の戸間裁切《たちきり》候様の儀も有之候わば、兵粮の海運は申《もうす》に不及《およばず》、御方々様の御進退も必至と差支《さしつかえ》可申、しかし夫は極々未然の事にて、差寄当時此方様御事(熊本藩主を指す)、京都の御首尾はあまり御宜敷無之由《よろしくこれなきよし》相唱、其上公辺の御有様は兵器を不動迄《うごかさざるまで》にて誠の大乱、此末如何成行候も難計《はかりがたく》候間、先一両年の処、万端御差扣《おさしひかえ》に相成、たとえ公辺の御首尾は少々被欠《かけられ》候ても、京都への御響《ひびき》幷諸侯方の御気受抔《など》にも重畳御心を被用度《もちいられたく》、勿論求て公義に御戻り可被為成様《ならせらるべきよう》も無之、此方より御迎被成候様の御取扱を被差止《さしとめられ》、追ての成行を被成御覧《ごらんなされ》候方、御良策には有之間敷哉と咄合《はなしあい》、御一門衆、長岡監物抔も専《もっぱら》右の論説有之候、(中略)彼土州様より御相談筋、御役人様の内へ御内通の儀抔、公辺へ被対候ては無二の思召に相響き、御都合宜敷可有之《これあるべく》候え共、諸家様へは御信義何程可有之哉、若《もし》洩聞候時は直様《すぐさま》怨を被醸《かもさる》(べし)(25)

在国政府は、今回の事態を兵器は持ち出されないものの「誠の大乱」と深刻にとらえ、将軍家にとっての「無双権貴」の御三家以下の大名達が重譴を蒙ったその家中の怨恨を極めて憂慮している。サムライとしての条件反射的直観がそこに働く。しかも朝廷からの勅書が直接大名に降り始め、朝廷・大名の直接結合が可能性としておこり始めている。在国政府の人々の政治学は鎌倉・南北朝以降の朝幕関係史とそこでの勤王論理が大前提となっているのである。幕府対大名の抗争構図に朝廷の「御怨応」が附加される可能性が少しでもあれば、朝廷の自藩に対する「御首尾」よろしからざる今の状況は一刻も早く是正しなければならない。京都への「御響」と同列大名達の自藩への「御気受」には、公辺への気受を多少悪くしてでも、十二分に配慮すべきだ、と江戸藩邸当局者をたしなめているのである。幕閣、幕府役人、諸大名、大名家中、朝廷といった国家権力を構成する諸モメントが、遠い九州は熊本の地からでも、それなりにしっかりと認識されているのであった。

政治空間の一挙拡大

先に条約勅許奏請時期での志士・サムライ・在地知識人・豪農商の反応と行動をかいまみたが、この無勅許開港路線の断行と、御三家以下反対派諸大名の厳罰という新たな時期に突入すると、事は朝廷・幕府・諸大名・幕臣の間の問題だけではなくなってくる。この国家危機に際し、政治的底辺の拡大と政治的社会の液状化が急速に進展していったのである。ここでは安政大獄に連累した飯泉《いいずみ》喜内《ない》という知られざる人物から、その状況を考えてみよう。

飯泉喜内はもと渡辺六蔵と称した土浦藩士で、故あって天保二(一八三一)年退身、江戸に出て泉一蔵と改称し、浅草蔵前片町地主札差《ふださし》家業伊勢屋安右衛門方に手代奉公し、嘉永二(一八四九)年、娘婿に旗本曽我権左右衛門家来で漢方医の春堂を迎えて浅草六尺屋敷に住居し、町人身分となりながらも、旧藩士の縁をもって土浦藩重臣大久保要《かなめ》と親交し、また幕臣の大沼又三郎や小網町一丁目名主伊十郎などとも交友するのである。そして彼は政治的対外的動向にも強い関心をいだいていた。

天保一四年閏九月一六日付の書状には、

十三日、浜君（浜松藩主で老中の水野忠邦）御役御免の節、即日の御引払と諸人心得、追々見聞人数千人、西丸下に集り、昼の内より悪口いたし、石抔《など》少々投入候処、夜に入候えば、雨の如く石を投込、御屋敷内、往来も不相成程にて、怪我人等も有之由(26)

としたためており、風説収集に関しては天保期より熱心だったことが分かる。

弘化四（一八四七）年三月二八日付の書状には、

天草一条幷異船に付勅命の趣、其外一通御廻し被下、（中略）難有《ありがたく》則《すなわち》写済、直に返上仕候、神州の瑕瑾《かきん》無之様との勅命実に難有事(27)

と返書している。前年八月の海防に関する孝明天皇の幕府宛勅書とこの年一月の天草徳政一揆書付を借用・書写しているのである。

嘉永二（一八四九）年五月二〇日付の書状には、

先達《せんだつ》て御恩借筒井（政憲）上書を始《はじめ》品々御書もの拝借御坐候処、遂々《いちいち》御文通も相憚《あいはばかり》候より一日一日と延引に相成、（中略）先日中は浦賀へ異国船渡来、（中略）何卒御手に入□□御座候わば、御内々熊七へ成り御下ヶ被下《くだされ》候て、暫時御恩借は相成間敷哉、（中略）尾州様廻米、異人へ被奪候由の一件、御吟味中の由、（中略）右に似寄候義、御

　吟味中のもの御坐候哉、内々相伺度[28]

と、種々の風説書付を借用し、写し取っている。マリナー号来航に関しても情報を求め、また幕府吟味中の案件についても頼んでいるので、恐らく宛先は幕臣ではないだろうか。

この喜内は、隠居という気楽さもあってか、嘉永五(一八五二)年から上京して三条家家士となって名を喜内と改め、安政四(一八五七)年九月に江戸に戻るのである。ちょうど嘉永三年より安政五年一一月まで、土浦藩主土屋寅直《ともなお》が大坂城代に任ぜられ、その公用人として大久保要が大坂に滞在していたこともあって、京都情報は喜内が要に伝え、要からも種々の便宜を得ている。嘉永六年九月一五日付の要宛書状には、

　兼《かね》て奉感佩《かんぱい》候一斑抄を以、御誠忠を輝し可申《もうすべき》段手段致し、関白殿始《はじめ》夫々差出申、不日に建白も差出候積《つもり》にて、此節写出来、校合中に御座候、扠《さて》常陸帯、此本、当地懇家に半分計有之、全部不仕、御所持御座候わば御恩借相成間敷哉、千代田の夢、是は御隠居様建白の由にて、閣老方目□覚候事の由　及承《うけたまわりおよび》候已《のみ》にて、手に入不申、御所持御座候わば、御恩借可成間敷哉[29]

と、ペリー来航直後ということもあって、事態打開に期待されていた徳川斉昭を公家の面々に売り込むことに奔走している。

在京中の喜内は、江戸情報を町名主伊十郎や小普請役旗本松浦勝太郎家来の杉志津麿他から送ってもらっており、また京の地にあっては、三条家の丹羽豊前・森寺因幡、鷹司家

の高橋兵部権大輔、有栖川宮家の飯田左馬、御蔵小舎人《おくらことねり》の山科出雲らと情報を交換していた。安政四年に帰府した後も京都の人々や大坂の大久保とは連絡を取り続けている。

安政五年九月、下田奉行手付書役大沼又三郎の手引で、江戸愛宕《あたご》下真福寺に条約締結につき逗留中のロシア人を探索した嫌疑で捕縛され、喜内宅捜査の結果、大量の書状が押収されたことにより、多数の志士との往復が明るみに出され、これが手掛りとされて安政大獄での多数捕縛に発展したのである。このため当時は、この大獄は「飯泉喜内初筆一件」と呼ばれることとなった。安政六年一〇月七日、喜内は斬首刑に処せられる。

大坂城代公用人大久保要を介して見る降勅一件

先には朝幕関係の悪循環の角度から水戸藩へ降勅した経緯を見てみたが、ここでは、その裏面から考えてみよう。

安政五年一月二六日、徳川斉昭は従兄弟の大坂城代土屋寅直に、「公辺無御処《おんよんどころなき》御事は、少々は叡慮をも御曲げ被遊候事も無之候ては、公武の御間、われわれに相成候て、御双方の御為《た》め不可然《しかるべからず》と心配仕候(30)」と、御三家の立場の本心を漏らしている。

他方、大坂城代としての立場から、寅直は滞京中の堀田正睦《まさよし》に二月九日、大坂開市不可、紀淡海峡より内に入れるな、との条約案に対する強硬姿勢を表明する。

寅直の公用人として藩主の公務を補佐する大久保要は、その一方で、有志者の一人として広く在野の人々とも交わっていた。その一人が前出の飯泉喜内であり、江戸に戻っていた喜内は、四月八日、「五畿内開港の義御断《おことわり》に相成、関東も御同意に相成候間、安心候様にと(京都より)申越有之候間、野生心中は安心いたし居候事に御座候(31)」と要に書通する。喜内が交流する京都の友人は、勅許不可を堀田が受けて帰府したことを、条約案が一部変更されることと受けとったようである。

しかし、四月二三日の井伊直弼大老就任は、容易ならざる事態が到来したと、要には感知されることとなる。幕府大坂具足奉行の同志小田又蔵に要は五月三日、「(大老は)水戸老公嫌《ぎらい》の御方様故、是にて御察可被下《くださるべく》候、最早迚《とて》も論の限りと奉存候、嗚呼可嗟嘆《さたんすべき》の時と奉存候(32)」と、危機感溢れる感慨を漏らすのである。

このような事態を転回しようと在京の強硬派の公家・志士たちは要に働きかけてくる。五月七日、密かに大坂に下った公家の大原重徳《しげとみ》は、江戸に下向、斉昭と面会したいが斡旋してほしいと要に依頼するが、要は諫止し、同志の池内大学に重徳に思いとどまらせるよう頼んでいる。

六月二一日、京町奉行与力平塚瓢斎は要に書通し、「暗将幼君を差挟み、権臣の威を振い候儀、今古同弊、可歎《たんずべし》、可成事《なるべきこと》は一条も不成《ならず》、成て間敷《まじき》儀ども追々被行《おこなわる》(33)」と、当今の幕府施政を激しく非難する。

翌二二日には梅田雲浜が下坂して要に面会、その後も連絡をとり、七月一〇日前後には西郷隆盛が大坂に来って要に面会、その後入京して公家への工作をおこなう。

江戸では七月五日、徳川斉昭・慶篤父子に厳罰が下り、事態挽回を図る水戸藩家老安島《あじま》帯刀《たてわき》は、朝廷から水戸藩への降勅策を同志の旗本阿部四郎五郎家来勝野豊作(変名仁科多一郎)に授け、豊作は一子保三郎を伴い、七月一〇日江戸を立ち、二一日、大坂で要と相談の上入京する。また水戸と深い関係をもつ薩摩藩士日下部《くさかべ》伊三治《いそうじ》も薩藩の筋から上京、七月二五日には大坂で要と面談している。伊三治は勝野豊作とともに、水戸藩京都留守居《るすい》鵜飼吉左衛門に協力しつつ、三条実万《さねつむ》等公家の面々に降勅策を入説する。

八月八日、水戸藩へ密勅が降るや、吉左衛門倅《せがれ》の幸吉は、勅諚を携え、小瀬伝左衛門と変名して東海道を下り、一六日、小石川の水戸藩邸に到着して藩主に奉呈する。他方、伊三治も勅諚写を三条実万より授けられ、中山道を経由して江戸に下った。

同月一九日、勝野豊作父子は出京、帰府の途につくのである。

大坂の大久保要も、九月二日、倅の杢之助に、三条実万宛書状を託するが、その中には「此上は水府老公を副将軍に任ぜられ、奸吏を一掃せずんば有るべからず」(34)と、幕政変革を望む文言が認められていたのである。

安政大獄の開始——将軍譜代結合勢力の正面突破策

水戸藩への降勅という未曾有の事態の出現に大老以下の幕閣は、「御公儀」の威光のもと、将軍＝譜代結合勢力を固く結集しての正面突破政策を採った。六月下旬京都所司代に任じられた小浜藩主酒井忠義は九月三日に着京、翌四日、関白九条尚忠の内覧罷免という さらに事態を深刻化させる事件がおこり、朝廷・公家・諸大夫・在京有志者への取締りによる局面打開の課題が極めて緊張を要するものとなった。

以前から国事奔走の嫌疑をかけられていた信州松本大名主近藤茂左衛門が九月五日、京都で捕縛され、七日には梅田雲浜が捕えられた。生存していたならば梅田と同様の運命になる梁川星巌は直前の九月二日、流行していたコレラにかかって死亡していたので、世に「死(詩)に上手」といわれることとなる。つづいて一八日には鵜飼吉左衛門が捕縛、さらに二〇日、日下部伊三治・安島帯刀に宛てた鵜飼書状が押収され、その中に、(西郷の言として)万一詮勝(朝廷への弁疏のため老中間部詮勝は九月一八日着京)にして、武力をもって朝廷に迫るがごとき不逞をあえてなすにおいては、三藩(薩長土〈浦〉)の兵力をもってこれを粉砕すべしとして、「カンボウ(詮勝)位は一時打払、直ちに沢山城へ押懸け、一戦に踏潰可申」との文言があり、幕府関係者を驚愕させることとなる。[35]

公家の諸大夫へも捕縛の手がのび、まず九月二二日には鷹司家諸大夫小林良典が捕えられた。

他方、江戸でも、時期を同じくして大捕縛劇の幕が切って落される。[36]

九月一五日、飯泉喜内の捕縛を皮切りに、二〇日には町名主伊十郎が、二五日には水戸藩のために奔走していた高松藩士長谷川宗右衛門が、二七日には日下部伊三治が捕えられた。二九日には捕吏たちが勝野豊作宅へ踏み込んだが、同人はかろうじて逃走、かわって妻子が投獄された。この芋づる式の捕縛により、大久保要の関与が明るみに出、一〇月三日、幕府より身分調《しらべ》のためとして出府を求められ、同月中旬、大坂を出立、つづいて一〇月四日、儒者の藤森天山が捕えられる。安政大獄という恐怖政治がここに始動する。

第一五章　安政大獄の展開と桜田門外の変

1　朝廷への圧力

まわりから圧力をかけること

入京した間部《まなべ》詮勝《あきかつ》は、幕府の違勅をなじる孝明天皇の強硬姿勢を軟化させるためには、公家とその家来たちに圧力をかけ、朝廷内の空気を変化させる必要があると判断した。公家は天皇の家臣ではあるが、将軍と天皇が合体して「御公儀」を形成しているので、天皇を補佐している関白以下の公家と皇族に対しては、将軍家が彼らの知行を判物・朱印状をもって支給する形をとってきている。したがって公家と皇族に対する処分権限は幕府が有しているのである。即ち、「御公儀」の核心、いいかえれば公武合体とは、将軍と天皇の直接結合という事態なのである。他方、江戸で井伊大老を補佐する公用人宇津木《うつぎ》六之丞《ろくのじょう》は、安政五年一二月二六日(一八五九年一月二九日)の書状で、「(悪謀四天王は)梁川《やながわ》星巌《せいがん》・梅田雲《うん》浜《ぴん》・頼《らい》三樹《みき》三郎《さぶろう》・池内大学」、そのほか「長州藩吉田寅次郎と申者、力量も有之、悪謀の働き抜群の由[1]」と、述べているごとく、それまでの取調べを踏まえ、正確な全体像をつかんでいた。

詮勝の対朝廷圧力の中、一〇月一九日、左大臣近衛忠熙《このえただひろ》の内覧が免じられ、関白九条尚忠に再び内覧の資格が与えられる。このことは、孝明天皇に対する窓口が、ようやく詮勝に開かれたことを意味した。

朝廷工作者への追及が次第に激しくなる中で、一〇月二六日には儒者の池内大学が自訴し(2)、一一月一三日には鷹司家侍講で儒者の三国《みくに》大学が、同月三〇日には在野儒者で山陽の子頼三樹三郎が、一二月六日には有栖川宮家諸大夫豊島泰盛と家士飯田左馬が、同月二六日には久我《こが》家諸大夫で儒者の春日潜庵がとらえられていった。また、一二月六日には三条家諸大夫丹羽《にわ》正庸と同森寺常安、並びに同家侍講で儒者の富田織部に出頭命令が下った。

このほかにも、青蓮院宮《しょうれんいんのみや》家臣伊丹重賢《いたみしげかた》、近衛家老女村岡《むらおか》(忠熙の信任厚く、清水寺の月照、薩摩の西郷隆盛、水戸の鵜飼父子等の近衛家入説を周旋した)らがとらえられ、全員が京都の六角獄舎に投ぜられた。降勅に関わった鷹司家・近衛家・三条家・青蓮院宮に圧力をかけることがその目的であった。ただし審理は江戸で行なわれるため、一二月五日には小林良典・三国大学・鵜飼父子・池内大学等が、同月二五日には梅田雲浜・頼三樹三郎・飯田左馬・伊丹重賢・森寺常安等が江戸に護送される。

一〇月一九日の九条関白への内覧宣下《せんげ》により、同月二四日、老中間部詮勝は入京後、初参内を果たした。しかし孝明天皇は詮勝に会わなかった。詮勝は当日、条約調印の次第を文書で次のように弁疏する。

(条約は)大老・間部も不好事《このまざること》、先役堀田正睦・松平忠固の不所存(両名は六月二三日、調印の責任を取らされて老中罷免)にて、今更仕方無之、水府の陰謀を背に負候間、外国よりは内乱の程心配、内乱を鎮めねば外国の事甚《はなは》だ六カ敷《むつかしく》(3)

と、水戸の陰謀により内乱のおそれがあるので外国へ対処ができないのだ、と弁解している。井伊大老や老中間部詮勝は、継嗣問題・条約調印問題・勅諚降下問題すべてを、徳川斉昭が一部の公家・志士達と結託して策謀した反幕一大陰謀だとの筋書を組み立てて天皇に翻意させようとしたのである。ただし水戸への降勅に対するいかなる非難も、詮勝は天皇に対しおこなってはいない。

天皇は、しかし、間部の弁疏を信用しなかった。近衛忠熙宛の一〇月二五日付宸翰で、「全《すべて》水府にかぶせ候企と存候(4)」と述べているのである。ただ、対朝廷圧力により、朝廷の態度は軟化しはじめた。幕府との掛引きの材料とされていた第一四代当主として徳川宗家を継いだ家茂への将軍宣下式の挙行(一二月一日江戸城にて宣下)が一〇月二五日の朝議で決定されたのである。

一一月九日、天皇は九条関白を介し、「蛮夷一条は如何に考うるも我が国の瑕瑾《かきん》、断じて承引する能《あた》わず、特に兵庫開港と夷人雑居の両条承引せず(5)」との自らの意思を伝えた。同月一七日、間部は第二次弁疏をおこない、「水府の陰謀厳しく吟味つかまつり、明白に叡聞に入候様仕るべく」と再度水戸の陰謀なるものを強調した。

同月二五日、兵庫閉港は当然の前提とした上で、「大坂開市・夷人雑居・夷人遊歩の三件停止せしむべし」との勅旨が詮勝に伝達される。

一二月一日、間部は第三次弁疏をおこない、それをうけ同月九日、「関東において止むを得ざる事は、則ち朕も亦《ま》た止むを得ざる事、但《ただ》し畿内近海の件は熟慮すべく、また蛮夷を遠ざくること、一日も早く実行すべし」との勅旨が間部に伝えられる。

一二月一八日、間部は第四次弁疏の中で、大坂閉市と外人雑居停止に関しては言を左右にして約束を明言せず、他方、悪謀方の陰謀を報告することはくり返した。

一二月二四日、大坂、兵庫に関する間部の奉答に不満の意を漏らし、「今後は公武合体して幕府の良法たる鎖国の旧制に復すべし」との勅旨が間部に示された。

これを受け、二七日、「今後は叡慮の如く、鎖国の旧法に復するよう努むべし(6)」と間部は奉答し、この四回にわたる応答を経、大晦日の安政五年一二月三〇日(一八五九年二月二日)、参内した老中間部詮勝は、始めて孝明天皇に拝謁、左の勅書が授けられる。それは、

彼是言上の趣は、大樹公《たいじゅこう》(将軍)已下大老・老中役々にも、何《いず》れ於蛮夷《ばんいにおいて》は、叡慮の如く相遠《あいとおざ》け、前々御国法通り、鎖国の良法に可被引戻《ひきもどさるべき》段、一致の儀被聞食《きこしめされ》、誠以御安心の

御事に候、(中略)於不得止事情《やむをえざるじじょうにおいては》、審《つまびらかに》　御氷解被為在《あらせられ》、方今の処御猶予の御事に候というものであった。鎖国への引戻しを幕府は約束したので、条約調印に関しては当分の間問題にはしないと、孝明天皇はようやく自らの態度を表明したのである。

2　安政大獄の展開

公家と青蓮院宮の処分

幕府は、公家処分に関しては、圧力をかけ、公家自らが申請する方法を採った。安政六(一八五九)年一月一〇日、左大臣近衛忠熙《ただひろ》、右大臣鷹司輔熙《すけひろ》の両名は辞官・落飾を、前関白鷹司政通と前内大臣三条実万《さねつむ》は落飾を天皇に申請し、幕府の圧力のもと、孝明天皇は三月二八日、忠熙と輔熙の辞官を承認し、四月二二日、四名に落飾・慎を命じた。また幕府の圧力のもと、皇族の中で最も積極的に活動した青蓮院宮尊融法親王(後の中川宮、朝彦親王、明治八年久邇宮《くにのみや》)を二月一七日、慎処分とした。

以上のような方策をもって、間部は佐幕派関白九条尚忠のもとで、幕府の意向が通りやすい朝議が行なわれる態勢を朝廷内につくらせていくのである。

江戸での取調べ

幕府は、今回の事件を評定所において裁くべく、安政五年一二月一二日、寺社奉行板倉勝静《かつきよ》、町奉行石谷穆清《いしがやあつきよ》、勘定奉行佐々木顕発《あきのり》、大目付久貝正典《くがいまさのり》、目付松平康正等からなる五手掛を組織させた。

しかし幕閣は強硬処分方針に賛同しない者を排除する態度を固め、安政六年二月二日、板倉を寺社奉行から罷免、佐々木を勘定奉行から罷免して差控えを命じ、かわって町奉行池田頼方に勘定奉行を兼任させた上で寺社奉行本庄宗秀(丹後宮津藩主)とともに五手掛に加わるよう命じた。

ところで、安政五年九月段階で幕府の明確な捕縛対象となった西郷隆盛は、どのように行動したのだろうか。主君島津斉彬《なりあきら》が七月急死した後は、主君の遺志を継ぎ、江戸・京都で活動しつづけるが、京都政情の急迫化に伴い、近衛忠熙の示唆により、九月一〇日、有村俊斎(文久元年、日下部伊三治の嗣となり、伊三治の娘まつと結婚、日下部の旧姓海江田《かいえだ》を称し信義と名乗る、雄助および次左衛門の兄)とともに、既に嫌疑をかけられていた月照を伴って出京したが、月照を俊斎に託し再度入京、忠熙・小林良典・鵜飼吉左衛門らに国事を入説、また帰国途次の新藩主島津忠義祖父斉興に薩兵禁闕守衛の義を献策、しかし隆盛自身の身辺も極めて危くなり、帰国して同志を糾合する目的をもって一九日に出京、二四日、月照とともに大坂から出帆、下関で月照と別れ一〇月六日に帰国したが、斉彬没後の藩情は予想に反し一変して活動の余地全くなく、他方月照は平野国臣に守られて一一月八日着鹿するも、幕吏追及の手は薩摩藩内にまで及び、進退極まった月照と隆盛は同月一五日夜、錦江湾で入水を図り、月照は水死、助けられて蘇生した隆盛は一二月下旬、菊池源吾の変名のもと、奄美大島に送られることとなる。

一方、関係者糾問の過程で長州藩士吉田松陰の名が浮上する。彼は間部詮勝要撃策を樹て、一一月上旬までに血盟者一七名を得、一二月一五日を期して出立しようと藩庁に報し、驚いた藩当局は、同月二六日、「学術不純にして人心を動揺せしむ」との罪名をもって松陰を再投獄した。翌年四月一九日、松陰を護送して出府せしむべしとの幕命が下り、五月二五日萩を出立、六月二四日江戸に着するや、ただちに江戸藩邸内の牢に投獄され、評定所の呼出を受けるのである。

松陰は萩を立つ際、松下村塾塾生たちに対し、「至誠にして動かざる者は、未だこれ有らざる也(「孟子」離婁上第一二章)、吾れ学問すること二十年、齢《よわい》亦た而立《じりつ》、然るに未だ能く斯《こ》の一語を解する能わず、今茲《ここ》に関左(関東を指す)の行、願わくば身を以て之を験《ため》さん、乃《すなわ》ち死生の大事の若《ごと》き、姑《しばら》く焉《これ》を置く[7]」との一語を残した。松陰は、この「至誠」を以て評定所の糾問に正面から立ちむかうのである。

さて、間部の弁疏に見たごとく、井伊大老ら幕閣は、継嗣・調印反対・水戸藩宛降勅を縦軸とした一連の動きを、徳川斉昭が主謀した一大反幕陰謀との筋書きの中に位置づけていたため、水戸藩への取調べが基本となるのは当然のことであった。安政六(一八五九)年四月二六日、幕府評定所は水戸藩家老安島帯刀、右筆頭取茅根《ちのね》伊予之助、勘定奉行鮎沢伊太夫(高橋多一郎弟)、小十人目付組頭大竹儀兵衛の四名に出頭命令を下した。水戸藩士も含めた容疑者たちへの取調べの中心は、彼らが斉昭の命を受け、継嗣擁立運動をしたかどうかに焦点が当てられた。

水戸藩士たちは一貫して斉昭の関与を否定した。福井藩士橋本左内は、君命を受けての活動と主張した。梅田雲浜とのつながりで嫌疑をかけられていた長州藩士吉田松陰は、五手掛がつかんでいなかった間部要撃計画を自ら語り、驚愕した奉行たちは、「汝の心誠に国の為なるも、然れど間部は大官、汝これを刃《やいば》せんと欲す、大胆甚し、覚悟しろ、吟味中揚屋《あがりや》入を申付る(8)」とどなりつけ、伝馬町の獄舎に投じた。七月九日のことである。

大獄の断罪

大獄の判決文には一律に「公儀を憚《はばか》らず不届《ふとどき》」との文言が見られるが、この論理がすべてを貫徹した。「公儀権力」にわずかでも異議を説えること自体が大罪となる。将軍＝譜代結合論理の結晶体ともいえるだろう。松平春嶽《しゅんがく》(慶永の隠居名)は、「奉行・大目付・目付・寺社奉行、段々遂評議《ひょうぎをとぐる》の所、さして格別の罪状も無之、乍去《さりながら》罪状なしとも難申《もうしがたく》、依之《これによりて》重刑は流罪、其外追放、永蟄居位にて刑事伺差出候処、老中も一見いたし、此位にて可然《しかるべし》との評議相極り、大老掃部頭《かもんのかみ》へ差出候処、少々考候義も候間、一両日留置、尚以附札《つけふだ》相下げ可申との事、両三日経て俄《にわか》に掃部頭より附札に死刑ありて、一同心中驚愕

せり」と、伝聞したことを語っている。(9)

事実としては、五手掛の擬律案では、安島が処罰名なく、茅根が遠島、鵜飼吉左衛門が死罪、鵜飼幸吉が獄門、池内大学が洛中洛外構《かまえ》・江戸払、小林良典が重追放、鮎沢伊太夫が中追放となっており、擬律案に対しては老中は一、二等減ずるのが慣例となっていたが、結果としては、安島切腹、茅根死罪、池内中追放、小林と鮎沢が遠島、そして処分は遠島かと予想していた松陰には死罪の判決が下ったのである。

井伊大老の強硬策は、自派で固めたはずの幕閣内でも矛盾を激化させ、老中久世広周は安政五年一〇月に、老中太田資始《すけもと》は安政六年七月に、そして老中間部詮勝は同年一二月にそれぞれ辞任する。資始と詮勝は、実質的には罷免されたのである。

幕閣と対立して安政五(一八五八)年七月五日、尾張・水戸・越前と一橋四家に処分が下ったことは前述したが、大獄審理の結果、最初に判決が下されるのは安政六年八月二七日のことである。

まず投獄されていない大名・旗本レヴェルの同日付の処分を見ていこう。もっとも旗本の肩書はほとんど前年既に一橋派として左遷させられたあとのものであることに留意が必要である。

徳川斉昭は水戸表にて永蟄居、徳川慶喜は隠居・慎、岩瀬忠震《ただなり》(作事奉行)・永井尚志《なおゆき》(軍艦奉行)・川路聖謨《としあきら》(西丸留守居)の三名は罷免・隠居・差控え、翌二八日処分では、浅野長《なが》祚《よし》(小普請奉行)・大久保忠寛(西丸留守居)の両名は罷免、九月一〇日処分では鵜殿長鋭《うどのながとし》(駿府町奉行)・黒川嘉兵衛(精姫用人格)・平山謙二郎(書物奉行)・平岡円四郎(小十人組)・高須鉄太郎(外国奉行支配調役)の五名は罷免・隠居・差控え、一〇月一九日の処分では土岐頼旨《よりむね》(大番頭)が罷免・隠居・差控えとなった。開明派官僚集団は一橋派と見なされて一掃されてしまったのである。

なお、有志大名の伊達宗城は既に安政五年一一月、山内豊信は安政六年二月、ともに致仕・隠居に追い込まれていたが、一〇月一一日、山内容堂に対してはさらに慎処分が下されることとなる。

次に大獄で捕縛・投獄された藩士・処士・公家諸大夫への判決を見ていこう。

八月二七日の第一次判決では、安島は切腹、茅根と鵜飼吉左衛門の両名は死罪、鵜飼幸吉は獄門、小林と鮎沢(日下部伊三治と文通したことは「御政事を批判いたす筋にて不憚公儀不届」との理由である)の両名は遠島、池内は中追放、村岡は押込、一〇月七日の第二次判決では、飯泉喜内・頼三樹三郎・橋本左内の三名は死罪、六物空万(大覚寺門跡家来)は遠島、伊丹重賢・丹羽正庸・森寺常邦・三国大学・近藤茂左衛門の五名は中追放、森寺常安と春日潜庵の両名は永押込、飯田左馬と富田織部の両名は押込、一〇月二七日第三次判決では、吉田松陰は死罪、日下部裕之進(伊三治の子)と勝野森之助(豊作の長子)の両名は遠島、藤森は中追放、大久保要は永押入、大竹儀兵衛は押込と断罪された。

なお、生きていれば死罪判決は免れ難かったろう日下部伊三治は安政五年一二月一七日に、梅田雲浜は安政六年九月一四日に捕われたまま病没している。

満天下はこの予想を超えた厳罰に寂として声無く恐怖に震え、「御公儀」の権威盤石のごとしと、誰の目にも映ったのである。

3　桜田門外の変

勅諚返納問題

幕府は、大獄を処理した上で、すべての禍根の根源を絶とうとする。即ち、水戸藩に降った勅諚を朝廷に返納させようとしたのである。

幕府は朝廷との複雑な交渉の末、まずは幕府宛に勅諚を返納するようにとの満足のいく形式の御沙汰書を朝廷から発給してもらい、それをもって安政六年一二月一五日、井伊大老は登城した水戸藩主徳川慶篤に面会し、勅諚の幕府宛提出を命じた。しかし、この時は既に勅諚は水戸表に送られていたのである。

水戸城内では勅諚返納をめぐり大論争がまきおこった。藩庁と鎮派は幕府宛直納論を主張し、他の一派は朝廷への直接返納論を説き、そして返納論は幕吏の姦計に出たるものだと、高橋多一郎・金子孫二郎・関鉄之介等の激派は返納そのものに強く反対する。

激派は返納行為を阻止しようと、水戸城下南の長岡に屯集するという実力行使の挙に出、藩庁当局者を困惑させる。

この混乱のため、一二月二九日、江戸の水戸藩重臣は若年寄安藤信正に返納猶予を出願するも、信正は「家中にて働候者は一々首を刎《はね》可申候、勅は安(安島)・茅(茅根)等の拵物《こしらえもの》、役に不立候間、早々(幕府へ)御納可被成《なさるべし》、右の御品、御国へ参候筈無之[10]」とさらに取りあわず、年を越えた安政七(一八六〇)年一月一五日、当日老中に昇進した信正は登城した慶篤に対し、本月二五日までに返納すべく、遅延せば違勅の罪に問うて嫌疑を斉昭に及し、為に水戸家は滅亡せんと、鋭く至急返納方を迫った。

一月三〇日には斉昭自らが勅諚返納の止むを得ざる所以を論達するが、激派は聞き入れず、これがため、ついに二月一五日、斉昭は「臣下として君命を不用《もちいざる》者有之候ては不相成、(中略)君臣の取失《とりうしない》、国策を犯し不作法の所業も有之[11]」と、封建主従論理の厳守を激派家臣に迫ったのである。

桜田門外の変

安政七年三月三日に勃発した桜田門外の変は、客観的には幕末政治過程の一大画期となった。それまでの動きは、幕府・朝廷・改革派大名・幕臣が中心となり、そこに一部の在野志士たちが参加する形をとってきた。しかし桜田門外の変を契機として一挙に政治の底辺が拡大する。藩命・君命を用いず、藩域を超えた横の連携による国事運動が政治舞台の前面に躍り出てくる。「処士横議《しょしおうぎ》」の時代が始まり、目標は国家変革に絞られるのである。
安政六年八月、斉昭に国許永蟄居処分が下って以降、幕府の強圧的な無勅許開港路線を阻止し朝廷より幕政改革を断行させる目的をもって、在府水戸藩士と薩摩藩士の連携運動が具体化していった。薩藩側で主に活動するのは有馬新七・岩下方平・高崎五六・田中謙助、そして海江田信義の弟の有村雄助と有村次左衛門兄弟たちである。計画が具体化していく中で田中謙助は安政七年二月、帰藩して江戸の計画を報じ、同志を糾合しようと試みるが失敗、他方、関東の政情はさらに緊迫していった。
安政七年二月二〇日、君臣の義の踏絵をつきつけられた水戸藩激派は、ついに長岡屯集を中止し、「御人数御差向と承り候ては、君上へ対し恐入候間、一同申合の上、ひとまず退散仕候」(12)と脱藩、浪士となって出府、在府薩摩藩士と幕政改革の方法を左のごとく煮詰めるのである。
第一、大老井伊直弼を暗殺する。責任者は金子孫二郎
第二、高橋多一郎は上京し、薩藩同志の上京を待ち、京都に義兵を挙げる
第三、朝廷を擁して幕府に臨み、幕政改革を断行する
三月三日の暗殺には、指揮者金子孫二郎を関鉄之介と野村彝之介《つねのすけ》が補佐し、行列の前衛を森五六郎が衝き、駕籠脇が乱れるのに乗じて大老を暗殺、重傷者は自刃するか老中に自訴し、その他の者たちは潜行して上京、と取りきめられた。また累が水戸藩に及ぶことを

避けるため、当日、一同離藩の願書が藩庁に提出された。

三月三日の襲撃は水戸浪士一七名、薩摩藩士有村次左衛門一名、計一八名、ピストルの発射を合図に決行された。その内、稲田重蔵は闘死し、有村次左衛門は重傷を負い、直弼首級を傍に置き、三上藩辻番所前にて自刃（首級は彦根藩が取り戻した）、広岡子之次郎《ねのじろう》・山口辰之介・鯉淵要人《かなめ》の三名は重傷を負い、広岡は辰之口で、山口と鯉淵は八重洲河岸で自刃し、斎藤監物《けんもつ》は老中脇坂安宅《やすおり》邸に自訴して斬奸趣意書を提出し、重傷のため同邸で没した。同じく佐野竹之助も脇坂邸に自訴、重傷のため同邸で没した。残りの者たちは、熊本藩邸に自訴するか、密かに上京を試みるのである。

その斬奸趣意書にいう、

墨夷浦賀へ入港以来、征夷府の御処置、仮令《たとえ》時勢の変革も有之、随て御制度も変革なくては難相成《あいなりがたき》事情有之候とは乍申《もうしながら》、当路の有司専ら右を口実として、一時偸安《とうあん》畏戦の情より、彼が虚喝の勢焔《せいえん》に恐怖致し、貿易和親、登城拝礼をも指許し、条約を取替し、踏絵を廃し邪教寺を建て、ミニストルを永住為致《いたさせ》候事等、実に神州古来の武威を穢し国体を辱しめ、祖宗の明訓孫謀に戻《もと》り候のみならず、第一勅許も無之儀を被指許《さしゆるされ》候段、奉蔑如天朝《てんちょうをべつじょしたてまつり》候儀に有之、重々不相済《あいすまざる》事に候、（中略）（直弼の罪状を列挙し）斯《かか》る暴横の国賊、其儘《そのまま》指置候わば、ますます公辺の御政体を乱《みだ》り、夷狄の大害を成し候儀眼前にて、実に天下の安危存亡に拘《かかわ》り候事故、痛憤難黙止《もくししがたく》、京師へも及奏聞《そうもんにおよび》、今般天誅に代り候心得にて令斬戮候《ざんりくせしめ》、申までには無之、公辺へ御敵対申上候儀には毛頭無之、何卒此上《なにとぞ》聖明の勅意に御基き、公辺の御政事正道に御復し、尊王攘夷、正誼明道、天下万民をして富嶽の安《やすき》に処せしめ給わん事を希うのみ(13)

大老暗殺の責任者金子孫二郎は暗殺の成功を見るや、ただちに有村雄助と上京するが、四日市で薩藩捕吏に捕縛され、孫二郎は伏見奉行所に引き渡され、有村雄助は鹿児島に送られ、三月二三日、藩命により自刃させられる。

高橋多一郎とその子庄左衛門は三月六日大坂に入るも、薩藩同志の上坂なく、他方、事件後幕吏の追補厳重となり、ついに同月二三日、大坂四天王寺で父子共自刃し、在坂の同志桜東雄らは捕縛され江戸に護送されるのである。

桜田門外の変への政治諷刺

桜田門外の変は閉塞しつくしていた国内の政治的雰囲気を一瞬の内に一八〇度転回させ、幕政批判が爆発したがごとく噴出した。幕末維新期の多種多様の風説留中《ふうせつどめ》で、量的に最も多い政治批判は、この事件に関わるものであり、幕末期の文芸ジャンルを研究する上でも恰好の史料となっている。ここでは紙数の関係上、若干の例示にとどめるほかない。

百人一首替歌としては、

天地転倒

○桜田の御堀のかたの土手をにらみ　我首と手は終にきれつつ

これは天智天皇御製の、「秋の田のかりほの庵の苫をあらみ　わが衣手は露にぬれつつ」を本歌としたもので、民衆の百人一首の熟知を前提としたものである。

川柳も当時の民衆文芸の一つの柱であったが、事件がよまれて

○桃の日や　桜の雪が　赤くふる

○橘が　桃の節句に　赤くなり

というものなどが作られた。橘は井伊家の家紋である。

狂歌も川柳と並び民衆文芸の雄の一つであった。

○首は飛び　桜田騒ぐ　世の中は　何とて町は　さびしかるらん

○しまったり　当主がえらい　めにあうみ　孫ひまご迄　恥のかきあげ

等の作品が全国的に写されていく。近江(彦根は近江国《おうみのくに》)と逢う目が掛けられている。

長文の民衆文芸の一つに、「ぬけ尽《づく》し」がある。「ぬけ」を韻のように踏んでリズムをつけ、政治を諷刺するものである。その一部を示しておこう。

○親玉まぬけて井伊なりほうだい　役人ふぬけて夷国にあやまり　井伊きび駕《かご》抜けおまけに首級　云々

ここの「親玉」とは将軍を指す陰語で、当時の諷刺文芸ではよく使用されている。

長文の民衆文芸の一つに、「無物《ないもの》尽し」というジャンルがある。「ぬけ尽し」と同種のも

のである。その一部分を紹介しておこう。

○上巳《じょうし》の大雪めったにない　桜田騒動とほうもない　そこでどうやら御首がない　夫にちっとも追人《おうひと》がない　云々

上巳とは三月三日、桃の節句を指す言葉である。

「厄払《やくはらい》」は民衆芸能の一つで、一二月、大道芸人が布をもって面を覆い、厄払詞をとなえて銭を乞う行事であるが、そのパロディがよく作られている。その一例は、

○アラめでたいなめでたいな　めでたき雛の御祝儀に　霞たなびく関ならで……流れも絶ぬ細川と竜の口へサラリ

ここでいう細川は熊本藩江戸上屋敷、竜の口は脇坂竜野藩江戸上屋敷、ともに桜田浪士が自訴した屋敷である。(14)

第一六章　開港と露艦対馬占拠事件

1　開港と世界市場への編入開始

経済の混乱、物価の上昇

一八五九(安政六)年七月からの神奈川(横浜)・長崎・箱館開港開始により、世界市場に編入された日本では、たちまち大量の金流出が発生した。金銀比価は日本では五対一だったのに対し、世界市場では一五対一だったからである。外国商人は日本の金貨を持ち出し、清国市場で銀に替え、その銀で日本の小判をまた買いあさった。貨幣そのものが最大の商品に転化したのである。また銅も世界市場価格の三分の一から四分の一の安値だったため、たちまちのうちに銅製品の外国流出が発生した。

幕府は小判を改鋳し、劣悪小判を流通させることにより事態の解決を図ったが、そのことは逆に国内物価騰貴のきっかけをつくることになったのである。

より本質的な問題は、鎖国下で確立していた一国完結型の国内市場が世界市場向けに大規模に再編成されはじめたことである。開港場での主要輸出品は生糸・蚕種紙・緑茶・銅器・漆器・海産物などであり、主要輸入品は洋織物と武器類となった。生糸が値上がりし、売込商は活性化するが、他方、輸出が激増すると物資不足となり物価が騰貴するのは当然の結果であり、生糸の値上りにより京都西陣や上州機業地帯が休業を余儀なくされ、従来その商品を取扱ってきた江戸の問屋と仲買が打撃を受け、生糸や緑茶その他の生活必需品の欠乏と物価上昇・騰貴に一般民衆が苦しみ、彼ら圧倒的多数の日本人と一部の生産者・売込商・貿易商との間に経済的社会的対立関係がうまれ、幕末期においては、「必要品が流出して不要品が流入する」との「論理」が一般民衆をしっかりととらえることになる。幕府はこの事態に対処するため、万延元(一八六〇)年閏三月、雑穀・水油・臘・呉服・生糸の五種商品の江戸廻送令を発するが、経済論理の貫徹の前には、なんら有効な対処政策とはなりえなかった。

強力な経済力による世界市場への編入過程の中で物価はおしなべて高騰していき、それを国内の政治不安と内戦が加速した。安政五(一八五八)年と慶応二(一八六六)年を例にとると、米では肥後米一石《こく》につき銀一二二・六匁《もんめ》だったものが九四三・七匁に、菜種油では一石につき四二五・一三匁だったものが一五三九・五〇匁に、繰綿《くりわた》では摂津産上品六貫目につき一七九・六六匁だったものが八〇八・二〇匁に、秩父絹では一疋《ぴき》につき九五・三匁だったものが二六六・三匁に、そして茶では山城茶一〇貫目につき三一〇匁だったものが一七一九匁に、それぞれ高騰していくのである。(1)

開港開市延期交渉

国内市場の混乱と物価上昇の開始による一般民衆の不満に対しては、幕府も対処せざるを得なくなっていく。弱体化しだした幕府の権威が、さらに動揺するからである。対外的な姿勢が幕府に確立しているのだということを国内に向けて示さなければならない。

万延元年七月一九日(一八六〇年九月四日)、プロイセン全権使節オイレンブルグが品川に来航し、修好通商条約締結を幕府に求めるが、幕府は交渉において、輸出開始のため国内の生活必需品が払底し物価が騰貴している、士民は外国貿易を呪咀し物情は不穏になっているとの理由をもって、条約締結を延期することを主張し、オイレンブルグはこれを拒否した。

この難問解決を米国駐日公使ハリスが仲介する。江戸・大坂の開市、兵庫・新潟の開港条項を除去した条約案に両国が調印すればいいではないか、と。プロイセンにとっては最恵国条款により他国に開かれればそれに均霑《きんてん》できるので、オイレンブルグはこの案に賛成し、その内容の日普条約が、万延元年一二月一四日(一八六一年一月二四日)に調印された。

この条約交渉の実務を担当していた外国奉行堀利熙《ほりとしひろ》は万延元(一八六〇)年一一月六日に自刃し、直後からさまざまな憶測や偽文書がとびかうことになるが、真相は、プロイセン側の提出した条約草案にドイツ関税同盟加盟各国名が列記されており、老中安藤信正はプロイセン一国と思っていたのに、そうでないことに驚愕し、堀を問責したことが原因となったのではないか、と著者は推測している。

ところで、プロイセンに対しては、以上のような方法で切り抜けはしたものの、安政五カ国条約の相手国たる米英仏蘭露五カ国には、既に開市開港は日本国家たる幕府が条約上約束していることである。即ち、兵庫は一八六三年一月一日より開港、江戸は六二年一月一日より、大坂は六三年一月一日より開市、新潟は六〇年一月一日より開港(同地が開港場に不適当だとの理由で、北陸地域に代港が決定するまで開港は延期)との各国との合意が、安政六(一八五九)年一〇月に成立していたのである。

幕府は、国内士民のたかまる一方の不満を、両都両港の開市開港延期を実現させることで鎮静化しようとし、米国公使から自国政府の合意請合いを獲得した。他方、英仏蘭露の在日代表は幕府の苦境を理解し、ともに日本使節が直接自国政府に交渉する方法を支持した。

ここに文久元(一八六一)年一二月、幕府は条約締結欧州四カ国に、延期交渉のため使節を派置することを通告し、三月には勘定奉行兼外国奉行竹内保徳《やすのり》を正使に任命したが、副使の人選は容易に決まらず、また後述の露艦対馬《つしま》占拠問題や国内攘夷運動のため、正使以下総勢三六名の使節団が横浜を出港するのは大幅に遅れ、文久元年一二月二四日(一八六二年一月二三日)のこととなった。

使節の実現すべき使命は以下の四項目とされた。
第一、直接交渉により開市開港延期を実現すること
第二、不開港場への外国船繋船を禁止させること
第三、文久元年五月二八日、英国仮公使館東禅寺が水戸浪士に襲撃された後の英仏公使館自衛駐兵を撤去させること
第四、ロシアとの間ではカラフト国境の確定交渉をおこない、国境を決定すること
この遣欧使節団のあと一つの使命は、随員たちが訪問先の国々の諸制度・文物等を詳細に調査し幕府に報告することであった。随員の中には、この使命を最もよく果たした福沢諭吉の他にも、福沢の親友で維新後外務卿となる薩摩藩士で洋学者の寺島宗則、同じく福沢の親友で箕作阮甫《みつくりげんぽ》次女の婿で維新後も洋学者として活躍する箕作秋坪《しゅうへい》、長州藩士で維新後は宮内大輔となる杉孫七郎、維新後はジャーナリストとして活躍する福地源一郎など、当時一流の知識人メンバーが揃っていたことにも注目する必要があるだろう。

2　第二次アヘン戦争の結末

北京条約

第二次アヘン戦争は、一八五八(安政五)年六月の天津条約締結をもって結了したかに見えた。この英仏艦隊の巨大な軍事的圧力が井伊大老をして、やむなく無勅許開港を決断さ

せたのである。

しかし、英仏連合軍と清国との戦争は、その後二カ年にわたって継続したのであり、その対立を、極東進出を狙うロシアが利用し、この東アジアの軍事的激動が、再度日本をつつみ込むこととなっていく。国際的な規模での事態の推移を、以下具体的に追っていこう。

一八五九年六月(以下、西暦の日付となる)、英仏米三カ国は艦隊を率い、各国の天津条約批准書交換のため渤海湾に到着した。清国は、三カ国使節が軍兵を率い白河を遡航して入京することを拒絶し、大沽の北に位置する北塘から陸路を経由して北京に入ることを求めた。白河の河口大沽から天津までは大船の遡航が可能であり、そして清国は大沽に強固な砲台を築造していたのである。

米国使節は清国の要請を受諾し、北塘から陸路北京に入り、批准書は八月に北塘で交換された。またロシア使節イグナチエフは、露清国境から陸路を経由し、六月二七日に北京に到着していた。

しかしながら、英仏両国使節は清国の要請を拒み、大沽から白河を遡航することを決定、英仏艦船は六月二五日、大沽砲台からの猛攻撃により大敗を喫した。ここに英仏両国は再度対清戦争を決意する。

英仏連合軍は翌六〇(万延元)年四月二二日揚子江河口部の舟山島を占領し、つづいて五月二七日英国艦隊は大連湾を、六月八日仏国艦隊は山東省北岸の烟台を占領し、渤海湾口を南北から扼した上で、七月末に白河河口に結集、まず八月一日北塘に上陸、清国軍と交戦して北塘を占領、同月一四日には南下して大沽の北に位置する塘沽を占領し、同月二一日、ついに大沽砲台を陥落させ、同月二四日、天津を攻略した。清国の咸豊帝は九月二二日都から逃れ熱河に蒙塵し、一〇月一三日、英仏連合軍は北京を占領、略奪の限りを尽すのである。帝室の名園円明園が略奪・破壊され火をかけられたのはこの際のことであった。

万策尽きた清国はロシア公使イグナチエフの仲介により、一〇月二四日、英仏両国と北京条約の締結を余儀なくさせられた。

英清北京条約の骨子は左の通りである。

第一、天津条約中の賠償金を八〇〇万両に増額する
第二、天津を開港場とする
第三、香港に接する九龍一帯を英国領とする
第四、中国人労働者を英国人が雇用し出国させることを許可する

仏清北京条約の骨子は左の通りである。

第一、天津条約中の賠償金を八〇〇万両に増額する
第二、天津を開港場とする
第三、仏国宣教師が各省で土地を借り建物を建設することを許可する
第四、中国人労働者を仏国人が雇用し出国させることを許可する

ロシア側の動向

ロシアは一八五八(安政五)年五月二八日、アムール河以北の広大な土地を自国領とすること、そして、「(アムール河に南から注ぐ)ウスリー河と海に至る間の土地は、両国の境界が決定されるまでは、現在のように両国の共有地とすること」というアイグン条約を清国に強要して調印させていた。

そしてアイグン条約を締結したロシア側全権委員ムラヴィヨフ東シベリア総督は、五九年七月一日、国境確定のため、ウラジオストクの南に位置するポシェット湾に到着した。しかし同地に清国代表はその姿を現わさなかった。八月一八日、ムラヴィヨフが六艦を率いて品川に来航し、カラフトに関する国境交渉をおこない、同月二五日、横浜でロシア軍艦乗組員三名に対する殺傷事件が発生するのは、この露清国境交渉が失敗に終わった直後のことである。

五九年一二月に入ると、対外姿勢を硬化させた清国政府は北京駐箚ロシア公使イグナチエフに対し、「国境確定の委員は派遣しない。アイグン条約はムラヴィヨフの脅迫下のものだったので、清国代表は印章を捺さずにサインしたのだ」との通知を送り、イグナチエフ公使は外務省に対し、自己の召還を求め、同時にロシア軍隊をモンゴリアに派遣するよう要請した。

一八六〇年一月、ロシア皇帝アレクサンドル二世はイグナチエフの要請に対する方針を決めるため関係委員会を招集したが、その前日、ロシア海軍の最高責任者コンスタンチン大公(アレクサンドル二世の弟)は特別信頼している海軍少将リハチョフに、このイグナチエフ書翰を読ませ、彼の意見を求めたのである。リハチョフは、「英仏両国と清国の対立を利用すべきだ、そこでの仲介の利益を狙え、これで清国から取るべきものは取れる」という趣旨の意見を進言した。(2)

皇帝招集の委員会決定を経て、コンスタンチン大公は一月二九日、リハチョフに左のごとき指令を発する。

一、渤海湾に赴き、北京公使イグナチエフの指揮下に入れ

二、特別艦隊(ポサドニク号も含まれることとなる)を同海域で編成せよ

三、リハチョフ自身も可能な限り早く現地に赴け

一八六〇年四月二日、リハチョフは上海に到着、そこから箱館に赴いて、前年和暦八月に領事兼外交代表として同地に赴任していたゴシケヴィッチに面会、彼より英国がポシェット湾を狙っているという話を聞く。五九年末、英国艦アクチオン号(艦長はワード)は対馬全島にわたり測量を実施していたのである。

同月一九日、リハチョフは領事館付海軍士官ナジモフを伴ってポシェット湾に入り、同月二四日、ナジモフをポシェット湾哨所指揮官に任命、兵舎を建設し、他国人が来たら、

この土地はアイグン条約によりロシア領となった所だと答えるべき旨を指示する。

リハチョフの編成した特別艦隊は渤海湾に集結し、英仏連合軍と清国軍の交戦が迫ってきたため、イグナチエフ公使は北京を出、六月一日、リハチョフ指揮下特別艦隊の一艦ジギット号に搭乗することとなった。

翌六月二日、渤海湾上のリハチョフはコンスタンチン大公に、「対馬が重要だ。英国や他国をこの島に定着させてはならない。三つの大洋への出口は、ラ・ペルーズ海峡（宗谷海峡）、津軽海峡、そして朝鮮海峡の三つだが、主要な出口となるのはこの第三の出口だ」との書翰を発信する。

ジギット号に搭乗したイグナチエフ公使は戦局の推移を凝視し、天津陥落二日後の八月二六日には天津に入り、九月一八日、天津から北京に出発、同地で清国と英仏両国との間の交渉を仲介、斡旋し、英仏連合軍北京退去の約束を清国のために取りつけるのである。

この奔走の結果、イグナチエフは一一月一四日、左のごとき露清北京条約を清国から獲得する。

一、清国政府はアイグン条約を承認する
二、ウスリー河以東の土地はロシア領とする
三、露清西方国境は自然地形に従って確定する（これは六四年の協定で決定される）
四、カシュガルを開市し、両国民の免税自由貿易を認める

五、ロシア商人がクーロンおよび張家口で貿易をおこなうことを認める

六、ロシアがカシュガルとクーロンに領事館を開くことを認める

この北京条約により、アムール河以北およびウスリー河以東の広大な土地がロシア領となることが、最終的に清国によって承認されたのである。

一二月二四日、長崎から上海に到着したリハチョフは、この地で二通の書翰を受信した。一つはイグナチエフ公使からの、「三、四艦を四月までにポシェット湾に集結させてほしい。それは国境確定交渉の時に間に合わせなければならないものである」という趣旨のものである。

あと一つは、六月二日付リハチョフ書翰に対するコンスタンチン大公の八月七日付返翰であった。そこでは、次のように述べられていた。

八月二日、ゴルチャコフ外務大臣臨席のもと、貴翰をツァーリの前で読み上げた。外相は日本人との争いを心配した。したがって、本件は海軍の取引きとの性格を持たせなければならない。外交的契約ではない。国際自由港的な海軍基地を建設することができるかどうか、対馬島の権力者と取引をせよ、むしろ既成事実をつくって、しかも公式的抗議のこない形のものが必要だ。例えば米国が琉球との間で結んだ条約のようなものだ。

六一年一月、リハチョフは英国海軍将校ワードから対馬地図を得るが、それを見て第一

級の軍港に運命づけられている島だと驚愕する。

二月一三日、リハチョフは部下のポサドニク艦艦長ビリレフに、「ただちに対馬に赴け、到着したらすぐに測量して全島に及べ、島の情報を蒐集せよ、すべてを詳細に遂行せよ」との秘密指令を授ける。ポサドニク艦が対馬に入港するのは一八六一年三月一三日(文久元年二月三日)のことである。

3　露艦対馬占拠事件

事件の経緯

一八六一年四月一五日、ビリレフは上陸して芋崎にロシア国旗を掲げる。

四月二二日、雇われた日本人大工たち(大工一五人、木挽《こびき》一六人)が一二〇フィート×三〇フィートの兵舎の建設を開始する。労働時間は朝の七時から夕方の七時まで、監督は対馬藩の役人である。食糧補給のため、ジャガイモ・キャベツ・玉ネギの栽培が始められる。

四月二八—三〇日、リハチョフは上海からポシェット湾に赴く途中対馬に寄港し、事業の進捗状況を確認する。

五月四日、リハチョフはポシェット湾において大公宛の書翰並びに意見書を執筆し、陸路ペテルブルクに発送する。その書翰の内容は左のごときものである。

東方大洋における我々の軍事的主要港は対馬でなければならない。対馬は我々の海軍行動のセンターになるべきだ。最初から大規模なものにする必要はない。石炭や補給品の倉庫などがあればいい。そして戦争の際は、そこから海軍のものは持ち出されるだろう。

また意見書は左のごときものである。

藩主の家族は江戸で人質となっている。江戸での交渉なしには権利は得られない。日本に信任された使節を置かなければならない。今こそがその時期だ。日本政府に確信を与えるためだ。即ち、第一、我々に侵略的意図はない、第二、対馬の海軍基地建設はカラフト南部のアニワの占領と同様、万一の場合には日本の利益となる。

もしも、日本政府との間で調整がつかなかった場合には、対馬の地方政府と直接交渉することへの同意を発言させることだ。同様のことは、アメリカ並びにオランダと琉球との間の条約に関しておこなわれたことだ。他方、状況は切迫している。

今後我々が極東で執るべき方策は次のようなものだ。

一、対馬はどのような性格のコロニーかを決定すること。最初は芋崎基地だけで十分である

二、ウラジオストクかポシェット湾に陸軍を配備すること

三、技術士官をペテルブルクかイルクーツクから呼び寄せること

四、スペトラナ号から大砲をおろして芋崎に砲台を建設すること

五、追加の兵器をニコラエフスク(アムール河河口に建設した町)からもってくること
六、カラフトのアニワにも同様に配備すべきこと
七、対馬とアニワ両処ともに、艦隊士官が指揮すべきこと
八、両所に一艦ずつ配備すべきこと
九、少なくとも一カ年間保てるだけの補給がなされるべきこと

対馬島民の不安とロシア人への反感はたかまっていき、五月二一日(文久元年四月一二日)ロシア船(ボート)の大船越(対馬中部の地峡、開削されて航行可能)進入を阻止しようとした安五郎が殺害される事件が発生する。

ロシア艦による対馬占拠事件は幕府にとって国威と幕府の権威にかかわる大問題となる。外国奉行小栗忠順《ただまさ》が長崎より来島し、六月一四日、ビリレフと会見、退去を要求するが、ビリレフは全く受けつけなかった。交渉が膠着したまま、同月二七日小栗は交渉を打ち切って島を引き揚げる。

七月三日、ビリレフは対馬の厳原《いずはら》に赴き藩主宗義和《そうよしより》と会見、同月八日、対馬藩重役との交渉において、左のごとき内容への同意を対馬藩に求めるのである。

対馬侯は完全にロシアに庇護を求めることを望み、そのために、ロシア政府がここに船を保持することが必要だと考えれば、喜んでそれを認め、ヒロ浦から芋崎を含んだ場所をロシア艦隊の管理下に置き、牛崎からオウノ崎までのすべてのタタムラ湾を彼

らの防禦下に置く。このことは他国民には関係がなく、ロシア人は自由で如何なる制限も受けない。我々は軍需品の補給をロシア政府に依頼する。また軍事訓練をしてくれることを望む。ただしキリスト教の布教は禁止される。しかしこれらすべてのことは江戸の指示による。

ロシア側の圧力を受けて苦しむ対馬藩は、この時期、幕府に他の土地への転封を要請しているのである。

八月一四日、対馬藩より対ロシア文書案が示される。「我々が藩主に伝えた我々の交渉内容に従い、対馬侯は、もしも江戸政府がそれに反対しない時は、貴下と語ったすべてのことを遂行することを強く望んでいる」というものである。これでは話にならないと、ビリレフは七月八日交渉での具体的内容を明記することを要求する。

なんら有効な外交的軍事的対応のとれない幕府にかわり、交渉の前面に出て来たのは英国海軍であった。

八月二八日、英国東洋艦隊司令官ホープ提督は直接対馬に来航、ビリレフ宛書面にて警告、翌二九日にはビリレフと面会し、直接、ロシア海軍の行為に対し抗議しその退去を要求する。ビリレフは、この活動は艦隊司令官リハチョフ少将の指令の下におこなわれているものであり、司令官の命令なしには退去しえないと回答する。

九月五日、ビリレフの対応を踏まえ、ホープ提督はリハチョフ宛書翰を認め、彼が立ち寄るであろうシベリア沿海の港に発信する。

九月一八日、箱館からオリガ湾(ウラジオストクより北、北緯四四度近くの沿海州にある)に入港、ホープの置き書翰を読んで落胆、事の中止を決意する。英国海軍介入までに対馬藩主との協定を結ぶことができず、本国外務省が本案件に消極的なままである以上、無理押しは不可能と、すこぶる冷静かつ合理的にリハチョフ少将は判断したのである。

九月二一日箱館に入港したリハチョフは、翌二二日、村垣箱館奉行と面会し、ロシア艦対馬退去を承諾し、ポサドニク号(後続のオプリチニク号に作業を引き継いで九月一九日、対馬を出航した)の引継ぎに対馬に出航したオプリチニク号に向け、退去命令を伝える船を発遣する。

九月二九日、リハチョフの指令を受領したオプリチニク号は対馬を退去する。

一二月、ペテルブルクに帰還したリハチョフ少将は、一二月二七日、報告書を作成して上司のコンスタンチン大公に提出した。

その直後、アレキサンドル二世はリハチョフを引見し、「対馬問題は英国と争い、決裂と戦争に至るに足る問題なのか」と下問し、リハチョフは否定的に答えた。

その二日後、ツァーリは六、七人の委員会を招集、この席上、ゴルチャコフ外相は対馬占領に反対し、大公はリハチョフの行動を擁護し、ツァーリはリハチョフに発した質問と同一の問いかけをおこない、そして会議は終了した。

事件の国内への影響

和暦では文久元(一八六一)年二月から八月にかけての七カ月間にわたる露艦対馬占拠事件は、広く日本全体に伝えられていった。安政五(一八五八)年六月(以下、和暦の日付となる)の、清国大敗を受けてのやむなき修好通商条約の調印、安政六年六月開港開始以来の物価上昇と国内経済の混乱、昨安政七年三月、路上での大老暗殺という幕府開設以来未曽有の大事件、次第に幕府批判と反外国意識がたかまる中での文久元年五月二八日の英国公使館東禅寺への水戸浪士乱入事件、そしてその三カ月前から対馬占拠事件が進行してきているのである。

さらにこの事件は、対外関係がそれまでの条約調印による経済変動にとどまらないことを明白に日本人に教えた。以前から憂慮されてきた領土問題が現実に発生してしまい、領土主権が危機に瀕したのである。

しかも日本人が認識したのは、この領土主権を回復する上で、幕府が政治的軍事的になんら有効な主導的行動をとりえないこと、さらに個別の藩レヴェルでは、領土問題への対応は全く不可能だ、という日本人にとってのあまりに苦々しい現実であった。逆に事態を回避すべく対馬藩は転封を求めるのである。

どのようにこの事件が日本人に受けとられたのか、いくつかの事例を検討していこう。

（a）江戸ではどうか

第一の事例は平田国学を江戸佐竹藩邸内の気吹舎《いぶきのや》で伝えていた篤胤《あつたね》養子銕胤《かねたね》および嫡孫延胤《のぶたね》のもとに集まった対馬情報である。気吹舎の風説留《ふうせつどめ》「形勢聞見録」(3)には以下の一七点の対馬情報が記録されている。

一、「外国奉行小栗豊後守并御目付溝口八十五郎両氏、去る八日対州表へ着岸、十日応接有之由、大旨左に記す」

二、宗対馬守様、御家中へ御達書

三、酉三月十二日付、対州より被差出候御書付、四月二十七日安藤対馬守様御勝手へ被差出候写之通

四、四月十三日付対州届書

五、四月十四日付対州届書

六、四月十六日付対州届書

七、五月五日付対州届書

八、五月十五日付対州一件届書

九、四月十五日付対州届書

一〇、四月二十二日付対州届書

一一、溝口八十五郎用人より本家（越後新発田藩主）主膳正用人方へ文通写（五月二六日付

のもの）

一二、五月二十一日付対州届書

一三、六月十八日付対州届書

一四、五月二十九日付対州届書

一五、六月二十三日付対州届書

一六、小栗豊後守退役（文久元年七月二十六日、外国奉行を辞任）後、内密話

一七、亜魯英仏の四夷盟約書和解

様々な方面から、手を尽して対馬情報を蒐集していることが分かる。第一七史料の偽文書「盟約書」は、事実としては英国に軍事的に対抗しようとする中で占拠事件をおこしたロシアが、四大列強の合意のもとに行動していると一八〇度逆転した評価がされている点で興味が惹かれる。人の意識のされ方としてはよくおこりうることであり、しかも人は、このような顚倒した意識に従って行動していくものなのである。本「盟約書」は他の多くの風説留にも留められているものなので、左に紹介しておこう。

亜魯英仏の四夷盟約書和解

我各国、往年日本国を属国たらしめん事を謀ると雖《いえども》、彼国は我紀元の始より諸州に独立して他を交えず、加之《これにくわうるに》、勇壮、一世界中其右に出る国なしと淵底恐懼の心なきに非ず、此年頃、墨夷其魁《さきがけ》として何となく書を以て和親を求、驕威を以互市を謀る

に、驚《おどろか》し易うして速に許諾す、是を以察すれば、其柔弱、清国に劣る事遥なり、望志累年遅期せし事を却悔す、将《はた》智弁の不足も又嬰児を欺に類す、因茲《これによりて》遠謀調熟し、不日に彼八港に商館を開く事は国則を以て我国民を近傍せしめざる事、以察すべし、故に推歩数里を以可限《かぎるべし》、八港の外、漂流滞泊を許すべし、于時《ときに》、日本の費用を不借、以て誓約せり、滞泊重日《ひをかさねる》に及ぶと雖、愚昧の国吏、委諾、其妨なかるべし、是我大幸とする眼目なり、商館に在止せば、近界商家を利外の利潤を得せしめ、耕民に往々《ゆくゆく》我各国の租税の薄きを説き、愚民には我教法の功徳を説諭すべし、加之、風波に託し、漂流と号して類船を八港へ集湊して、臨機応変、兵庫より発起して京師に入らば、王都を握らん事、掌《たなごころ》をさすが如し、同時に加奈川より蜂起して江府を襲わば、東西に惑走して、和兵手を束《つか》ぬるに至らん

なかなかの諷刺文である。ただし文久元（一八六一）年二月からロシアの占拠事件が始まり、英国公使一行は同年四月二二日に長崎を出発、陸路をたどって五月二七日江戸に帰着、東禅寺事件の発生はその翌日なのである。日本国内を探査する英国と対馬を占拠するロシアが「共謀」していると日本人の目に映るのも無理からぬことではあった。なお、この偽書が出廻るのは文久元年七月以降のこととなる。

（b）美濃ではどうか

第二の事例は、『夜明け前』の浅見景蔵のモデルとなった濃州中津川本陣当主市岡殷政《いちおかしげまさ》

の風説留である。(4)そこには対馬占拠事件に関しては次の三点が留められている。

一つめは、文久元年四月一三日付対州公より魯西亜船乱妨御届書で、四月一二日島民一名が殺害されたことを報告している。入手方法は「在江戸織田氏より申越候趣、武居氏より到来(5)」とあり、武居は木曽谷福島の山村甚兵衛家の家臣であり、恐らく江戸の山村屋敷から国許の福島に連絡があり、殷政知人の武居氏から伝えられたものと思われる。

二つめは、対州公より幕府指揮を乞う四月一四日付届書であり、「小栗豊後守様御帰り中山道、六月一三日当駅御通り(6)」とあり、随行員の誰かから情報を聞き出したものかも知れない。

三つめは、五月七日付対州公御届書となっているもので、殷政は「此一書甚《はなはだうたがわしく》疑敷候」と注記している。左に引いてみよう。

五月四日、魯西亜船十二艘余を寄、大砲を相発し、居城の裏手箱崎と申処へ玉先《たまさき》相届、大手門番人六人即死仕候、怪我人数多有之候所、同書南筒崎浜台場相潰し、警衛の士二十人、足軽百七十人、小者八十人、百姓四人被搦捕《からめとられ》、渠《かれ》が大船に為乗《のせ》、台場に有之候鉄砲、大砲百挺、中筒百挺、小筒七十挺、不残《のこらず》奪取、渠が船中へ運び戦用に致し候、右の次第に付、不得止事《やむをえざること》、家来多人数城郭相固、外曲輪より向方へ大筒を発し候処、先方弥《いよいよ》相進み、四日暁より六日夜迄打合、及戦争候、此方三百四十三人即死仕候、先方へも多く死去有之哉と奉存候、(中略)魯西亜船残らず海岸を退き大洋へ帰帆致

し候[7]

人々恟々としている中では、容易にこのような偽文書、しかもかくありたいとの願望が込められている偽文書が作成され、写されていくのである。

(c) 伊勢ではどうか

第三の事例は、この当時伊勢神宮近傍で医者を営んでいた楢林昌建なる人物(のちに二見一鷗斎と名乗ることとなる)が、江戸の松浦武四郎に宛てた書状である。その中に対馬占拠事件が言及されるのである。

文久元年六月一三日付では、「対州ガラス(ロシアを云う語)一件、余程の事の由、併相鎮り候哉、是も手初めと相成可申[8]」とあり、憂慮の念を伝えている。

七月一六日付では、「外夷□□処々へ入津、上陸測量致し候由、且、唐太□□へ取上げ場等設け立候由、対州は平穏の体、於廟堂はシーボルトを国の柱石と被思召《おぼしめされ》、御政事御相談、時々刻々国力消痩致し、最早是迄の御運と明らめは致し居り候え共、何共嘆敷《なげかわしく》、悲憤赴死より無他と存じ居り候[9]」と、対馬・カラフト・沿岸測量・外交顧問シーボルトと対外関係全体をそれなりに押えていることがわかる。

武四郎の方でも昌建に書状を出しており、八月二三日頃の中に、「対馬も恐らく半分計り魯西亜人へかし渡し、残りは交易場を開き候由、風聞有之候[10]」と報じている。さすが、幕臣内部にも多くの知人友人を有していた武四郎のこと、無根情報ではなく、幕府は開市開港延期交渉の代案として、対馬開港やむなしとの一策をこの当時検討していたのである。

八月二六日付で楢林はこう記している。

> 対州、易地願は気の毒千万、併尤《もっとも》の事に御座候、迚《とて》も野々山丹州（七月二〇日、野々山外国奉行、対馬行を下命される）等下向候ても埒明申間敷《らちあきもうすまじく》、是は国体綻《ほころび》るの初なるか、愈《いよいよ》対州三ヶ村を借り候わば、壱州（壱岐国）も可惜と申儀は在目前《もくぜんにあり》候、追々日本端々《はしばし》借尽し候上、日本要地都会をも可借は必然の理也、廟堂有司、取禦《とりふせぎ》六ヶ敷《むつかしく》候わば、草莽の間、豪傑も有之候間、御雇い被成候わば御口入申度、吾兄迚も此御心得ならば、小生承知仕候[11]

幕府ではこの事態に対処不可能であり、民間有志者の力を借りなければ打開できない、との気持ちが、素朴な形で紙面に流出している。

楢林は、この事件が文久元（一八六一）年九月末に終了したあとも、そのもっていた意味をかみしめている。推測するに、武四郎が幕府内部の情報を得、英国に依頼して退去させたのだと、昌建に書通したのに対する返書だと思われる。即ち一〇月二八日付書状で彼は、

> 対州一件、外国御役人方、英人を頼に相成、遂払の儀は御尤《ごもっと》もなれ共、英人を義理に掛け候事故、他日、英人皇国の内地へ、ロシヤ同様居住仕り候わば、定《さだめ》て亜仏を御頼、遂払可被成候《なさるべく》、左すれば矢張同断の事、則《すなわち》明末流賊李自成強大に相成候故、呉三桂、手を下げ満人に頼み候は、大国の力を仮り流賊を撃平《うちたいら》げ被下度《くだされたく》と申事、其代りに金銭

は不申及《もうすにおよばず》、土地も善地を割て進上可申と云に付、満人力を入れ候故、流賊は退け候が、遂には土地も金銭も取り尽し、呉三桂も降参為致《いたさせ》、明は滅びたり、大小の相違は有之候得共、今は廟堂の御処置、御気毒千万、外国掛りの御役人には、右等の御勘弁なしに御役を務め候は、扠《さて》も致方無之候(12)

外国の力を借りて他国を追払っても、結果はその外国に国を滅ぼされるだけ、との単純素朴な心理を、当時の日本人は純粋に信じており、その例証を、他のあらゆることでもそうだが、隣国中華帝国の歴史の中に学んでいた。外国の力を借りず、外圧に屈しない日本の国力をいかに結集し内在的力量を創出するのか、この一念から昌建は、翌年生業を放擲して伊勢を出国、草莽国事活動家の一人として、その命を生死の境に曝すこととなる。

（d）紀州ではどうか

第四の事例は、紀州日高郡北塩屋浦で医者を営んでいる羽山大学《はやまだいがく》の風説留「彗星夢雑誌《すいせいゆめぞうし》」中の対馬情報である。同史料に関しては七点がある。

一、文久元年四月一三日付宗対馬守家来より差出候書付

この中に安五郎即死事件も含まれている。

二、四月一四日付宗対馬守書付

三、四月一四日頃、対馬藩江戸屋敷よりの御届

この文書では、文久元年二月三日、ロシア艦が渡来してからの経緯が述べられている。

四、五月七日対州より差出し、五月二七日御用番御老中へ御届書

これは市岡殷政風説留の前出第三史料と同一のものである。美濃と紀州で同じ偽文書が写されており、全国的に伝播したものであることが知られる。

五、六月九日付対州表の動向

これは、対馬藩からの打払願を、「公辺より御達し口上には右も厳敷《きびしく》御差留(13)」になったとするものである。このような消極的態度を幕府が取りつづけているとの印象を、紀州の田舎医師までがいだくようになるのは当然のことである。

六、六月一九日付、日高郡大庄屋瀬見善水《せみよしお》宛菊池海荘書状

そこには、

英吉利・魯西亜、対州へ来り、何か申立、既に乱妨及て、肥薩より対州を助け候よし、此段は定て前以の御聞及の通、両島を借り受度、二夷より申出有之《これある》よしに昨年来承り、根拠有之事付、只風説計《ばかり》にては有間敷《あるまじく》、影跡無之事は相唱へ申間敷《もうすまじく》候間、又一増に杞憂奉存候、肥薩は天下の武国に付、其儘に済候事、よし得致《えいたし》申間敷(14)

とある。大庄屋や全国的知識人のレヴェルでも、ロシアと英国共謀しての対馬借地願という事態が当たり前と思われている以上、気吹舎風説留中の、偽文書「四夷盟約書」が容易に信じられることとなるだろう。また肥前と薩摩を「天下の武国」といっているように、幕府には事態回復の期待を全くかけてはおらず、それは雄藩蹶起《けっき》待望論にとってかわって

いることにも注意していい。

七、六月二五日付江戸発某書状

これは羽山情報サークルの誰かと情報交換をしている紀州藩在府武士のものかとも考えられるが、はっきりしたことはなんともいえない。内容は左のごとく、色々なヒントを引き出せる面白い史料である。即ち、

対州表風聞書御見せ被下、右の体にて退去は勿論、往々《ゆくゆく》対州は外国の有にも可相成哉、易からぬ事に御座候、(中略)昨冬、横浜において英夷より対州借用の儀願出候処、外国奉行誰に候哉、承諾いたし候処、其下役のもの堅く制し、此事止《やみ》たりと申候沙汰に承り、(中略)先頃中は水戸老公の姦計を悪み、種々の悪説も有之候処、此節に至り候ては、却て老公を称し候族《やから》も有之候、所謂水戸びいきかと奉存候、(中略)今二十二日、別紙(対馬藩)御届、手に入候処、以《もって》の外《ほか》の義、右の通に候えば、本朝恥辱此上なし、(中略)今外夷都下に有り、既に対州の事もあるをや。何時如何なる珍事出来《しゅったい》せんも難《はかり》計《がたく》、さあれば、かかる侍共(五月二八日東禅寺に切り込んだ水戸浪士を指す)をこそ、恩を以て腹心とし、事に望(臨)みて用ることならば、一廉《ひとかど》の御用にも立《たち》ぬべし、毒薬毒石に候えども、其術を以て用る時は、病いを治し人寿を保つ、古の賢君、人を用る事、此類《このたぐ》い多し[15]

右の文中に、昨年末、英国が対馬の借用を出願したとの風説ありと述べられている。と

すると、対馬事件は露英の共謀と日本人が見なすようになるのも自然だろう。この発信者は、水戸浪士を「毒薬毒石」とたとえているので、攘夷派でないことは明らかだが、江戸の欧米列強による公使館設置と露艦対馬占拠を、外圧の強化として同列に見ており、それに対抗する国力をつくるには、東禅寺事件をおこしたサムライたちもまき込むような新方針を幕府はとらなければならない、と考えるようになってきている。

第一七章　和宮降嫁と長州藩尊攘派の形成

1　和宮降嫁

前章において、万延元(一八六〇)年から文久元(一八六一)年にかかる政治問題として、国内経済混乱の開始、開市開港延期交渉、露艦対馬占拠事件を検討してきた。残るあと一つの政治問題が和宮《かずのみや》降嫁問題、つまり孝明天皇の異母妹を将軍家茂《いえもち》の正室とし、孝明天皇と将軍家茂を義兄弟とする問題である。

公武合体の運動とは、くり返し述べてきたように、天皇と将軍が一体になることによって初めて形成される国家権威「御公儀」をいかにして再生させるかという必死の取り組みを指す。武門のみでは自立し完結した国家権威を形成できなかったことから来る日本的封建制国家固有の課題なのである。それがやむなく無勅許のまま五カ国条約に調印せざるをえなくなったため、朝幕間が完全に分裂してしまい、桜田門外の変をはじめ、あらゆる幕政批判の論理の中に「違勅」論が持ち込まれ、幕府による国内統合の上での致命的アキレス腱となってしまった。公武合体を天下に誇示する手段が和宮降嫁政策となる。

和宮は弘化三(一八四六)年閏五月に生誕し、嘉永四(一八五一)年七月には、有栖川宮熾仁《ありすがわのみやたるひと》親王と婚約させられている。

幕閣は桜田門外の変直後、井伊直弼横死後で動揺する万延元(一八六〇)年四月、京都所司代酒井忠義に、和宮降嫁の件を取り計らうよう指示し、五月、関白九条尚忠は幕府の要請を奏上した。

孝明天皇は、既に婚約が成立しており、また和宮本人も不承知(この年数えで一五歳)との理由で、幕府の求めを拒んだ。

五月下旬、老中は忠義に、「御縁組の儀も第一御国内の人心一致為致《いたさせ》、追々防禦の方、厳正の御備に可相成《あいなすべし》との深重御趣意の辺も御座候」(1)との将軍家茂の意を伝え、降嫁再要請を下命する。

再要請を受け孝明天皇は近習《きんじゅう》の岩倉具視に相談、岩倉は、幕府に条約破棄を命じ、もし幕府にして誠心誠意これを奉承するにおいては、御降嫁の儀勅許あらせらるるも不可なし、と献策する。この意見を踏まえ、六月、九条関白に蛮夷を拒否するならば和宮を説得せん、との宸翰が出される。

幕府には、この時点で、締結した条約を破棄すれば戦争になりかねず、幕府は列強と戦う力はない、と判断し、委任されていると幕府が主張している国家統治権を朝廷に返上することが理論的にはできた。そうすれば破棄の全責任は朝廷がひきうけることになる。

しかし幕府と京都所司代は、権力はあくまで維持するとの基本線で動いた。七月下旬の忠義奉答書は、今後七、八カ年ないし一〇カ年の中には、必ず彼と交渉して条約を廃棄するか、又は干戈《かんか》を執って撃攘するか、二途の内いずれかの方策を採る、と誓約したのである。(2)

この言質を得て、和宮降嫁を孝明天皇が勅許するのが八月中旬のこととなった。和宮の生母観行院《かんぎょういん》実家の橋本家は、この件に難色を示しつづけたが、幕府側は圧力をかけて同家に承諾させている。

また和宮自身も拒んでいたが、兄孝明天皇の一〇月七日付宸翰に対し、「御上にもかかれこれ御心配遊ばし戴き、御あつき思召《おぼしめし》様の程段々伺い、誠に恐入参候まま、天下泰平の為め、誠にいやいやの事、余義なく御引うけ申上候事におわしまし候」(3)と、いやいや承知の旨を伝えている。

万延元(一八六〇)年一〇月一八日、朝廷は和宮の将軍家茂への降嫁の件を正式に発表し、一一月一日、江戸では、幕府は諸大名に総登城を命じて降嫁の件を達するのである。

その後、五カ国条約ののちも日普条約等の条約締結交渉がなされていることに孝明天皇が激怒することもあり、東下日程は遷延し、ようやく東下の途に就くのが文久元(一八六一)年一〇月のことであった。

即ち、一〇月一五日、和宮が参内、兄の孝明天皇に暇乞《いとまご》いをし、二〇日、京都を発輿し、中山道経由で江戸に向かい、一一月一五日、江戸城内、御三卿の一つ清水邸に到着、一二月一一日、江戸城本丸大奥に入るのである。家茂・和宮の婚儀式が江戸城において挙行されるのは、文久二年二月一一日のこととなる。

また孝明天皇は和宮降嫁に岩倉具視と千種有文《ちぐさありふみ》を同行させ、江戸城において天下大赦のこと、国体にかかわることは朝廷に相談の上で議定のこと、および二三の外藩に外夷の処置について相談すべきことを申し入れさせたのである。

幕府にとっては、和宮の東下行列自体が、幕府と朝廷との間のゆるぎない結合関係を天下に誇示するデモンストレーションとなるため、幕府は中山道の下向を未曽有の盛大な行列とした。平田門人で当時信州飯田にいた岩崎長世(太郎)は一一月一三日付の江戸気吹舎《いぶきのや》宛書状の中で、行列の件をこう報じている。

扨《さて》一大珍事は、宮様御下向御道中の始末に御座候、美濃路迄の処は未だ不承《うけたまわらず》候得共、当地は山谷の中迄も助郷《すけごう》相あたり、尤北越迄も同様と申事、廿九日中津川御止宿後、人足不足とて、近村は勿論、当国中助郷に出候者、三日も食事をたち、再役申付候ても勤めざる者は、出役人、息杖《いきづえ》の竹にて打擲《ちょうちゃく》致し、猶《なお》迯《のがれ》候者をば飛道具にて打留、近村にも怪我人彼是有之、死亡も中津川より上ケ《あげ》松《まつ》宿(木曽路の宿)迄に四拾五人、三日頃迄の調に相成候由、証人とか申役に出候者にも怪我人死亡、数々有之、元来沼田の中へ人足の屯を作り置候処、大雨にて腰迄も泥中に入、其上食事は米持参の者も炊

> 候事も不相成、いずれも飢労《うえつか》れ候処へ、宿《しゅく》の上下《かみしも》へ矢来をゆい、一人も帰しやらず、鞭にて打擲いたし、荷を為持《もたせ》候、其内尾州智(知)多郡の人足、別て死亡多く有之由に御座候、中津川御泊りの夜、大雨の中にて数万の人数、屯々にて火を焚揚、時々鯨波《げいは》の声をあげ候体、今に天地も崩るるかと覚候由、其宿の者咄《はなし》に候、かしこき御威光はさるものにて、其時に宮様の御心中如何被為在《あらせられ》候事かと奉恐察候、此程は定て御著輿と奉存候、中津川一宿にて三千五百両、其夜出役人始へ遣い物に相成り、みどの(三留野)の宿(木曽路の宿)にても一手に三百両差出し候など申候、不思議なる事に御座候、宿役人も北越の人馬を受負候処、夫《それ》が崩れの基となり、大切の御用数千人の役丁を金にて仕切候など、如何なる事に候哉、誠に大欲無道の世界、かしこくも宮をば御出しになし奉り、掛りの者の大欲相働き候儀、勿体なき事共に候、今以役丁の行衛を知らず、日々行方を尋に出候者、数人通行仕候[4]

岩崎にとっては中津川本陣の市岡殷政《しげまさ》(『夜明け前』の浅見景蔵)や問屋の間《はざま》半兵衛(『夜明け前』の蜂谷香蔵)などは、自分にとって和歌の弟子、隣宿馬籠《まごめ》の本陣島崎正樹(『夜明け前』の青山半蔵)も中津川でともに和歌を学んでいる。和宮降嫁の大通行の継立てに奔走した人々から直接聞いた話だけに、詳細を極めている。『夜明け前』の世界から、岩崎は江戸の師匠に報告をしているのである。

2　文久元年の国内政治の構造

国際政治は国内政治と結合している。外圧が強まれば国内の潜勢力は猛然と反撥する。外部の力の論理は単純な形で国内に貫徹させることは不可能である。外部に対応すべき国内諸勢力の新たな連携・結合による反撥力の有効な結集が、マニュアルの全く存在しない中で必死で模索されていく。

条約勅許が獲得されなかった直後の幕府内有志旗本集団主体の幕政改革プランは、それが実現していたとすれば、開港と世界市場への編入に際しての、権力内部からの目覚しい政治変革の実例として、歴史に残されたことだろう。しかし世界史のテンポはあまりに早く、対外危機への対応は無勅許開港路線の強行と幕臣有志集団の見事なまでの掃蕩という形でなされ、それ以降、歴史の進展の中で、幕臣有志集団がイニシアチブを握れる条件は永久に消え去ってしまった。

果断・豪毅な井伊大老を先頭とした将軍＝譜代結合による正面突破政策は、しかし桜田門外の変により挫折させられ、これ以降国内に日ごとに蓄積される反幕意識の政治的重圧を前に、幕閣は国内政治での方向転換を迫られることとなる。

幕府・旗本・御家人の中には新しい動きが出てくる。一つは幕府内尊攘派の形成である。幕府こそが諸大名にさきがけて対外的強硬姿勢を確立するとともに朝廷とのしっかりとした結合を実現しなければならないというグループである。安政大獄で処罰された幕臣の一部にもこのような発想が存在していたのだが、文久期に入ってのその代表は、山岡鉄太郎とそのグループとなるだろう。

あと一つは、これまでの譜代大名だけから構成されている老中・若年寄体制(これが全大名階級を指導してきたのである)を緩和し、政策決定基盤をより拡大する方向で幕府権力の安定化を図ろうとするものである。

ただし、これら二つの傾向はいずれもこの段階では微弱なものにとどまっていた。長年の慣習とは恐ろしいものである。圧倒的多数は既得権益へ無条件的に固執し、それにさからう者たちへの敵意をむき出しにした。状況が苦しくなると対応姿勢を若干は示すものの、少しでも幕府に有利な条件が出現すると、極めて容易に将軍＝譜代結合論理が作動し、「京都からの離脱」遠心力が働き、「御公儀」「御威光」という呪文が通用するような錯覚がよみがえるのである。この方向がいきつく先は、小栗忠順などが象徴する幕府官僚制強化による雄藩打倒と郡県制への志向性となるだろう。しかしながら、彼らの支持層が現体制固執派である限り、幕府軍制の根本的変革による幕府軍の軍事的強化は絶望的なものになるほかなく、軍事的近代化は傭兵化の方向しかなくなるのである。

では親藩・家門・譜代諸藩ではどうだったのだろうか。

一方では当然のことだが、外圧に押されての譲歩路線に対する批判と反撥が家臣の間から噴出してくる。公使館の守備兵提供を福山藩や宇都宮藩が断るようになるのは、その一例である。また文久二(一八六二)年五月末、第二次東禅寺事件とよばれる譜代松本藩藩士伊藤軍兵衛が英人を殺害し自殺した事件もこれに関係するだろう。彼は事件を起こすことにより、日本人同士が殺しあうことになる松本藩の東禅寺警衛任務を解除させようとしたのである。

他方では、親藩・家門の大名家においては将軍家は宗家である。分家や支流は宗家を守ることによってこそ、己が家を維持できる。徳川斉昭《なりあき》や水戸学イデオローグ会沢正志斎《あいざわせいしさい》においても、宗家とともに立ち、宗家とともに亡ぶという意識は強烈である。先にも指摘したように、水戸藩激派の発想もまた、幕府が存続を望むのなら、将軍家として対外的姿勢を強硬にするしか途はない、というものであった。この宗家・分家という封建的武士的家意識が前提となる限り、藩内の抜本的改革は極めて困難となり、国事運動は脱藩・浪士化のコースをたどらざるを得なくなる。

また譜代藩においては、藩主自身が将軍の家臣・家来なのであり、したがって藩士は将軍家の陪臣となる。ここに封建的忠節観念や君臣・主従の論理が働くならば、藩士は藩主に忠節を尽し、藩主は将軍に忠節を尽くし、将軍は朝廷を尊崇して全大名を統御するという政治原則に則って各藩のサムライは行動することになる。譜代藩尊攘派の人々は脱藩・浪士化して活動せざるを得なくなる。

幕府の軍事的強化による対外姿勢の確立という、国家権力たりうるための客観的要請と現実的不可能性との深刻な矛盾が存在し、しかも倒幕して新権力を編成し主権国家樹立の方向にも踏み切ることはできないという歴史的制約性を、典型的な形で幕末政治過程で示したのが、水戸藩であった。同藩の激派・諸生派・鎮派は、ともどもに同等に自己の正統化論理を持ち、それが故に収拾のつけようのない藩内抗争の泥沼に陥り、相互に目をおおいたくなるほどの殺戮を重ねた後、有為の人材を完全に枯渇させて明治新時代を迎えるのである。

外様諸藩とそのサムライたちにとっては、話が異なってくる。外様大名家は、客観的には徳川家と対等な家である。徳川将軍家は宗家でもなければ主家でもない。徳川宗家を維持することは至上命題にはならないのである。特に外様大名に仕えるサムライたちにとっては、このことが親藩・譜代大名の家臣とは全く別個な意識を生み出す前提となっている。ただし藩主層においては長年の将軍・大名の身分秩序と錯綜した姻戚関係から、最後まで徳川家維持の観念が抜け切れはしなかった。

そしてサムライたちは建前として、秩禄を支給される正当性を、一旦緩急の際、国家の干城として戦場に命を捨てんがため、との一点に求めていた。松下村塾の前原一誠は「死すべき時を見て死す事の出来ぬは士にあらず、是が出来ぬ程ならば、別に士というもの、こしらえ置に及ばぬ也[5]」と断言する。この考えがこの当時、「士道」とか「武士道」とよばれていたものの本質なのである。したがって、このような信念をいだいていた戦士集団に対し、「欧米の強力な軍事力に対しての劣弱な日本の現状」を説き、相手側の要求を呑むほかない、という論理を提示して合意をかちとろうとすることは極めて困難なことであった。支配階級の一員として百姓が年貢を納め夫役を提供し、我々が禄を食《は》むのは自然の道理と思っていたサムライが、外様大名のもとでもサイレント・マジョリティを占めていた（特に高禄者や上級身分においては）のは事実にしろ、この建前の論理が神棚に祭られているだけではなく、人格化され、ものを言い、行動しはじめると、正面切っての反論は不可能となる。この状況は旗本・御家人でもまったく同一であったが、ただし、そこでは建前を実践しようとするサムライたちが、あまりにも乏しかっただけのことである。

外様諸藩でのいわゆる尊攘派のサムライは、「弱から強へ」「百敗一成」「武士の一分」をスローガンに、政治党派を結成し、同志を獲得し党勢の拡大を図っていく。そこにおいては、第一に、日本という国家と日本人全体という民族の問題が課題となっている限り、一藩内部の行動にとどまらず、他藩士・諸藩浪士・草莽活動家との提携・連合という方向性が強烈に出てくる。処士《しょし》横議《おうぎ》の状況が出現し、日本というまとまり意識が孝明天皇と朝廷の対外強硬姿勢に結びついて尊王主義として具体化される。

第二に、サムライの本分を尽くせとの建前が建前だけでなく、自己の生命をかけての主張と行動になっていく場合、封建的な石高に応じた軍役体制と表裏一体をなしている藩内の厳格な身分制度の打破、封建的軍役体制を破砕しての有効な抗戦力の創出と軍事近代化といった具体的政策課題が提示されだすのである。

ただし下級武士論で幕末政治史を裁断することは不可能だろう。君臣の義、主従の論理をふりかざし家来の行動を抑えようとする藩主の意向を左右し、制限し、あるいは封じ込めるには、上級武士の共鳴者を獲得することが不可欠だからである。長州では周布《すふ》政之助、薩摩では小松帯刀《たてわき》や桂《かつら》四郎のごとき人々である。

またサムライの発想には、容易に戦争ということが入り込む。戦争は政治の延長であり、その一手段なのである。清国の例を見ても、一敗したくらいでは日本は滅びないといった見通しや戦争を国内変革の契機としようとする思考法は、サムライ階級が民族形成のイニシアチブをにぎろうとする場合の特質といっていい。

第三に、豪農商層からの支援がどうしても必要不可欠となる。経済的政治的な支援をうけなければ藩内での党派闘争も脱藩した後の運動もおこなうことは全くできない。さらに政治的に敗北した際には、命を護ってくれる庇護者となってくれるはずである。

そして、極めて肝要な点だが、いわゆる尊攘派に対し、このような種々の支援を介して、豪農商層は彼らに武士階級による百姓支配の過酷さを教え、自分たちの物のとらえ方、自分たちの経済的政治的要求を知悉させていくこととなるのである。

ここでいう豪農商層は、一八世紀末から一九世紀前半、非領主的な国内経済が形成され、日本人という民族意識が次第に成長してきた時代、被支配階級の最上層部として、その主要な担い手となってきた。第三章で既に述べたように、彼らの政治思想は「職分委任論」であり、彼らは、自己に割り当てられた職分を果たすことのできない上位権限者たる幕府・諸藩主・諸藩士に対し痛烈な批判と非難をおこなう。絶対的政治的服従を強制されている者たちとして、服従を強いる者たちが担っている責任の遂行を絶対的に要求するのは当然のことなのである。そして彼らの一部は草莽活動家として国事周旋に加わっていく。

他方、物価騰貴により、一般民衆の直接的打撃、あるいは窮乏状態救済要求は、まずこの豪農商層に向けられる。社会的不安定状況（いわゆる「世直し状況」）の改善のためにも、彼らの権力者批判はさらに強いものにたかまっていかざるをえない。

ここで、当該時期の彼等の行動と思考法を、小説『夜明け前』を踏まえながら見てみよう。

安政六（一八五九）年六月より横浜が開港し、小説では宮川寛斎（中津川の漢方医馬嶋靖庵がモデル）がその直後、生糸交易のため横浜に出、巨利を得る。このことについて寛斎に平田国学を学んだ愛弟子青山半蔵（馬籠本陣の島崎正樹がモデル）と蜂谷香蔵（中津川の問屋間半《はざま》兵衛がモデル）が、馬籠本陣において、先生は未だ漢心《からごころ》が捨て切れていないのだ、と批判する場面がある。

史実としては、横浜交易に出向いた中心人物は間半兵衛なのであり、姉婿の靖庵が同伴し、巨利を獲得して中津川に戻る帰路の一〇月、江戸の気吹舎に直接訪問して篤胤没後の門人になるのである。彼らにとっては、安政五年八月以降の朝幕間の国家意思完全分裂の状況において、日本の国家とは何かを、自らの課題として考えざるを得なくなっており、さらに横浜交易における外国商人との取引きにおいて、商人の私的利益の追求と日本国という一国経済にとっての善とはいかなる関係にあらねばならないかという、経済人として今日まで一貫して続いている深刻な問題に直面し、その国家のあり方を自らが学ぶため、平田国学に進んで入門し、日本の「古道学」学習に入ったのである。そして、この段階での気吹舎は未だ交易反対の立場をとってはいなかった。半兵衛は翌年も横浜交易に出向いている。

この間半兵衛たちに提起された課題こそ、日本におけるPolitical Economyの素朴で初歩的な、しかも根幹的課題となったのである。そして親友間半兵衛の行為を島崎正樹はなんら批判することはなかった(6)。

以上の概略は、幕末期日本全国に共通する諸課題であり諸問題であった。全国二百六十余藩のすべてにおいて、これらの諸点が争われた。その総決算が後ほど見るような「御一新」に帰結したのである。そして「御一新」の動きが現代史の必然性と認識されたが故に、明治元(一八六八)年から全国諸藩において藩政大改革が展開するのである。

以下、安政大獄から文久二(一八六二)年初頭にかけてのいわゆる尊攘派の形成を、長州・薩摩・土佐・肥前の四藩において検討していこう。

3　長州尊攘派の形成

桜田門外の変

長州藩の特徴は、幕府追随性の強い藩当局と吉田松陰グループの政治的対決であった。松陰は安政六(一八五九)年一〇月二七日、江戸伝馬町の獄舎内で斬首されるが、ひそかに遺骸を葬ったのが、当時江戸にいた桂小五郎(のちの木戸孝允)・伊藤博文・飯田正伯・尾寺新之允らの友人・門弟の面々であった。大獄関係者の名誉回復がなされた直後の文久三(一八六三)年一月、松陰の遺骨は世田谷の若林に改葬されるが、これには久坂玄瑞《くさかげんずい》・高杉晋作・伊藤博文・山尾庸三・品川弥二郎・白井小介・赤根武人らの門弟がかかわっている。

高杉とならんで松陰グループのリーダーとなった久坂玄瑞の萩での動きを安政七年＝万延元(一八六〇)年にみると次のごとくである。

安政七年一月二日には山県有朋らと会沢正志斎の『新論』を、一六日には高杉らと王陽明の『伝習録』を、二七日には、高杉・前原一誠・品川弥二郎らと『孟子』を輪読している。『孟子』輪講に際しては松陰の「講孟劄記《こうもうさっき》」が参考にされたはずである。二月七日は師松陰の百日忌辰に当り、久坂は高杉・前原・品川らと仏事を営んでいる。

安政七（一八六〇）年三月一八日に万延と改元、その五月九日に久坂は江戸に到着、政治的雰囲気が一変した江戸で他藩との交流を開始することとなる。

江戸では前年から在府の桂小五郎が活動の中心にいた。彼は桜田門外の変を、萩の前原他にこう報じる。

三月三日の大快事追々御承知、嘸々《さぞさぞ》御欣悦と奉遠察候、此好機会にて天下の賢諸侯を抜擢致し、旧弊を一洗仕、大道を明に致し候えば、又一治世に復しられ可申《もうすべく》候得共、姦老中、愚俗吏中、中々其等の処には少も無係知、為己《おのれのため》に同類をひき、此度の裁許も余程無道を以強《し》い候よし、此一決次第、時勢如何大変仕候哉、外寇も有之、実に皇国不容易儀に御座候、（中略）一振致し、熱血の中よりより立候方、却て神州の元気を引起可申と唾手《てにつばし》相待居申候[7]

と、外からの圧力で幕政変革を実現させようと考えている。

この年の六月、長州藩の君沢型スクーナー船丙辰丸が江戸に入港、桂は艦長の松島剛蔵と時事を談じ、水戸藩有志と提携して事を挙げることとし、八月下旬、丙辰丸船上で水戸藩の岩間金平（藩士）や西丸帯刀《たてわき》（郷士）らと、水戸藩は破壊運動、長州藩は事後収拾運動を約して盟約を結ぶ。その議定書には「当今の勢、世間億万の人士視見する如く、夷狄縦横に跋扈、加之《これにくわうるに》、内姦吏私を営み、天下日に逼迫、真に皇国未曽有の御最大事、幕府御安危の決（わかれめ）、実に一介の草莽と雖も、累世御明徳に奉沐浴候もの、不顧身命《しんめいをかえりみず》尽力可仕儀勿論候」[8]と述べられている。そこでは斬姦による幕府強化の目的が明記されている。水戸藩では、この盟約がなされたこともあり、文久二(一八六二)年一月の坂下門外の変直前まで、老中安藤暗殺計画への参加を長州藩に要請するのである。

露艦対馬占拠事件

長州藩尊攘派を大きく刺激する二つの事件が文久元年に発生する。一つは露艦対馬占拠事件である。長州は対馬と目と鼻の先にあり、最も敏感に反応せざるを得ない土地柄でもあった。

五月六日、下関で任務に就いていた佐久間佐兵衛は周布政之助にこう報じる。

> 於対州英人乱妨の趣は逐々御承知も可被成《ならるべく》、尤《もっとも》於当所も真の風評取極《とりきわまり》候儀にも無御座候得共、当二月比の事の由にて、夫《それ》より家老二頭も参府、既に昨夜江戸より外国奉行小栗豊後守殿、御目付溝口八十五郎殿、其外先月十八日出帆にて対州へ御用有之由にて、当港へ一泊、対州問屋御呼出有之、様子御聞取にて、今朝出帆被致候始末に相成り候、元来彼島、英人より懇望仕候を、魯国よりは英人へ御貸渡不可然《しかるべからず》、所詮御拒絶可然《しかるべく》、警衛の儀、魯人より御助勢いたし、大砲も兵艦も彼島へ差向置候抔《など》申、甘言美辞にて、一島二賊のはまぐりと相成候故かと被相考候《あいかんがえられ》[9]

と、英露二国が対馬を支配下に置こうとしていると観測している。

また同月二二日、江戸にいる宍戸九郎兵衛も周布に江戸で入手した対馬情報を伝えている。

何分此一挙は神州の重大事件にて、此度体《このたびてい》の乱妨をも公辺より内輪を御取静《おとりしずめ》に相成候ては、如何様、当分は無事に相治り候積りに可有之候得共、彼夷は申に不及、諸夷とも暴戾倍《ますます》相募り、対州挙国一城郭に構《かまえ》可申儀、眼前に御座候処、左候ても公辺より御構無之候えば、御近親の宗御家(毛利家と宗家は親戚の関係にある)は御潰れ被成《なされ》候ても、天皇の御国に疵付候ても、御傍観と申筋にも参兼《まいりかね》可申、何とか兼ての御門閥の廉相立候現験被為在度《あらせられたく》と奉愚案候(10)

と、幕府がロシアと妥協してしまえば、同地に諸列強の基地が築かれることを憂慮している。

このように、対馬事件は幕府頼むべからずとの印象を長州尊攘派に与える大きな要因になるのである。

航海遠略策への反対

あと一つの事件は、長井雅楽《うた》の「航海遠略策」をもっての公武周旋活動である。長井は文久元(一八六一)年当時直目付を勤め、周布と並ぶ長州藩政府の切れ者であった。この年の三月、長井は「航海遠略策を以て公武間に周旋すべし」と藩主に建策した。即ち朝廷に対しては鎖国攘夷の不可なるゆえんを直言し、幕府に向かっては朝旨遵奉の緊急事なるゆえんを強調しようとするものである。藩当局はこの三月、航海遠略策をもっての公武間周旋を藩議として決定し、七月、在府の世子毛利《もうり》定広《さだひろ》が老中久世《くぜ》広周《ひろちか》(万延元年閏三月再任)に長井を面会させ、入説させた。

苦境に陥っている幕閣は毛利家に周旋を依頼した。外様大名による国事周旋はこのことをもって嚆矢《こうし》とする。幕閣自ら外様の毛利家をして国政の機密に与らしめたのである。

一一月、藩主毛利慶親が出府して閣老と交渉し、翌文久二年一月、藩では長井に中老に準ずる資格を与え上京を命ずることとなり、二月下旬、閣老は陪臣の長井を召致して、老中列座のなか、慶親に航海遠略策をもっての公武間周旋を正式に依頼した。長井の着京は文久二年三月一八日のこととなる。

この長州藩是となった航海遠略策をもっての国事周旋に当初より猛烈と反対するのが松陰グループの尊攘激派であった。

文久元年三月下旬、在府中の久坂は萩の中村道太郎に書状を送り、

於本藩は風俗日弊、士気日衰候て、政府御一定の御見込も可有之候得共、我々等迄には通徹不仕、(中略)抑《そもそも》国是が建不申《たちもうさず》ては、中々航海も遠略も矢張泛論浮策、苟且《こうしょ》の一端にて可有之、目睫《もくしょう》に迫り候禍変を患候得ば、別に、大急務も可有御座と奉存候、此節の模様にては、千万里外の航海どころか、内地の規模も甚小にて、天下の豪傑を

籠絡し、天下賢能を貴び用ゆる事、能を抜する事、得《え》成らず(11)

と航海遠略策を攻撃する。眼前の危機に対処し、日本を変革し、人材を結集して国家の基礎を固めるものには決してならない因循苟且の策略に過ぎないと談ずるのである。

この論を執って久坂は動かなかった。六月下旬、萩の入江杉蔵に書状を送り、

対馬島の事は実に宗家の御恥辱のみならず、皇国の存亡に関候事は申迄も無之事、(中略)小栗豊州の応接、一言も彼跋扈を詰《なじ》る事得《え》ならぬ様子なり、神州の大恥辱至此極矣《ここにいたりてきわまれり》、(中略)長印(長井を指す)、過十四日夜着府、逐々議論も仕候処、中々奇怪に候、(中略)蹙《ちぢ》まる所は航海遠略にて候、固《もとより》先師(松陰を指す)の議論も其所には候得共、航海遠略は此節に相成候ては、蘭学小僧も解し得る所にて、和議を主とするものの喜ぶ所と存候、(中略)公武合体も幕吏をして天勅を遵奉さする積《つもり》なれば当然にも候得共、幕を助け天朝を抑へ候様に相成候ては、何共不相済事也と愚念仕候、何れの処は航海の道開け鯨濤万里の外へ乗出す策にて無之ては不相済候得共、方今差当り対馬などの事もあり、且彼の凌轢《りょうれき》を受ながら、其罪をも正さず、頭を垂、尾を揺《ゆら》し、航海仕候とも、武威を張る目途は無之と覚申候、(中略)彼の罪をも得《え》正さずして、迚《とて》も航海なるものにも無之候、然るに徒《いたずら》に徒に航海々々と唱るは、先師の論とは相違にて可有之《これあるべく》、主和者の説と被考《かんがえられ》候(12)

と、師の松陰も鎖国論ではなく航海遠略論だったが、外国の圧力に屈し凌轢を受けつづけ、

眼前の対馬事件にも軍事的に対処することもできずして、この説を主張するのは、単なる「主和」論に過ぎないと断ずる。

また在府の桂小五郎も航海遠略策に強硬に反対していた。六月中旬、出府途次の周布政之助に書状を送り、

長雅、公武御合体御周旋の為め出府仕候様子、いか程手段に御座候哉、不審千万被存申《ぞんじもうされ》候、当時の姦吏等と相謀り、自然勅意を緩め奉り、違勅御手伝の姿ともに相成候ては、天下の正気に相触れ、対御家《おんいえにたいし》いか様の御怨申上候哉も難計《はかりがたく》、(中略)百万一も姦吏等の御説得と申事は出来不申、(中略)就ては断然御参府御断被遊、薩州土佐因州其外有志の諸侯へ、正義を以《もって》篤と御説諭被為在《あらせられ》、遂に御参府も御見合に相成、独梁公(一橋慶喜を指す)、越老公、方今天下の人望も帰し候事故、是非御用い有之候様御建議被為在《あらせられ》、重三(桜田門外の変を指す)の人数、薩邸へ駆込し人々(万延元年八月の水戸浪士薩邸駆込み歎願事件を指す)も、先御赦宥有之候様御周旋、将軍家も上洛相成、天下の諸侯と奏問の上、後来の所致一定仕候様無之ては、中々徹底不仕《つかまつらず》、一体鎖国と申訳にても始終の大略難相成《あいなりがたく》候得ども、只関東の了簡を以、勅に違い人民不折合も不取敢《とりあえず》、草莽間、力を尊攘に尽せしものは猥《みだり》に斬戮等せしめ候よりして、遂に重三の挙も有之、(中略)此節の如く自滅の姿と相成、五大洲へ奮飛仕候事なぞは実に思もよらず、御国一般、いか様相調候とも、天下の算は相立申間敷《あいたちもうすまじく》候間、是非御参府決然御

延引被遊《あそばされ》、人材選挙、姦吏掃蕩の御周旋有之度、姦吏を御相手にての御計らいは天地誓て成就不仕、(中略)対州の儀も不堪聞《きくにたえず》、天下数百の諸侯も一人其正気を助け、其急を救候もの無之、終に瓦解、残念千万(13)

と述べる。長井の策は自滅の姿を呈している幕府の姦吏を助け、違勅の手伝いをするだけのこと、鎖国策に固執するわけではないが、藩侯は参勤を中止して、一橋慶喜と松平春嶽を用いるよう幕府に建言すべきであり、将軍は上洛し、天皇の前で国是を決定する方策をとらなければ国論は一定しない、対馬の処置も聞くに堪えず、天下の大名も誰一人としてこの危機を救う者なし、と嘆ずるのである。

在府の久坂は長州藩激派の中心となり、桂とともに他藩の有志とのつながりを強めていき、文久元(一八六一)年八月一七日には、土佐の武市半平太・大石弥太郎・河野敏鎌・池《いけ》内蔵太《くらた》や翌年一月一五日、坂下門外の安藤襲撃に参加し闘死する越後十日市の草莽活動家河本杜太郎らと会談している。また在府中、薩摩藩士の樺山三円(資之)・益満休之助・町田直五郎らとも親交している。焦眉の国事問題には対馬占拠問題とともに、激派の側では幕府姦吏の策謀と映った和宮降嫁阻止問題が浮上していた。

他方長井雅楽は、航海遠略策を口を極めて難ずる久坂をかばう周布を、「気節は可称事《しょうすべきこと》にも可有之《これあるべく》候得共、君意に背候て、自己の存意を押立候奴原《やつばら》を救助仕候段は矢張私意にて可有之(14)」と非難する。君命を奉じて国事を朝幕間に周旋しようとする自分を攻撃する久坂は、主君の意志に背いてまで私意を主張する不届き者と長井が憤るのは、封建制論理からすれば至極もっともなことである。一般の長州藩士にしてみれば、松陰グループはそのようにとらえられていた。

周布政之助の接近

ただし出府し諸藩士の意向と幕府の実態をつぶさに観察した周布政之助においては、既に航海遠略策で幕府の体制が弥縫《びほう》できる事態では全くなくなっていることが理解される。彼は和宮東下の件を憤慨する江戸藩邸激派のリーダー久坂玄瑞(江戸に置いていると暴発の恐れがある)を伴い、参府途次の藩主に参府中止を諫言すべく、九月七日江戸を出立するのである。

出立の二日前、周布は藩主随従要路者に、久坂の和宮降嫁反対・藩公出府不可の意見書を添え、次のような書状を発している。

先月末、久坂玄瑞事、突然私固屋《こや》へ罷越、(中略)実は此度皇妹御下向、殿様御周旋にて被差止《さしとめられ》候様相願度候付、伏水《ふしみ》辺迄罷登可申《まかりのぼりもうすべき》存意の由、流涕申立、其気色《けしき》、実に難差留《さしとめがたき》様相見、手を離候得ば、最早是切《これきり》にて出奔の形に可相成、取押候えば、籠舎に成共不仕置《しおかず》ては、必逐電可仕と存候付、篤《とく》と致思惟《しいいたし》、何分可及返答《へんとうにおよぶべく》候間、先願書をば差控置候様にと申聞せ、一日思惟仕候得共、格別好分別も無之、是等気節の士を籠舎仕候ては、俗論家弥《いよいよ》相募《つのり》候て、少壮の面々、気節も正議も一向不相弁、悉《ことごと》く柔弱迂腐に相成、国家の気脈及断絶《だんぜつにおよび》可申、勿論気節に泥《なず》み、(楢崎)弥八郎・玄瑞如きものも、今日国用には難立《たちがたく》候得共、朱学先生方の曲学私論には一等相優、国家有時では気節は用をなし、面諛《めんゆ》(へつらい)輩は、治乱共用に相立不申候間、気節の士は精精救助仕候方可然(15)

と周布は久坂ら激派を気節・正議の士、有事の際には不可欠の者とし、俗論輩・柔弱迂腐・曲学私論・へつらい者、有事の際には役に立たない者と対比させている。

周布の藩主への諫言は当然のこととして聞き入れられず、周布・久坂ともに帰藩を命ぜられる。長州江戸藩邸の政治状況が長井の線で固められると、桂の活動の余地は狭められ、水戸藩尊攘派からの要請にこたえられなくなっていった。

久坂は帰藩後、松陰グループの党派結束を強め、藩当局に対抗する勢力を固めるため、文久元(一八六一)年一二月、「松下村塾塾生一灯銭申合」を同志と取り結んだ。萩では前原一誠・品川弥二郎・山県有朋・大楽源太郎他が、在府士では高杉晋作・伊藤博文・桂小五郎他が加盟する。

脱藩血盟書

この文久元年末頃より、長州藩の航海遠略策どころではない、抜本的な国事周旋活動を島津藩主実父の島津三郎久光が断行するという噂が他国に漏れ出した。諸国には久光まさに蹶起し尊王の義挙を決行せんとす、という形で伝播していき、各地の尊攘派が立ちあがる契機を創り出した。長州激派リーダー在萩の久坂のもとに諸方から連携の働きかけがなされていく。

文久元年一一月一六日には越後の志士河本杜太郎が来訪、一二月一六日には武市半平太の使者大石団蔵らが来訪、翌二年元日には樺山三円の使者田中頼庸(維新後伊勢神宮神官)が来訪、一月一四日には武市の使者坂本龍馬が武市の書状を携えて萩城下を訪れる。同月二一日、久坂は左の返書を認めて龍馬に託した。

> 諸侯不足恃《たのむにたらず》、公卿不足恃、草莽志士糾合義挙の外《ほか》は迚《とて》も策無之事と私共同志中申合居候事に御座候、乍失敬《しっけいながら》、尊藩も弊藩も滅亡しても大義なれば苦からず、両藩共存し候とも、恐多《おそれおおく》も皇統綿々万乗の君の御叡慮相貫不申ては、神州に衣食する甲斐は無之かと友人共申居候事に御坐候[16]

この返書の中に久坂の師吉田松陰の「維新の精神」が凝縮されて述べ尽されている。

同月二四日、松陰グループも積極的に外に打って出るため、まず薩藩情確認に堀真五郎が出国、続々と入ってくる諸国の風聞は、このままでは、長井の公武周旋に藩当局がかかずらう間に、長州だけが時局に大きく遅れてしまうだろうことを裏書きするものばかりであった。脱藩して国事周旋に参加し、列強に屈しない国家をつくれとの天皇の意思を実現しようと、同志を代表する久坂は、二月二三日、脱藩血盟書を起草する。

此度申談候大義、天下の安危、皇道の興廃に致関係《かんけいいたし》候儀にて、我々共不肖の身を以申合候事、恐多次第候得共、君臣の義久敷《ひさしく》明ならず、正邪の弁、最早地に墜《おち》候計《ばかり》に候得ば、如何共傍観するに忍びず、依之《これにより》聖賢尊攘の大義に本《もとづ》き、戊午の歳御直書付の御深旨を窃《ひそか》に斟酌し、（中略）他藩より大義被談掛《だんじかけられ》候上は、見義不為無勇也《ぎをみてせざるはゆうなきなり》との聖語も有之、（中略）今日に至り他藩に先鞭を着《つけ》られ候ては何共遺憾の至に堪えず、（中略）依之逋亡脱走の重典を犯（さん）[17]

第一八章　薩摩藩尊攘派の形成

1　藩主島津斉彬と西郷隆盛

薩摩藩尊攘派の形成を考えるには、長州藩尊攘派と異なり、もっと長いスパンをもってしなければならない。藩主島津斉彬《なりあきら》の有志大名としての活動が深くかかわっているからである。

島津斉彬の重要性

薩摩藩主島津斉興《なりおき》は長子の斉彬よりも、側室お由羅《ゆら》が産んだ久光《ひさみつ》を愛していた。これがもととなって嘉永二(一八四九)年、お由羅騒動という御家騒動が勃発する。藩重臣が側室と結び、久光を斉興の継嗣にしようとして反対派を弾圧した事件である。反対派の中心人物高崎五郎右衛門の名を取って「高崎崩れ」と呼ばれることにもなった。

五郎右衛門は死罪に処せられ、その子左太郎(後の正風)は幼年のため、一五歳になった嘉永四年に奄美大島に流罪となり、大久保利通の父は喜界島に流され、利通は謹慎処分を受けるなど、藩内の影響は甚大であり、同志のうち、藤井良節(藩主の産土神たる諏訪神社神職井上出雲の変名、弟が井上石見)・村山松根《まつね》(北条右門、村山斉助と変名)・葛城彦一・岩崎長直(相良藤次)の四名は、斉興の叔父で福岡藩主となっていた黒田長溥《ながひろ》を頼って福岡藩に亡命し、長溥に事態を訴えた。葛城は天保九(一八三八)年、平田篤胤《あつたね》生前時に気吹舎《いぶきのや》に入門した国学者でもあり、高崎崩れは在府中に起こったものだが、翌年帰藩後に亡命したのである。彼は安政三(一八五六)年八月、篤胤養子平田鉄胤《かねたね》に長年の無音をこうあやまっている。

先年、其御表罷在《まかりあり》、帰国に掛り候折柄、弊藩変動の義到来仕為申旨《もうしたるむね》、途中にて承申候に付、窃《ひそか》に罷帰候処、権姦の徒、路に塞《ふさが》り、誠忠の者は却て天狗党抔《など》と名付、人心を煽動いたし候様に申立、重役初め重き罪科に被行《おこなわれ》、或は禁錮遠流《おんる》の輩不少候、依之不堪悲憤《ひふんにたえず》、不得止事《やむをえざること》、三四輩世禄を棄《すて》、親子を離れ、罪責亡命を不顧《かえりみず》、窃《ひそか》に出国、御親族方へ歎訴仕候処、内々達公聴にも《こうちょうにもたっし》候訳にて、世子(斉彬)家督に相成申候処、封内の人民、大旱の雲霓共如申《うんげいとももうすがごとく》、挙て徳沢を仰申候由に御座候、過《すぎ》し水府の騒乱、乍余所《よそながら》慨歎仕居候処、天下の気運は不余所《よそならず》、忽《たちま》ち我事と罷成候、尊地罷在候後は、深山幽谷にも潜入、幾度か危難に逢為申《もうしたる》よう、乍併《しかしながら》宿志屈撓《くっとう》不仕、艱苦を凌来候処、庸夫の思も捨させ給わぬ天下の政道に逢、難有《ありがたく》今日迄は存命仕居候、中々一朝一夕のことにて無御座、天道是非の歎も仕候事にて御坐候、御想像可被下《くださるべく》候、歴史の上には間々《まま》是等の義も候て読覚候えしかど、中々我身の上とは不存寄《ぞんじよらず》、斯《かか》る都合に仍《よっ》て、

乍《おもいながら》思是迄御無音申上候(1)

篤実な性格がにじみ出している書状で、また率直に彦一の心情が吐露されている。頼られた黒田長溥が事態解決のために積極的に動き、徳川斉昭・松平慶永・伊達宗城《むねなり》・南部利剛(盛岡藩主、支藩八戸藩主南部信順は長溥の兄弟)等に談じかけ、琉球問題を顧慮する老中阿部正弘も憂慮し、斉彬を信頼する旗本の筒井政憲・川路聖謨・下曽根金三郎や斉昭家来の藤田東湖・戸田銀次郎らも協力し、嘉永四(一八五一)年五月、斉彬は襲封して入国し、事態は鎮静化した。賢明な斉彬は反対派を弾圧せず藩内の平和を維持し、他方藩政改革を推進したので、斉彬と彼の路線を支持する藩士集団が形成されていくのである。

斉彬主導の近代化政策には、反射炉やガラス工場の建設、写真技術の導入、蒸気機関の製作、洋式帆船の建造等々めざましいものがあった。軍事改革もオランダ人の意見をとり入れての砲台建設や兵制・武器の近代化等、画期的なものがあり、教育面でも造士館を強化し、蘭学を振興し蘭学者を保護する一方で、漢学とならび国学を重視するなど、藩士教育としてはバランスのとれた政策を進めた。その一方で幕府との結びつきを強めるため、篤姫《あつひめ》を自分の実子として、安政三年一二月、将軍家定の正夫人とするのであった。

安政四年、ハリスの出府と米日条約締結要求に対しては、条約やむなしとの立場をとるとともに、そのためには一橋慶喜の世子化と大胆な幕政改革、朝廷と幕府の結合強化が必要不可欠だと、有志大名の利害を代表して他の有志諸大名と連携しつつ積極的に運動を展開していった。そして六月一九日、無勅許条約調印とその直後の大混乱のさなか、安政五年七月一六日に急死した。諡《おくりな》は「順聖公」とされ、薩藩尊攘派は「順聖公御遺志」貫徹をそのスローガンに掲げることとなる。

斉彬は嫡子哲丸が幼少のため、久光の子忠義を養子として死んだが、哲丸も間もなく亡くなり、忠義が祖父斉興の後見のもとに藩主となるや、斉彬が推し進めてきた藩政改革は停止または廃止され、藩状は大きく後退した。この藩状急変期に西郷隆盛が帰藩し、自己の約束したことが全く不可能になったと、同志月照と入水することになるのである。

西郷隆盛の登場

西郷隆盛もまた嘉永二(一八四九)年のお由羅騒動に感奮した一人であった。彼はこの事件で謹慎処分を受けた大久保利通・有馬一郎・関勇助の三名をはじめ有村俊斎・吉井友実・税所《さいしょ》喜三左衛門(篤、平田国学者)・大山格之助(綱良)・樺山三円《さんえん》(資之)らと親交を結んだ。

西郷はペリー艦隊再来時の嘉永七(一八五四)年、二八歳の時、斉彬の参勤出府の際、中小姓の列に加えられて初めて江戸に出てくる。

在府中の斉彬は糾合方をつくって藩士中の俊英を集め、西郷のほかに出府してくる岩下方平《まさひら》・伊地知《いじち》正治・有馬新七・伊地知貞馨《さだか》(堀次郎)・高崎五六・奈良原喜左衛門、有村雄助・田中謙助・柴山愛次郎らもそこに加わるが、薩藩有志を代表して他藩と交わるのはおのずと西郷隆盛となっていった。安政二(一八五五)年の夏頃、彼は大山格之助に、「又豊(島津豊後又八郎、久光派)一条、当暮迄の内には□打落候儀と慥《たしか》に見留御坐候」(2)との書状を送り、久光派への敵意をあらわにしており、同年八月、樺山三円への書状では、「当時の急務、御子様御出生の儀に御座候」(3)と斉彬に男子が誕生することを切望している。

島津斉彬はこの西郷を深く信頼した。斉彬は松平慶永に向い、「私家来多数あれども、誰も間に合うものなし、西郷一人は薩国貴重の大宝なり、乍併《しかしながら》彼は独立の気象あるが故に、彼を使う者、私ならではあるまじく」(4)云々と語ったといわれる。

西郷は在府中、水戸の藤田東湖・戸田銀次郎・原田兵助・武田耕雲斎、福井の鈴木力や矢島錦助、尾張の田宮如雲、熊本の長岡監物や津田山三郎《さんざぶろう》、柳川の池辺藤左衛門らと交流し、自分の立場を「水府組」(5)と称している。

また西郷は、国学にも深く関心を寄せており、気吹舎にも顔を出している。「気吹舎日記」によれば、第一回目が安政元年四月一四日、既に門人となっていた税所喜三左衛門とともに、第二回目は翌二年一一月二九日、相良甚之丞を伴って訪問、気吹屋門人帳では、相良がこの日入門、紹介者西郷隆盛となっている。第三回目は安政三年二月一一日、「日記」には「西郷吉兵衛来」とあるも、「気吹舎入金帳」には「三朱、薩摩書物代、相良」と記されており、相良を同伴していたと考えられる。

西郷の京都入説

西郷は斉彬の全幅の信任をかちえ、庭方役として藩の枢機に参画し、安政四年四月、斉彬に従って帰藩した。

しかし江戸の状況が急を告げる同年一一月、斉彬の命を受けて東上し、一二月六日に着府、松平慶永の腹心橋本左内と打ち合わせ、大奥方面での斡旋を担当することとなる。西郷は篤姫付老女幾島《いくしま》に働きかけ、同月一四日、慶喜を世子に立てるよう将軍に言上し、家定生母の本寿院には英明な継嗣を立てることが将軍の長寿を保つ所以となることを説得せん、との篤姫意中を伝える書状を彼は得るのである(6)。

斉彬自身も一二月二五日、幕府に対し継嗣問題で建白し、条約を認める条件として人心の統一が必要であり、年長・才器・人望の三者を具有する慶喜こそふさわしい、と主張し(7)、さらに翌安政五年一月、幕府に対し建白し、朝廷尊崇と将軍継嗣決定の二点を「方今急務(8)」とした。

斉彬は幕府とともに朝廷にも働きかけ、安政五年一月、近衛忠熙《ただひろ》と三条実万《さねつむ》に対し、慶喜の将軍継嗣を実現させるべく、内勅の降下を要請する(9)。

この時期、西郷は大奥の反慶喜感情を変化させるため、慶永の指示で運動をおこない、安政五年三月上旬、養父近衛忠熙宛篤姫書状を携えて上京、月照及び村岡の助力で継嗣に関する内勅降下実現のため奔走する。

在国中の斉彬のもとに、江戸の状況が悪い旨の慶永書状が届くのが六月七日、同月一一日に斉彬は、「この様子では継嗣は慶福《よしとみ》(後の家茂)に定まり、条約も締結されるだろうが、この両者とも違勅となる」(10)旨の書状を忠熙に送った。このような事態のもとで江戸の堀次郎・奈良原喜左衛門・有村俊斎も、江戸にいる橋本左内と連絡しつつ態勢挽回を画策する。

他方西郷は京都工作ののち、近衛忠熙の書状を携えて江戸に下り、松平慶永・山内豊信・伊達宗城等の間を周旋し、五月一七日江戸を立って帰国の途に就き、六月七日に鹿児島に到着、江戸の形勢を主君斉彬に報じた。斉彬は自ら帯兵して上京、もっぱら国事に当たろうと決意する。主君の意を体し西郷は同月一八日鹿児島を出立、七月一四日に入京し、月照・梁川星巌《せいがん》・春日潜庵《せんあん》・頼三樹三郎及び長州藩士大楽源太郎らと会合、京都で工作を展開するが、そこで水戸降勅工作が進行しているのを知り、八月二日出京、七日に着府し、水戸の関係者に降勅の時機にあらざるを説くも既に時遅く、二四日に江戸を立って京都に赴いた。しかし安政大獄が開始、事はすべて非となり、先に述べたように入水自殺をはかることとなる。

2　薩摩藩尊攘派の動向

大獄期の在江戸薩藩尊攘派

安政五（一八五八）年九月中旬、西郷は事態を挽回するためには、「間部詮勝《まなべあきかつ》が武力をもって朝廷に迫るならば、薩長土浦三藩の兵力をもって粉砕、詮勝を撃退して彦根城を攻略すべし」[11]との構想をたて、鵜飼吉左衛門らに語り、藩兵上京工作を行なうべく帰国する。江戸薩摩藩邸にいた有馬新七は八月二九日に江戸を立ち、九月七日入京、上京中の伊地知正治・有村俊斎らとともに西郷と会談、この席で西郷は帰藩して同志の糾合に努め、諸藩の挙兵計画がうまくいかなかった場合には、薩藩の同志三、四百名を率いて上京しようと語っている。

江戸工作を担当した有馬は同月一六日に着府し、除姦計画を立て、一〇月一一日江戸を立ち、二六日に大坂に潜入、一一月二八日、三条実万に除姦・攘夷を建白するも、京都状勢は全くの守勢にまわってそれどころではなく、しかも空気が一変した薩藩から帰藩命令が下り、やむなく一二月一四日、大坂を出航して帰国せざるを得なかった。

安政六年に入ると在府の薩藩士は岩下方平・高崎五六・堀次郎等を中心として水戸激派と連携しての事態挽回を画策する。九月三日、高崎五六は水戸の関鉄之介とともに江戸を立って一七日入京、公卿の間に挙兵除姦策を入説しようとするが目的を達せず、江戸に戻っている。

江戸での動きを憂慮した薩藩当局は、高崎五六と堀次郎に帰藩命令を下したため、両名は安政七年一月五日に帰国し、同志達に、「水戸の同志も出府できない」[12]と江戸情勢を報じるのである。

大獄期の在国尊攘派

斉彬没後は藩主忠義を祖父斉興が後見し、首席家老島津豊後・家老新納《にいろ》駿河の門閥支配体制が敷かれ、斉彬の諸施策はことごとく廃棄され厳しい保守体制が復活した。安政六年九月斉興が死ぬと、翌一〇月には島津豊後が、翌年の二月には新納駿河が罷免され、忠義実父島津久光の影響力が出始めるが、安政六年一一月首席家老となった島津左衛門は依然として保守派の立場を維持して、藩内尊攘派の立場は従来通り窮迫したままであった。

安政六年一月四日、大山格之助は奄美大島に流されるため山川港に滞在していた西郷にこう京都状勢を伝えるのである。

京畿今に探索厳密、殊に貴名広大に成立、京近辺の事、何方へか相潜居、尤多人数召《めし》列《つ》れ候て勃興の処、大に懸念致候由、菟角西郷天下に居る内は世上隠ならざるとの説専《もっぱら》に被行《おこなわれ》候由、併忍向(月照)僕の口上に依て安堵可致ならん、(中略)迚《とて》も方今勃興の処六ケ敷《むつかしく》、未だ天時不至故歟《いたらざるゆえか》、何れ今一機会を相待申外《あいまちもうすほか》無御座候、(中略)亦堀生(次郎)入京の処も、今通にては迚も参兼《まいりかね》候様子に御座候、別紙有新(有馬新七)書状写差上申候、(中略)是にて大体の時情も相分り、無致方《いたしかたなき》儀に御座候[13]

この大山書状の二日前、同志大久保利通に送った書状の中で西郷は今後の見通しを次のように述べるのである。

> 弥々《いよいよ》決心候ても、越に一往の返事不承届《うけたまわりとどけず》候て事を挙候儀は決て仕間敷、趣と事を合て操出可申儀と相考申候、夫而已《それのみ》ならず、筑・因・長の一左右も必ず見合《みあわせ》可申、(中略)事を挙の機会充分相調候わば、兼々格護《(覚悟)》の事、急に御突出奉願候、其節遅疑仕候儀は忠義の人に無之候、(中略)死を決して天朝の御為めに尽すに非ずや、左候得ば、其志を受続《うけつぐ》ことは盟中の盟たる大本と相考申候、(中略)千騎が一騎に成候迄も我党の忠節を尽候所肝要と奉存候、(中略)三藩(水戸・越前・尾張)へ暴命を発候わば、弥《いよいよ》破れ可申奉存候、もう此上は死を賜うの外に暴は有之間敷《これあるまじく》、其節は必ず彼方よりも応援の儀可申遣候、(中略)盟中の儀は三藩と死生を共に仕度《つかまつりたき》儀に御座候、如何とならば先君公、右三藩と共に天下の大事を被談《だんぜられ》、朝廷の御為に尽させられ候御事に御座候間、同じく決心仕度儀と奉存候、三藩動立候わば、共に動立可申儀と奉存候[14]

この書状の中からも西郷の政治論がよくわかる。相手側の出方を見極め、状況が変化するその機をつかむこと、斉彬の考えだとして、主要勢力の糾合とその連携と団結を重視すること、自分たち同志を「我党」と自覚させ、天朝の価値を藩当局より上位におき、脱藩(突出)も覚悟の上とすること、など、後年まで一貫しつづける政治理解がここに述べられているのである。

同年六月七日、西郷は配流先の奄美大島から同志の大久保利通・税所喜三左衛門・吉井友実・有村俊斎に左の書状を送った。

反行の者一左右、如何に御座候哉、此一策（水戸との連携策）実に難有《ありがたく》、有志の実情も相通じ、至極の上計と奉存候、（中略）御存の通五六ヶ年、有志の膝下に罷在候処、此けとう（毛唐）人の交、如何にも難儀、至極気持も悪敷《あしく》、唯残生可恨《うらむべき》儀に御座候、何卒天《てん》定《さだまり》候期仰居候、水、余程責付《せめつけ》られ候様子、必《かならず》潜龍の伸あらんかと却て楽居候事に御座候[15]

ペリー来航以降、欧米列強の圧力に屈していく一方の日本のことを、彼らしく「此けとう人の交、如何にも難儀、至極気持も悪敷」と表現する一方で、安政大獄で幕閣が主謀集団と見なしている水戸藩への圧力が猛烈な反撥を引き起すだろうと、薩水提携策を「至極の上計」と考えているのである。

先の西郷書状にもあるように、安政六（一八五九）年の初頭より薩藩尊攘派の中には藩庁への不信感と敵意が増大し、脱藩志向グループが拡大していった。西郷配流後は大久保利通がそのリーダーとなった。この「突出組」に吉井友実・有村俊斎・有馬新七・大山格之助・奈良原喜左衛門・奈良原喜八郎・有村雄助・有村次左衛門・仁礼《にれ》景範・江夏仲左衛門・税所喜三左衛門・柴山愛次郎・橋口壮介・橋口伝蔵・村田新八・森山新蔵（鹿児島城下の豪商、有志のパトロン）・弟子丸《でしまる》龍助・三島弥兵衛（通庸）・柴山景綱など決死のサムライ百余名が結集し、藩上層部とは全く独自の行動グループを形成、強い横の連携を保ちつつ、脱藩・国事周旋のエネルギーを膨張させていった。

安政六(一八五九)年の九月から一〇月の頃、吉井友実は父宛に左の書置きを認める。

> 私事、今度士臣の分を不尽《つくさず》候て不叶儀《かなわざるぎ》有之、御暇乞をも不申上、京師に出張仕申候、生きては再《ふたたび》可帰儀に無御座候、(中略)私儀は天朝の御為、且御国家の御為、順聖公(斉彬)の御遺志に随い随分働申候間、戦死仕可申、誠以武士の冥加無此上[16]

吉井の心情においては、天朝の御為と薩藩士の立場を媒介するものとして、「順聖公の御遺志」を実現すべき薩摩国「御国家」のサムライという自己規定を差し込んでいるのである。

このような「突出組」の結成と勢力増大は、藩当局への大きな圧力となっていった。安政六年九月島津斉興が死去し、藩主忠義実父の久光がこの異常事態に対応せざるを得なくなる。

藩主忠義直書という異例の形態をとった文書が「誠忠組の面々へ」下るのが安政六年一一月五日のことであった。そこには、

> 方今世上一統動揺不容易《よういならざる》時節に候、万一時変到来の節は、第一順聖院様御深志を貫き、以て国家奉護、天朝に可抽忠勤《ちゅうきんをぬきんずべき》心得に候、各有志の面々、深相心得、国家の柱石に相立、我の不肖を輔《たすけ》、不汚国名《こくめいをけがさず》、誠忠を尽呉《つくしくれ》候様、偏《ひとえ》に頼存候[17]

この直書は二面性をもっている。一方では「突出組」を慰撫するため、彼らの「誠忠」

の志を正面から高く評価する破格の扱いをしつつも、他方では藩主を推戴し、主従一体・君臣一致の形をとっての天朝への忠勤を命じ、脱藩を禁止し他藩との有志的連携・連合運動を抑圧する性格を内包しているのである。

この結果、江戸の高崎五六と堀次郎は国許へ召還され、逆に堀は安政七年二月、江戸薩邸での水戸との連携運動阻止を命ぜられ、出府させられることとなった。この当時江戸で連携運動に従事し、水戸激派に対し大坂への薩藩有志結集を約束したのが山口三斎・田中謙助(直之進)・有村雄助・有村次左衛門の面々だったのである。

安政七年二月四日、山口三斎が帰藩し、薩水連携の動きと蹶起計画を同志に報じる。二月二一日、田中謙助が帰藩し、薩水連携の成立を報じ、薩藩有志の上坂を求める。これを受け大久保利通は久光に左の上書を行なった。

第一順聖院様御在世中、水越尾有志の藩へ御結合、畢竟皇国外夷の禍端を被為憂《うれえさせられ》、御忠誠より攘除の御主意より、内外寛急の御定見を以、外を防ぐには内を強《つよく》するに如《し》かずとの御定策にて、独木橋(一橋)西丸の議に及、右に付、御内命を奉じ西郷、京師・関東周旋奔走の趣、(中略)其後有志交々《こもごも》出来、是非興復を謀るの赤心不止《やまず》、我藩先君の御遺志を奉継述《けいじゅつたてまつり》、有志出没、堀(次郎)、西(西郷)に代り是迄引合、終《ついに》此挙に相及候(18)

だが久光は有志上坂計画を「無名の師」として断乎拒絶し、水戸と呼応して上坂し、これを機に西郷を呼び戻すことまで考えていた誠忠組は激昂、抑えが利かないほどになり、板挟みとなった大久保は苦慮することとなる。結局、高橋多一郎父子が一日千秋の思いで待ちに待った薩摩「突出組」の上坂は阻まれてしまった。

藩当局の「突出組」への警戒は解かれなかった。彼らは藩主忠義の江戸参勤の供には加えられなかった。しかし忠義は桜田門外の変報を聞くや参勤途中より帰国し、幕府は嫌疑をかけ隠密を薩摩に潜入させる。

他方事件に関わった有村雄助は金子孫二郎と西上、三月九日四日市で自藩捕吏に捕縛され、三月一二日付の左の金子書状を携えて帰国する。

> 将軍家御幼年の時節に乗じ、幕府の権臣我意を専にし、正議の宮公卿方を始、御貴戚の御方を罪し、忠義の士を殺し、恐多《おそれおおく》も天朝を奉蔑如《べつじょしたてまつり》、外夷を親み、交易の条約を定、国体を恥しめ候義にて、実に天下の大事に御座候間、天下の冤罪《えんざい》を被為解《とかせられ》、水藩にての勅諚奉行《ぶぎょう》仕候様御周旋被成置《なしおかれ》、奉安叡慮《えいりょをやすんじたてまつり》、国体を御維持被為在《あらせられ》候様、御英断の御事業奉至願候[19]

金子は水戸へ降った勅諚の趣旨実現のための奔走を薩藩同志に訴えているのである。

しかしながら、「突出組」の助命嘆願にもかかわらず、雄助は即刻自刃を命ぜられ、三月二三日切腹して果てた。弟次左衛門の闘死二〇日後のことである。

桜田門外の変後の在江戸薩藩尊攘派

万延元(一八六〇)年八月一五日、水戸で徳川斉昭が死去し、同月二七日には水戸脱藩浪士三七名が薩藩邸に駆け込み、攘夷先鋒を志願する。桜田門外の変後、政治的雰囲気は激変した。

この年一二月五日には江戸薩藩邸激派の伊牟田尚平・益満休之助《ますみつきゅうのすけ》・樋渡八兵衛(五助)・大脇忠左衛門・神田橋直助(山本四郎)の五名は、駐日米国公使館通訳のヒュースケンを暗殺する。

文久元(一八六一)年に入ると対外関係は緊迫度を高めていく。一月にはヒュースケン事件に抗議する英仏公使は横浜に引き揚げ、対幕強硬姿勢を顕著にし、二月には露艦対馬占拠事件が始まり、五月末には水戸浪士の英国公使館東禅寺切込事件が発生、七月には幕府は品川の御殿山に各国公使館建設を許可する。

薩藩当局は、このような事態のもとでの江戸詰め藩士激派の動向を憂慮し、攘夷運動にかかわりありとして前述の樋渡・大脇・神田の三名に帰藩を命じた。当然その中に加えられたであろう伊牟田は、五月二〇日の虎尾の会同志清河八郎《きよかわはちろう》の無礼討ち事件と同時に脱藩・逐電していた。益満だけがなぜか帰藩を命ぜられなかった。

桜田門外の変後の在国尊攘派

国許「突出組」の間では、藩庁の方針に従いつつ藩の方針を変えていくのか、突出し諸藩と連合して幕政改革を実現していくかで意見が対立していった。

文久元年一月には、有馬新七・大山格之助・是枝柳右衛門(鹿児島商家出身者)らは長崎襲撃を計画、それをきっかけに戦争にもち込めば、「天下の人心を醒覚せしむるに至らん」(20)と考えたのである。関東志士たちの横浜襲撃計画と時期を同じくするものであった。大久保が奔走して彼らの脱藩を阻止した。

文久元年四月、激派の中心人物有馬新七は、藩主に上書して次のように述べる。

太守様御英断被為在《あらせられ》、天下義兵の魁主と被為成《ならせられ》、速に尾張・水戸・越前・筑前・肥前・長門・因幡・土佐等有志御大名に御直書御遣被遊《おつかわしあそばされ》、深御結合の上、期限を定め京師に御出馬、勤王の御趣意御奏聞の上、勅命御奉戴、奸賊安藤帯刀・酒井若狭守等が輩御誅伐有之、幕府を御補佐、諸大名を和輯し、外夷を攘除し、皇室再造の御策略御決定被為在度《あらせられたく》(21)

と、現在の幕閣を排除し、将軍を補佐して諸大名を糾合、その力で外国勢力を排斥するイニシアチブを薩藩が取るべきだと主張し、それができない場合、次善の策として、一橋慶喜を将軍後見職に、松平春嶽(慶永)を大老に就けるよう、太守より幕府に建白すべきだと建言する。

ところで、文久元年という年は、幕府の必死の努力(それは開市開港延期交渉や公武合体再現のための和宮降嫁政策にもあらわれる）にもかかわらず、国内政治が幕府のコントロールを逸脱してしまう決定的な年でもあった。薩摩や長州に見られる動きは、京都の公家世界にもあらわれていた。

この年、中山忠能《ただやす》の元家臣田中河内介は九州を廻国して同志を糾合し、忠能の長子忠愛《ただなる》が河内介を支援するのである。河内介はそれ以前から薩藩士の伊牟田尚平・美玉三平（焼酎屋の倅、関山家家臣となる）や是枝柳右衛門と知り合っており、また九州工作の過程で筑前の平野国臣、豊後岡藩の小《お》河《ごう》一敏、熊本の大野鉄兵衛や河上彦斎らと連絡網をつくっていった。このネットワーク形成の中で、文久元（一八六一）年一〇月、有馬新七は河内介に左の書状を送るのである。

（諸侯も）何分時勢を見合、断然と義旗の魁《さきがけ》を為し候人無之候半《そうらわん》、只今の勢に候ば、外患内憂追日差迫り、遂に名分大義、地に墜《おち》可申、小生等も去戊午年より頗《すこぶる》奔走周旋仕候得共、何事も不相調《あいととのわず》、（中略）弊藩の儀も寡君は志も有之候得共、何分旧来の余習尽く不除去《じょきょせず》、政府偸安《とうあん》の徒等決断無之、加之《これにくわうるに》、有志の者を他邦へ差出候義を忌諱し、有志者は皆以《みなもって》拱手罷在候外無之、（中略）何卒中山公より陽明殿前左府公（近衛忠熙）へ窃《ひそか》に被仰上被下《おおせあげられくだされ》、右新七事、御用有之候間、早々罷上《まかりのぼり》候様、陽明家より弊藩へ被仰下《おおせくだされ》候様[22]

有馬はここで、サムライとしての進退の自由を束縛している藩主奉戴・主従一致の拘束を破るため、朝廷への直接結合を強く求めている。対外一致をサムライの立場から主導権を握ろうとする場合、君臣の義がいかに束縛になるのかの一例がここにある。

伊牟田尚平は清河八郎と幕吏の目を逃れて潜行しながらも、文久元年一一月、京都で田中河内介並びに中山忠愛の書状を獲得して西下し、筑前の平野国臣、久留米の真木和泉、岡(竹田)の小河一敏、熊本の松村大成・永鳥三平らと連絡を取り合い、伊牟田は清河と分かれ、平野とともに一二月下旬薩摩に入り、大久保利通・小松帯刀に真木和泉の上書並びに国臣の「尊攘英断録」を手交し、また有馬新七・柴山愛次郎・田中謙助・橋口壮助・美玉三平・是枝柳右衛門らと会い、久光の上京を機に挙兵する計画を図るのである(ただし尚平は脱藩の罪で捕えられてしまう)。

右の薩藩誠忠組の内、柴山と橋口の両名は江戸詰を命ぜられ、文久二年一月下旬鹿児島を出立、途次の熊本で松村大成や河上彦斎らと、久留米で真木和泉や平野国臣と会い、久光を擁して義旗をひるがえし、京都で所司代を襲い、江戸でも同時に事を挙げ、東西相呼応して政治改革を図ることを相談する。

3　島津久光の率兵上京

久光の政治投機

薩摩藩主実父島津久光は、藩内誠忠組の圧力に押され、また全国的政治状況が幕府の掌握できない段階に突入してしまった事態を踏まえ、自ら国事周旋に乗り出す決意を固めた。それは幕府の要請を受け公武間に周旋するという長州藩の航海遠略策と全く質を異にし、朝廷の権威をもって幕府に臨み、完全に外から強制的に幕政改革を実現させようという、江戸時代では未曽有の軍事的圧力をともなう行動であった。だが他方ではあくまでも藩主権力と主従制論理を堅持してそれを遂行しようとする。

久光のこのような決意に薩摩藩上層部が容易に従う訳はなかった。久光は反対派を切り、誠忠組を引き入れることによって自己の計画の実行母体を固めようとする。上京・国事周旋そのものに反対する首席家老島津左衛門を喜入《きいれ》摂津に替え、一所持の重臣家当主小松帯刀を側役《そばやく》、そして家老見習いに任じ、また御小納戸《おこなんど》中山尚之助の仲介により、誠忠組の大久保利通と堀次郎を御小納戸に、海江田信義と吉井友実を徒目付《かちめつけ》に任命するのである。同時にこのことは誠忠組から久光派が分離していく契機ともなった。

一〇〇〇人余の藩兵を率いて上京する名目は、桜田門外の変により途中で帰国した藩主出府延期御礼ということとされた。しかし御礼のための出府期限が切迫し、準備に間に合わなくなったため、堀次郎を出府させ、文久元年一二月七日(一八六二年一月六日)、江戸藩邸に放火・焼失させ、併せて堀に幕閣に対する幕政改革入説を行なわせるが、全く進捗せず、他方で中山尚之介・大久保利通を上京させ、近衛家を介し久光宛内勅降下工作を行なわせるが、これも全くの徒労に終った。久光の率兵上京自体が、きわめて危険な一大政治投機となったのである。このような事態になれば、薩藩内で最も諸藩と朝廷の内情に通じ、かつ人脈を確保している西郷隆盛の召還がどうしても必要となる。また誠忠組および諸藩の志士たちへの統御は西郷しかおこなえない。呼び戻された西郷は二月一二日鹿児島に帰着、久光の計画を聞くや実現性を危ぶんで反対、身を引こうとするが、同志大久保利通の説得により再出仕し、三月三日、村田新八を伴って鹿児島を立ち、そして同月一六日、久光自らが率兵東上の途に就くのである。

久光は自分の破天荒の率兵上京が、どのような事態を生み出しかねないか、よく予測できた。統制が少しでも緩めば不測の事態が極めて容易に勃発する。したがって東上に当たり、左の諭告を発するのである。

去る午年、外夷通商御免許以来、天下の人心致紛乱《ふんらんいたし》、各国有志と相唱《あいとなえ》候者共、尊王攘夷を名とし、慷慨激烈の説を以、四方に交を結び、不容易企を致候哉に相聞得候、当国にも右の者共と私に相交り、書翰往復等致候者有之哉に候、畢竟勤王の志に感激致候処より右の次第に及び候筈には候得共、浪人軽卒の所業に同意致候ては、当国の禍害は勿論、皇国一統の騒乱を醸出《かもしだ》し、終には群雄割拠の形勢に至り、却て外夷術中に陥り、不忠不孝無此上《このうえなき》儀にて、別《わけ》て不軽候と存候、拙者も公武の御為、聊《いささか》所存の趣有之候に付、以来当国の面々、右様の者共と一切不相交、命令に従い周旋有之度事に候、(中略)此節の道中筋且江戸滞留中、右体の者共致進参《しんざんいたし》候共、私に面会致間敷《いたすまじく》(23)

西郷処分さる

久光の出発を見計らいつつ、ゆっくりと九州路を北上していた西郷に、下関にいる同志森山新蔵が事態の切迫を連絡した。諸藩の志士たちが下関に来集し、久光の上京を機に動き出そうとしていたのである。

三月二二日、下関に着いた西郷は下関の豪商で尊攘派の白石正一郎宅に入り善後策を講じた。彼が体験した安政五年段階の志士たちの状況どころではない、質量ともに格段の成長を遂げた諸国の有志者たちの自発的行動とその熱気をここで西郷は初めて経験する。以前の枠組みで判断することは不可能と彼が自覚するのは当然であった。旧知の平野国臣も、また初対面の小河一敏も彼を訪れて義挙一件を談じ込むのである。一刻も早く京都に結集しつつある諸国志士の鎮撫を図ろうと、「下関で待て」との久光の厳命に対し再考を求める指示を仰ぐことなく、即夜、村田と森山を同伴して大坂に急行、二六日に着坂、二九日に伏見に着し諸国の志士たちと会合、彼らの統御策を練る一方、長井雅楽《うた》の航海遠略策をもっての朝廷入説工作に怒り、久坂らの長州激派と連絡して長井排除策を講ずる。志士たちのエネルギーを傷つけずにすべて生かしながら纏めあげ、それを土台に朝廷を強化し幕政改革に有効活用できないかどうかが、西郷の主要な関心事となったのである。

久光は下関に西郷が留っていないことに激怒した。君命を用いないことを意味するからである。そして諸国の志士と通謀したと断定、四月八日に兵庫に着した久光のもとに、翌九日に西郷が赴き、異常な事態になっている京坂の政治状況にいかに薩藩が処すべきかを協議しようとしたが、面会自体が許可されず、切腹だけは周囲の取りなしで免れたものの、一一日、即刻帰藩を命ぜられた。

寺田屋の惨劇

久光は四月一〇日大坂に着き、一三日伏見藩邸に入った。そして一六日、久光はあえて入京し、近衛忠房・中山忠能・正親町三条実愛《おおぎまちさんじょうさねなる》の前において入京・出府の理由を述べ、幕政改革趣意書を上呈した。近衛らはただちに参内して執奏、同日夕刻に、「浪士共蜂起、不穏企有之候処、島津和泉（島津久光を指す。ただし和泉は自称）取押候旨、先以《まずもって》叡感思召候」[24]との理由をもって京地滞在・浪士鎮撫すべしとの朝命が発せられた。率兵上京の大義名分をここに初めて久光は獲得できたのである。自らの率兵上京という破天荒の軍事行動が長州の久坂玄瑞《くさかげんずい》グループ（脱藩を企てるものの、結局藩は上京を許可した）をはじめとする諸国の志士たちを京坂に蝟集させ、その鎮撫のため、朝廷より滞京が許可されるという、極めて皮肉な事態がここに出現した。幕府法では全く違法な久光の行動を、京都所司代酒井忠義は、禁圧するすべなく放置するほかなくなっていた。

ただし、久光のような行動によっては幕政改革は実現しない、関白九条尚忠と京都所司代を襲撃することによって幕政改革・尊王攘夷のきっかけを創り出すべきだとの有馬新七らの誠忠組激派は四月二三日、伏見の薩藩船宿寺田屋に結集し、襲撃の準備に取りかかった。久光への見限りには、四月一一日の久光による西郷への帰藩命令もからんでいた。また有馬らの頭の中には、この年一月一五日、老中安藤信正を水戸浪士が襲った坂下門外の変という先例があった。中止を命じても拒絶された島津久光は、主従の義をみだすものと、その夜上意討ちの討手《うつて》を差し向けた。寺田屋の惨劇がここに展開されることとなる。

久光によって討手に選ばれたのは、いずれも有馬らと親交してきた誠忠組の面々であった。寺田屋において説得するも聞かれず、ついに上意討ちとなったのである。

討手の人々は奈良原喜八郎(微傷)、道島五郎兵衛(闘死)、鈴木勇右衛門(重傷)、鈴木昌之助、山口金之進(微傷)、大山格之助、江夏仲左衛門(重傷)、森岡善助(重傷)の八名であった。激派の面々のうち、重立《おもだ》ちとして寺田屋の一階で最初に応待した人々は有馬新七(闘死)、田中謙助(面部を切られ眼球が飛び出る重傷を負い、翌二四日自刃を命ぜられた。安政七年二月、江戸での薩水連携を報じた人物)、柴山愛次郎(闘死、江戸より上京、慶応三年一二月薩邸焼打時の留守居柴山良助の弟、海軍大将柴山矢八の兄)、橋口壮介(重傷、翌二四日自刃を命ぜられた、江戸より上京)の四名である。騒ぎを聞いて二階からおりてきた者が闘いに加わった。その人々は弟子丸龍助(闘死、江戸より上京)、西田直五郎(闘死、江戸より上京)、森山新五左衛門(重傷、翌二四日自刃を命ぜられた、森山新蔵の子)、橋口伝蔵(闘死、江戸より上京、樺山資紀の兄)の四名である。

寺田屋に結集していた挙兵組の中心人物真木和泉と田中河内介が二階の同志を鎮撫し、事態を収束させた。寺田屋に集結していた薩藩士達は帰国を命じられた。その人々は、西郷従道、大山巌、篠原国幹、三島通庸《みちつね》、柴山景綱、吉田清右衛門、永山弥一郎、木藤市之介、伊集院直右衛門(兼寛)、坂本彦右衛門、吉原弥次郎(重俊)等二十数名にのぼった。その内の一人神田橋直助は、囚徒のような護送の扱いに怒り、闘死した。

寺田屋には薩藩士以外の志士たちもいたが、薩藩は帰すべき宛のない者六名を鹿児島に護送することとなった。

この内、田中河内介とその子瑳磨介は五月一日、海上で殺害された。五月七日、着船した日向細島港で殺害されたのは千葉郁太郎(河内介の甥)・海賀《かいが》宮門《みやと》(秋月藩士)・中村主計《かずえ》(肥前北有馬村の人、上京して河内介のもとに寄遇していた、兄の北有馬太郎[25]は安井息軒女婿)・青木頼母(妙法院宮家士)の四名である。

久光の率兵上京を機に京坂に集った諸国の志士の中には、長州は前述の久坂玄瑞・前原一誠・寺島忠三郎・品川弥二郎・山県有朋ら、豊後岡藩は小河《おごう》一敏とその同志、土佐は吉村寅太郎ら、熊本は宮部鼎蔵・松田重助ら、久留米は真木和泉とその同志、その他清河八郎・安積《あづみ》五郎など草莽の徒も加わっていた。久光の行動は、結果的には、薩藩激派の襲撃計画も含め、大名レヴェルでも制御不可能な勢力とエネルギーをパンドラの箱をあけるがごとく解きはなってしまったこととなる。

寺田屋事件の留意点

寺田屋事件で明白になったことは、全国的レヴェルで国事運動を展開しようとする際のサムライの忠誠対象と封建的主従関係の矛盾という問題であった。これまでも我々は吉田松陰の場合や、水戸藩激派の場合において、この問題がいかに処理されようとしたかを見てきたが、薩藩でも全く同一の問題を誠忠組の面々は突きつけられたのである。そのリーダーの一人で事件で闘死した有馬新七は、朝廷から特別に徴される形をとって、この矛盾を克服しようとした事実を既に紹介しておいたが、彼は年不詳の「大疑問答」では、次のごとき論理を組み立てている。

(皆天子の子孫なのだから)各も余も同じく神の御裔《みすえ》なれば、誰か一人も朝廷の臣民ならざる者有らむや、然れば今、各国の臣子らの各其《それ》が主と仰ぐ所の国主・城主等も余輩如き賤男も、朝廷より看行《みそなわ》す時は、各朝廷の臣民にて候故に、大君《おおきみ》と申奉るは天皇命《すめらみこと》御一人に限《かぎり》奉る御事にて、世の儒者等、此の義を知らず、徳川将軍のことを大君など と称することは、返す返す僻説にて候、今各国、君と仰ぎ臣と畏《かしこむる》は小君臣の義とも可申候、(中略)余等も(中略)朝廷の臣となること明白に候、(中略)(譜代というも近古のこと)、近古因襲の習風、以て天地の初の従時《ときより》定まれる大君臣の大義を廃すべき儀に

あらず[26]

有馬は薩摩を含む日本六十余州の各々を国とし、そこでの大名・家臣間の封建的主従関係を「小君臣の義」、国初以来の天子と一人一人の日本人との関係を「大君臣の大義」と区別し関連させることによって、自己の主体性を確保しようとしている。また彼の論理の立て方は、松陰的な儒学からの演繹というよりは、国学的文脈からの論理展開である。薩摩の場合、長州と異なり、サムライの間に平田国学がかなり浸透していたが、その関連があるのかどうか、興味の惹かれるところである。いずれにせよ、この文久元(一八六一)年以降は、国事周旋活動に参加するすべてのサムライにとって自分自身の問題として、この矛盾がつきつけられ、自分なりの論理をつくらなければならなくなった。藩法が厳格に適用されれば、許可なしの脱藩は切腹に値する重罪にされかねない。

また、藩主層レヴェルの国事活動を乗り越えて、サムライ層が独自に活動に参加するようになるこの段階では、藩主層・大名層を批判し相対化しつつ、新たな国のあり方、軍事のあり方が具体的に構想されることにもなる。

久留米藩の神職真木和泉は、寺田屋の結集に脱藩して参加するが、彼は文久元年三月、公家の野宮《ののみや》公への上書の中で、日本と欧米諸国の比較論を展開している。

第一、「将師」では、我は万石以上の諸侯、気体軟弱、それに対し彼は百戦の地を経《へ》候士卒より抜擢致候人にて、気体も思慮も中々人並にては無之第二、「士卒」では、我は肥瘦長短一ならず、戦争に向い死を軽んじ候事如何、それに対し彼は大概国中庶民百人の内より一人、二十歳より三十歳まで壮強第一の人を取り、或は無頼の者の身命を軽んじ人を殺し候事のみ知りたる者を択み候由

第三、「大砲」では、我は斤目重く取扱い不自由、中《あた》りを命じ候事、思わしく無之、それに対し彼は大礮《たいほう》存外手軽く取扱い自由にて、余程修練も致居候由

第四、「戦艦」では、我は造り立脆少《ぜいしょう》、一本帆にも有之、大洋を乗り候事出来兼、大砲を発し候事も出来不申、それに対し彼は船製牢固にて、素《もと》より発砲に便利よく乗廻し自在

第五、「軍法」では、我は実地に相用い候ことなく、緩急には難用《もちいがたく》候、それに対し彼は実地より講究致し、四十八人を三段に組立、所謂《いわゆる》剣付筒にて発放自在、間に二三百目の大砲を雑《まじ》え、少時も間合《まあい》無之様仕掛候て、当り難く候由

第六、「財政」では、我は一隊の軍兵を出し候にも、数万金を費し候様にて、緩急の節は財用耗屈《もうくつ》、未だ戦争に及ばず、内に自《おのずか》ら潰《つい》え可申候、それに対して彼は本来不粒国にて、所謂パン一つにて一食に供し、其外は行当り獣畜を殺して食とし、衣服も平生と軍陣との差別無く、万端簡易

第七、「人心」では、我は戦争致し候とも、所謂軽地にて、人心不固《かたからず》、ややもすれば潰散《かいさん》可致、それに対して彼は数万里の波濤を渉り来り候えば、所謂重地にて、時と

しては死地にも至り可申、菟角必死になりやすく候

第八、「旧例新例」では、我邦、近来禁網しきりに密に相成、英豪の者は世に容れられず、人を用うるも旧例にのみ拘り候間、人才次第に乏しく相成、自然と国の気脈衰え申候、それに対し彼は人才教育の法行届き、学業の科を厳に立て、成就し易く仕掛、片端より世用に供し候間、卓越の材も輩出致候由

第九、「政治」では、我は礼楽刑罰、其時の評議次第にて定まりたること無く、万事姑息にて、内地の事にても齟齬がちなれば、まして外国付合など出来候訳に無之、それに対し彼は大抵執政の大臣と申者、其国第一等の人物を抜出し、二三人に限り、其主と日々論議し、万里外にても手足を使う様に行届き候由、畢竟国是一定、無造作に法を立て、神速に事を行い候故に候[27]

よく欧米の諸事情に通じ、それとの対比で日本の欠点をリアルに剔出《てきしゅつ》している。この諸欠点は、大名、藩主層主導ではない形で可能な限り早急にかつ抜本的に是正されなければならない。では、いかなる手段をもってするのか。

寺田屋事件への二つの立場

寺田屋事件は極めて深刻な衝撃を薩藩士全般に与え、その後数十年以上も続くシコリとなって沈澱する。一つの立場は上意討ちを命じた藩主の立場である。久光はわずか事件の

二日後、国許に宛て、こう書通している。

精々申諭方、手を尽し候処、当座は承知の体にて、更に心服の向に無之、殊に柴山・橋口・有馬・田中の四人、主謀として色々麁《そ》暴《ぼう》の説申募り、誠以不忠至極の者に候、(中略)壮健の者相択み、伏見迄差遣、精々理解いたし、迚《とて》も承服不致節は存分に可相働旨、委細申付遣候処、終に及刃傷《にんじょうにおよび》、彼四人は勿論、外にも誅伐いたし、先《まず》は安心の事に候、(中略)大島一件(大島三右衛門は西郷隆盛の変名)如何相片付候哉、是も誠に心配の事にて、誠に言語道断の曲者《くせもの》、重罪の者に候得共、先一命は相助け、其地へ差遣申候、最早処置有之事と存候(28)

久光にとっては、寺田屋事件を引きおこさせた主謀者は柴山愛次郎・橋口壮助・有馬新七・田中謙助の四名、封建的君臣関係を無視しようとした「不忠至極」の者共であって、主君の命に従わない家来は当然「誅伐」の対象となる。久光にしてみれば、君命を用いず、自己の判断であえて行動をした西郷隆盛は、有馬等と同列の「曲者」にほかならず、本来なら切腹させるところ、なんとか一命だけは助けてやった(事実は大久保らの取りなしが介在した)「重罪の者」なのである。

他方、西郷にとって、この間の事態はどのようにとらえられていたのか。彼は鹿児島に送還後、徳之島に送られたが、そこから友人の大坂留守居木場伝内にこう書通している。

奄美大島から呼び戻された段階での彼は、誠忠組の面々に批判的であった。

所謂《いわゆる》誠忠派と唱候人々は、是迄《これまで》屈し居候ものの伸候て、只上気に相成、先ず一口に申せば、世の中に酔い候塩梅、逆上いたし候模様にて、口に勤王とさえ唱候得ば、忠良のものと心得、さらば勤王は当時如何の処に手を付候わば勤王に罷成候哉、其道筋を問詰候えば、訳も分らぬ事にて、国家の大体さえ箇様のものと明《あきら》めも不出来、日本の大体はこことという事も全く存知無之、幕の形勢も不存、諸国の事情も更に弁《わきま》え無之、そうして天下の事を尽そうとは、実に目《め》暗《くら》蛇を出すにて、仕方もない儀に御座候

久光の率兵上京に乗じ、京都で事をおこそうとの有馬らの計画に、西郷は国許段階では全く賛成してはいなかったのである。

しかし、下関で事態の深刻さを改めて認識し、さらに旧知の同志平野国臣と面会することによって自らの腹を決する。

筑前浪人平野次郎と申もの、此以前、月照和尚の供いたし、御国元へ参り、臨終の時も同敷《おなじく》罷在候人にて、夫より方々へ徘徊いたし、周旋奔走、勤王の為、尽力いたし、難艱辛苦を経候人に御坐候、右の者至極決心いたし居候故、又其方と死を共可致《ともにいたすべき》我等に相成候、いずれ決策相立候て、共に戦死可致と申置候、勿論死地の兵にて、生国を捨、父母妻子に離、泉公(島津久光)の御　志《おんこころざし》被為在《あらせられ》候段、奉　慕《したいたてまつり》出掛候付、都《すべ》て箇様に申候ては自負の様御座候得共、我をあてにいたし出候故、我死地に不入《いらず》候ては、死地の兵を扱う事出来申間敷

自分が信頼しきっている平野までが、今回の薩藩の動きを機に、死を決して政局の大転換をおこなおうと上京してきている。しかも彼らは薩藩の中心に自分がいることをあてにしている。既に国臣はこの年一月の「培覆論」の中で、「幕府を如何に扶《たす》け候とも、徒骨《ただほね》折《おり》にて、莵にも角にも行われ間敷《まじく》、迂論《うろん》窮るというべし、(中略)断じて死地に入り、無策の出策に無御座候わでは、実用活策に無之、現在に用いられ不申候半《そうらわん》か(29)」と主張していた。死地の志士たちを扱い、彼らのエネルギーを束ねて発揮させるには、自らも死地に入り、しかるべき「決策」を樹て、戦死を覚悟に実行に移さなければならない。厳罰の理由の一つが「年若の者共への尻押」をしたが故となっているが、事実は逆で、藩の重立ちから頼まれ、彼らの機会をわきまえない暴発を押えるため彼らを「始終叱《しかり》付《つけ》置申候」。

しかも薩摩藩伏見屋敷で元同志の堀次郎が、幕府より頼まれて上京中の長州藩の「大姦物」長井雅楽《うた》と結託しているのを知り、その場に居合わせた年若の者たちに、長州の有志には姦物だから長井を刺せといってある、堀も長井と行動をともにしたら、打ち果たしてしまえと申しつけたが、このことが今回の処罰に影響した。

今回の処罰には御小納戸で久光の腹心中山中左衛門(尚之助)が関わっている。

此中山と申もの、我意強く、只無暗《むやみ》のものに御座候が、一番寵を得、大久保抔《など》は私一件より大に被忌《いまれ》、位を保候義もあぶなき儀に御座候得共、私を箇様に致し、又大久保迄落し候ては、人気混雑可致候迚《とて》、漸く助《すく》い候向に御座候西郷は寺田屋事件にかかわり殺害された田中河内介についても、次のように久光のやり方を厳しく批判する。

> 田中河内之介(ママ)と申は、中山家の諸大夫にて、京師に於いて有名の人に御座候、右の人、粟田宮様の御令旨と申ものと錦の御旗を捧居《ささげおり》候由、右は偽物にて、是を以て人々をあざむき候と申ものにて、御国元迄差下との趣を以て、船中にて私《わたくし》に隠然と父子三人、外に浪人三人、都合六人被殺候由、譬《たとえ》偽物にもせよ、朝廷へ被差出、真偽明白御取捌可被為在《あらせらるべき》処に、私に天朝の人を被殺候義、実に意恨の事に御座候、もうは勤王の二字相唱候義出来申間敷、此儀を若《もし》や朝廷より御問掛相成候わば、如何答相成候ものに御座候哉、頓と是《これ》限の芝居にて御座候、もうは見物人も有之間敷と相考申候

このようなことをしてしまっては、誰も薩藩の勤王というものを信用しなくなってしまうだろうと、西郷は断言する。そして、この長文の書状をこう結ぶ。

> 骨肉同様の人々さえ、只事の真意も不問《とわず》して罪に落し、又朋友も悉《ことごと》く被殺、何を頼に可致哉、(中略)迚も我々位にて補い立候世上にて無之候間、馬鹿等敷《ばからしき》忠義立は取止申候、御見限可被下候[30]

自分への不当な処分と寺田屋事件を引きおこしたことで、久光に対する西郷の「忠義立」の気持ちは皆無となった。彼は久光を見限ったのである。この年の八月、彼は徳之島から沖永良部《おきのえらぶ》島に移されるが、そこで作った七言律詩の中に、「洛陽の知己皆鬼と為る、

南に俘囚として放たれ、独り生を窃《ぬす》む」(31)との句がある。自分の努力が足らず、結局寺田屋の挙兵計画に到らしめ、上意討ちに遭って殺害された同志たちを悼んでいるのである。

第一九章　土佐・肥前両藩での尊攘派の形成

1　土佐勤王党の形成

土佐藩の特殊性

土佐藩は、外様藩といっても長州藩や薩摩藩とは藩の性格が相当異なっていた。譜代藩的性向を濃厚に有していたのである。関ヶ原の闘いで西軍に所属し、幸運に生き残った藩でもなく、「鋒先」により二四万石の土佐一国を獲得したわけでもない。山内一豊《やまのうちかずとよ》は秀吉にとり立てられた武将であったが、一六〇〇年六月、家康が上杉攻めの兵を起こすや、掛川城主の彼はこれに従って東下し、八月、福島正則らとともに西上して岐阜の城兵と新加《しんか》納《のう》に戦い、九月一五日の関ヶ原合戦では、堀尾忠氏とともに大垣の城兵を拒み、その軍功によって土佐国一国を家康から与えられたのである。

一豊は土佐国への入部に際し、掛川以来の家臣並びに入部のため他国より召し抱えた家臣たちを、高知城下の居城に最も近い「郭中《かくちゅう》」地域に住まわせ、居住地域だけで藩士の身分が画然と明らかとなる城下町建設をおこなった。

他方、中世期長曽我部《ちょうそかべ》氏のもとに結集していた土着のサムライたちは郷士《ごうし》層として国中に存在しており、他国から入ってきた上士階層に対し下士階層として扱われ、近世初頭以来、両者の間には根強い対立が続いていた。文久元(一八六一)年三月、高知城下直近、西北に位置する井口村で起こった上士・郷士間の刃傷事件も、この流れの中で発生したものであった。

郷士層の中にも複雑な身分差が形成されていった。不平に満ちた在地の浪人たちに新田を開発させ、その田畑地を領知として給与した寛文期の「百人衆郷侍」身分もその一つであり、後述の武市《たけち》(半平太《はんぺいた》)家は、この格式ある郷士身分の家である。

それ以降、拓地・開墾によって富農となった者たちや、商人出身の者たちも次第に郷士に取り立てられ、さらに郷士株の売買も許可されていった。坂本(龍馬)家の先祖は才谷屋《さいたにや》という豪商であり、その内の一人が郷士株を買い、分家して郷士坂本家初代となったのである。

土佐藩のサムライ身分が、このような形で確立していき、幕末期の城下町高知では、郭中には板垣退助・後藤象二郎・片岡健吉らの上士身分の人々が、上町《かんまち》方面には坂本龍馬や河野敏鎌《とがま》・近藤長次郎(まんじゅう屋、文久三年に帯刀許可、のち海援隊隊士)といった郷士を含む下士身分の人々が、また下町方面には武市半平太(本宅は城下近傍の吹井村にある)や間《ま》崎哲馬《さきてつま》といった下士・郷士身分の人々が住んでいたのである。

土佐藩のこのような性格は、幕末の国事運動にも如実に反映していた。薩長両藩のように、ペリー来航直後から、サムライ層が独自に動き出したわけでもなく、安政五、六年の政治的激動期においても、藩主山内豊信《とよしげ》(容堂)が有志大名として江戸で目覚しく活動しながらも、藩士層の関与は薩長両藩に比して微弱であり、豊信を補佐したのは、おもに側用人の上士小南《こみなみ》五郎右衛門であった。それは同時期、有志大名で豊信の盟友、宇和島藩主伊達《だ》宗城《てむねなり》を補佐したのが家老の吉見左膳(後の伊能友鷗《ゆうおう》)だった形と類似している。

そして、豊信レヴェルの国事活動でさえ土佐藩内では反対をうけ、開明派上士筆頭格の吉田東洋から、安政五(一八五八)年一〇月、「公には外様大名の御身を以て、何にとて将軍の継嗣一条に立ち入り給いしや、土佐の二十四万石は、公御一人にて心まかせには相成るまじきに」(1)と諫言されることとなる。

武市半平太

以下、土佐藩勤王党の主要メンバーとなった人々の動きを見ていこう。

武市半平太(一八二九—六五)は田地五〇石を所持する名門郷士の家に生まれた。一三歳の年、一刀流の千頭伝四郎に入門して剣術の名手となり、嘉永三(一八五〇)年には高知城下の下町に道場を構えることとなる。嘉永七年一一月の南海大地震直後段階での武市道場は、長さ六間、幅四間の広さだったという。また国中の各郡に藩より剣術指南のため派遣され、この結果、各郡に多数の門弟を育てることとなり、土佐勤王党人脈の骨格が形成されていくのである。

安政三(一八五六)年八月、藩より臨時御用剣術修行の命を受け、門弟岡田以蔵《いぞう》を伴って出府、鏡新明知流の桃井春蔵のもとに入門、安政四年九月免許皆伝を許される。この間、桃井道場の塾頭を勤め、広く江戸の剣客らと交わり、同時期千葉定吉道場で修行していた同じく郷士身分の坂本龍馬と熟知の間柄となるのである。

安政四年九月に帰藩し、翌五年には終身二人扶持を給され、同六年には白札郷士以下の剣術世話方を命じられることとなった。

武市が時勢の急変を実感したのは安政七年三月の桜田門外の変によってである。同年七月、武市は岡田以蔵・久松喜代馬(北辰一刀流の剣客)・島村真潮《ましお》(衛吉の兄、通称外門)らを率いて防長二州を視察したのち九州諸藩を遊歴、豊後岡藩から日向高鍋に赴き、伊予に渡ってから南下、土佐の西端宿毛《すくも》から中村に至り、高知に戻る旅行をおこない、その間各地の人気《じんき》を探って人脈をつくり、然るべき人物を確認していった。

文久元(一八六一)年に入ると、二月の露艦対馬占拠事件が起こるなど、時勢がさらに急迫していき、同志の在府郷士大石弥太郎は武市に出府を促し来り、武市は江戸で長州の桂小五郎・久坂玄瑞・高杉晋作をはじめ、諸藩有志の面々と親交して時事を語り合い、八月、初めて土佐勤王党血判盟約書(文久三年二月までに国内郷士・庄屋の重立《おもだ》ちすべてを包含する一九二名が加入する)を作成し同志の組織化に着手する。その盟約書に言う。

> 堂々たる神州、戎狄《じゅうてき》の辱しめをうけ、古《いにしえ》より伝われる大和魂も、今は既に絶えなんと、帝《みかど》は深く歎き玉う、しかれども久しく治《おさま》れる御代の因循委惰という俗に習いて、独りも此心を振い挙て皇国の禍を攘《はら》う人なし、かしこくも我が老公(豊信、隠居名容堂)、夙《つと》に此事を憂い玉いて、有司の人々に言い争い玉えども、却てその為めに罪を得玉いぬ、斯く有難き御心におわしますを、など此罪には落入玉いぬる、君辱かしめを受る時は臣死すと、況《いわ》んや皇国の今にも衽《えり》を左にせんを他にや見るべき、彼の大和魂を奮い起し、異姓兄弟の結びをなし、一点の私意を挟《さしはさ》まず、相謀《あいはか》りて国家興復の万一に裨補せんとす、錦旗若《も》し一とたび揚らば、団結して水火をも踏まんと、爰《ここ》に神明に誓い、上は帝の大御心をやすめ奉り、我が老公の御志を継ぎ、下は万民の患をも払わんとす[2]

ここで武市は、天皇の攘夷意思を奉ずることと、前藩主山内容堂の志を継ぐことを、予定調和的に重ね合わせて土佐勤王党の正統性を主張している。

滞府中の八月末には、薩藩の樺山三円(資之)を薩藩邸に訪問しており、また九月初旬、薩長土三藩有志は集会して国事策を論議し、久坂玄瑞は和宮降嫁政策を破綻させるため、老中安藤信正の暗殺を唱えるも、武市はそれに反対し、三藩は挙藩勤王の体制を創り出し、明春を期し、三藩各自に藩主を奉じて入京しようと主張する。

この九月、武市は帰国の途に就くが、同行したのは河野敏鎌・島村衛吉(武市のあと桃井道場の塾頭)・柳井健次らの面々であった。

帰藩後武市は挙藩勤王を実現しようと、時勢を説いて藩当局を説得しようとした。長州藩の場合には、下からの圧力に対し力関係を勘案しつつ柔軟に対応しうる藩構造が存在しており、薩摩藩の場合には、下からの圧力を利用し逆に藩主が能動的に行動するためのバネにそれを転化しようとした。しかし土佐藩国許の実権者吉田東洋は、たかが書生論と一蹴した。それは吉田個人の問題ではない。藩の体質自体が幕府の意向を超越することを元来不可能にしていたのである。

他方で土佐勤王党の領袖として、武市は幕府や他藩の動向にも目を配らなければならなかった。文久元年一二月には、盟友の間崎哲馬を江戸に赴かせ、同地の情勢を偵察させた。翌年一月一五日の坂下門外の変は、在府の間崎から急報される。

また文久元年一〇月には、「剣術詮議」を名目に諸国を巡るべく出国する坂本龍馬に自分の久坂宛書状を托した。この返書が三三二頁に述べた「諸侯不足恃《たのむにたらず》、公卿不足恃」云々の久坂書状となるのである。坂本はこの書状を文久二年三月一日に、武市のもとにもたらしている。

長州藩同志との連携の必要性はますます切迫したものとなっていき、武市は坂本につづいて一二月上旬、大石団蔵と山本喜三之進を萩の久坂・高杉のもとに派遣し、両名は同月一六日に着萩した。

坂下門外の変は、行動の蹶起《けっき》をさらに促すものとなった。挙藩勤王が実現するのを待ってはいられない同志が出始める。

高岡郡檮原《ゆすはら》の大庄屋吉村寅太郎は坂下門外の変報を聞くやただちに脱藩し、防長を経、肥筑の間を巡り、平野国臣と会って九州の状勢をつまびらかにし、二月二七日ひそかに帰国して武市に面会、久光の率兵上京を機に有志の義挙計画があることを告げ、脱藩を勧めたが、武市は承知しなかった。

つづいて三月一日、帰藩した坂本龍馬も京摂間の形勢切迫の状を告げるが、武市は動こうとはしなかった。

同月七日、吉村寅太郎は宮地宜蔵・沢村惣之丞とともに脱藩して下関に赴くが、沢村は二二日、吉村の伝言を告げるべく下関より戻り、九州諸藩の志士たちは、陸続下関を過ぎて東上するの状を述べ、空しく藩論の一定を俟って時期に後《おく》るることなかれと警告するが、武市は依然として「挙藩勤王」の大義を執って応じようとはしなかった。

同月二四日、今度は沢村とともに坂本龍馬が、河野敏鎌他の同志に見送られて脱藩する。事ここに至って武市は、「挙藩勤王」実現の最大の妨害者吉田東洋を暗殺して藩論を転換させるほかに手段がなくなったと判断し、四月八日、同志の大石団蔵・那須信吾・安岡嘉助に暗殺を決行させた。三名は吉田暗殺後亡命し、京都の長州藩邸に庇護されるが、これは藩の許可を得ないまま、久坂らが私的にかくまってのことであり、久坂は薩藩に庇護を依頼して三名は薩藩邸に移動、那須と安岡は天誅組の蜂起に加わり、那須は戦死し、安岡は捕えられ京都六角獄舎で斬首され、大石は奈良原喜八郎に保護され、彼の養子となって島津家に仕え、明治二九(一八九六)年、鹿児島で没することとなる。

この吉田東洋暗殺を契機に、土佐藩守旧派も動き、同月一一日には吉田派藩当局の側用役神山郡廉《こうやまくにきよ》、大目付福岡孝弟《たかちか》、目付後藤象二郎が罷免されるが、未だ「挙藩勤王」体制ができるところまではいかず、しかも江戸の山内容堂は、この暗殺事件を極めて不審視したのである。

間崎哲馬

剣の武市を補佐し、土佐勤王党を組織するのに与って力があったのは儒学者間崎哲馬(一八三四―六三)である。家は代々幡多郡間崎の庄屋、ついで同郡江村の大庄屋となり、のちに郷士、父の代に高知に出た。幼少より神童の誉れ高く、細川潤次郎(一八三四―一九二三)・岩崎馬之助(一八三四―八七)と並んで「三奇童」と呼ばれた。出府して安積艮斎《あさかごんさい》塾に入り、同門の清河八郎と親交を結び、塾頭を務め、四年後、帰藩して高知で開塾する。幡多郡のリーダー樋口真吉は郷里の先輩、安芸郡のリーダー清岡道之助は艮斎塾の同門、前述の吉村・宮地・沢村脱藩三人組や安芸郡の中岡慎太郎をはじめ、藩内四方より間崎塾に来って学ぶ者すこぶる多く、みずから国内の郷士・庄屋層を文でまとめる機能を果たしたこと、剣の武市と同様であった。当然土佐勤王党に加盟、その重立ちとして活動することとなる。

文久元(一八六一)年一二月、武市と相談の上、門弟の上田楠次を伴って出府、江戸では幕臣の山岡鉄舟《てっしゅう》、水戸の住谷寅之助・下野《しもの》隼次郎らと交流して江戸土佐勤王党の中心となり、脱藩後出府してきた坂本龍馬にも協力する。また山内容堂を補佐する役割をも果たすようになっていった。

文久二年一月一五日の坂下門外の変を国許に報じるのが哲馬であり、六月二日には、国許脱藩者の処罰に関し、時勢の激変を踏まえ、

僕因《より》て思う、本藩亡命諸人、国の常刑を加う可らず、何となれば、聖天子の叡慮に叶う忠臣義臣と被仰下《おおせくだされ》候者を、藩庁にて呵《しか》るべけんや、大過あるなれば格別、小過は赦し、無罪とすべきこと論なし(3)

と武市に報じている。文久二(一八六二)年五月、勅使を奉じての久光参府が引きおこした江戸の大激動は次章で述べるが、土佐藩においても、この激変した時勢にしたがうべきだ、と誇らかに語りかけるのである。

その後、山内容堂と土佐藩江戸藩邸も、不可避的なこの激変に対処せざるを得なくなるが、その仲介を果たすのが間崎となった。親友清河八郎の免罪を実現させ、浪士組結成のきっかけをつくるのに尽力するとともに、龍馬の希望をいれ、勅使三条実美に従って出府

した大目付小南五郎右衛門に藩士航海術修得の必要性を進言し、望月亀弥太・高松太郎・千屋寅之助等を、龍馬の紹介をもって大坂において勝海舟塾に入門させてもいるのである。間崎は文久二年末に上京、この際坂本龍馬や土佐勤王党で他藩応接役の重職を勤めていた平井収二郎と会合、そこで彼は、

今や天下の志士と称せらるる者、多く寒微の家より出づ、貴賤其の位置を顚倒せり、鉄の如きも亦然り、銅銭鉄銭斉しく一文に値して通用す、世間豈《あ》に復《ま》た此の如き不平均の事あらんや(4)

と語ったと伝えられる。薩長土三藩勤王運動の最高揚期、土佐藩郷士層の気概、ここに見るべきである。

坂本龍馬

坂本龍馬(一八三五―六七)は領知一六二石を有する富裕な郷士の家に生まれ、嘉永元(一八四八)年、一四歳の年に城下の小栗流剣客日野根弁治のもとに入門、一九歳の嘉永六年三月には目録を授けられ、同月、剣術修行のため一五カ月の暇を藩庁から許されて出府、千葉周作弟定吉の道場で北辰一刀流を修行する。そして、この年六月の「ペリー騒動」の際には、「異船警備」要員として、土佐藩邸に結集している。翌嘉永七年六月、遊歴期限が切れ一旦帰国するが、安政三(一八五六)年八月、一カ年の再遊歴が藩庁から認められて

翌月に着府し、さらに安政四年には一年延長が許可されている。

安政五年一月には北辰一刀流の免許を授与される一流の剣客となったが、在府中は武市半平太と親交し、また千葉兄弟は水戸藩に多くの門弟を擁していたこともあり、水戸藩士とも交流を重ねることとなった。帰国するのは同年九月のことである。

ただし、安政五年の政局変動には、土佐藩の体質もあって、あまり影響されてはいないこと、武市と同様であった。

この安政五年一一月、水戸藩士住谷寅之介と大胡《だいご》聿蔵《いつぞう》の両名が事態挽回・同志糾合のため、伊予・土佐国境の立川関門に現われ、土佐からは龍馬が面会・応接するが、両名は彼のことを「時勢に暗い」(5)と失望している。

しかし、安政七年三月の桜田門外の変は武市とともに坂本をも覚醒、自覚させ、これ以降率先して国事周旋にかかわるようになり、土佐勤王党誓約にも真っ先に署名した。

前述したごとく、文久元年一〇月出国、丸亀を経て萩に赴き、久坂返書と京摂急変の報を武市にもたらすも効なく、文久二年三月二四日、高岡郡宮野々関を越えて脱藩、薩摩に入国しようとしたが叶わず、中国筋から京坂に上り、閏八月には江戸に下り、旧知の千葉定吉の子で撃剣家の千葉重太郎の家に入るのである。

中岡慎太郎

中岡慎太郎(一八三八―六七)は、安芸郡北川郷柏木という、海に近い山間部の村に生まれた。家は大庄屋で、身分は郷士ではなく百姓である。

嘉永七(一八五四)年、ペリー来航後の海岸防禦体制造りのため、土佐藩は、安芸郡奉行所内に田野学館を開設し、管内の庄屋層や重立ち百姓等を文武両道にわたって教授することとなった。海岸警備に従事しうる優秀な人材を、このような形で養成する必要に藩庁は迫られたのである。慎太郎はそれ以前より島村策吾のもとで学んでいたが、開設とともに学館に入学し、同時期より間崎に学問を習っている。

安政二(一八五五)年七月、田野学館に武市が剣術教授としてきた時より彼に剣を学び、その後は高知城下の武市道場に門下生として寄宿するようになった。

このように間崎・武市両者の門弟たる中岡は、当然土佐勤王党誓約にも率先して署名し、奉勅攘夷の空気が日本全土をつつんだ文久二(一八六二)年一〇月には、同志五〇名と結束し藩庁には願い捨てのまま出府することとなる。

吉村寅太郎

吉村寅太郎(一八三七―六三)の父は高岡郡津野山郷芳生野村の庄屋で、寅太郎もこの村で生まれている。海より遠い山間部の村だが、小さな盆地をなし、生家は村を見渡せる高台に位置している。土佐藩では庄屋は転勤職でもあり、寅太郎は父の職を継ぎ、初め高岡郡北川村庄屋、嘉永七年には同郡須崎浦下分庄屋、安政六年には同郡檮原村（山間部で大きな盆地をなしている）の大庄屋を勤め、広く農民の生活と民政に通じるようになっていった。他方で間崎に学び、また武市の剣術道場にも出入りすることとなる。

文久二年一月、坂下門外の変を聞くや、大庄屋職をそのままにして九州に赴いて動静を探り、平野国臣と会合して義挙計画を聞くや、高知に入り武市に脱藩・周旋を説くも拒まれ、三月七日、宮地・沢村と脱藩、下関から上坂して長州藩邸に潜伏、二三日には伏見に結集したが、寺田屋事件後土佐藩に引き渡され、同年末まで国許で投獄されることとなる。

事件直前に執筆したと思われる両親宛書状に、寅太郎はこう述べている。

従浪花《なにわより》奉一書候、倍《ますます》御機嫌能可被遊御渡《よくおわたしあそばさるべく》奉大賀候、二に私儀亡命後、西海道・山陽道を徘徊仕、当月七日当著、長州侯の邸中に潜伏仕、無異に消光仕居候間、乍恐《おそれながら》高慮易《やすく》思召可被仰付《おおせつけらるべく》候、其後は万事御心痛而已《のみ》相掛、不孝に似候得共、忠孝両全は古今難事に付、御憐察是祈候、実は近年幕府暴政致増長《ぞうちょういたし》、奉軽蔑天朝《てんちょうをけいべつしたてまつり》、天下慷慨有志の輩を悉《ことごとく》斬罪幽囚の所致有之、既に廃帝の古式を和学者花輪次郎に為調《しらべさせ》、皇妹和宮様を奉強奪候事共、絶言語《ごんごにぜっし》候次第、勿論四海雖無非王臣《おうしんにあらざるなしといえども》、就中《なかんずく》諸侯、里正は可致先魁《さきがけいたすべき》理に候得ば、聊尽微忠度《いささかびちゅうをつくしたく》、雖然《しかりといえども》、三百年の昇平に浴候事故、同党に可談もの無之、慷慨有志徒に交、次第に諸藩同志面々を聞伝え、今二月、長州・

九州の有志へ直対仕、万事決策の上、亡命仕候、其砌《そのみぎり》、心事可申上筈之処、天下一大事に候得ば、不得止《やむをえず》、偽《いつわり》申候、尽忠は則至孝、必御恨被仰付間敷候《おおせつけられまじく》、（中略）二白、当月十四日、薩侯御実父島津和泉守殿、二千騎計被引率《いんそつせられ》、上洛に相成、天下瞬中に一定と存外《ぞんじのほか》、因循の奏聞にて、纔《わずか》に関白九条殿を退け、幕閣の奸吏を除、一橋公を徳川氏の後見となし、越前侯（松平春嶽）大老職に挙《あぐ》と申迄の義にて、なかなか一新の策に無之、失望此事に候、仍て今日、諸藩亡命浪士申合、逆賊を誅し、開天の魁《さきがけ》仕候、不日私共の功業御聞知可被下候《くださるべく》、必先登《せんど》は他に不譲覚悟に御座候⑹

諸侯と里正を同列に置き、藩的主従関係を顧慮していないところなど、土佐勤王党の中でも異質の発想をいだいている。また寺田屋結集の徒が、久光の国事周旋策のどこに最も不満をいだいていたかも、紙面からよく窺うことができる。

この寅太郎の決意は、捕縛後の五月一二日、土佐藩目付宛に彼が呈した上申書の左の箇所からも明らかである。

（久光の奏聞を聞き）浪士共相伝承仕、大に失望候、子細は右五ヶ条、不容易儀には御座候え共、中々回天の大業に無之、当時の勢、何分干戈《かんか》を以て不動《うごかず》ば、天下一新不致、雖然、干戈の手初めは諸侯方は難決《けつしがたく》、則開基は浪士の任なり⑺

幕府は無論、諸侯も頼むに足らず、浪士・里正の蹶起によってしか、三〇〇年続いた旧体制は対外危機に対応しうる新体制へ転化させえない、そう考えそして行動する者も土佐勤王党の中から出てきたのである。

2　肥前藩尊攘派の形成

外様藩の内でも肥前藩は藩主と藩上層部主導で事態に対応しようとした藩である。文化五(一八〇八)年のフェートン号事件での長崎警備担当肥前藩の大失態は決定的なものであり、鍋島直正(閑叟《かんそう》)の父自身が幕府より厳しく処罰され、二名の責任者は切腹させられた。

この恥辱を二度とくりかえさないためにと、肥前藩は軍事近代化の面で幕府と全国諸藩に率先していた。藩主直正は自ら軍用金を蓄え、蘭学を奨励し、兵器を製造・改良し、砲台を築く指揮をとった。反射炉も全国にさきがけて築造し、韮山《にらやま》の江川太郎左衛門(英龍)はペリー来航直前の嘉永六(一八五三)年五月、下田に砲台を建設する命を幕府から受くるや、砲台備砲を鉄製とすべく、家来の八田兵助を佐賀に派遣し、肥前藩の反射炉を調査させ、それに基づき下田で反射炉建設を開始し、下田が開港されたため、場所を韮山に移して完成させている。

このように肥前藩の大砲鋳造は全国的に著名なものとなっており、幕府からも鋳造を依頼されるほど、軍事近代化の面では、諸藩随一のレヴェルにあったのである。

他方、尊王思想に関しては、嘉永三(一八五〇)年、副島種臣《そえじまたねおみ》の兄枝吉神陽《えだよししんよう》が佐賀で楠木《くすのき》正成《まさしげ》を祭る義祭同盟を結成し、彼の門下より種臣のほか江藤新平・大木喬任《たかとう》・大隈重信・

久米邦武・古賀定雄・中野方蔵らが輩出していった。

中でも副島種臣は積極的に対外的活動をおこなっており、安政二(一八五五)年には上京して田中河内介や平田国学者矢野玄道《はるみち》らと交わり、また時勢につき動かされ安政五年六月に上京、大原重徳に入説するが、直正は帰還命令を発して彼を呼び戻した。

また桜田門外の変以降の江戸状況に動かされ、中野方蔵は坂下門外の変につながる大橋訥庵事件に深く関与し、投獄されて獄死する。この中野は文久元(一八六一)年時の詩作において、「黠夷《かつい》対州を侵すを伝唱し、東西上下亦《ま》た紛擾す」(8)と詠じており、露艦対馬占拠事件は、地理的関係もあり、肥前藩に対しても多大の刺激を与えたのである。

また文久元年一〇月、国事奔走中の平野国臣は佐賀に赴き、枝吉・副島兄弟や江藤・大木等を説いていた。

さすが、文久二年になると国許にとどまってはおられないと、江藤は六月脱藩、上京を決行するが、逆に永蟄居の処分を受けることになる。勤王グループは結成されるも、開明的藩主と藩上層部が主導権をにぎりつつ、軍事改革路線を推しすすめ、また長崎に出ての西洋事情と西洋技術導入にも藩当局が率先して努力したため、藩内の抜本的身分制改革が十分なされないまま肥前藩は戊辰戦争を迎えることとなる。

第二〇章　勅使江戸下向と幕府の奉勅攘夷

1　勅使大原重徳の江戸下向

国事三事策の朝廷諮問

文久二(一八六二)年三月、島津久光の率兵上坂と四月一三日の伏見入りは、朝廷を大きく動かすこととなる。朝廷はこの時点で、幕府を介さず、大名の力をもって自己の考えを貫こうとし始めたのである。

四月一三日、朝廷は当時在府中の長州藩主毛利《もうり》慶親《よしちか》に上京すべしとの内旨を下し、航海遠略策をもって入説中の長井《ながい》雅楽《うた》が江戸に急行することになる。朝廷は外様大藩薩長両藩のバランスを勘案する。

四月一六日、入京・建言する久光に滞京・浪士鎮撫を下命し、また同月三〇日、在京中の長州藩世子毛利定広に、滞京して国事を周旋し浪士を鎮撫するようにとの勅旨を下した。

四月中下旬、幕初以来未曽有の京都政情に対し、京都所司代も京都町奉行も全くなんらの軍事的警察的措置も執り得ないことを見極めた上で、孝明天皇は三カ条の自己の考えを家臣である全公家に示し、彼らの意見を徴した。この諮問案を草したのが岩倉具視・中山忠能《ただやす》・正親町三条実愛《おおぎまちさんじょうさねなる》の三名、いずれも安政五(一八五八)年三月、条約不勅許方針をもって天皇を補佐した朝権強化派の面々である。

その諮問案は、次にみる一〜八の論理展開をおこなった上で、方針三カ条の選択如何を問うという形式をとっていた。

一、方今の時勢、夷戎猖獗、幕吏その措置を失う

二、幕吏は、国内協和せざるが故に膺懲《ようちょう》の師を挙げられず、和宮《かずのみや》降嫁せば公武一和・夷戎掃攘可能ならんと約したが故に降嫁を許可した、また幕吏は十年の内、必ず攘夷せんとの約束をも既に誓約している

三、和宮江戸到着の際、随行の岩倉らに、天下大赦を申入れさせ、また国政は旧に依り大概「関東」に委《ゆだぬ》るも、外夷一件は「則我国一大重事」、その国体に係るものは、みな朕に問い、しかる後に議定すべし、さらに二三外藩に夷戎の処置に関し相談すべしと告げさせたにもかかわらず、今もって未だ幕府よりの回答はない

四、近時、薩長二藩より親しく策を献ずることがあり

五、山陽・南海・西国の忠士、既に蜂起し、関東・京師の姦徒を誅すべし、または幕府を顧慮せず攘夷の令を五畿七道の諸藩に下すべしと密奏するに至れり

六、右は忠誠・憂国の至情より出《いず》るも、事甚《はなは》だ激烈、故に薩長の輩をしてこれを鎮圧せ

ん

七、先に幕府に下命するも、十分なる履行無く、幕吏は因循偸安《とうあん》、撫馭《ぶぎょ》その術を失う、かくなるままなれば「国家傾覆」は立ちどころに至らん、内に文徳を修め、外に武衛を備え、断然攘夷の功を建つべきである

八、故に衆議をくみ、中道を守り、徳川家をして祖先の功業を興し、天下の綱紀を張らせんがため、以下の三事を策せり(1)

孝明天皇の思考形式が非常に明瞭にここには現われていると同時に、国家としてあるべき姿を回復する主体は幕府以外にないとの天皇の意思もはっきりと打ち出されている。

以上を前提として公家に示した選択肢が左の三事策である。

第一、将軍をして大小名を率いて上洛せしめ、国家を治め夷戎を攘《はら》う国是を協議せしむること

第二、沿海の五大藩藩主(具体的には薩摩・長州・土佐・加賀・仙台の五藩)を五大老に任じること、この五大老をして国政を図り夷戎防禦の処置を執らせるならば、環海の武備は堅固確然となり、必ずや夷戎を掃攘する功があるだろう

第三、一橋慶喜を将軍後見職に、松平春嶽を大老職に就けたならば、外圧に屈することはないだろう、朕は此三事を決し、関東に勅使を下し、幕府に三事の内の一つを選ばせたい、故に広く群臣に詢《はか》ることとした、忌憚なく意見を述べよ

家臣たる公家からは何らの異論も出されなかった。

大原勅使の人事押付け

このような手続きを経た後の五月二〇日、勅使に任じられた六二歳の大原重徳《しげとみ》に、下向して第三策を主張すべし、との御沙汰書が渡された。

同月二二日、大原勅使は島津久光と薩藩士を護衛として出京、六月七日江戸に到着、三日後の一〇日に登城し、将軍家茂に「公武一和、国内一致して外夷掃攘、天下太平の基源を開かんとせられ給うが故に勅使を発遣された、徳川家中興のことを思召《おぼしめ》され仰出《おおせいだ》されたこと」(2)だと、孝明天皇の意思を率直に伝えるのである。

幕閣は四月以降の破天荒な国内政治の激動になすすべを知らなかった。さらに人事までが朝廷から押しつけられるのである。松平春嶽に関しては六月一八日に承諾(七月九日政事総裁職として就任)するも、現将軍のライヴァルであった慶喜の後見職就任には強く抵抗し、薩藩士による閣老刺殺も辞さずとの勅使の圧力により、ようやく二八日、彼の後見職を認めることとなる(七月六日に正式に任命される)。

大原勅使の使命が終了したのち、島津久光は自ら構想してきた幕政改革入説を閣老に対し実行しようとした。しかし、朝廷のあと押し無しの要求を幕閣は微塵たりとも受け容れようとはしなかった。まして久光は薩摩藩主の実父でこそあれ、幕府にとっては無位無官の陪臣に過ぎず、そのような者が大それた勅使下向を策動したとして、幕府全体が久光に対し強烈な反感を抱いたのである。外様大名の国事周旋の限界がここにあり、久光は結局どのような手もうつことができなかった。

幕府は逆襲に出た。前年一二月の薩摩江戸藩邸放火犯は堀次郎(のち伊地知貞馨《いじちさだか》と改称)だとの確証をつかんで摘発し、八月三日、堀を国許に檻送させた。さらに同月一八日、大原勅使が久光の官位官職授与に関し幕府に要請するも、朝廷への武家官位官職奏請権を握る幕府は、そのようなことをすれば幕府の官位官職体系全体を崩壊させてしまうとの理由で拒絶した。

なんらの成果も得ないまま、久光一行は八月二一日江戸を出立、生麦《なまむぎ》事件を引き起し、閏八月七日入京、九日に御所に入り復命するが、無位無官の久光は参内することはできなかった。他方、大原勅使は八月二二日出立、閏八月六日に着京、即日参内して孝明天皇に復命する。

2　長州藩世子毛利定広の国事周旋

第一七章で述べたように、藩当局の方針のもと、朝廷への国事周旋を行なったのは、長州藩の長井雅楽の航海遠略策の方が薩藩よりも先行していた。しかし、それは幕府の意を体し、朝廷の掃攘姿勢を転化させようとするものであり、朝廷にそのまま受容され得るものではなかった。久光の率兵上京の決行により状勢が劇的に自己に有利に転換したと判断した朝廷は、四月三〇日長州藩世子毛利定広宛勅旨の中において、「大膳大夫建白の旨趣未致徹底《いまだてっていいたさず》、御残念に思召《おぼしめし》候[3]」との天皇不満の意を、ここに漏らしたのである。

長州藩は五月一日、世子奉答書提出の際、右箇条に関し質問書を呈するが、五日、「(長井建白中)朝廷御処置、聊《いささか》誹詞《ぼうし》に似寄候儀も有之、御懸念に被為在《あらせられ》候[4]」との朝旨が伝達された。長井の開国論は朝廷の攘夷論を非難するものだ、とここに明言されたのである。

この「誹詞」一件は長州藩にとってただちに大問題となり、江戸表に報ぜられ、同月一六日、長井は江戸で藩主に待罪書を提出せざるをえなくなった。他藩にさきがけての長州藩国事周旋が、勅使護衛として正に下向しようとしている薩摩藩国事周旋に対し朝廷では遥かに劣ったものとしてしか評価されていないことが明言されたことにより、藩当局のこれまでの方針に対する藩内激派の攻撃が格段と強烈なものとなったのである。六月五日、長井は帰国謹慎を命ぜられた(六月一八日江戸出立、一一月一五日切腹が決定され、文久三年二月六日に自刃する)。

失意の長井出立一日後の六月六日、上京すべしとの勅命を受けた藩主毛利慶親は江戸を出るも、勅使並びに久光一行と行き会うのを避け、中山道経由での上京となった。京都の政情は日一日と変化していき、航海遠略策での入説などもはや論外となってしまった、今後の長州藩の国事周旋方針をいかにすべきか、一刻も早く藩主及び藩当局者と凝議しなければならないと、桂小五郎は出京して中山道を急行、六月二〇日、美濃は中津川宿にて藩主一行と会い、深刻な会議がおこなわれた。

七月二日、藩主入京、六日、長州藩在京要路会議が開催され、ここに、これまでの藩周旋方針であった航海遠略策を放棄し、尊王攘夷運動に藩主を先頭として邁進することが決定される。

この転換を主導したのが久《く》坂《さか》玄《げん》瑞《ずい》(この時わずか数え年二三歳)をリーダーとする松陰門下生たちであった。

久坂の主張は八月二日付の彼の「廻瀾条議」によくまとめられている。それは、

一、天勅を貫き夷狄を制すること
二、違勅の廉《かど》により、幕吏の罪を糾すべきこと
三、戊午被仰出《おおせいだされ》候勅諚貫徹に尽力すべきこと
四、目的実現のため、越前と一橋を督責[5]すべきこと
五、皇室尊崇、君臣の分を正すべきこと

という論理となっている。孝明天皇の攘夷の意思を奉じ、軍事統帥権を掌握する幕府を督責して全国一致の攘夷体制を敷かせ、その実現のために長州藩はさきがけとなる、というものである。長州藩激派の主張の底には、ペリー来航以来、くり返し説得の論理として用いられてきた武備充実論からの断乎たる訣別があった。国内必死の覚悟を極めない限り、

軍事改革をはじめとするいかなる内政改革も不可能だ、との見切りがそこにあり、サムライ的発想から来る「戦争を政治の一手段とする」との決意が据えられていた。著者はこのような政治集団を幅広くとらえるため、「軍事改革派」と彼らを名づけている。

京都の要路会議をはじめ藩論大転換の論議の場に臨席していた長藩八組士兼重譲蔵《かねしげじょうぞう》は、次のように回想している。

> 幕府は防禦の手当が出来たらば攘夷を致しましょうと云う事は、癸丑甲寅以来、はや十年にもなる。然るに其後《そのご》何事もなく、是《これ》こそ防禦の手当をしたと云う事は一もない。然れば、是から先又十ヶ年俟《ま》っても矢張《やはり》同じ事だから、それでは叡慮に悖《もと》るから、即今攘夷をしなければならん、防禦の備は元より不足だけれども、戦いを用いたらば、大名は驚きながらも力を尽して防禦の準備をするであろう、一日延引すれば一日の姑《こ》息《そく》になっていけないから、且《かつ》戦い且備えると云う事でなければならんと云う事でありました、(中略)麻田(周布《すふ》政之《まさの》助《すけ》)当りが策を進めて、後に私が麻田翁に向て、攘夷の策がうまく行《おこな》うと思うて居るかと云いました処が、いや皇国一致さえすれば、行われないと云う事はないと申しました。麻田はどうして算を立てたか分らないが、日本国中兵籍に係る者が六十万あると立てて、其六十万人が真に攘夷の気になれば、どんな戦いをしても、六万人打死すれば事は出来る、去れば十分の一だ、是丈《これだけ》打死すれば、外国と云えども、はや攻めて来る気遣はない云々[6]

周布が考える六十万の兵籍者とは、国家の干城と人民からみなされているサムライ階級の総数に等しい。二百六十余藩のすべてのサムライが攘夷の念を堅持するためには、全軍を統帥する幕府の攘夷姿勢が決して動揺してはならず、それ故、孝明天皇と朝廷の政治的態度の確乎とした不動さが、すべての判断と行動の出発点となる。尊攘派が攘夷を行ないたいから勝手に行なうという話では全くない、日本の国土の保全と国家の独立を希求する叡慮を奉じ、軍事統帥権を掌握する幕府に奉勅させ、その体制のもとに全国全藩のサムライが攘夷を決行する、これがいわゆる尊王攘夷派の論理なのである。

したがって長州藩は奉勅攘夷の藩論を決するに当たり、きわめて用意周到に、文書による朝廷の意思確認をくどいほど行なっている。その上で攘夷貫徹建白を行ない、閏八月二七日、議奏中山忠能は、「攘夷貫徹の建言御嘉納あらせらる」との「聖旨」を長州藩主に伝達する。

しかしながら、全国サムライ六〇万の攘夷の固い決意どころではない。京都と江戸で活動する激派に対し、在国の長州藩士たちは次第に反感を強め始めていくのであった。

朝廷としては、幕府を動かすべく、諸雄藩を平等に利用しようとした。八月二日、朝廷より長州藩に伝達された朝旨とは、戊午(安政五年)以来の官武幽閉者赦免、殉難者収葬の周旋であり、しかも安政大獄処罰者にとどまらず、桜田門外の変、東禅寺事件、坂下門外の変、さらに伏見寺田屋で闘死した者までもの祭祀と収葬を行ない、生存している者たちは「夫々《それぞれ》旧に復」するよう、幕府に対して周旋すべしというものである。

藩主は在京して国事周旋することになり、勅諚を伝えるべく世子定広が出京するのが八月三日のことである。

江戸で根廻しを行なうため、桂小五郎は一六日、世子より一足早く着府し、幕府への勅諚伝達に関し薩藩と交渉するが、薩藩側は「近くは伏見一挙等にて致死失候者共」(7)の一六字の削除を強く要求し、結局、一九日に品川に着した定広は、一六字削除の勅諚を、薩長間に入って仲裁していた未だ滞府中の大原勅使から授かることとした。

八月二二日、定広は春嶽に勅諚の大意を述べ、二四日登城して将軍家茂に勅諚を伝達し、二五日には将軍後見職一橋慶喜に幕府の勅諚遵奉を要請する。

大原の仲介で勅諚一件はなんとか落着したものの、薩長間の感情的反目は強くなっていった。薩摩側は、久坂ら長州藩士たちが寺田屋義挙計画に深く関与していたにもかかわらず、薩藩に「其事実無し」と回答したこと、藩主毛利慶親が島津久光一行を意図的に避け中山道経由で上京したこと、世子毛利定広が一六文字を入れた勅諚を、そのまま朝廷から拝受したことを遺恨とし、逆に長州側は、寺田屋の同志を上意討ちにした久光に対し穏やかならざる感情を懐いていたからである。

長州藩激派は江戸において尊王攘夷運動を加速すべく、一一月一三日、横浜近郊の金沢において外人襲撃計画を企てた。薩藩は生麦にて攘夷の実を挙げた、ととらえていたからである。しかしながら警備が厳重のため実行は断念された。この時は、後述の別勅使(大原勅使と区別するための表現)で長州激派を熟知している三条実美・姉小路公知《あねがこうじきんとも》両名が滞府しており、右の挙を阻止するため、勅命伝達直前に「横浜斬夷等の挙」ありては、一時に事の敗《やぶ》れと相成る故、「折角の大志暫時猶予(8)」すべしとの書状を急派している。宛先は「久坂殿始」である。また世子毛利定広も行動阻止のため馬で途中まで出向く事態になった。

この際のメンバーは、久坂・高杉・井上馨・品川弥二郎・大和弥八郎・長嶺内蔵太《くらた》・寺島忠三郎・有吉熊次郎・白井小助・赤根武人・山尾庸三の一一名である。

この挙の直後、彼らは「百折不撓、夷狄を掃除し、上は叡慮を貫き、下は君意を徹する外《ほか》他念無之、国家の御楯《みたて》となるべき覚悟肝要たり(9)」と誓い、御楯組を結成、その後山田顕義・吉田稔麿・野村靖らも加わり、総計二五名となった。

御楯組の面々は、将軍家茂が奉勅攘夷を誓い、両勅使が一二月七日江戸を出立した後の一二月一二日、品川御殿山の英国公使館を焼打ちし、その上で政局の中心地となる京都に上るのである。

3　文久幕政改革

井伊派人事の一掃
井伊直弼横死後、将軍＝譜代結合を堅持しつつ、開港開市延期交渉により対外関係を調整し、和宮降嫁により公武合体を再建しようと努力した老中首座《しゅざ》安藤信正が、井伊政策の踏襲だと怒る水戸浪士らに襲撃された坂下門外の変(文久二年一月一五日)の後、幕閣の中心人物となった老中久世《くぜ》広周《ひろちか》(関宿藩主)は、井伊色を払拭することによって窮地に追い込まれた幕府体制を建て直そうとした。幕閣にとっても、外を立てれば内がたもてず、対外問題以上に国内問題への対処が緊急課題になってきたのである。

三月中旬老中本多忠民《ただもと》(岡崎藩主)が罷免され、かわって若年寄水野忠精《ただきよ》(山形藩主)と奏者《そうしゃ》番《ばん》板倉勝静《かつきよ》(備中松山藩主)が老中に任じられ、四月中旬には安藤信正が罷免された。続いて京都情勢に押され、五月初旬には家門の松平春嶽(慶永、前福井藩主)並びに松平容保《かたもり》(会津藩主)が幕政参与を命ぜられ、併せて将軍家茂が一七歳になったとの理由で田安慶頼の将軍後見職が解かれた。

さらに勅使下向の事態を迎えるや、井伊政権以来の老中は対処する気力を喪失し、五月下旬には内藤信親(越後村上藩主)が、六月二日には久世広周自身が老中職を辞し、これ以降の難局におかれた幕閣の中心には、儒者山田方谷《ほうこく》をブレーンとする老中板倉勝静が立つこととなる。

そして、七月からは、板倉以下の老中・若年寄と政事総裁職松平春嶽・将軍後見職一橋慶喜が会議する中で幕政が決定されるようになり、この合議体に八月からは山内容堂が参加する。登城した容堂は八月一五日、将軍より臨機に時務を開陳すべしと命ぜられ、さらに一〇月二六日、日々登営、かつ登営の際、御用部屋に入るよう命ぜられたのである。そして、春嶽のブレーンを七月六日に江戸に着した熊本藩士横井小楠(松平春嶽の要請で福井藩校のために儒学者として活動していた)が務めることとなり、また容堂は土佐勤王党の間崎哲馬を対外折衝の役に当てるのであった。

若年寄の中では唐津藩世子小笠原長行《ながみち》が注目される。閏八月奏者番より若年寄に抜擢された長行は九月には老中格に昇進する。文久二(一八六二)年後半の幕閣は、井伊色が全く一掃されたものとなったのである。

幕政改革の構造

文久二(一八六二)年に入ってからの朝幕間での力関係の大変動の中で幕政改革は進展していく。

第一は文久元年一一月、和宮江戸城入りの際、朝廷からの大赦要請に応えるものである。朝臣に対しては、幕府の内奏により、四月三〇日鷹司政通《たかつかさまさみち》と近衛《このえ》忠煕《ただひろ》の参朝が朝廷から許可され、尊融法親王の永蟄居、鷹司輔煕《すけひろ》の慎が解かれ、故三条実万《さねつむ》には追賞して金帛が贈られ、五月二九日、政通・忠煕・輔煕に復飾が命じられた。

また大名に対しては、四月二五日、一橋慶喜・徳川慶勝・松平春嶽・山内容堂の他人面会・書信往復の禁が解かれた。

第二は無勅許のまま条約に調印し、大獄を断行した時期の政治責任者の処分である。

文久二年八月一六日、久世と安藤に隠居・慎処分が下されたのを皮切りに、閏八月一四日、元京都所司代酒井忠義(小浜藩主)に隠居が命じられて一万石が削封され、つづいて一一月二〇日、彦根藩は一〇万石削封、内藤信親は溜間詰格《たまりのまづめ》(老中辞任時に与えられたもの)の資格剝奪、間部詮勝《まなべあきかつ》(鯖江藩主)は隠居・慎と一万石削封、酒井忠義と堀田正睦は蟄居処分、久世は永蟄居処分と一万石削封、安藤は永蟄居処分と二万石削封という厳しい処罰が下された。この処分は幕府が安政五、六年にとった政策を違勅の政策だったと認め、それを幕府として否定したことを意味するものであることに注意されたい。

第三は文久二年一二月の安政大獄処罰者および桜田門外の変関係者への大赦と名誉回復である。ただし毛利定広宛勅書にあった東禅寺・坂下門外の変等の関係者の大赦は、天下多事となったため、遂行されなかった。

第四は京都守護職の新設である。京都情勢は譜代大名が任じられてきた京都所司代においては既に制御不能となっており、他方で幕府は朝廷尊崇と禁闕守衛のさらなる実を示さなければならなくなってきたからである。閏八月一日、家門としては越前に継いで第二位、兵力も強大な会津藩主松平容保《かたもり》が新設の京都守護職に任命されるが、その地位は所司代の上に置かれ、しかも朝命を直接に拝受し事を専断しうる権限を有し、禁闕守護がその主目的とされた。

第五は軍制改革である。文久二年一二月、幕府は兵賦の制度を制定し、旗本に対し、三〇〇〇石につき一〇人、一〇〇〇石につき三人、五〇〇石につき一人ずつの人員提出を、五〇〇石以下は金納を命じ、この人数をもって銃隊(＝歩兵組)を編成することとなった。

第六は閏八月二二日の大名統制の改編である。参勤交代制度が改革され、以降は三年目毎に一回、一〇〇日限りの在府となった。これは参勤交代によって不十分にしか実行しえなかった自国警衛を強化させることが本来的な目的であった。したがって、朝幕合体しての公儀権力の確立と幕府の能動的な軍事指揮権の発動という要素と結びついてこそ、はじめて意味をもってくるはずのものであった。また嫡子の在国が許され、大名の妻子に対してはその帰国が許可された。各大名には国許での受けいれ屋敷の手当てが必要となってくる。

第七は将軍上洛決定である。文久二年六月一日、将軍上洛が公布され、九月七日には、明年二月をもって上洛する旨が公布される。衰えていく幕権を回復するためにはさらなる公武合体強化策以外に手段はなかったのである。

4　別勅使三条実美の江戸下向

土佐藩の国事周旋

朝廷では、薩長とともに土佐藩に対しても国事周旋を期待した。六月一一日議奏中山忠能は、山内家と親戚関係にある三条実美に対し、「土州藩にも薩長二藩と同様に国事周旋御依頼の叡慮あり」(10)との孝明天皇の意向を伝え、これをうけて実美は土佐藩京都留守居を呼び、藩主宛に伝達を下命し、その際「薩長両藩とともに京師を警衛すべし」(11)との自らの書状を交付した。

六月二八日、藩主山内豊範は高知城下を出立、土佐勤王党も多数従士として加わることとなる。しかし着坂後、入京して国事周旋すべきかどうかに関し、藩臣の間で意見が対立し、江戸から急行した間崎哲馬が幕府の内情を説明、哲馬の報告を受けた小南五郎右衛門が江戸に下り、容堂より藩主入京許可を得た上で七月二五日豊範が入京、ここにおいて朝廷より滞京・御警衛御依頼並びに薩長とともに国事を周旋すべしとの御沙汰書を授かることとなる。閏八月一四日、豊範は他藩応接掛に小南や谷干城《たにたてき》らとともに土佐勤王党の武市《たけち》半平太《はんぺいた》・平井収二郎の両名を任命した。

しかしながら、容堂は久光と同様に、藩士と朝廷の直接結合を主従関係・君臣関係を紊《みだ》すものとして極度に嫌悪しており、閏八月二五日、松平春嶽の腹心中根雪江が容堂を訪れた際の様子を雪江は、

此頃一人の藩士、京師より此地(江戸)に下りて、朝廷より小拙に上京する様との内沙汰ありたるよしを告げたり、さて此藩士は勤王の志深く、兼《かね》て在京しけるを、小南五郎右衛門一己の計いを以て遣わせるよしなるが、(中略)小南等、かく上京の御内沙汰

など周旋せるは甚《はなはだ》不都合なりとて大に怒り居り(12)

と記している。

他方豊範は閏八月二八日、京都において長州藩主と対面、尊攘の大義に尽力することを約束する。

京地では薩長土三藩士の間で攘夷運動を加速しようとの気運がさらにたかまり、九月一八日、勅使を関東に派遣し攘夷の勅命を降すべしとの三藩主連署の建白が提出された。その中の文言には、

尤《もっとも》一昨冬、七八ヶ年乃至《ないし》十ヶ年、外夷拒絶可仕段、於関東御請有之候に付、御猶予の儀御願に可相成歟《あいなるべきか》に候得共、右は奸吏罷在《まかりあり》候時の事にて、今日に相成、決て御異議有之間敷《これあるまじく》に付、断然攘夷の勅諚被仰出度《おおせいだされたく》奉存候(13)

とあった。薩藩の場合には、久光個人としては草莽激派を嫌い、国事を幕閣と諸大名との間で決したく考えていたが、朝廷が攘夷方針を明確にしている状況では、攘夷反対を明言することは不可能であり、また生麦事件後は、英艦鹿児島来襲は必定、全国的決戦態勢の確立は同藩としても好ましいことになってきた。さらに京都のみならず薩摩江戸藩邸においても、この時期は攘夷姿勢を執っていた。一〇月上旬、薩藩士高崎五六は、次のような容堂宛建白書を中根雪江に示している。

攘夷の令を布き、天下を必死の地に置候御英断は無御坐《ござなく》候ては、征夷府の御大任無其

詮、（中略）天下の耳目を御一洗無之候ては、（中略）神州挽回の御大業万々無覚束《おぼつかなし》[14]

九月二一日朝廷は三藩主建白を嘉納し、三条実美（二六歳）を正使に、姉小路公知（二二歳）を副使に任命し、山内豊範に勅使随行を命じた。

薩長土三藩はさらに一〇月五日、三藩有志連署の形式をもって、親兵設置を建白する。一〇月一〇日、勅使両名は参内し、「天下を挙げて攘夷一定に無きにおいては、人心一致に至り難からん乎《か》、且《か》つ人心一致せず、異乱邦内に起るを恐る[15]」との勅書を授けられ、あわせて京師守衛のために親兵設置が必要との御沙汰書を渡される。

この別勅使の出京は一〇月一二日、同月二七日に品川に着するが、この当時家茂は大流行の麻疹にかかり対面不能であり、入城は翌一一月二七日、この時はじめて勅使は上段、将軍家茂と後見職慶喜は中段、春嶽並び老中は下段に位置することとなった。

藩主豊範は別勅使を護衛して江戸に下向、武市半平太は勅使雑掌として随行との報にはやり立った中岡慎太郎・河野敏鎌《とがま》・千屋寅之助らの在国土佐勤王党の面々（いわゆる「五十人組」）は、藩庁の許可も待たずに出国（「願捨」）し急遽江戸に下るのである。

別勅使への幕府側の対応

江戸で政事総裁職松平春嶽を補佐する横井小楠は文久二（一八六二）年一〇月二三日、肥後実学党の門下生嘉悦市之進に左のような書状を送っている。

今日の勢に至り候ては、京師は御憤興、幕府は衰弊、東西の勢如此《かくのごとき》の盛衰に相成候えば、頼朝公以前の君臣に復し不申ては、天命・人心の正理に背き、日本全国大乱の外は無御座候(16)

鎌倉幕府開設以前の公武状態に戻って、もう一度公儀性を徳川方に回復させなければならない、それに失敗するならば国内は内乱状態に陥る、横井は緊迫する時局をこのようにリアルに認識し、この認識のもとに春嶽に建策しつづける。

奉勅攘夷を迫る別勅使が発遣される直前九月段階での春嶽の政治方針を、中根雪江はこう要約する。

開国は公(春嶽を指す)固《もと》より多年の持論なれど、従前の条約は一時姑息を以て取結びたるものにて、国家永遠の計を立るため取結びたるにあらず、加うるに勅許を経ずして調印せし如き不正の所為もある事なれば、此際《このさい》断然此条約を破却し、天下を挙て必戦の覚悟を定むべし、さて此事実際に行われたる上は、天下の大小諸侯を集めて今後の国是を議せしめ、全国一致の決議を以て、更に我より進んで交を海外各国に求むべし(17)

条約を破却し必戦の覚悟を固めさせた上、公議体制を確立して一挙に開国、という横井論理そのままである。

他方、京都守護職に任じられ、家来たちを上京させ在京準備に忙殺される松平容保も、幕府の方針が定まらねば上京は不可能、九月段階で容保はこう主張する。

此節京師にては専ら攘夷の叡慮にあらせらるる由なるが、畢竟《ひっきょう》関東には従来御失策の廉《かど》少なからざる事故《ことゆえ》、今日は叡慮を遵奉せられ、両都両港に外国人を居留せしむる事及び御殿山に外国館を置かるる事を断然謝絶せらるべし、然らざれば上京も仕り難し(18)

九月二〇日、関係者を集めた会議の席上、町奉行小栗忠順《ただまさ》は、政権は幕府に委任されており、「此上赫然《かくぜん》権威を振われざらば、終《つい》には諸大名に使役せらるるにも至るべし(19)」と主張する。典型的な将軍＝譜代結合の発想法である。

一方容保は、「京都の御《お》差綺《さしいろ》いを拒みては、尊王の大義に悖《もと》り、外夷の屈辱を受けては国威を墜すべし、しか大義に悖り国威を墜さば、幕府の権威、何《いず》れの所にか振うを得べき(20)」と反論する。尊王という基本線をしっかり握りしめ、外圧に屈しない姿勢を幕府が保持しつづけることにより、はじめておのが権威を建て直せるという幕府内のもう一つの論理である。

他方春嶽は、「公共の天理に依らずして、只管《ひたすら》幕府の権威をのみ振わんとするは一己の私なり、故に忌《いみ》を忘れて議せざるべからず(21)」と主張する。幕府権力構造の中に公共性・公儀性を実現するシステムを組み込まなければ、現時点では一箇の私的権力に過ぎなくなってしまうという横井理論を、ここでも忠実に彼は展開している。

ただし、当日の会議に欠席した一橋慶喜は破約説に反対し、さらに「(諸侯会同すれども)

諸侯若《も》し時勢に適せざる愚論を申出なば如何《いかが》はすべき」、「今度斯《か》かる意見を立しは、已《す》でに幕府をなきものと見て、専ら日本全国の為めを謀らんとするなり(22)」と諸侯会同策をも非難し、開国主義しかないとの立場を執る。

右の慶喜論に対して春嶽は、「貴卿が奏上せらるる開国主義(この時点で幕府は慶喜を上京させる方針だったが、後に中止する)、もし朝廷に於て容れられざれば、幕府は断然政権を返上せらるる事に覚悟を定め、さて此覚悟を以て人心を鼓舞する事にしては如何(23)」と勧めるのである。破約攘夷は不可能との立場を堅持し、あくまで開国主義を貫徹し、朝廷がその主張をしりぞけるならば、政権を朝廷に返上し、皇国の安危を天意に任せられ、徳川家は一諸侯となって掃攘の叡慮を遵奉すべしとの幕臣大久保忠寛(文久二年七月三日より一一月五日まで将軍側近の側衆)がこの意見であり、横井小楠や勝海舟もそれをともにしていた。この場合には、対外戦争となった際の全責任は朝廷が負うこととなる。

だが、慶喜は政権返上策にも決して同意しようとはしなかった。

別勅使下向が確定し、幕府がいよいよ対応態度の決定を迫られる一〇月段階で、幕政参与山内容堂は対立する春嶽・慶喜の間を周旋する。

第一、幕府が勅使に開国の趣意を中立て、勅使が帰京するという事態とならば、関西は大乱とならん、その為には兼て覚悟なかるべからず

第二、攘夷というも一概に無謀の攘夷にあらざるべし、元来攘夷なるものは征夷府当然

の職掌故、もし之を奉承せずとあらば、朝廷は攘夷より「攘将軍」に転ずるやも測られず(24)

朝廷において「攘夷の幅」なるものが相当にありうることを見抜き、他方、征夷大将軍職という官職を徳川家がしっかりと握っておく根幹的重要性を、このように示唆するのである。容堂はなかなかの政治的センスの持主でもあった。

膠着した幕府内の対立をつき動かしたのが一一月下旬、京都町奉行からの急報である。安政大獄で一橋派の中心人物と見なされ厳罰に処せられた永井尚志《なおゆき》は復権し、この年の八月七日京都町奉行に任じられ、幕臣の誰よりも激動する政局の推移を全身で感得する場に据えられていたのである。永井は進言する。

此際、橋公を御始、重職の御方々御一同、速かに御上京あらせられ、誠意を以て朝廷を尊崇せられずば、最早《もはや》天下の四分五裂に至るも遠きにあらざるべし(25)

開鎖論どころではない、幕府の国内掌握が崩壊し内乱となる。朝廷を敵に廻して徳川家は権力を果たして維持できるか、鎌倉以来の公武関係の歴史の記憶が、条件反射的に幕閣に想起される。

ついに慶喜は一一月二八日、春嶽にこう告げる。

幕府に於て其儘《そのまま》に指置《さしお》かれなば、今後畿内は如何なり行くべきや、痛心に堪えず、故に拙者、此節二万許の兵を率て大坂に登り、一時彼地に駐在して、内は京師を守護し、

　外は海岸を防禦せんと欲す、然る上は、大樹公《たいじゅこう》(将軍)にもなるべく速かに御上洛ありて、京師を守護せらるるは勿論《もちろん》なり(26)

開国主義主張を放棄し、公武合体路線を突き進むことでこの難局を突破しようと慶喜は決意したのである。

ようやく別勅使に対する幕府方針が確定し、ここに春嶽ブレーン横井小楠は「急務三策」を起草する。

第一、条約締結に関与せし諸有司を処罰し、将軍は上洛、断乎攘夷実行の措置に着手すべきこと

第二、外国使臣に鎖港のやむべからざるを説き、彼が承引せずして兵端開けたる際、皇国の全力を傾けて戦うべきこと

第三、諸外国に鎖港談判の使節を派遣し、その間沿岸防備の完成に努むべきこと(27)

この方針を執りつつ、将軍上洛、公武合体、天下の公議を結集して開国国是を合意させる、これが横井と春嶽の構想だったのである。

奉勅攘夷の請書提出

　一二月五日、別勅使を迎えた将軍家茂は、「勅諚の趣 奉 畏《かしこみたてまつり》 候、策略等の儀は御委任被成下《なしくだされ》候条、尽衆議《しゅうぎをつくし》、上京の上、委細可奉申上《もうしあげたてまつるべく》候」、「外夷を攘《はらい》候には、皇国全地の警

衛肝要に付、列藩の儀は国力を為養《やしなわせ》、九州は誰々、奥羽は誰々と申《もうす》如く、藩鎮の任を専に為仕《つかまつらせ》候わば、可然哉《しかるべきや》と奉存候(28)」と奉答する。攘夷の具体的方策は将軍職の専決事項だとする留保付きの奉勅攘夷の誓約である。ただし親兵設置要求は海岸警衛の急務を説く形で婉曲に拒絶した。

家茂奉答書を得た別勅使は一二月七日江戸を立ち、一二三日着京、二五日参内して孝明天皇に将軍家茂奉勅攘夷の旨を報告する。将軍家茂は翌文久三(一八六三)年二月一三日陸路江戸を出立、上洛の途に就くのである。

しかしながら春嶽・慶喜をはじめ老中・若年寄らの幕閣は対朝廷政策の内部調整に忙殺され、旗本、御家人の攘夷体制をどうつくるのかには全く手が廻ってはおらず、逆に旗本・御家人たちは「御公儀」の動揺と諸藩の台頭を深い危惧感と苦々しさで見守るだけであった。

さらに春嶽のブレーン横井小楠は、一二月一九日、彼を開国主義者と見なす熊本藩尊攘派刺客の切込みに遭い、危難をくぐり抜け刀を取りに役宅に戻った合理的行為を、「士道取失(29)」と激怒した江戸熊本藩重役より切腹が申し付けられかねない事態に陥り、春嶽はやむなく彼を福井に送って難を避けさせざるを得なくなった。

切りつけられたら相手に背中を見せず、かたわらの棍棒等、なにがしの得物《えもの》をとって殺されるか動けなくなるまで正面から立ち向かうのがサムライの道だとの生理的感覚を、尊攘派が優位を占めていたわけでもない熊本藩ですら藩士の誰一人疑う者がいない、そのようなサムライ社会の中で、外圧には正面から立ち向かえと呼号する尊王攘夷運動は、翌文久三(一八六三)年、京の地において最高揚期を迎えるのである。

第二一章　浪士組・新選組・新徴組

文久二(一八六二)年後半から文久三年にかけての日本国内の驚天動地的急転回を、社会レヴェルからとらえてみるとどうなるのか、新選組結成の動きを軸として微視的に見ることが本章の狙いとなる。

1　清河八郎と尊攘運動

新選組を語るには、まず清河八郎《きよかわはちろう》なる人物を登場させなければならない。彼は天保元(一八三〇)年一〇月、出羽国庄内田川郡清川村郷士、五三〇石の大豪農兼酒造家斎藤治兵衛の長男に生まれた。

一八歳で無断出府し儒者東条一堂の塾に入り、同塾の安積《あづみ》五郎と親交を結び、この時は帰郷する。嘉永三(一八五〇)年、再度無断出府し、京・中国・九州を遍歴した後、同年九月に東条塾に再入塾、翌嘉永四年二月には千葉周作道場に入門し、北辰一刀流の腕を鍛え、嘉永五年には安積艮斎《ごんさい》の塾に入り、同塾の土佐郷士間崎哲馬《まさきてつま》と親友となった。ただしペリー来航時には郷里に戻っている。

嘉永七年二月出府、湯島の聖堂に学び、この年一二月、清河八郎と称するようになる。安政二(一八五五)年一月に帰郷、三月には母を奉じて西遊し、安政三年にはおおむね郷里に在り、この時遊里の女性(一八歳)を知り、九月仙台に遷って女性を呼び、お蓮と名づけた。

安政四(一八五七)年四月、実弟熊三郎とお蓮を伴って出府、江戸で開塾、文武両道を教授することとなる。安政六年八月塾が類焼したので、神田お玉ヶ池に遷り、「文武指南所」を掲げて再開塾、大獄期を江戸で過し時勢を痛感、安政七年の桜田門外の変が彼にとっても決定的なものとなり、この年の秋頃より同志を糾合し始めるのである。

万延元年一二月五日(一八六一年一月一五日)、同志の伊牟田《いむた》尚平・益満休之助《ますみつきゅうのすけ》・神田橋直助・樋渡《ひわたり》八兵衛らがヒュースケンを暗殺し、英仏両国公使が抗議して横浜に引揚げ、外交関係が緊迫するや、水戸浪士横浜襲撃の流言が広まっていく。

文久元(一八六一)年一月、清河は同志の阿波出身剣客村上俊五郎が同宿している下総神《こう》崎《ざき》村寄留医師石坂周造を訪れる。潮来《いたこ》を拠点とする水戸浪士たちの動静を探索するためである。清河・村上・石坂の三名は潮来に赴いて文人宮本茶村を訪問するも、水戸浪士の実態に失望して同地を去って帰府することとなった。虎尾の会と名づけた清河グループは、浪人では石坂周造・村上俊五郎・北有馬太郎(安井息軒女婿、関東各地で漢学教授)・安積五郎(江戸で開塾)・池田徳太郎(芸州人、江戸で開塾)・西川練蔵(医師)・笠井伊蔵(清河の内弟子)、薩藩士では伊牟田・益満・神田橋・樋渡、幕臣では山岡鉄太郎・松岡万《よろず》・井上八郎(ともに剣客、千葉の同門)などがいた。

ただし清河らの動静は幕府につかまれ、清河捕縛の命令が町奉行からひそかに出され[1]、その一人の密使を文久元年五月二〇日、柳橋万八楼での書画会の帰路無礼打ちにして、清河は安積・伊牟田・村上とともに逃亡、このためお蓮・熊三郎・池田・石坂・北有馬・西川・笠井が捕えられ投獄された。北有馬・西川・笠井は獄死、お蓮は大病のまま出獄するもほどなく死去する。

清河らは水戸から相馬、相馬から仙台へのがれ、同地では既知の桜田良佐・桜田敬助・戸沢宗之進らに、また南部の遠野《とおの》では江田大之進の庇護を受けたのち、西上を開始する。この時点で清河は伊牟田・安積を伴っている。

西上の途中、甲州では千葉道場の同門で、道場を開いている剣客森士《もりと》鉞四郎《おのしろう》と会い、一一月四日宇治山田に着し、つづいて入京、田中河内介に面会して、九州方面の人脈を紹介してもらい、同月一五日京を出、九州の地で真木和泉・小河《おごう》一敏・平野国臣・河上彦斎などに会うも、清河の国事周旋は人々に信用されないまま、文久二年一月には清河・安積の両名は帰京することとなる。他方、伊牟田は入薩して同志の糾合を試みるも脱藩の罪で捕えられる。

久光率兵による京坂動揺の中で、清河・安積の両名は大坂の薩邸に入るも、久光からの厳命もあってのことだろう、四月一三日には薩藩邸を去り、同月二三日の寺田屋事件、五月二一日の勅使出京を見た上で、在京しての活動を望む安積を残し、六月六日京を立ち、松坂で村上俊五郎と邂逅、時勢を窺いつつ江戸に向かう。平塚で生麦事件(八月二一日)直後の久光一行にぶつかり、同行していた益満より江戸の近況を聞き、二四日江戸に潜入、山岡と松岡を尋ね、三日後に安全となった水戸に赴く。

国事犯大赦の動きを感知した清河は、閏八月、同志の大赦を請う上書を山岡に託するとともに、容堂のもとで活躍している親友間崎哲馬にも同志大赦での斡旋を依頼する。

間崎は九月二四日、水戸の清河に次の書状を送るのである。

成丈《なるたけ》幕府を輔助し天朝を推戴し、公武合体、全国一心にて、夷狄の侮を禦《ふせぎ》候様致度、万々一幕府に於て旧習に因循し、夷狄親暱《しんじつ》の様子に相見え候わば、其時は不及是非《ぜひにおよばず》、人々靖献(天子の為に尽すこと)の外《ほか》無之事に候、御上書の大赦一条、御尤《ごもっとも》千万、今日第一急務に候、早速山岡君と謀り、春嶽公へ呈し、此書、板倉・水野・小笠原の諸閣老へ伝覧に相成候えば、近日赦令も相発候様子、去る十五日、於殿中春嶽公より長州世子へ御発端有之候、老兄御身前の事も色々心配、山岡君周旋にて無程《ほどなく》御開明に相成候勢(2)

この文中にあるごとく、九月下旬、獄中で生き残った熊三郎・池田・石坂は仮出獄し、一二月下旬正式に赦免される。清河自身は、文久二(一八六二)年一二月一〇日より水戸より出府し、山岡の許に身を寄せていたが、文久三年一月八日、町奉行所に出頭、無礼人斬りを届け出、赦免を申し渡されるのである。

2　文久二年の激変を人々はどううけとめたか

文久二年四月、久光の率兵上京が引きおこした政局の激変を、一般の日本人はどのように見ていたのか。紀州と東濃の地域から見てみよう。

紀州日高郡の医師羽山大学《はやまだいがく》の「彗星夢雑誌《すいせいゆめぞうし》」には、大坂の柏岡恕堂から紀州有田郡菊池海荘宛の五月一二日付書状が記録されているが、そこには、

東都表四月下旬、尾・一橋・越、慎御免、御登城の御用意被為仰出《おおせいだされ》候由、板倉様御加判に相成、(中略)何事も御正議に御渡り被為遊《あそばせられ》候との御事、御旧風被為覆《くつがえさせられ》、外夷御取扱、追々改革に相成、下々迄難有《ありがたく》帰服仕候義に御坐候、(中略)京都不相替賑々《にぎにぎ》敷《しく》、弥《いよいよ》薩州様御勅使参府に相成候義に御坐候わば、日本御一致の御事と難有御義に御坐候(3)

とあり、一般民衆レヴェルとしては、旧風顚覆、正議の世となり外夷取扱いは改革され、国内一致有り難し、という変化として受け取られていたことが明らかである。

また羽山は、五月頃、「浪華土産」として流行した「樽鯛《たるたい》尽し」を記録する。それは、

五ヶ国交易始め樽　立花(井伊家の家紋)こわして貰い鯛

半分異国に成かけ樽　神国にして貰い鯛
夷国へたんと送り樽　文銭(寛永通宝)戻して貰い鯛
京都不首尾と成樽　若狭は死んで貰い鯛(所司代酒井若狭守忠義は六月晦罷免)
近年困窮致し樽　民は豊に暮し鯛
町人共より捧げ樽　用金戻して貰い鯛
仁義仁智を守り樽　老中出して貰い鯛
賄賂取て含み樽　関白叩て貰い鯛(関白九条尚忠は六月二三日辞職)
勅使に御立被成《なられ》樽　大原誉て貰い鯛
此度大義を起し樽[4]　轡で御代り納め鯛(クツワは島津家の家紋)

というものである。

では東濃「夜明け前の世界」の人々にとってはどうだったろうか。

文久二(一八六二)年九月一一日付書状で、『夜明け前』では蜂谷香蔵としてモデル化された中津川宿問屋間《はざま》半兵衛は、奥三河稲橋の豪農で、やがて平田門人となる古橋源六郎に、

大原三位様御下向以来、種々珍説御聞被成候趣被仰聞、若不存《もしぞんぜざる》の儀も候わば、御書取の珍書御持参可被下《くださるべく》候旨、御厚志難有奉存候、誠に不寄存知《ぞんじよらず》、天下一新の御政事に相成、且《かつ》は大慶、且は驚入《おどろきいり》申候、拙方にも六月中頃、長州候御滞留、御供の藩中に平田同門の仁(世良孫槌)有之、元より江戸にて面会の人にて、毎日相尋《あいたずね》くれ、珍談承知

仕候、于今《いまに》京都御滞留にて折々珍事洩呉《もらしくれ》候、江戸より此頃書状にて、大原三位様へ平田父子(銕胤・延胤)御目見《おめみえ》にて、御所御学問所学習院へ、著述物数部献上に相成、学事の規模にて、大に被悦《よろこばれ》候事共中参候、国主外様は五ヶ年交代、御家門家は三年交代の由、是も珍事の中の一奇事に御座候(5)

と書通している。中津川のみならず、稲橋でも必死で情報蒐集がなされている。参勤交代制度の改革を含む政局の激動を「且は大慶、且は驚入申候」と表現しているのは、実感がこめられている。大原重徳による朝廷への平田篤胤著述献納要請の次第は、江戸の銕胤《かねたね》から各地の有力門人たちに書状をもって通知されるが、復古の気運が目前に来たと、門弟たちの喜びもひとかたではなかったのである。

3　浪士組取立てへの幕閣の試み

新選組の母体となった浪士組の結成を攘夷主義者清河八郎の策謀としたのでは幕末政治史にはならない。諸々の要素がそこには絡んでくる。

文久二年一二月五日(一八六三年一月二四日)、将軍家茂が別勅使に奉勅攘夷を誓約した瞬間から、幕閣は新たな課題をかかえ込むこととなった。将軍が上洛する京都には諸国から浪士が結集してきており、この勢力に対応しかつ統御しうる力量を幕府側がもたなければならないという課題である。前章にも述べたが、老中の中心は山田方谷をブレーンとする板倉勝静、政事総裁職松平春嶽は横井小楠とともに平田篤胤生前からの篤実な気吹舎《いぶきのや》門人中根雪江をブレーンとし、春嶽を助ける幕政参与山内容堂と尊攘派の媒介となっているのが間崎哲馬であった。また京都守護職松平容保は、立場上この課題の最前線に立たされている。この人的関係が、右の浪士対策に直接かかわってくるのである。

一二月一〇日、篤胤生前からの熱心な門弟で三河国長沢住居の名族旗本である松平主税助が浪士取扱いを拝命、即日、主税助は気吹舎の同門で熟知している宮和田又左衛門(日本橋で北辰一刀流の道場を開いていた元下総相馬郡宮和田村名主)に面会を申し入れた。

一二月一三日、又左衛門は主税助を訪問するが、その際の次第を彼はこう記録している。

同人(松平主税助)は三州長沢松平源七郎弟にて、兄源七郎無眼に成り、主税助相続して、両人共、師家平田先生の同門故、兼《かね》て知己の人なり、故《ゆえ》同人被申《もうされ》候に、拙者儀、去る十日、御用召にて浪士取扱いと申《もうす》役名にて、御留守居次席被仰付《おおせつけられ》候、是全く越前侯・板倉氏等の周旋、忝《かたじけなく》　御受申上候、右に付、其許《そこもと》は同門なり、又拙者も御交り深きを以て、前両侯へも我より内々申立置候間、我と供に諸浪士取扱いとなり、尽忠報国の人を集《あつめ》くれ候様致度被申《もうされ》けり(6)

浪士組取立てに深く関与したのが板倉勝静と春嶽、その責任者に指名されたのが平田門の剣客旗本松平主税助、主税助が最初に片腕にしようとしたのが平田同門の宮和田又左衛門ということなのである。

ただし又左衛門が謝絶したため、その後に山岡鉄太郎が掛りに任命され、虎尾の会でつながりがあり、出牢させた池田と石坂が清河と相談して浪士徴募に取りかかるという展開になるのであった。

したがって当初は、京都に集まっている有力浪士を束ねうるすぐれた力量の人材が徴募・採用の対象とされていたことは、念頭に置いていいことなのである。主税助の文久三(一八六三)年一月段階での候補者リストには、平野次郎(国臣)・真木和泉・間崎哲馬・坂本龍馬・田中河内介・藤本鉄石・飯居《いい》簡平・世古格太郎・巻戸一郎・原直太・水郡《にごり》善之祐・宮部鼎蔵・大島三右衛門・伊牟田尚平・益満休之助・枝吉杢之助(神陽)・久坂玄瑞・西村敬蔵・森土鉞四郎・松木右衛門司・田尻新助・木村三穂介・西丸帯刀・岡部正蔵・西貫之助・氏家謙之助・桜田敬助・戸沢宗之進・江田大之進・安積五郎の三〇名の名前が挙げられている。(7)この内の多くは清河が逃亡中に接触した有志者か、あるいは彼らから聞いた大島三右衛門(西郷隆盛)らの志士たちである。また、この時点では、未だ田中河内介の殺害は知られていなかったことも判明する。

4　徴募者の「尽忠報国」イメージ

関八州や甲信地域をかけまわって浪士組への参加を呼びかける中心となる内の一人、芸州出身の池田徳太郎は、幕府の大変化をいかに見ていたのか、文久二年一一月一一日付の郷里の父親に宛てた書状はこう述べている。

皇国に忠義の一道相立候わば、我身も自ら顕要に相成可申、其節孝養を遂げ、故郷画錦の秋《とき》を期《はか》り居候処、かかる大罪、獄に陥り候段、全く不孝の天誅並び至り候事と深く悔心仕候、(しかし本年の改革のため)夫《それ》より引続き是迄《これまで》幽閉の群賢、御再用に相成申候事に御座候、実に天地の間、至誠の精気より猛烈なるものは無之、方今天下の形勢大に相変じ候は、抑《そもそも》天命の然らしむる所とは乍申《もうしながら》、本是《もとこれ》匹夫の忠心義気、騰発して所致《いたすところ》也、桜田の一件、水府の浪士の手際は実に万古未曽有の勇挙なり、吾《わが》皇国の義忠の万古に卓越する足観《みるにたる》也、又阪下の一挙討死致候七人(ママ)、懐中致居候斬姦書と申書附一通、追て差上可申、之に引き続き天下の浪士、京都に馳集候て、愈《いよいよ》天下の形勢大に相変じ、正気の積鬱に大震発致候て、今回天績《いさお》し上に帰せんか、下に帰せんか、百年の後必有公論《かならずこうろんあらん》(8)

匹夫の忠心義気が騰発して桜田門外の変、坂下門外の変、京地の変動となり、鬱積した正気が大震発して今日の事態をひきおこした、と池田はするのである。

ただし、この段階では、あくまで公武合体し本来あるべき姿に復帰した幕府を、草莽の義民が輔翼するという形で「尽忠報国」も浪士組もイメージされていたことは確認しておく必要があるだろう。池田は文久三(一八六三)年一月初旬頃かと思われる浪士取立てに関する意見書で、こう述べているのである。

一、義民を古の農兵の例に傚《なら》い取立つべし

二、右義民、其《その》赤心報国の志、兼《かね》て十分貯居候え共、右其地頭領主より被為圧伏《あっぷくさせられ》、如何にも其志の御上に貫通仕候様無之段、欝々残念罷在《まかりあり》候処、今般御募《つのり》浪士共の内へ御差加え、一隊の遊軍にも御備立、御供被仰付候わば、右義民共においても非常の御時、非常の栄命を蒙り、如何計《いかばか》りか感激仕り、実に身命無所惜《おしむところなく》候事

三、名不正《ただざざ》れば其勢不震《ふるわず》、今般御攘夷の御名分を以て其義気を振起仕候事、好機会に御座候

四、右の郷士体の者共、其村里において、日頃恩意を以て結び置候強壮の義民も有之候えば、此の魁首御募り被成候上は、右強壮の義民共も後《しり》えに進退可仕候事

五、右の義民共、祖先以来産業相立、相応富殖の者も御座候えば、兵馬等の諸備も自分入用にて相備可申、格別御手当等に不及《およばず》候事(9)

5　浪士組への応募諸集団

山岡・池田・石坂・清河らの奔走の結果、将軍上洛の先駆として中山道を経由して上京する浪士組二百三十数名の面々が徴募された。浪士組は三〇名程からなる七つの組と、統轄する取締付の八グループに編成されるが、それぞれの組は同郷者を中心に組織される。

一番組の小隊小頭《こがしら》(一〇人を統轄する什長)となった根岸友山は、武州大里郡甲山(熊谷近

郊)の豪農で、自宅に剣術道場と漢学塾を開設しており、甲源一刀流の免許を所持しながらも、北辰一刀流も学んでおり、息子の武香は北辰一刀流の剣士であった。清河八郎と交友があり、また長州藩産物取扱役を勤めていた関係で、長州藩士との接触もあったのである。友山は比企郡志賀村名主の倅で甲源一刀流の道場主水野倭一郎にも声をかけ、自分の門弟とともに浪士組に参加した。山田官司は房州亀ヶ原村の百姓二男だが、千葉周作道場に入門、浪士組入隊時は友山家の食客だった。同番組の中の新井庄司は比企郡上横田村の人で道場主、林九左衛門は甲山村、清水小文司は大里郡小八ツ林村、徳永大和は同郡高本村の人、また友山は一時京都残留組の一員となるが、行動をともにした清水吾一は埼玉郡羽生村の人、遠藤丈庵は武州忍の、鈴木長三は仙台の、それぞれ浪人である。

二番組には、什長に上州新田郡上田中村の医師大館謙三郎がなっているが、彼は高山彦九郎の信奉者、この番組の二六人までが上州人、中でも新田郡出身者は一四名を数えている。

三番組の場合は、中山道武州鴻巣《こうのす》宿近辺にあった剣術道場集義館のメンバーが参加している。同館の道場主は神道無念流の常見源之助で、門弟には鴻巣宿近辺の名主や地主など有力者とその子弟が多かった。三番組隊員の内、集義館からの参加者は四名いるが、その内、常見一郎は源之助の縁者と考えられ、金子倉之丞は足立郡原馬室村組頭クラスの家柄、河野和三は鴻巣宿近村糠田村の豪農河野家の分家、島野喜之助は埼玉郡志多見村の大地主

の家の出である。(10)

四番組の場合は、第一小隊小頭斎藤源十郎は野州足利郡江川村の名主で甲源一刀流の剣客、(11)第二小隊小頭青木慎吉(足利郡大前村)は池田徳太郎と旧知の間柄であった。池田は江戸開塾以前は常州・野州で講学しており、また上州大館謙三郎方に滞留して伊勢崎周辺の青年を教えてもいたのである。第三小隊小頭松沢良作(比企郡下里村)は清河と早くから親交があり、また甲源一刀流剣客として著名な強矢《すねや》良輔の高弟でもあった。

ところで、浪士組は京都から江戸に戻る際、隊員補充をおこなっている。最も積極的に活動したのが甲州都留《つる》郡上暮地村から参加した七番組所属の分部宗右衛門である。彼は北辰一刀流の剣客で、上京以前にも同郷の豪農剣客を勧誘して参加したのだが、帰府途中の三月二二日、下諏訪《しもすわ》宿で有志徴募の命を受け、都留郡内で人材を集めることとなる。したがって、同郷の上京組は宗右衛門のほか、早川太郎(上暮地村)・分部再輔(同上、早川太郎の姉の嫁ぎ先)・高尾文助(小沼村)・渡辺彦三郎(同上)の計五名、帰府後浪士組に入隊するのが荒井進左衛門(下吉田村)・小野将監(同上、神職)・小林平左衛門(同上)・渡辺平作(同上)・渡辺平馬(同上)・小沢信濃(上吉田村、神職)・中村左京(川口村)・桑原玄達(大明見村)・平枝栄兵衛(鹿留村)・永島玄岱(新倉村)・井上半二郎(鳥沢村)・奥秋助司右衛門(駒橋村、名主甚右衛門息子)の計一二名となっている。

さて江戸牛込柳町にあった天然理心流近藤周助の試衛館での稽古仲間から浪士組に参加

したのは、周助の養子の道場当主近藤勇・永倉新八・沖田総司・藤堂平助・原田左之助・山南敬助・土方歳三の七名の青年たち、ともに六番組に編入される。近藤は多摩郡上石原村百姓宮川源次郎の三男で、その腕を見込まれて周助の養子となった剣客、永倉は江戸屋敷生まれの松前藩士、沖田は元白河藩士の浪人で剣の達人、藤堂は出自不明、原田は伊予松山藩中間《ちゅうげん》、山南は元仙台藩士の浪人、土方は多摩郡石田村の豪農土方伊左衛門四男である。

この天然理心流剣術は多摩地域と深くかかわっていた剣術である。勇の父源次郎は江戸から出稽古に巡回してくる近藤周助を迎え、自宅の稽古場で子供たちを修行させており、周助は勇を養子にして、文久元(一八六一)年、四代目を継がせたのである。この周助自身も多摩郡小山村名主島崎休右衛門五男であった。

土方歳三の姉の夫佐藤彦五郎は日野宿名主、彼は周助の門人で自宅に道場を開いており、勇と歳三は、ここで知り合うこととなる。日野宿から浪士組に入隊した馬場兵助と中村多吉も、青柳村から入隊した佐藤房次郎も彦五郎の門人であった。さらに日野宿から入隊した井上源三郎は八王子千人同心井上松五郎の弟で周助の門人、入隊した沖田林太郎・総司兄弟の家はこの井上家から白河藩沖田家に入っていたのである。

佐藤彦五郎と同様、多摩郡小野路村名主小島鹿之助も周助の門弟、自宅に稽古場をつくっていた豪農で、この鹿之助と彦五郎が近藤・土方グループを物質的・精神的に支えつづけた在地の代表者たちだった。[12]

鹿之助は漢詩人でもあり、近藤勇が浪士組に入隊したのを喜んで「三尺の氷蛟《ひょうこう》(みずち)万天に敵し、辺を防ぎ他日胡奴を掃《はら》う、知らず八(万)方親兵のうち、胆気君の如き、果して有りや無しや[13]」と詠じるのである。

浪士組の内、近藤グループとともに京都残留を選び、新選組を組織するのが水戸藩の芹沢鴨・新見錦・野口健司・平間重助四名からなる芹沢鴨グループである。中心の芹沢鴨は常陸国玉造の郷士芹沢貞幹の息子と考えられるが、その後北茨城の松井村神職下村家の婿養子となり下村嗣次と称し、万延元(一八六〇)年大津彦五郎らの水戸激派が玉造に結集するや、大津勢に参加し、文久元年一月下総国佐原に進出、時期を見て横浜に押し出すための軍資金を、「無二無三大和魂」「進思尽忠」の幟を立てて資産家より強要し、「佐原騒動」とよばれている事件を引き起こした。

この一月の行動は、

下村嗣次と申もの、理不尽に庄左衛門(佐原村組頭)へ、其方、我等共を今日迄為待置《またせおき》、今更二百両・三百両位の金子にて相断候ば、他方へ無心いたし候詮も無之、其儘に難捨置《すておきがたし》、此上は佐原村を焼払、我等も此地の土に相成候覚悟の旨申聞、鉄扇にて打懸り候処、差押候もの有之、庄左衛門は不被打《うたれず》候得共、権之丞(水戸藩と関りの深い伊能権之丞、佐原商人)、指と膝を被打、指より血出、膝腫上り申候、其儘直に外へ駆出

中候[14]

という乱暴を働き、この恫喝で八〇〇両という大金を出金させたのである。前述の清河らの潮来行きは、この大津彦五郎グループの活動を確認するためのものであり、失望して帰府した。

右の大津グループは、出動した水戸藩庁勢によって捕縛・投獄され、大津をはじめ参加者の多くは獄死するが、下村は文久二年八月以降の大赦の動きにより釈放され、文久三年二月、同志とともに浪士組に入隊するのである。

6　浪士組のうち帰府組の動向

文久三(一八六三)年二月四日、浪士組への応募者は江戸小石川伝通院に集結、総勢二三五名、出発は二月八日である。出発後も続々と参加する者たちがあり、彼らは帰府後の浪士組に編入されることとなる。中山道を経て京都洛外の壬生《みぶ》村に到着するのが二月二三日、翌日、浪士組は朝廷の学習院に左の建白をおこなった。

今般私共上京仕候儀相願、大樹公《たいじゅこう》(将軍)御上洛の節、皇命を尊戴し夷狄を攘斥するの大義御確断被為遊《あそばせられ》候御事に付、草莽中、是迄国事周旋の面々は不及申《もうすにおよばず》、尽忠報国の志有之もの、既往の忌憚に拘らず広く天下の人材に御募り、其心力を御任用、尊攘の道御主張被為遊候御主意に付、私共初御尋に相成、其内周旋可有之との義[15]

自分たちが何故に奉勅攘夷の幕府に徴募されたのかを説明しているのである。

同月二九日、学習院国事掛より、浪士組の建白を嘉納した、として、次の勅諚が渡される。

蛮夷拒絶の叡旨を奉じ、固有の忠勇を奮起し、速に掃除《そうじょ》の効を建て、上に宸襟を安んじ、下は万民を救い、醜虜をして永く覬覦《きゆ》の念を絶たしめ、国体を汚《け》がさざらしめん様にとの叡慮に被為在《あらせられ》候事[16]

しかも、この時点の状況は、天皇と将軍が協議し攘夷の方策を立てるといった国内政治的なテンポで進行するどころではなく、生麦事件への巨額の賠償を求め江戸湾に進入した英国艦隊は江戸の留守幕閣に回答期限をつきつけていた。三月三日、朝廷は浪士組責任者の浪人奉行鵜殿鳩翁並びに浪人取扱役山岡鉄太郎に、「其方召連《めしつれ》、浪人共速《すみやか》に東下致し、粉骨砕身可励忠誠《ちゅうせいをはげますべく》候也[17]」との命令を下した。これを受け、浪士組は三月一三日に出京、二八日江戸に到着する。

この時期、諸藩激派の圧力は攘夷期日決定に集中し、上洛した将軍と幕閣は窮地に立たされる。清河もこの状況を踏まえ、目付池田修理に三月九日、左の書状を発している。浪士組幹部の考え方を窺うに足るものであろう。

兼《かね》て奉願《ねがいたてまつり》候醜夷拒絶期限の儀、他藩未一向相信不申、全く因循姑息の説被行候故、断然御布告無之事と、大に疑惑申居、為《ために》何事も説破に及兼候仕合に付、将軍家御参内、攘夷の詔御奉戴の上は、片時も早く天下に大号令御下し、七道の庶民に至迄《いたるまで》、攘夷の御趣意、聢《しか》と承知、敵愾の気力相奮候様、公明正大の御処置被遊度様、従浪士共《ろうしどもより》上書仕候処、一昨日御参内被遊候ても、今以《いまもって》攘夷の大号令御布告無之、如何の次第か、矢張真の決意無之故などと申て、長士は不及申、他藩有志者共、一統不平に相聞え、是非とも断然御布告被遊度旨、いずれも渇望罷在《まかりあり》、尤とも去冬御布告も有之哉に候共、其義は天下に徹底無之、御上洛の上、明答御布告被遊候事とのみ被致候義に付、今日人心居合の一大事に候間、今日是非御施し被遊候様仕度、左も無之ば、如何程御決議有之とも、列藩の疑惑一向解不申、誠に困り入候儘、猶又《なおまた》得貴意候、何分急々御周旋奉希上候[18]

清河もまた、攘夷期日の決定とその公布を強く求めるのである。

帰府後の浪士組に対し留守幕閣を極度に警戒させた直接の原因は、四月九日、浪士組が浪士組にかかわる神戸六郎と朽葉新吉の両名を私裁し斬首したことであった。独自に武力を行使し始めたのである。開戦をもって幕府に迫っている英国艦隊への対処如何が極めて微妙な綱渡り段階に突入している今、攘夷を前面に押し立てる浪士組の存在は大きな障碍に転化した。指導部を解体して浪士組を改編するほかに手はない。留守幕閣の指示のもと、一三日、清河は暗殺され、同時に石坂周造ら幹部は一斉に捕縛され、山岡鉄太郎・高橋泥舟等の浪士組幕府側担当者は総罷免となる。そして浪士組は新徴組に編成替えされて庄内藩に預けられ、江戸市中警備を担うこととなるのである。

7 京都残留組から新選組の成立へ

京都守護職松平容保は、京都において浪士対策に腐心していた。京都においてこれらの浪士諸集団に対抗でき、しかも朝幕結合路線に従う組織がどうしても必要だったのである。

文久三(一八六三)年二月二二日、等持院足利三代木像梟首事件がおきるが、その直前、会津藩に所属させようとしていた在京浪士名簿を同藩が作成している。その中には、八・一八クーデタ後、長州に赴いた山口薫次郎、池田屋事件で殺された大高又次郎、天誅組に参加した藤本鉄石・水郡《にごり》善之祐・乾十郎・井沢宜庵らの名前も含まれており(19)、実際に三月一三日には藤本鉄石と飯居簡平が浪士代表として容保に御目見《おめみえ》しているのである。

三月一三日、清河以下の浪士組が出京するのに際し、奉勅攘夷・尽忠報国・将軍警固を目的として上京した面々の内、将軍警固のためには在京すべきだ、英国艦隊を摂海に回航させ、そこで交渉すべきだ、との理由で残留を選択した人々が浪士組から分立したことは、組織の性格上、それなりに無理からぬ出来事だったのである。このグループは当初近藤・芹沢・根岸の三集団から成っていた。

根岸たちはほどなく東帰して原隊に復帰するが、近藤・芹沢集団は、当初から西国の朝廷直結を狙う浪士諸集団とは対抗的な立場をとり、攘夷主義と朝廷幕府結合強化主義の二本柱で行動するが、八・一八政変以前においては、会津藩の意図ともからみ、在京諸国浪士を糾合すべき使命をも帯びていたのであり、多くの西国勤王浪士達が「壬生浪士《みぶろうし》」の組織に加盟することとなる。

残留を望む彼ら一七名の三月一〇日付歎願書は次のように主張している。

今般外夷切迫の儀に付、世上混乱、乍恐《おそれながら》上京の上、天朝を奉御守護候は勿論、幷《ならび》に大樹公御警衛、以て神州の穢を清浄せんが為、（江戸へ）御下向の後、勅に基き攘夷仕候、同志一統の宿願御座候、然る処、大樹公御下向無之に、一統東帰可致旨被仰付、承知奉畏候、併し東帰の上、直様《すぐさま》斬夷致候儀に候わば大悦至極に御座候得共、平々退去の儀一統不忍処《しのばざるところ》候間、何卒大樹公御下向迄御警衛仕度《つかまつりたく》[20]

あくまで攘夷の勅を奉じる将軍警衛こそが、自己の使命だとするのである。

また攘夷の策を決しないままの将軍東帰の動きにも彼らが強い不満を抱いていたことは、三月二二日付老中板倉勝静への左の上書に明らかである。

依叡慮《えいりよにより》、大樹公御上洛の上、攘夷策略御英断有之候事と一統奉大悦候所、明二十三日大樹公御東上の由承り奉驚入候、大樹公、為攘夷《じょういのため》、暫《しばらく》洛陽に御滞留可被遊《あそばさるべき》御沙汰に付、天下人心安穏に相成候処、不計《はからずも》、明二十三日御下向の趣承り、天下の安危懸此時《このときにかかり》、不得止《やむをえず》、毛塵の身を不顧《かえりみず》、愚案奉申上候、若《もし》御下向被遊候ては、天下囂然《ごうぜん》の時節、乗虚《きょにじょうじ》、万一為謀計《ぼうけいをなし》候者も難計《はかりがたく》候、何卒今暫《しばらく》御滞留被遊候義可然と乍恐《おそれながら》

奉存候(21)

このように朝幕結合が断たれることを彼らは深刻に憂慮しているのである。

八・一八クーデタ以前においては、近藤らは幕府の失策による朝幕結合の崩壊を恐れ続けていたことは、五月下旬頃、多摩の同志たちへの次の書状からも明白である。

攘夷一決せず、今般大樹下向して拒絶延引とならば、其罪難逃《のがれがたく》候、乗其虚、内奸相図り、万一攘夷の御勅諚、薩長土へ落候わば、速に勤王挙兵の旗は勿論御座候、然ば東西に相分れ、関東有《かんとうある》の心無候、其後違勅罪糺明に候えば、則国乱相成、終に醜虜の策に陥り可申と奉存候(22)

朝廷と薩長土が結びつき、違勅の罪名が関東にかぶせられたら国内分裂は必至となり、外夷がそこに介入する、という筋道でこの時期の近藤は事態を見通そうとするのである。

第二二章　八・一八クーデタと一会桑グループの成立

1　奉勅攘夷期の政局

議論の前提

前章では浪士組の動きに沿って文久三(一八六三)年五月の京都政局にまで筆を延ばしたが、本章では将軍上洛からの京都政局を権力レヴェルから俯瞰していくこととしよう。

まず、この文久三年前半という未曽有の、また絶後の異様な時期、しかも幕末史における国際政治・国内政治の絡み合いから必然的に出現せざるを得なかった時期を総体としてつかむには、いくつか前提として押さえておくべきことがある。

第一に、この時期には内勅が諸藩に直接出されるような事態になってきた。

第二に、幕府はこのような事態を認識せざるを得ず、奉勅攘夷を誓約し、井伊政権期の諸施策を違勅だったと認めるようになっていた。

第三に、従来の幕府の政策は対外屈従にほかならず、このままでは日本は国家として存在しえなくなるとし、攘夷主義、対外強硬主義を掲げる人々が、下級武士、浪士・豪農商層の中から続々と輩出してきた。政治が念頭に置かねばならない政治化した社会の地層が、ペリー来航時や安政大獄期とは比較にならないほど底辺を拡大し、そこに参加する層が部厚さを増してきたのである。

第四に、この時点では、孝明天皇の三種の神器と伊勢神宮を守るという社稷《しゃしょく》意識を根源とする攘夷イデオロギーが、日本人にとっては日本の対外自立という課題と重ね合わされて理解されていた。「叡慮遵奉」とは、そのような意味でとらえられていたのである。

第五に、幕藩体制下の天皇も大名もサムライも一般民衆も、日本人三千数百万人にとっては、軍事統帥権は唯一将軍のみが掌握しており、大名間の闘いは私戦として許されないものだ、ということが共通の了解事項であった。そのことを裏返せば、対外戦争も含め国家の体面を維持することは征夷大将軍と幕府の責任ということとなる。

将軍上洛と奉勅攘夷の実態

将軍上洛準備のため、京都守護職松平容保《かたもり》は文久二年一二月二四日、将軍後見職一橋慶喜は文久三年一月五日、老中格小笠原長行《ながみち》は一月一三日、幕政顧問山内容堂は一月二五日、政事総裁職松平春嶽は二月四日にそれぞれ入京する。

二月一九日、京都所司代邸で会談する慶喜・春嶽・容堂・容保らは、政令二途に出ている現状を是正しなければならないと、朝廷より将軍への大政委任を文書でかちとることに合意する。当の将軍家茂は二月一三日江戸を出立、生麦事件への英艦賠償要求で海路が危険となったため、東海道を上り、三月四日に入京する。上洛に従った幕閣は、板倉勝静と水野忠精の二老中および稲葉正巳と田沼意尊《おきたか》の二若年寄、前衛は越後高田藩、後衛は小倉と伊予松山の両藩、総勢三〇〇〇をもっての上洛である。

三月五日、慶喜は将軍名代として参内し、「是迄《これまで》も都《すべ》て将軍へ御委任の儀には候得共《そうらえども》、猶又《なおまた》御委任被成下《なしくだされ》候儀に御座候わば、天下へ号令を下し、外夷を掃除仕度《そうじょつかまつりたく》、此段奉伺候事(1)」と朝廷に要請し、「征夷将軍の儀、総て此迄通《これまでどおり》御委任可被遊《あそばさるべく》候、攘夷の儀、精々可尽忠節事(2)」との勅書が授けられる。これをうけ七日に将軍が参内し、義兄である孝明天皇との対面を果たすのである。

しかし二月一九日、英国代理公使ニールは、江戸湾に結集した英国艦隊の軍事的威圧をもって、生麦事件賠償金の要求書を幕府に提出、幕府は江戸・横浜で臨戦態勢を敷く一方、留守幕閣は幾度となく対処方針に関し板倉らに問い続ける。

京都では三月一一日に孝明天皇の賀茂社行幸、四月一一日に石清水《いわしみず》八幡宮行幸がおこなわれるが、一つには、この対外危機への神明の加護を祈る目的を有していた。

大政委任問題の次に幕府が迫られたのが攘夷期日設定問題であった。朝廷では公卿急進派が主導し、文久二(一八六二)年一二月九日には国事御用掛、文久三年二月一三日には国事参政と国事寄人《よりうど》の三機関が新設され、二月二〇日には学習院に万人が時事建言をすることが許可された。また学習院出仕制度がつくられたことにより在野の志士たちが登庸される途が創り出された。幕府が拒んだ親兵設置の件も、朝廷は独自の判断で、一〇万石以上の大名に対し、万石に付一名宛、禁裏御守衛の御親兵として上京させるように命じ、四月三日には三条実美が京都御守衛御用掛に任じられたのである。在京幕閣に対する圧力は日増に増大していった。

片腕ともいえる横井小楠を傍らに置かず、この錯綜する京都政局で、大小大名合意形成とその制度化は至難の業となり、合意形成とその制度化なしの攘夷期日の設定には乗り気になれず嫌気がさした松平春嶽は、三月九日将軍に辞表を提出するも、一四日には朝廷から江戸情勢の緊迫のため将軍代理として東帰するように命じられ、やる気を完全に喪失した彼は一五日辞表を将軍に再提出、当然許可されないまま、二一日に無断帰国を強行し、二五日免職・逼塞処分を受けるのである。有志大名主体の国内政局統合が、実際にはいかに困難だったのかの最初の証左となった。そして上京してきた諸大名が領国守衛のため次々と帰国するに従い、在京将軍を補佐する者は一橋慶喜、板倉・水野の二老中及び老中格小笠原長行しかいなくなった。

江戸状勢は切迫の度を増していった。しかし、摂海(大坂湾)防備という大任もあって将軍東帰は容易に許可されず、上京中の水戸藩主徳川慶篤《よしあつ》が将軍目代《もくだい》として東帰を命ぜられ三月二五日に出京、四月一一日に着府、出京の際慶篤に宛てられた御沙汰書は「闔藩《こうはん》一致尽力防戦、「可奏夷狄掃攘之成功《いてきそうじょうのせいこうをそうすべく》候」(3)となっていた。小笠原長行も江戸の留守幕閣を補佐すべく慶篤と同日に京を立った。

奉勅攘夷を誓約した以上、攘夷期日の決定を幕府が拒みつづけることは不可能であり、四月二〇日、期日を五月一〇日とする旨を奉答する。しかし将軍は依然として滞京を命ぜられているため、江戸での五月一〇日攘夷決行の責任者として一橋慶喜が東帰を命ぜられることとなった。彼はその方法を次のように述べるのである。

帰府の上、拒絶応接振の儀は、其期に臨み言葉の順序も有之候得共、大意は一時和親交易取結候処、元来奏聞を不経《へず》、開港候事故、闔国人心不居合の廉を以、断然拒絶の及応接《おうせつにおよび》候事(4)

慶喜の立場は、攘夷期日を条約破約交渉開始日と理解することであった。彼は二二日、水戸藩家老武田耕雲斎を伴い出京、五月八日夕刻江戸に到着する。

この五月一〇日を攘夷期日とする旨は幕府により日本全国に達せられ、その際幕府は、「攘夷の儀、五月十日可及拒絶《きょぜつにおよぶべき》段、御達相成候間、銘々右の心得を以、自国海岸防禦、弥以《いよいよもって》厳重相備、襲来候節は掃攘致し候様可被致《いたさるべく》候」(5)と諸藩に布達している。

将軍後見職一橋慶喜の東帰に伴い、四月二〇日前尾張藩主徳川慶勝に将軍補佐の御沙汰が朝廷から下った。なお有志大名として春嶽とともに幕閣を支えてきた山内容堂は三月二六日に帰国した。

さて、四月末現在江戸の留守を守る老中は松平信義(丹波亀山藩主)と井上正直(浜松藩主)、老中格は東帰した小笠原長行、それに将軍目代徳川慶篤と御三家尾張藩主徳川茂徳《もちなが》が幕政の枢機に参画していた。留守老中以下の諸役人は攘夷そのものに反対の立場を取り、弥縫《びほう》策として五月三日京都の方針伺いとして茂徳が上京するが、英艦の圧力が極度にたかまる中、五月九日慶喜と慶篤が登城、老中・若年寄・寺社奉行・町奉行・勘定奉行・大小目付・外国奉行等と協議し、慶喜は攘夷期日に関する朝廷と将軍の意思を厳達するも、猛反発を受けるだけのこととなった。同日長行は独断で横浜に赴き、要求されている賠償金四四万ドルを支払った上で諸港の閉鎖を通告した。当然のことながら、今度は諸外国の激烈な反対に遭うこととなる。

責任を果たせなかったと、慶喜は五月一四日、「臣(慶喜)の胸中、禍心を包蔵仕候由、(幕臣間に)横議を生じ(6)」たとの理由で辞表を関白鷹司輔熙《すけひろ》に提出、同月一九日将軍目代慶篤もまた辞表を関白に差し出した。慶喜が江戸幕閣を非難する一方、京都との関係を決して断とうとしていないことに我々は注意する必要があろう。朝幕関係を堅持することが幕府の生命線であることを誰よりも正確に、この危機の瞬間彼は見抜いていた。

五月一九日、横浜での賠償金支払いの報が京都に伝わるや、幕府攻撃の声がいやが上にもたかまり、翌二〇日に参内する京都守護職松平容保は、老中の板倉・水野、若年寄の稲葉とともに参内し、「この上は将軍東帰、姦吏処罰、急速攘夷成功のため帰府の許可ありたし(7)」と要請する。容保が依然として攘夷路線の堅持者であることに注意されたい。

事ここに至っては将軍に指揮をとらせるほかにないとの判断により朝廷より東帰が許可されたのをうけ、六月三日家茂は東帰の挨拶のため参内するが、その際の請書には

　膺懲《ようちょう》の策、未得其要《いまだそのようをえず》候得共、綸綍《りんふつ》(詔書)の重、謹《つつしん》で其旨を奉じ、三家・一橋申談、諸藩一致の力を以、御国辱不相成、叡慮貫徹候様可仕奉存候(8)

と述べられている。

　他方、幕府を窮地に陥れている京都政情を一変すべく、五月二五日老中格小笠原長行は、外国奉行井上清直、目付向山隼人正・同土屋正直、元勘定奉行水野忠徳《ただのり》らを伴い、ライモン号に搭乗、一〇〇〇人余の兵力を乗せた朝陽丸等を率いて五月二五日出航、三〇日に大坂に上陸、上京しようとしたが、在京幕閣に差し止められ、六月六日朝廷より厳科に処すべしとの厳達を受け、九日幕府は小笠原を罷免、井上・向山・水野等には差控其他の処罰が下り、率兵して政局一変との試みは竜頭蛇尾の結果となった。そして朝廷においては幕府への疑惑がさらに深まり、八月一三日大和行幸方針が決定されることとなる。

　大坂でのこのような混乱をどのように思ったのだろうか、将軍家茂は老中板倉・水野らを率いて六月一六日江戸に到着するも、江戸の状況は京都と全く異なっているのになすすべなく、一九日、板倉は「愚直の余り、只管《ひたすら》攘夷の御趣意相守、遂に今日の場合に至り案外仕候事、全先見《せんけん》不相立、供奉奉職、無状《むじょう》(功績のないこと)の故と奉存候(9)」との理由で辞

表を将軍に提出する。

しかしながら、京都の状況が従前のままである限り、このような混乱の極に陥った幕府の立場は悪化する一方であり、回復する目途はさらにない。状況を立て直すため幕府は七月一八日、慶喜に上京を下命、八月一〇日には老中以下布衣《ほい》以上の有司を召して、「不日鎖港談判に着手せんとする故、戮力《りくりょく》奮励するように(10)」との諭告を発するのである。

幕府内の混乱

江戸の状況を見てもはっきりするように、幕臣の圧倒的多数は、戦争の全責任を取らされることへの恐怖を感じてその回避を試み、そこに朝廷を開国論に変えさせるべきだとの意見が混淆していた。しかしながら、何故に国内輿論がかくまでに幕府と「御公儀」に対し厳しくなってきたのかについての認識がほとんど欠如したままであった。朝廷が幕府より上位に立ってしまった当該段階において、国内政治のイニシアチブを、いかなる手段をもって再び掌握していくのかという政治学が彼らには欠如していたのである。

その中において、朝廷との結合こそが現時点での幕府の命綱だ、と正しく認識していたのが将軍後見職一橋慶喜であった。彼は老中格小笠原長行率兵上京の動向を、腹心梅沢孫太郎を陸路上京させ、次のように伝えさせるのである。

小笠原閣老、威力を以《もって》公卿を取締候積《つも》りにて、歩兵千人程、既に道中に在り、小笠原

閣老上京の儀は、攘夷を破り開港説を申上、右御聞済無之節は、公方様を御連、帰府取計候事(11)

慶喜は文久三(一八六三)年一月から四月の滞京時期に、朝廷と京都政情の実態を正確につかみとることができた。かといって、その意向を強引に江戸に押しつけることもしなかった。政治とは、常に何事かを実践しなければならないものではない。相互に関連し合っている複合物である以上、矛盾は自分のみが背負う必要はない。時間が解決することもある。待機主義も立派な政治行動の一つなのである。

右に見た圧倒的多数の幕臣とは異なった見解と意見を抱いていた幕臣たちもごく少数ではあるが、いたことはいたのである。幕末から維新期にかけ、それぞれがなんらかの役割を果たすことになるので、いくつかの事例をここで確認しておこう。

第一に、第二一章で見た、諸藩に先駆けて尊王攘夷の立場をつらぬくことが幕府の生きのびる道だと信じている山岡鉄太郎・松岡万・井上八郎らの剣客グループがいた。剣客ではないが攘夷派儒学者として活動していた関口艮助《ごんすけ》(維新後、長州の人々に見込まれて山口県令となる幕臣)などもその仲間である。

第二に、文久改革の中で将軍家茂に抜擢され軍艦奉行並から軍艦奉行に昇進していく勝海舟の例である。巨額な財政支出を余儀なくさせられ、また優秀な人材を全国的に結集しなければならない日本海軍創建には、朝幕結合の強化とともに諸藩と協調・協力する関係づくりがなによりも前提条件となる、と考える勝は、横井小楠の公論形成システム論に誰よりも賛意を表していた。他方、自らの開いていた海軍塾に集う坂本龍馬をはじめとする西国の「暴客」を介し、全国的な政治状況(それが自分を政治の場に押し出した当のものでもある)と青年たちの幕府への不満と怒りが那辺に起因しているかを、あまりにもよく知悉する立場にもあった。

このような政治環境と課題を踏まえ、衰退の一路をたどる幕府の「公儀性」をどのようにして回復させるのか。文久三(一八六三)年三月段階で彼は、英艦応接は将軍のいる大坂でおこない、交渉が決裂すれば大坂で一戦し、天下の人民に勝算なきことを悟らせ、国内の真の奮発をひきおこすべきだ、と主張する。(12) 戦争に敗けて政治的に勝利する、敗戦も取るべき政治の一手段と彼は認識する。ことの要《かなめ》は、彼においては戦争でも政治でもイニシアチブを幕府があくまで執りつづけることができるかどうかにかかっていたのである。

第三に大久保忠寛(一翁)の例である。安政大獄に関する追罰により文久二年一一月、役職を免ぜられ差控えを命ぜられたが、彼は勝や横井の盟友であるとともに、幕臣の中では前述したごとく、開国主義を主張するのであれば政権を朝廷に返上し、一大大名として朝命を受くべきだとの正論を当初から主張していた論理一貫性のある旗本でもあった。忠寛は春嶽に宛てた文久三年四月二日付の書状で次のように勧告する。

戦度《たたかいたい》が御武備十分に無之《これなき》に付、和との御論出候より、志士憤激仕候も無理にも無之候、実に可戦方《たたかうべきかた》天理に候わば、武備の調不調は不及論《ろんずるにおよばず》、直に御一戦有之、勝負は天に御任《おまかせ》にて可然候事と奉存候、(中略)此方応接方、大小軽重取違候より、侮を請《うけ》候事に候、(中略)(有志浪人は)死を決候潔さは、幕府の者共、大に可恥《はずべき》事にて、意心等張候力も無之江戸人よりは遥に勝候に付、右等の内、心振正敷者共、速に御採用有之候わば、前文御国威御耀の一廉御用可相成、頼敷被存《たのもしくぞんぜられ》候に付、因循習気にて英気不損様仕度候、実に志士は難得《えがたき》事に候、呉々《くれぐれ》も和戦の旧習論は御脱被成、御目当《おめあて》高大に被遊候外有之間敷と奉存候(13)

武備調不調による和戦の論ではなく条理に従って対外方針を決すべし、という論理は、この奉勅攘夷期という特殊歴史的段階では、横井・勝・大久保に共通していた。

圧倒的多数の幕臣の中でも、目付杉浦正一郎は少し別の意見をいだいていた。生麦事件賠償金を五月九日に支払い、小笠原長行が京都政局の転換を狙って率兵上坂を決行しようと準備に取り掛っている五月二〇日、杉浦は老中宛にこう上書する。

攘夷の儀に付、朝廷より被仰出の条々、事の理非緩急に不係《かかわらず》、聊《いささか》の御拒にも無之、凡《すべ》て御受け相成、其上拒絶御委任にて、今度一橋公御帰府被遊、唇未乾処《くちびるいまだかわかざるところ》、攘夷の難は難出来との儀被仰立候は、前日の御受は全くの御譎《いつわり》と相成可申奉存候、攘夷の難きは三才の児も知居候得共、一端御受に相成、且《かつ》天下の勢如此《かくのごとき》におよび、既に攘夷御決定の儀、度々御触《おふれ》にも相成候処、今更御反覆被遊候様にては、則天下へ詭譎《きけつ》(いつわり)を御示し被遊《あそばされ》候姿に相当り、御誠意内外へ徹底不仕、上は主上の逆鱗《げきりん》を生じ、下は草莽過激輩の不遜を増し、啻《ただに》御武威不相立而已《のみ》ならず、外夷益《ますます》傲慢を生じ、内諸侯愈《いよいよ》廟堂の詭譎を賤《いや》しみ、四分五裂と可相成は照然に御坐候、(中略)横浜一港、鎖港迚《とて》も談判は容易に可行届見据《みす》えは決て無之、必ず兵力を以《もって》迫り可申候得共、結局戦争と覚悟を極《きめ》候上は、聊恐る処に非ず(14)

杉浦は、これまで一切拒みもせず朝命を受け、攘夷期日まで天下周知の今日、いまさら攘夷不能を主張すれば幕府の信義は全く立たず、天皇の激怒に触れ、諸大名の軽蔑、草莽激徒の不信、諸外国の傲慢をよびおこすことになると警告する。山岡や勝、大久保やこの杉浦が維新後静岡藩の幹部となるのは、それなりの素地を幕末期にもっていたのである。

幕臣ではないが、在京老中の責任者として苦悩しつづける板倉勝静を補佐する儒臣山田方谷(安五郎)は、主君勝静より、江戸留守幕閣が攘夷などできないのに攘夷期日を決めてしまったと在京幕閣を非難している話を聞き、左のごとき上書を五月一四日に提出している。

去る十日、大坂表に於ての御意に、近来関東御衆議の趣、外夷拒絶、五大洲皆敵に致候儀は迚《とて》も不可為《なすべからざる》事也、然るに在京の御方、京都を被成御恐怖、三港閉鎖、且期限迄御極に相成候段、関東に於ては御不承知との由拝承仕、退出後、再三相考候処、不敬の至に候え共、不覚《おぼえず》捧腹大笑仕候、此儀は元来今般に始り候事に無之、昨冬十一月、勅使御下向、勅答の時に決候儀にて、其節の勅書に儼然被仰出候儀を、其通被遊御受《おうけあそばされ》、今般御上洛に付、断然実事に被為施《ほどこさせられ》、勅命御遵奉の大任を天下へ被為敷《しかせられ》候当然の御事に御座候、迚《とて》も不可為《なすべからざる》の事に有之候えば、昨冬勅使の節、天威をも不憚《はばからず》、暴発をも不《おそ》恐《れず》、抗論直言、死を誓て御受無御座様可被成《なさるべく》候処、三百藩侯、八万麾下、御一人も勅使に向て気を出候御方無之、竟《つい》に御受書迄《まで》十分御調進被為在《あらせられ》、今般大駕御入朝、御受書の通早速被為行《おこなわせられ》、三港鎖閉期限決定等の御処置有之候時に至り、百里外の関東より傍観にて窃《ひそか》に誹謗し、御恐怖などと被議《ぎせられ》候は、片腹痛き事にて、俗に所謂蔭弁慶《かげべんけい》なる者と存候より、不覚《おぼえず》大笑仕事に御座候、尚根本より論候えば、関東旧来よりの御処置、皆恐怖より事を被誤《あやまられ》候のみに有之、癸丑甲寅(嘉永六、七年)の際は墨夷を恐れ通信を諾せられ、丁巳戊午(安政四、五年)の頃は英仏を恐れ条約を締《むす》ばれ、今日に至り外夷に信義を失うと申事のみ被論《ろんぜられ》候え共、元来此時不儀の条約を結ばれ候処へ立帰り考れば、義に近づかざるの信は言復《ふ》むべからざる事明かに候、昨冬に至りては薩長の暴発を恐れ、心にも無之勅命を請られ、今日と成ては外夷との戦争を恐れ、已《すで》に奉ぜられし勅命を背かれんとする事、一つとして恐怖に不出《いでざる》は無之候、其事は皆棚へ上げ置、

辱《かたじけな》くも、将軍様・尾老公様・水府様・一橋公様・両閣老様御同意にて、眼前夷艦来泊、戦を挑《いどみ》候をも御恐怖無之、断然御拒絶被成候を、却《かえつ》て御恐怖と誹謗被致候は、言語同断、論ずるに不足候⑮

山田としては、昨年一二月五日の奉勅攘夷の将軍請書で方針は決定したとの確信のもとに主君勝静を補佐していたことが明らかである。奉勅の裏には薩長暴発への恐怖があったことに言及しているのも興味深い。

ただし、ここに引いた人々の見解が幕府役人・幕臣の中の少数派のそれであったこと、これもまた厳然たる事実であった。五月一〇日の攘夷期日を満天下に公布しておきながらも、江戸においてまったくなんらの具体的措置もとることができなかったこと、この約束した奉勅攘夷の失敗により幕府が開鎖ともに対外的主導権をとりえないことが日本人全体に周知のこととなった。また、幕府指揮下の諸藩も、それへ協力する能力を全く有していないことも明らかとなった。「国内人民のことよりも外夷に親しんでいるのだ」との激烈な幕府攻撃を防ぐことが不可能な事態に自らを陥れたのである。

六月一〇日、伊勢の津藩士野田竹渓に宛て、江戸の松浦武四郎は近状をこう報じている。

此度《このたび》酒井右京亮(若年寄)上り候は、全く兵威を以て禁裡へせまり開国に仕り、将軍家を連帰り候との事に御座候、幕府にては其用意極《きま》りに御座候、武器を多く買、船へ積入、大坂廻しに仕候、(中略)右京亮の附添に、御目付設楽《しだら》岩次郎を申上候、其に定り候処、設楽岩次郎殿事、兵器を以　主上に向わんと欲する事、私共相勤め兼《かね》候と断然と相断申候、(中略)又薩へ英、長門へ仏・蘭の二国を向わせ候一件等、実に幕吏の処置可悪《にくむべき》事に御座候よし、毛利家・島津家は悪《あし》く候得共《そうらえども》、日本の国はにくむに及ぶまじと存候、幕府の見込、如《かくのごとく》此相せまり候わば、自然薩長の領民が領主に服しはせまじ、其時厳命を二藩に下すとの見込の由に御座候、水府も、何れ幕府より不遠《とおからず》異国人をそのかして遣すであろうと覚悟仕居候、此軍、薩長が勝ちて異人共大まけ仕候わば、異人より合戦の入用を幕府に申懸る事必定なり、又薩長、異人の為にみなごろしにさせられれば、其国はよもや幕府には呉《くれ》はせまじ、是に異人共、拠《より》候事必定、其時領民服せざるを以て断り候わば、合戦の日雇雑用金を取らるべし、何にまれ、むつかしき世と成申候、此度、仏亜蘭の三国、長州にて台場を破り、赤間関《あかまがせき》を焼、長の軍艦を破り候風聞有之、長崎より水先《みずさき》に和人二人遣し候者の口上差出候哉、外国方にて、先《まず》此方が勝たと申、皆悦び候由に御座候、此一事を以て、政府より遣し候事明かなり(16)

松浦は、薩摩と長州への外国艦攻撃は幕府の依頼により、幕府と共謀の上のことだ、と見ている。

このような見方は江戸のみならず京坂でも同様であり、坂本龍馬は六月二九日、姉宛の書状の中で、

あきれはてたる事は、其長州でたたかいたる船を江戸でしふく《（修復）》いたし、又長州でたたかい申候、是皆姦吏《カンリ》の夷人《イジン》と内通《ナイツウ》いたし候ものにて候、右の姦吏などは、よほど勢もこれあり、大勢にて候えども、龍馬二三家の大名とやくそくをかたくし、同志をつのり、朝廷より先ず神州をたもつの大本《タイホン》をたて、夫《それ》より江戸の同志はたもと大名其余段々と心を合

せ、右申所の姦吏を一事に軍いたし打殺、日本《ニッポン》を今一度せんたく《（洗濯）》いたし申候事にいたすべくとの神願《ガン》にて候(17)(カタカナのルビは原文にあるもの)

と語りかけていた。

2　八・一八クーデタ

矛盾の深刻化

孝明天皇の固い攘夷の意志を大義名分・金科玉条として尊王攘夷運動はいよいよ高揚していった。将軍上洛の次は攘夷期日が争点となり、五月一〇日は下関での外国船砲撃となり、幕府の無為無策と外国艦の下関攻撃は尊攘運動をさらに急進化させ、八月一三日の大和行幸決定に至るのである。このような国内政治の激動は、対外一致の旗印のもと、現実には幕府を追いつめていくと同時に、諸藩の身分制度と封建的主従関係、君臣関係を解体させていく機能を果たしていく。対外戦争のための有効な軍事集団創設をめざし封建的軍役体制を劇的に改変する課題も、これらの解体作業なしには遂行することが不可能である。建前としては天皇の攘夷意志、将軍の軍事指揮権発動という二本柱のもとに進展していく事態そのものが、この柱を支えている封建的基底を動揺させ、それを強固にするのではなく逆にヒビを入らせ、そしてこの動きへの反撥と反動も強化されていくのである。

まず大名レヴェルの動向を押さえておこう。

四月二〇日の攘夷期日の慶喜奉答には大名からなんらの異議も出されなかったが、八月一三日の大和行幸決定には、同日在京の鳥取藩主池田慶徳《よしのり》、徳島藩主蜂須《はちす》賀《か》斉裕《なりひろ》、米沢藩主上杉斉憲《なりのり》、岡山藩主池田茂政《もちまさ》の外様四藩主(慶徳と茂政は徳川斉昭の息子、斉裕は将軍家斉の息子)が揃って参内し、天皇親征の中止を正面から求めた。尊攘激派と結ぶ朝廷内急進派に反対の態度を明確にしたのである。

土佐藩ではこの矛盾は悲劇的な形で爆発した。幕政顧問山内容堂はそれまでも主従関係をみだす家臣の行為を極度に嫌悪していた。他方、文久二(一八六二)年一二月土佐勤王党の間崎哲馬・平井収二郎・弘瀬健太の三名が、青蓮院宮《しょうれんいんのみや》(還俗するのが文久三年一月)より、藩主の祖父山内景翁に土佐藩の藩政改革を勧告する手書を授かり、同月間崎と弘瀬の二人が帰藩、藩政改革に尽力しようとする。藩吏が手書に関し宮に問うたところ、間崎らの要請をうけて認めたと回答、これが入京した容堂の耳に入ったのである。

文久三年一月二九日、他藩応接役平井収二郎が時局に関する意見を容堂に述べるがたちまち激怒に触れ、翌日の二月一日応接役を罷免される。

二月二四日武市半平太は同志と議し、土方久元と間崎哲馬の両名をして、深更謁を容堂に請い、将軍上洛に先立って攘夷期日を確定し、朝廷より公布することを求めさせたが、酒気を帯びた容堂は哲馬に向かい、前日青蓮院宮の令旨《りょうじ》を矯《た》めて景翁にもたらしたと厳責、三月二八日間崎・平井・弘瀬の三名は京都より高知に檻送された。

容堂は四月一二日に高知に帰着、吉田東洋暗殺の件への疑念もからんで三名への取調べは厳しく、主従の義をみだし、その分もわきまえず令旨を直接授ったことが罪状とされ、六月八日、三名ともに切腹させられた。前述の姉宛の書状の中で龍馬は「平井の収次郎(ママ)は誠にむごいむごい、いもうとおかお(加尾)がなげきいか計《ばかり》か」とうめき声を発している。人間的感情のほとばしりである。君臣関係・主従関係の鉄のしがらみが、いとも容易に、臣の立場の者、従の身分の者たちを、いかに能力があり、いかに国事を憂えようと、君たる者たちは死罪や切腹に追いやる権能を有していた。この事件以降の土佐藩郷士の続々たる脱藩行動は、このような君臣関係・主従関係への蹶然たる訣別行為となってくるのである。

越前藩でも、君臣・主従の関係をみだす行為は藩主にとって極めて嫌悪されるものであった。

文久三年福井に在った横井小楠は、福井藩の同志とともに挙藩上京の計画を具体化していた。それは政事総裁職春嶽を京都で補佐し、実現させようと構想していた横井プランを別の手段で再現しようとしたものである。横井は五月下旬、熊本実学党門弟への書状の中で、計画をこう語っている。

如此《かくのごとき》の光景、不忍見聞事《けんぶんにしのびざること》に候えば、此許《ここもと》近日一大議論を発し、夷人摂海に乗り入るを不待《またず》、春嶽公尚《なお》御上京、一藩を挙げ御供致し、朝廷・幕府に必死に被及言上度《ごんじょうにおよばれたく》、其言上の次第は攘夷拒絶の義は既に天下に布告に相成候事に付、今更争《あらそう》に不及《およばず》、此上の処は、在留の夷人を京師に御呼寄、将軍様・関白殿下を初め歴々の御方御列座にて談判被仰付、彼等の主意を得《とく》と御聞取、其上にて何れ道理可有之、其道理に因て鎖とも開とも、和とも戦とも御決議被成候えば、彼是共に安心の地に至り可申候(18)

福井藩の力で朝廷に公議を論じ決定する場を創り出そうというのである。この横井らの議論はさらに朝廷に政権を掌握せしむべしとの方向に発展していく。しかし、ここまで行くことは春嶽の耐えうるところではなくなった。彼は八月三日以降、横井グループの総罷免をおこなうのである。その際の自分の考えを、後日養子の藩主松平茂昭に次のように語っている。

此説よりして、朝廷・幕府の上にも致関係《かんけいいたし》、軽蔑朝廷、侮慢幕府の説頻《しきり》に起り、幕命参府の事有之候をも、越前守(茂昭)の東行を拒絶する類は、不他《ほかならず》皆此名分説を誤り候より起源いたし候事顕然、(中略)(我ら)天幕の間に周旋して幕府奉　朝廷《ちょうていをほうずる》の誠意を竭《つく》さしめんとし、第一君臣の名義を日月の如く明かにせんと思える時なれば、我越国の臣下も亦《また》其名分を正し、君は臣を撫愛する事肝要なり(19)

春嶽にとっては参府すべしとの藩主宛幕命を横井たちが拒絶したことが、横井グループ総排除の引き金となっている。君臣関係は春嶽においても天皇から将軍・大名・家臣という縦の系列で貫かれなければならないのである。

薩摩藩の場合にも、文久二(一八六二)年四月二三日の寺田屋事件からして、この君臣の義にかかわって発生した悲劇であった。英艦来襲に備える態勢作りを急ぐ中、上京すべしとの朝命にやむなく文久三年三月中旬に入京した島津久光はただちに前関白近衛忠熙を訪い、関白鷹司輔熙・中川宮(文久三年二月一七日、青蓮院宮より改名)・一橋慶喜・幕政顧問山内容堂らを前にして、①浮浪の士の暴説御信用不可然、②暴説信用の堂上方罷免、③浮浪の士は幕府より処罰すべきこと、④大政は幕府に御委任のこと、⑤親兵設置無用のこと、⑥主家亡命の士御信用不可然、⑦国事御用掛は廃止すべきこと等、主従の義、幕府・大名主軸の論理に立って自説を力説するのである。しかしながら、薩摩藩は土佐藩や越前藩とかかえる状況を全く異にしていた。同藩では生麦事件で英人を殺傷した藩士たちを英国の要求に従って差し出すことははじめから論外であり、幕府の対応とはことなり、来襲に対しては藩を挙げて徹底抗戦する決意を固めていた。藩主や藩上層も、このサムライ全体の意志に介入することは全く不可能だった。逆に全サムライの総力を結集するため、尽くすべき方策をすべて取るほかなくなっていた。この動きの中で薩藩激派はその勢力を急速に増大させていくのである。

孝明天皇の立場

ここで見た君臣の義・主従の義という封建的秩序形成・維持論理と外圧に抗すべく国力を結集する上での諸制約の廃棄(今日流に表現すれば、国内体制の「近代化」による人民結集と、それを前提とした軍事の「近代化」ともいえるもの)との矛盾の最大の焦点に据えられたのが孝明天皇と朝廷となった。孝明天皇は、京都御所・三種の神器・伊勢神宮の安全がなんら保障されないままの、外圧に押されての開国には断乎反対しつづけてきた。ただし、安政五(一八五八)年三月条約勅許不可の判断を下した時点から一貫していたのは、この課題を果たすべき主体は、あくまでも征夷大将軍という官職を授かり、「朝廷を尊崇し四夷を平定する」徳川将軍家でなければならないということであった。その「武威」がなければ、孝明天皇にとっては将軍は将軍たりえないのである。このためにこその公武合体、将軍上洛、その上での国家意思形成だったのである。それ以外の公的意思形成の形態は全く考慮の外に置かれていた。しかし現実に現われてきたのは、国内輿論の未曽有の勃興と郷士・草莽層をも含んだ部厚い、京坂に集結する全国的な政治諸集団であり、輿論も極度に活性化した諸集団もともに、既に公にされた「叡慮」を無上無二の錦旗として、列強に抗しうる「理念型」国家の天子像を下から、しかも、幕府・諸侯・藩士といった縦系列の身分制秩序を無視し、破ってまでして、「浮浪」の徒までが押しつけてくる。孝明天皇にしてみれば日常的生活感覚からも堪えられるものではなくなってきた。しかも攘夷政策を実現しようとすれば、封建的枠組みは次から次に破られ、天子像の能動化も含め新たな対抗主体が早急に形成されなければならなくなる。孝明天皇は自身が播いた種により、窮地に陥りつつあることを次第に強く自覚するようになっていく。身分秩序の回復が攘夷よりも先決問題になってくるのである。

文久三(一八六三)年四月二二日といえば、慶喜が攘夷期日を五月一〇日と奉答した二日後のことだが、孝明天皇は中川宮にこう心中を明かしている。

> 実に是計《こればかり》に不限《かぎらず》、血気の堂上、此儘《このまま》にては万事に只々我意募《つのり》候て、予・関白失権、(中略)何卒此上は一廉の御智謀にて、実々薩州を招寄、予始《はじめ》、(島津)三郎と一致して、暴論の堂上、キト目のあき候様いたさねば、迚《とて》もともならず《(どうも)》、日々夜々心配候、何分参政・国事寄人は止に相成候て、一廉改革に不成候では、迚も迚も国乱の基に候(20)

この時点で既に孝明天皇は、自分の統御を完全に離れたまま、事態が急進展していることに、深い危機感をいだくようになっていた。

五月下旬の近衛忠熙宛宸翰では「予極意は公武真実一和、何分当時権威は下にあり、予申出し候儀不立候間、苦心不斜《ななめならず》候(21)」と語り、「理念型」の天子像が一人歩きして、生身の「主上」としての意見が全く通らなくなっていることを訴えるのである。

ここに至り、朝廷最上層部では極秘裡に事態を大逆転させる計画が検討され始める。五月二九日近衛忠熙は中川宮に対し、「三郎引出し申さねば、実に天下治国の期無之と存候、攘夷は其上と中位の事と存候也(22)」と書通する。しかり、核心は「攘夷は其上」の語句にある。国内身分秩序の回復こそが至上課題となってきたのである。

クーデタの決行

大和行幸が孝明天皇の意志を完全に無視して朝議決定された八月一三日、薩摩藩士高崎正風はひそかに会津藩士と面会し、事ここに至った上は、京都守護職の動く時だと、容保の蹶起を強く促し、これを発端に薩摩の高崎、会津の秋月悌次郎《あきづきていじろう》は中川宮に入説するとともに、近衛忠熙・忠房父子並びに右大臣二条斉敬《なりゆき》にも協力を求めた。この薩会両藩並びに激派と一線を画する朝廷最上層部との合議の上、決定されたクーデタの緻密な計画は左のごときものであった。

○宮様(中川宮)御入
○列藩召
○正儀の公卿方御召、御評議の事、二藩(会・薩)より御迎参向のこと
○朝議御一洗、御評議第一公論を御主意と被遊
○堺町御門、長州御堅め御免
○此大機会、全備相成候上は、早々成行、関東へ被仰下、一橋幷加判(老中)の中両三輩、急速被為召《めさせられ》、攘夷猶又厳重御決議御評論、万世無動様、屹度《きっと》修理被為建《たてさせられ》、御沙汰被仰出度事
○暴論相唱、著眼相違、正論と存込候輩、公卿へ逼《せま》り、御国家の重事に関係可致身柄に無《なき》卑賤の徒、輦下に奉近《ちかづきたてまつり》、却て騒乱を醸出し候儀、以来屹度御採用に不相成、

中上度ものは支配頭へ為申上《もうしあげさせ》、倍《(陪)》臣のものは主人へ相付、序を越候儀、一切御禁制、厳重被仰出度事

○宮様参内の後、公家門の外、皆鎖之置《これをとざしおき》、純正の堂上方を名指して被召呼、其外一切参内被差止候事

○激派堂上方、是迄偽勅取計、諸事強求致し、叡慮に不被為叶《かなわさせられざる》趣を以、退職令逼塞《ひっそくせしめ》、諸人面会厳重為差止《さしとめさせ》、尤《もっとも》其家々へ結合の藩士浪人を直様令退去《すぐさまたいきょせしめ》候事(23)

クーデタ成就後の攘夷方針の確認方法や暴論藩士浪人の取締りのつけ方まで明らかにした、非常に周到に練りあげられた計画である。

八月一六日早暁、中川宮が参内し、クーデタ計画を上奏、孝明天皇は即答せず、同日夕刻、同意との密旨を中川宮に伝達する。

八月一八日午前一時、中川宮が参内し、続いて松平容保と京都所司代稲葉正邦(淀藩主)が参内、武装した会津・淀両藩兵も御所九門内に入り、九門すべてを閉鎖する。召命なき者一人として参朝不許可との厳命を藩兵に下す一方、召命により前関白近衛忠熙、右大臣二条斉敬、内大臣徳大寺公純《きんいと》、権大納言近衛忠房が参内する。

次に、五月二九日姉小路公知《あねがこうじきんとも》暗殺事件に関わりありとして乾《いぬい》御門の守衛を免ぜられていた薩摩藩に対し禁門警衛の命が復され、在京薩藩兵が九門内に入った上で、午前四時、九門警衛配備完了の合図として一発の砲声が轟くのである。

召命された藩主は、因州・備前・米沢・阿波・土佐(名代山内兵之助)および京都所司代稲葉正邦の面々、それ以外の諸堂上はすべて参内を差し止められるとともに、長州藩士と非番御親兵の九門内立入は厳禁された。

　これらの措置が取られた後、孝明天皇御前で朝議がおこなわれ、大和行幸中止、国事参政並びに国事寄人の両職廃止、長州藩の堺町御門警衛解除が決定される。

　この事態に対し、長州藩士と三条実美および御親兵集団は、堺町御門東側にある関白鷹司輔熙(長州支持の立場を取っていた)邸裏門(丸太町通に面していた)から邸内に入り、御所各門を固める諸藩兵と対峙し、一触即発の緊張が続くが、疎暴なきようにとの勅諚が勅使によって伝達されたこともあり、三条勢は同日夕刻に退去、妙法院で大会議が開かれ、一九日午前三時、西帰方針が決せられる。長州勢に従って同日に赴く公家は三条実美・三条西季知《すえとも》・東久世通禧《みちとみ》・壬生《みぶ》基修《もとなが》・四条隆謌《たかうた》・錦小路頼徳《よりのり》・沢宣嘉《のぶよし》の七卿、御親兵からは真木和泉・水野丹後(正名)・宮部鼎蔵・土方久元ら有志の者のみが随従することとなり、一行が三田尻に到着するのが八月二七日のこととなる。御親兵そのものは九月五日に解散させられた。

　八・一八クーデタの最大の功労者松平容保に対し、孝明天皇は宸筆の御製を賜った。それに付された一文には、

　堂上以下疎暴論不正の所置増長に付、痛心難堪《たえがたく》、下内命《ないめいをくだす》の処、速に領掌、憂患掃攘、

朕存念貫徹の段、全其方忠誠、深感悦の余《あまり》、右一箱遣之者也《これをつかわすもの》(24)と認《したた》められていた。一〇月九日のことである。クーデタ計画は会薩両藩の合議から始まったが、薩摩藩は薩英戦争の直後、在京兵力はわずかであり、会津藩の大兵なくして、このクーデタは成功不可能であったのである。

3　天誅組と生野の蜂起

八月一三日の天皇大和行幸朝議決定と一八日のクーデタにかかわって、尊攘激派の引きおこした二つの反乱、即ち天誅組《てんちゅうぐみ》の乱および生野《いくの》の乱に関し、ここで言及しておかなければならない。

天誅組の乱

「叡慮」を一途に信じ、その遵奉を不動の旗印に、奉勅攘夷を一向に実行しない幕府を倒そうと蹶起したのが天誅組の人々であった。主将に擁されたのは中山忠能七男の中山忠光、文久三(一八六三)年二月、一九歳の若さで国事寄人に任ぜられ、三月脱走して長州に赴き、五月の同藩下関外国船砲撃にかかわり、六月八日帰京して長州藩邸に入り、七月五日、自宅に戻っている。この六、七月、京都の地では幕府の攘夷に関する態度に不満が増大し、下からの圧力で大和行幸が朝議で決せられる事態に至る。この攘夷親征の動きをさらに幕府倒壊の方向に引きずりこもうと、同日、忠光は自宅を出奔する。忠光を擁した中心人物が土佐勤王党の郷士吉村寅太郎であった。彼は「干戈の手初めは諸侯方は難決《けつしがたく》、則開基は浪士の任なり」[25]と断言し、幕府・諸大名が外圧に抗しうる新体制創出能力を有しているとは信じておらず、当初から雄藩に依拠した国事周旋活動には批判的でありつづけた。彼は志を同じくする藤本鉄石や文久元(一八六一)年より上京していた刈谷藩士松本謙三郎と結束を強めるとともに、頻繁に中山邸に出入りし、蹶起の機会を狙っていたのである。

八月一四日、忠光は「攘夷親征の魁《さきがけ》」たらん者を、方広寺に募る回状を廻し、三八名の同志を獲得、その多くは寅太郎をはじめとする土佐脱藩浪士たちであった。大坂を経て一六日夜には河内国富田林に至り、同地の同志大豪農水郡《にごり》善之祐の許に宿した。翌一七日、忠光は朝廷に対し左の上表を提出する。

　今日に至り候ては、大樹を始、一橋慶喜・松平春嶽等、何れも違勅の逆徒、速に征討の師を御興し被遊候て可然哉に候得共、何分朝廷には兵馬の御大権不被為在《あらせられず》候故、叡慮の程御貫徹被遊兼《あそばされかね》候御事と奉存、(中略)数千の義民を募候て御親征御迎に参上仕候半《そうらわん》、其節逆徒征伐仕候様被仰付《おおせつけられ》候わば、臣必死を以深く賊地に入、不日に渠魁《きょかい》の首を斬、闕下《けっか》に献候半と皇祖天神に誓奉《ちかいたてまつ》り決心仕候義に御座候[26]

この一七日午後二時頃、大和国に入り、夕刻幕領七万石を支配する五条代官所を襲撃し、代官以下を「天誅」と称して殺害、翌一八日、彼らを梟首し、併せて年貢半減令を発した。倒幕の方向に農民たちを動員すべく、ラディカルな年貢半減政策採用に踏み切ったのである。同時に忠光を主将、吉村・藤本・松本の三名を総裁として、幕領農民から尊王義民を広く獲得しようとする態勢を整えた。

ただし忠光や寅太郎の突出行動は京坂の尊攘激派の合意のものでは全くなかった。忠光らの行動を時期尚早と危惧した平野国臣と安積五郎の両名は行動を阻止するため一七日に出京するが、五条に入ったのは襲撃後のこととなり、平野は帰京、安積は参加、続いてクーデタの報が入るも、もはや後戻りができなくなってしまった。

ここに至って、それまで全く考慮の外に置いていた十津川郷《とつがわ》(南朝にゆかりがあり、住民はすべて士分)郷士一〇〇〇名を、同郷勤王派活動家を介し、忠光の命をもって動員することとなったのである。

八月二六日、大和植村藩(二万五〇〇〇石)の高取城を攻撃するが、忠光の一方的命令によって動員されただけの十津川郷郷士に戦闘意欲は乏しく失敗し、しかも吉村はこの闘いで重傷を負ってしまった。

二八日、十津川郷の天《てん》ノ川《かわ》辻において、天誅組の軍議が開かれた。京都の根本が崩壊して親征が中止となり、長州勢は京都から撤退させられ、自分たちは逆に朝敵とされることになってしまったことを前提として、山中に籠もり、南下して新宮藩兵を打破し、船で四国・九州に渡り、義兵を募ることがここで決せられる。

しかも京都では、二七日、「十津川郷士に忠光勅使として被差下《さしくだされ》候儀一切無之候」との御沙汰書が出され、在京の十津川郷士たちは同書を奉じて郷里に急行し、天誅組からの十津川郷士の離脱を図ったため、山中での天誅組一行の行動はさらに困難となった。

九月六日、親衛組重視に反発し、また突出口に関しても意見を異にした水郡らの河内勢が一行から離脱し、一五日には、十津川郷士一同が忠光らの十津川郷退去を迫る事態となった。

忠光ら主力部隊は、紀州勢の固めが厳重なため新宮への南下を断念し、山中を尾鷲に出ようとするが、この方面も諸藩の警戒が厳しいため、結局北上し吉野から河内に脱出することに決した。

九月二四日、鷲尾峠を越えた一行は大和国吉野郡鷲家口《わしかぐち》に出た。ここには彦根・紀伊・津の三藩兵が屯集していたが、夕刻決死隊が町に突入して乱闘となり、その間に脱出に成功したのは忠光他六名、潜行して二七日大坂の長州藩邸に入り長州に下った。

二五日夕刻、戦闘の中で両眼を失明した松本は銃丸に当たって戦死し、同じ頃、藤本は従士福浦元吉とともに敵中に突入し、包囲の中で闘死した。二七日、重傷を負っていた吉村は鷲家西方にて銃丸に当たって戦死する。

鷲家口で闘死した者以外は各所で捕縛され、京都の六角獄舎に投ぜられた。多くの者は元治元(一八六四)年二月一六日に斬首され、残りの者たちは七月二〇日、禁門の変の際、獄内で斬殺される。

忠光とともに、かろうじて長州に下った者の内、半田門吉《かどきち》(久留米藩士)は禁門の変で闘死し、島浪間《なみま》(土佐藩士)は禁門の変に参加、その後同志徴募の途次、美作《みまさか》で農民に囲まれ元治二年二月に自殺し、上田宗児(土佐藩士)は禁門の変に参加、征長の役でも長州勢に加わり闘って右手を失い、慶応四(一八六八)年一月三日、鳥羽伏見の闘いで戦死し、石田英吉(土佐藩士)は、文久元(一八六一)年時には緒方洪庵塾で蘭学を学んでいた若者であったが、禁門の変後長州に戻り諸隊に入るも、坂本龍馬の勧誘を受け海援隊に入り、明治二五(一八九二)年から三〇年には高知県知事を勤めるなど、維新後は官僚の道を歩むこととなる(忠光について大坂長州屋敷に入ったのは、他に半田の従僕山口松蔵と安積五郎の従僕万吉の二人がいた)。

坂本龍馬と最も親交していた者(弟分となる)の一人である池内蔵太《くらた》(土佐藩士)は脱藩して、文久三年五月の下関外国船砲撃に参加した後、天誅組に参加し、からくも鷲家口の闘いの中で生きのび、大坂・京都に潜伏後、一〇月長州に下り、禁門の変に闘った後長州に戻るも、坂本の勧誘を受け海援隊に入り、慶応二年五月、長崎より鹿児島への航海の途中、海難事故で水死する。

生野の乱

文久三年一〇月の生野《いくの》の乱は天誅組蜂起との関連で理解されるべきものである。

大和五条より帰京した平野国臣の宿舎が八月二四日、新選組に襲われ、淡路国の豪農で天誅組の支援者古東《ことう》領左衛門が捕えられ投獄されたため、平野は政情の激変を今さらながら痛感し、天誅組蜂起を応援すべく、二六日、手掛りをもつ但馬国に入国する。

但州有志者で豪農の北垣国道や大庄屋中島太郎兵衛らは、それ以前より農兵組織化を計画していた。北垣らは文久三(一八六三)年二、三月に上京し、山岡鉄舟や清河八郎に農兵召募許可の斡旋を依頼し、また朝廷内の国事参政たちにもこのことの実現に向け働きかけていた。一方薩藩士で寺田屋事件にも関与した美玉《みたま》三平は脱藩して但州に入り、北垣らに交わって農兵組織化に努めていた。八月一六日、北垣らの要請をうけ国事参政は農兵組立の許可を与えた。もっともこの当時の幕領代官所では、政治不安に対処するため、農兵(「強壮」)の組織化に各所で積極的だったのである。

九月五日、但州養父《やぶ》・朝来《あさご》・城崎《きのさき》三郡有志三十余名が会合し、農兵召募につき協議をおこなった。同月九日中島宅に至った平野も、この召募運動に協力する。

九月一九日、中島宅で有志が大会合し、この席で農兵召募より一転して「大和義挙」呼応挙兵計画が具体化した。この時点では、大和では忠光勢が諸藩兵と交戦最中だと認識されていたのである。挙兵のためには、長州に赴いた七卿の内、一人を迎えて将領に仰ぐこととなり、平野と北垣の両名が長州に赴いた。

同月二八日、両名は三田尻に至って即日七卿に説くも、長州は自重策を主張して賛同せず、他方七卿側は「大和義挙」を傍観するに忍びず、沢宣嘉がひそかに生野に赴くこととなった。沢が三田尻を脱するのが一〇月二日、従う者三七名である。

しかしながら八日、播州に到着した時、天誅組潰滅との報が一行に入った。先行して播州に入った北垣のもとに京都よりかけつけた原六郎(但州同志の京都代表)は、潰滅してしまった以上、挙兵は無謀と北垣を説得し、平野もここでの解散を主張した。他方長州から来た河上弥一・戸原卯橘らは「弔合戦」を決行すべしとの強硬論を主張し、河上らの意見が勝ち一一日一行は生野に入った。ここで再び評議がおこなわれ、但州の同志と平野は中止論、河上等は挙兵論と対立したが、再度強硬派が多数を占めることとなった。

この結果、一行は翌一二日、生野代官所に赴き代官所を明け渡させ(この時代官は検見で出張中)、同時に農兵を招集して三カ年の年貢半減令を布告する。他方代官所役人は諸藩に藩兵出動方を要請、諸藩兵は但馬・播磨両国に結集し、これに対して挙兵勢は生野代官所の南北を固めたのである。

状況不利と判断した多田弥太郎(但州出石《いずし》藩士)と入江八千兵衛(熊本藩士)の切言により、一三日夜半主将の沢が本陣を脱出し、招集された農兵たちは、主将の脱走により、挙兵勢を偽浪士と見なすこととなり、一斉攻撃に転じた。

一四日、農兵の攻撃により、河上ら奇兵隊より参加した一三名は自刃し、脱走を試みた美玉三平と中島太郎兵衛は農兵に殺害された。

播磨口守備についていた平野は、沢の脱走を知るやただちに部隊を解散させた。一部はかろうじて長州に脱出できたが、一部は農兵に殺害され、平野自身は捕縛された。

但馬勢の内、北垣は因州藩に逃亡し、武器調達を担当していた原六郎は京都に潜伏することとなる。

出石藩士の多田弥太郎は大坂に脱出したが、元治元(一八六四)年二月、出石藩に捕縛され殺害された。主将沢宣嘉は伊予国西条に潜伏したのち、元治元年六月長州に戻るが、他の公家と同一行動をとることはできず、周防国大島に潜むこととなる。

一般農民から招集された但馬農兵たちは、大庄屋・庄屋クラスの但州豪農商が挙兵計画に失敗し、幕藩権力から犯罪者と見なされるや、一五日、但州全域をつつむ打毀《うちこわ》しの主体となった。この打毀しに遭ったのは但州一帯の庄屋・土豪・酒造家・豪商の家々である。

右の二つの反乱での特徴は、次のようなものとなった。

一、幕府権力と直接闘い、倒幕を掲げた最初の動きとなる。

二、年貢半減令を発して農民を味方に引きつけようとした。封建的搾取関係の廃棄の糸口となりうる非常手段に手を着けたのである。

三、大和では勤王義民や十津川郷士、生野では農兵といったサムライ階級ではない大衆動員を意図した。

四、両者ともに主将に公卿を擁し、朝廷の命令なるものをもって自らの行動を正統化する手段とした。従って、それが根拠無しと判明するや、極めて容易に一般農民から孤立し、敵対的関係に陥ることとなる。

五、両者ともに、浪士以外に、それぞれの在地の、例えば河内の水郡、淡路の古東、但馬の中島・北垣・原らの豪農層が深くかかわっていた。対外的危機に対する国内一致とそのための国内変革に対し、各地の豪農商層はこれ以降主体的に関与していくこととなる。

4　将軍再上洛と横浜鎖港

朝政参予の理論と実態

八・一八クーデタは国内の政治状勢を一変させた。長州勢と草莽層が一斉に排除され、藩主層が主導して時局に対応しようとする一時期が出現したのである。特に土佐藩では藩内の空気が完全に変化した。九月五日、中岡慎太郎の脱藩に続き、続々と郷士層・下級士族層が脱藩していくこととなる。それに拍車をかけたのが九月二一日、土佐勤王党の領袖武市半平太の拘禁であった。藩外で活動していた藩士・郷士たちに対しても藩庁は帰藩命令を発した。文久四(一八六四)年二月上旬、京坂の地にいた坂本龍馬は望月亀弥太・千屋寅之助・高松太郎らとともに藩命に従わず、再び脱藩の身となるのである。

藩主層主導で時局を打開するためには、まず有志大名の上京が必要となる。島津久光は一〇月三日、松平春嶽は一八日(一〇月六日に処罰は解除された)、伊達宗城《むねなり》は一一月三日、一橋慶喜は二六日、山内容堂は一二月二八日に各々入京した。そして大晦日の一二月三〇日、慶喜・容保・春嶽・容堂・宗城の五名に「朝政参予」が下命され、朝議に参加することが命ぜられ、実際に文久四(一八六四)年一月八日より、「御簾前」での朝政参加が始まるのである。

この有志大名の朝議参加には、当然無位無官の島津久光の身分が問題となる。参内する資格を賦与しなければならないからである。一月一三日、久光は従四位下左近衛権少将に叙任され、「朝政参予」を命じられた。つづいて二月一日には大隅守に任官される。

有志大名の朝議参加とともに、動揺した公武合体体制も再度強化されなければならない。一月一五日将軍家茂は海路入京、二一日参内した家茂に対し、孝明天皇は親しく宸翰を授けた。そこに云う。

> 夫《それ》醜夷征服は国家の大典、遂に膺懲の師を興さずんばある可らず、雖然《しかりといえども》無謀の征夷は実に朕が好む所に非ず、然る所以の策略を議して、以て朕に奏せよ(27)

一月二七日、召により再度参内する家茂に対し、孝明天皇は再び左の宸翰を授けたのである。

> 天下の全力を以て摂海の要津に備え、上は山陵を安じ奉り、下は生民を保ち、又列藩の力を以て各其要港に備え、出ては数艘の軍艦を整え、無餝(貪欲)の醜夷を征討し、

先皇膺懲の典を大にせよ(28)

孝明天皇はこのように将軍・諸侯中心の攘夷を求め、長州藩や三条実美等がおこなおうとした「無謀」の攘夷を厳しく非難する。

しかしながら、朝幕間の公武合体と有志大名の朝政参加で纏まるかに見えた動きはたちまち分裂していった。二月二日の参予会議は、横浜鎖港政策を主張する慶喜と、従来の国是に拘泥する必要なしとする久光が対立し、春嶽は久光を支持するも、容堂はどちらともつかない態度をとった。結局同月一四日、将軍家茂は孝明天皇の攘夷主義を奉じ、横浜鎖港の実行を奉答する。

この微妙な局面における国内政治状況の特徴を、いくつか確認しておこう。

第一に、公武合体で形成されるべき「御公儀」の武を担う幕府が天皇に誓約した奉勅攘夷を実行する力量が全くないことが天下周知のこととなった。

第二に、公武合体で公を担う朝廷の一体性が解体し、「理念型」的国家意思と天皇の意思が完全に分離してしまった。八・一八クーデタ直後から偽勅論がとなえられ、「綸言汗の如し」といわれてきた「叡慮」の価値が士民の間で大幅に低落してしまったのである。長州藩は自藩のとった諸行動はすべての点で朝廷と幕府の指示に忠実に従ったことを論じた「奉勅始末」を作成し、同文書をもって各藩に入説し、またこの文書は広く日本全国に伝播、転写されていくのである。

第三に、文久三(一八六三)年五月の下関での砲撃への欧米列強の報復攻撃が間近に予測され、これに対する国内一致態勢をいかにつくるのかが多くの人々の間で懸念される中、幕府が外国寄りだということを圧倒的多数の士民が思うようになっていた。

第四に、開港以降始まった物価上昇の動きは全く止むことがなかった。一般民衆レヴェルでは、生活苦は幕府の開国主義と固く結びつけられて意識されつづける。福沢諭吉が「苟《いやしく》も洋学者の一流と貿易商人とを除くの外《ほか》は、上は学者士君子より下は百姓町人の輩に至るまで真実これを唱えて疑わず、日本国中如何なる処に到り如何なる人に問うも、攘夷論に反対して開国貿易こそ日本の利益なれと明言したるものは一人も見る可らず、明白の事実にして、即ち当時の攘夷論の如きは、其論旨の如何に拘わらず、真実公議輿論と認めて差支《さしつかえ》なきもの[29]」という状況は、強まりこそすれ、弱化する徴候は微塵も存在しなかったのである。

八・一八クーデタ後脱藩して長州に赴き、翌年七月禁門の変で闘死する土佐国安芸郡の庄屋能勢達太郎は、文久三(一八六三)年一一月二一日付両親宛書状の中で左のごとく述べている。

元来尊王攘夷の盛《さかん》に相行われ、皇国の人気一変仕候は、内に在ては三条卿以下六卿、其外《そのほか》正義の堂上方、叡旨を御助被遊、外は長州其余諸州有志の士尽力周旋仕候より、漸く攘夷も一決と相成申候、勿論《もちろん》真粋誠忠の人たりとも、策の万全に出ると申事も無御座、過激の処難逃《のがれがたき》哉、其小過を以て口実とし、謀略にて先達《せんだつ》ての如き挙動（八・一八クーデタを指す）を起し、七卿を去らしめ、長州を拒み、有志の士を苦しめ、実に只今の形成とは相成候(30)

八・一八政変を「謀略」と見なし、攘夷主義が後退しては国が保てないと信じている極めて多数の士民に対し、この朝政参予たちが、攘夷主義にかわる新しい、そして抜本的方向性を示しうる枠組みを短期間に創出し、全国士民の間に新たな合意を獲得できるかどうかが、換言すれば上からのラディカルな変革を断行できるかどうかが政治的に鋭く問われたのである。それが故に久光・春嶽・容堂・伊達宗城の四参予は二月一一日、慶喜に次の建議をおこなった。

（幕府は）上洛爾後既に半月余の久敷《ひさしく》、一事件も人目一新・破胆の御発令無之、御大政の末に関係の私共、甚不堪危懼至《きくのいたりにたえず》、（中略）若《もし》亦御施為及遅緩《ちかんにおよび》候ては、幕政真に因循に被為至《いたらせられ》、上下離心、天下再土崩瓦解、大事去り、不可及千悔《せんかいにおよぶべからず》、再度の御上洛、自余大小名周旋も乍《たちま》ち画餅と相成、青史の上、天下後世迄の笑と可相成は顕然の事(31)

上から攘夷主義を転換させるには、「人目一新破胆」の政策複合をドラスティックに展開しなければならない。このままでは再度の上洛も無意味となる、と彼らは危機感をあらわにする。

しかしながら一橋慶喜は、長州勢が排斥された後は薩州を特に警戒し、横浜鎖港政策を頑強に主張して参予会議を分裂させていく。やや幕府寄りの立場をとり続けた容堂は二月二八日に出京、慶喜は主唱して参予辞職願を三月九日に朝廷に提出、春嶽・宗城・久光・容堂もそれに続き、そして朝廷はそれらを受理したのである。

これら有志大名は、内部分裂もあり、在京幕閣と一橋慶喜の忌諱《きき》に触れる場合には、それ以上集団として、まとまりを維持し、自らの政策を掲げて対抗することを行ないえなかった。有志大名として、有志大名は自らの背後に、幕閣と慶喜を圧倒するなんらの勢力も擁していない、というよりは、むしろこの圧力を抑圧することによって自己の「主体」性を保持しようと努めたのであり、また自らの正統性を朝廷・幕府・諸大名の厳格な序列主義の中に求めていたのである。

四月一一日には宗城が、一八日には久光が、一九日には春嶽がなすすべなく出京する。今度こそ国事周旋と意気込んだにしては、あまりにもあっけない結末であった。

横浜鎖港と一会桑京都政権の形成

将軍後見職一橋慶喜は朝政に参入・参画しようとする有志大名の動きを完全に封殺した。国政は幕府が専管すべきものなのである。他方で将軍＝譜代結合の力が強く、したがって京都からの遠心力がどうしても働く江戸幕閣に対しては、幕府にとっての生命線たる朝廷との結合強化をさらに図ることによって、その動きを規制しなければならない。三月二五日慶喜は将軍後見職を免じられ、かわって京都の軍事指揮権を掌握する禁裏御守衛総督摂海防禦指揮に、朝廷・幕府双方から任じられる。彼は朝臣化されたことにより幕閣からの人事干渉から自由になることがここに可能となった。

つづいて四月一一日、松平容保の実弟で桑名藩主の松平定敬《さだあき》が京都所司代に任じられた。禁裏守衛・京都守護職・京都所司代三者の一会桑(一橋・会津・桑名)結合の成立であり、そして京都での最高の軍事指揮権は慶喜がにぎることとなった。

さらに同月一六日、京都市中警衛の諸大名分担態勢が廃止され、これ以降、一橋家、幕府歩兵組、京都守護職、守護職預りの新選組、そして京都所司代が警備地区を分担することとなる。

この態勢をつくりあげた上で、慶喜は四月二〇日、朝廷より幕府への大政委任、横浜鎖港に関する次の勅諚を将軍家茂に賜らせることに成功する。

幕府へ一切御委任被遊候事故《ことゆえ》、以来政令一途に出、人心疑惑を不生候様被遊度思食《おぼしめし》候、(中略)但、国家の大政大議は可遂奏聞事《そうもんをとぐべきこと》

別紙

一、横浜の儀は是非共鎖港の成功可有奏上事、但、先達て被仰出候通、無謀の攘夷は勿論致間敷事

一、海岸防禦の儀は急務専一に相心得、実備可致候事

一、長州御所置の儀は(中略)御委任の廉を以て十分見込の通処置可致候事
一、諸品高騰に付(中略)人心折合の所置可致候事(32)

幕府と慶喜にとっては願ってもない勅諚である。四月二九日、将軍家茂は参内し奉答、公武合体を完了させた将軍家茂は五月七日出京、五月一六日に大坂を出航し、二〇日に着府、横浜鎖港に着手する。

前年の奉勅攘夷の失敗に続き、今回の横浜鎖港にも失敗すれば、幕府の権威は完全に消滅すると危惧した藤田小四郎ら水戸藩激派、いわゆる天狗党は、三月末から筑波山《つくばさん》に結集し、日光山に社参ののち、野州太平山を根拠地として同志と軍資金を徴募・調達した上で筑波山に戻り、幕府の横浜鎖港政策を側面から応援する態勢をとるのである。

第二三章　薩英戦争

1　生麦事件

事件の経緯

第二二章では、奉勅攘夷をめぐる中央政局の動きを追うため、文久二(一八六二)年末から元治元(一八六四)年五月までの政局をまず通して検討してみたが、この時期については薩英戦争と四国艦隊下関砲撃事件(下関戦争)の二大事件をも押さえなければ、元治元(一八六四)年の極めて複雑な中央政局を理解することはできない。したがって、本章では薩英戦争を、次章では下関戦争と禁門の変を検討していくこととする。

薩英戦争は周知のごとく、文久二年八月二一日(一八六二年九月一四日)の生麦《なまむぎ》事件をその発端とする。

同日午後二時頃、騎馬で英国人四人が川崎方向に向かい東海道生麦村付近にさしかかった。観光のため来日していた上海在留商人リチャードソン、横浜在留の生糸商人マーシャル、横浜ハード商会社員クラーク、そして香港商人の妻ボロデールの四名である。ちょうどこの生麦村を数百名の従士を従えた島津久光の行列が京都をさして上っている時である。四名はこの行列あるも下馬してこれを避けず、従士が手真似で指図するもこれを聞かず、久光の駕籠に乗馬のまま接近した。供頭当番の奈良原喜左衛門が先頭のリチャードソンを斬り、供頭非番の海江田信義がとどめを刺した。喜左衛門の弟奈良原喜八郎(繁)ら従士の面々も抜刀し他の二名の男性に切りつけ、女性のボロデールは馬を走らせ難を逃れた。

どちらの国法を優先させるべきかをめぐるこの種の事件は、不平等条約を強制された国々ではどこでも必ず発生せざるを得ない特徴的な事件である。居留地にいる条約締結国国民は、治外法権をもって生命と財産を保障されているものの、居留地以外では、当然当該国の国法が支配している。他方、居留地に居留する外国人には遊歩区域が認められている。横浜では「神奈川　六郷川筋を限として其他は各方へ凡十里」とされていた。このグレーゾーンでは、どちらの行為にその正当性が認められるかは、いうまでもなく両国の力関係によって決定される。そして、このような紛争を介して欧米列強はいずれの国においても「内地自由通行権」そのものの獲得に向け力を注ぐことになるのである。

英国の対応

生麦事件に関しては、英国の中でも様々な意見が存在した。例えば一八六三年一〇月二九日付の『ロンドン　アンド　チャイナ　テレグラフ』は、「リチャードソンは何故殺されたか」と題して次のように評している。

（薩英戦争の原因は）わがイギリス人の一団の人々の傲慢さと国民的習慣を無視したことにあったことを遺憾とせざるをえない。そのイギリス人たちは、彼ら自身の破滅に故意に突き進んだとも言えるのである。日本の当局者たちは、さる九月一五日（ママ）には、外国人は東海道、言い換えると大きな公道に騎馬で乗り入れないことが望ましいと通告していた。その理由は、外国人を見慣れない封建家臣たちを大勢伴った大名たちが東海道を旅する公算が大きいからであった。このことは外国人社会にも通告された。一四日夕、リチャードソン氏という中国からひと財産作って帰国途中の青年が日本に立ち寄っていた。彼は同日の夕方に通報艦レナード号で上海に帰ろうと考えていた。ボロデール夫人という、やはり日本を訪問していた香港商人の妻の頼みで、彼は滞在を延ばし、その晩、ボロデール夫人、マーシャル、クラークの両氏を伴って、東海道への不法な騎乗に出かけた。彼らは大名の家来たちのかなり長い行列に出合った。それで常識からすれば当然引き返してしかるべきだった[1]。

この事件に関しては、横浜では英国領事ヴァイスと仏国公使ベルクールが強硬論を主張し、英国代理公使ニール（オールコックは帰国中）と英国極東艦隊司令長官キューパー（文久二年五月の第二次東禅寺事件により英艦二艘が来航中）は慎重論をとった。他方薩藩は「足軽岡野新助、外人に切りつけ行方不明」と幕府に届け出た。幕府は薩藩に下手人の差出しを命ずるも、同藩は「大名行列の作法を外人が犯したもの」と反論し、文久二(一八六二)年閏八月二五日付の幕府宛届書では、「大名行列を犯す者を討ち果たすは我が国法であって、事件の次第を知る先供《さきども》数名の江戸召喚の幕命については、藩士の激昂はなはだしく、英艦が鹿児島に来航すれば、国威を失墜せざるよう応接する」と述べ、全藩挙げての砲台強化と、英国軍隊が上陸した際の陸上戦闘準備に入るのである。

英国本国政府は、オールコックの意見を聞いた上で、六二年一二月二四日付ニール宛て訓令において、

一、幕府には謝罪状と賠償金を要求すること

二、薩摩藩には犯人の処刑と賠償金を要求すること

を指令し、もしも拒絶されたならば、海軍側と協議の上報復すべしと命じた。

しかもこの訓令以降に、日本国内の動きは急速に展開し、御殿山英国公使館は焼打ちされ、幕府は奉勅攘夷を誓い条約を破棄する姿勢が明確となってきたのである。この異様な事態に対して代理公使ニールは、軍事行動をも駆使して日本の外交方針を転換させようとした。六三年四月六日(文久三年二月一九日)付幕府宛通牒は、彼の考えを明瞭に示している。即ち、対幕要求としては、①謝罪状、②一〇万ポンドを支払うこと、また一万ポンドを第二次東禅寺事件に関し支払うこと、③回答期限は二〇日後、としたのである。

一方薩摩に対しては、

一、リチャードソンの殺害者および彼に同伴した紳士・婦人を殺害しようと襲った犯人を英国海軍軍人の面前で処刑すること

二、四人の被害者へ二万五〇〇〇ポンドの賠償金を支払うこと

三、薩摩藩主がこの要求のすみやかなる実行を拒否するか、遅延させるか、回避しようとする場合には、我々が要求するつぐないを獲得すべく、海軍提督が最良と判断する強制手段が早急に採られること

としたのである。

そしてニールはこの通牒の中で、次のように明言する。

While the good sense and forbearance of the British residents have ensured these unprecedented and happy results, those the same British subjects do not and cannot forget that few nations of world are so powerful, and none more determined than their own, to demand and obtain reparation for unprovoked outrages on its subjects.(2)

(大意)　英国国民は自国民に加えられた暴行への賠償を要求する上では、自らが他のいかなる国民よりも強力であり、また断固とした決意を有しているかを忘れないし、忘れることもできない。

当時の大英帝国の人々の意識が如実にあらわされている。

奉勅攘夷と絡みあうこと

この英日両国の軍事的緊迫を清国の英国商人社会は、どのように位置づけていたのだろうか。彼らの代表的新聞『ノース・チャイナ・ヘラルド』は六三年五月九日(文久三年三月二三日)の記事でこう語っている。

日本海域におけるイギリスの敵対的姿勢は、無敵の力と政府の手厚い保護を示威するものだ。これは、すべての愛国的イギリス人の神経に、誇りと満足の戦慄を送り込んでいる。江戸湾の堂々たる艦隊の旗艦に高々と掲げられた報復の合図は、かの半野蛮国の狡猾な支配者たちに、イギリス市民や兵士を侮辱あるいは傷つけた者は必ず罰せられ、無辜の血を流した者には災いがあるということを宣言している。この示威行動は「地に落ちた雀は必ず手当てを受ける」という神の掟の人間による偉大な実現なのだ。それはわが国の臣民が、たとえいかに身分が低くとも、国家の大義のために苦しむことがあれば、わが政府は、その者があたかも王族であるかのように、最強の力をもって償いを要求することを示している。そしてこれは、自分の民の命を極めて低く評価している専制支配者たちへの教訓なのだ。彼等に対し現代文明においては正義と人間愛が指導的原理であり、それを尊重しなければならないことを思い知らさねばならない。もし必要とあらば、大砲に訴えても。他の諸国が何世紀にもわたり中国人および日本人のむり強《じ》いや狭量に屈してきたのに対し、イギリスは、彼らの排他性の障壁を打ち破ることをその使命としてきた。そしてそれは、自国の先進的な貿易商ばかりではなく、すべての国の貿易商の利益を目的にしてきた。中国におけるイギリス軍の勝利は、この開放的政策を伴うことで、全関係者にとって極めて有利なものとなった。これは中国政府および中国国民にとってすらあてはまることなのだ。同様にして、もし日本における戦争突入が避けられないことならば、たとえそれが、在日外国人社会の利益を一時的にどれほど大きく損なおうとも、必ず最終的には、条約によって保証された諸特権のよりよい理解をもたらすことになるだろう。(3)

　代理公使ニールの強硬な要求に対し、文久三年三月四日(一八六三年四月二一日)、幕府は関八州の大名・旗本に臨機応変の覚悟をなすべしと命じ、二日後の六日には、在府諸大名に、「万一に備え不得止儀《やむをえざるぎ》、尽死力《しりょくをつくし》、防戦の覚悟に可有之(4)」と達し、同月一六日には神奈川奉行が横浜市民に避難を命じた。ただし留守幕閣はなんらの防備策も開戦準備も行なおうとはしなかったこともこれまた明白な事実である、そして四月二一日、留守老中は諸藩に対し、

　生麦殺傷一条に付、横浜港へ渡来の英夷応接の儀、曲直を不正候《ただささず》ては名義難相立候《あいたちがたく》間、扶助金被遣《つかわされ》、改て横浜鎖港の談判御取懸相成候(5)

と達し、賠償金支払いと条約破棄交渉を分離する態度を示し、この方針に従い、二七日、

外国奉行菊池隆吉は横浜でニールと交渉、翌日、五月三日より七回分割で交付する旨を表明した。しかし江戸に向かう旅中の一橋慶喜は書を送って支払い中止を命じた。これは攘夷の朝旨遵奉を彼が建前とする以上、必要な行為であった。五月二日にこの旨が英国側に通告されるや、ニールは激怒し、両国は厳戒態勢に入った。

五月八日夕刻、慶喜は神奈川に入り、神奈川奉行と会ったのちに江戸に至り、慶喜が神奈川を去って間もなく、老中格小笠原長行《ながみち》は海路神奈川に到着し、九日、小笠原の独断という形式をとり賠償金が英国側に支払われた。謝罪状が英国側に渡されるのが五月一八日、老中松平信義と井上正直、老中格小笠原長行の三名連署のものである。

ニール代理公使の対日要求がこのように異例なほど厳しいものになったのは、英国市民殺害賠償問題と幕府の奉勅攘夷政策を破砕する大英帝国の不退転の強硬政策が絡みあったためであった。イギリス人の多数は大英帝国と同様、前出の『ノース・チャイナ・ヘラルド』の主張にみられたように、英国市民殺害に対しては、排外的支配者層の行為だとして強く賠償と犯人処刑を要求し、半野蛮国の排他的閉鎖政策には大砲をもってしてもそれを打ち破ることこそが、商業と貿易を盛んにし、現代文明世界をそこにもたらすものだ、と考え、戦争政策を無条件に支持した。

ている。

ただし、イギリスは自由主義の社会であり、右のような見解一色にぬりつぶされていたわけではないことも、公平に見ておく必要があるだろう。薩英戦争を含む対日開戦が迫る中、六三年五月二一日付『チャイナ・メール』は『スタンダード』紙の左の見解を紹介している。

英国内での戦争反対論

(日本での)外国人の反感は国中に蔓延し、政府には、それを抑える能力あるいは意欲がない。大変やかましい議論を呼んだイギリス臣民に対するいわゆる暴虐な所業の中には、自らの不品行に対する当然至極の報いとしか思えないものもかなりある。遺憾なことに、東洋にやってくるような階層のイギリス人は、現地民を劣った存在とみなしている。つまり優秀なヨーロッパ人のために働き、快楽を提供するしか能のない連中だとみなしている。自分たちの強力な政府が相手に与える畏怖の念につけ込んで、彼らは現地人の宗教・風習そして権利を勝手気ままに蹂躙する。ある町に入ること、ある国を横断することを禁止しても、彼らは笑いとばすだけである。東洋のどの国よりも日本は山師をたくさん引き寄せた。(中略)日本政府が陰謀に加担していようといまいと、イギリス政府はこれ以上、その職員を危険にさらすわけにはいかない。したがって、公使団と領事たちをしばらく撤収させるか、少なくとも、日本側が外交団を囲っておきたがっている港へ撤収させるべきだろう。そうしないなら、公使・領事・

居留民を保護するため、江戸その他の港へ十分な兵力を派遣し、再び犯罪行為が企てられたら十二分の報復を行なうべきだろう。もし後者の方法をとれば、二〇年間にわたって中国に猛烈に進めてきたのと同じ血なまぐさい仕事に手を染めることになるだろう。（それは）何万もの中国人と何百ものイギリス人を無益な死に追いやり、中国政府の権威を完全に失墜させ、荒廃をもたらす残忍な内乱状態に帝国を陥れただけではないかと思われる。（中略）しかし、日本人は中国人のように臆病ではない。日本人にもっと何かをしようというのなら、いかなるイギリスの大臣でも議会に提案するのを躊躇するほどの兵力を日本に配備しなくてはならない。日本人は死を少しも恐れない。完全な破壊以外に彼らを屈服させる手だてはない。（中略）ヨーロッパ人が東洋に持ち込む文明は、東洋の人間の衰退と破滅という言葉と置換え可能である。そして日本人は自分自身の道を選ぶ権利がある。二百年に及ぶ鎖国時代を通じて、彼らがかなりの物質的幸福を楽しんだことは疑いようもない。ヨーロッパと接触してその幸福が脅かされていると彼らは思っている。そして古くからの手堅い道に戻る権利が彼らにはある。自分の文明や貿易を彼らに押し付けるのと同じようにはっきりした権利はイギリスにはない(6)。

このような見解はメディアで出されただけではない。さすが議会主義の国である。イギリス下院でも発言されている。六三年七月二一日の下院においてB・コクラン議員はこう述べている。

われわれが日本政府に求めたおもな賠償要求は、イギリス人一人が殺されたある事件、つまり有力大名の一人薩摩侯の随員と遠乗りに出かけたイギリス人一行との遭遇から生じたものだ。しかしながら、われわれは予想される事態について警告を受けていたということを忘れてはならない。サー・R・オールコックは、日本政府が戦わなければならない国内の抵抗の存在を認めていた。彼はさらに条約が日本人の間で不人気なことを認めた。この条約をむりやり押しつけられた日本人に、いったいなんの過失があるというのか。(中略)(オールコックが)指摘しているように、日本人は自由な通商を許すことで、自分たちの国の伝統を百八十度転換せねばならず、それ以来、困難と危険のみが生じた。(中略)日本人には兵士や金よりも強い武器がある。彼らには大義名分がある。われわれイギリス人も、もしわれわれが侮辱されたとしたなら、戦費がいくらかかろうと大した問題にはなりえない。(中略)この条約が幸福に満ち足りて暮している国民の血を流すことによってしか守られないとしたら、そんな条約はびりびりに引き裂いてしまったほうがよいと思う。(7)

また同日、リデル議員も次のように発言している。

(エルジン卿の英日条約は)日本人の恐怖につけこんでもたらされたものだ。この条約は無分別なばかりか、性急に立案起草された条約であり、日本の最高権力者の裁可を決して受けていないということだ。(中略)イギリス海軍が攻めてくるかもしれないという日本側の不安につけ込んで、通商条約を結ぼうという無分別な試みをあえて行なったとともに、日本人の(諸外国人に対しての憎悪と不信という)感情はなかなか消えてはいなかった。そうして結ばれた条約は、国民が尊敬している中央権力の威厳を損なう危険なものだ。(8)

リデル議員の指摘する、英日条約締結過程と結ばされた中央権力(幕府)の威厳の失墜、そして天皇が条約を依然として承認していないことなど、よく日本の事情を理解した上での発言となっている。

イギリス人の中には、ごく少数意見だが、英日条約そのものを再検討すべきだ、とまで主張するグループも存在していた。六三年八月二五日(文久三年七月一二日)付『タイムズ』は、イギリス平和協会の次の政府宛覚書を報じている。

事実に精通した人々の証言によれば、われわれが日本に介入する権利の基礎としている交流と通商の条約は、まず第一に、日本政府の伝統的な政策と日本国民の強い偏見に抗して、脅迫的にその当局者から獲得したものであることは明らかなようだ。また、われわれの側にも、修好条約の諸規定を正直に守ってこなかったことも明白である。(中略)日本人の意思に反して強制され、われわれが述べたような状況のもとに始められた通商関係が、早い時期に重大な衝突をもたらすであろうことは驚くに値しない。

われわれはまた、大砲の砲口の前で彼らに修好を強制しようと絶えず試みることが、彼らの利益になるとか、あるいはキリスト教国であり文明国民であるわれわれに名誉をもたらすなどと希望することはできない。（中略）もし両国間の交流が友好的精神で行なえないならば、われわれはかの国から全面的に手を引くほうがよいのではないか、とあえて提言するものである。あまり気乗りがせず、怒っている国民を相手に通商がうまくいくとは思われない。もしそれができたとしても、キリスト教国民としては、他の国民の間に無秩序と流血の長い道程になるかもしれないことを始めるよりは、若干の商業上の利益を犠牲にするほうがはるかに名誉であろう。(9)

このイギリス平和協会とはどのような組織で、またいかなる活動をおこなっていたのか、知りたいところである。この極端な意見も含め、自由に見解を表明し、十分に討論した上で、英国政府と圧倒的多数のイギリス人は、世界のどのような地域であれ、同地域の閉鎖政策を軍事力をもってしても破壊し世界市場の中に強制的に編入し文明化させることが、自国民の利益であるとともにキリスト教世界の使命だとかたく信じて疑わなかった。この柔構造を内在化した帝国意識こそが、大英帝国を長くゆるぎなく支えた基礎にある。

2 薩英戦争

戦争の経緯

一八六三年八月六日(文久三年六月二二日)、英国代理公使ニールおよびユースデン、A・シーボルト、サトーらの公使館員を乗せ、英艦七艘(スクリュー艦六艘、外輪船一艘)は横浜を出帆、石炭を節約するため大半は帆走し、八月一一日(六月二七日)午後、大隅半島南端の佐多岬に到着、鹿児島より六・七マイル以内に来た時に夕闇が迫り投錨した。(10)

八月一二日(六月二八日)午前七時に抜錨し、コケット、レースホース、ハヴォック三艦は測深のため先発した。午前九時、七艦は鹿児島城下の港正面全体に間隔を置いて並んでいる砲台(北から祇園洲・新波戸・大波戸・大門口・砂揚場の五砲台)に対し三六〇〇フィート、水深一二〇フィートの海域で、城下に向かい一列に並んで投錨した。薩藩の使者三名が乗り込み来航目的を質問し、ニールが、二四時間の回答期限をつけた要求項目を提示、この間、英艦側はボートをおろして湾内を偵察し、桜島横山砲台北にある薩藩蒸気船三艘(天祐丸一二五〇トン、青鷹丸四九二トン、白鳳丸三五〇トン、いずれもスクリュー艦)を発見する。

八月一三日(六月二九日)、日本側使者が乗り込み、回答書をニールに交付し、英国要求の不当性を主張し、犯人は未逮捕と述べ、上陸しての交渉を提案するも、英国側はそれを拒否する。この間、英国側は、薩藩兵士がすべての砲台に結集し、照準を英艦に合わせ始めたことおよび琉球貿易船五隻が港から避難して北航し、砲撃区域外に投錨したことを確認し、抜錨態勢用意が命ぜられる。

午後三時、多数の小船に乗った薩藩士(総計八一名)が接近し、英艦乗っ取りを試みるも、警戒されたため成功しなかった(組織者は奈良原喜左衛門と海江田信義)。抜錨して北上するも、岸近くでも三〇〇〜四八〇フィートの水深があり、やむなくまた城下の向かい側に戻らざるを得ず、ついに桜島側に三〇〇〇フィートほど近い水深一二六フィートの海域に投錨する。

八月一四日(七月一日)、鹿児島城下の老幼婦女子には避難命令が出され、他方英艦側は湾内の水深測定をつづけ、また気圧計が急降下し暴風雨接近を告げたため、台風対策を講じた。

八月一五日(七月二日)、英国側は午前中に三艘の薩蒸気船を拿捕し英艦に繋留、乗船していた五代友厚と寺島宗則は抵抗せず捕えられた。キューパー艦隊司令長官はこの両名を交渉に使おうと抑留したのである。他方薩藩側はこの拿捕を開戦決行の合図ととらえた。

正午、城下の全砲台が射程距離内にあった旗艦ユーリアラス号(二三七一トン、四〇〇馬力)をめがけ砲撃を開始した。同艦に丸弾と炸裂弾(丸弾の中に鉄丸が入っているもの)がふりそそいだ。英艦側は拿捕船三艘を焼却、司令長官は全艦隊に抜錨し先任順に戦列を組むよう、またガンボートのハヴォック号には薩船三艘を確実に破壊するように命令、旗艦ユーリアラス号は全砲列に沿い直線弾道距離内をゆっくりと進行するも、台風のため後続艦が密着して進むことができず、旗艦は数カ所の砲台から同時に、狙いの定まった激しい砲撃にさらされ、旗艦艦長ジョスリング大佐および副官ウィルモット中佐は、同一の砲弾に当たり戦死した。またパーシュース号は岸近く碇泊していたので、砲撃を回避すべく錨鎖を切断するという非常手段をとらざるをえなかった。

ユーリアラス号が最後の最南の砲台(砂揚場砲台)を過ぎるところで、城下の数カ所で火災がおこっていることを確認、薩藩諸砲台は、英艦装備最新鋭(実戦ではじめて使用されたのがこの薩英戦争である)のアームストロング後装施条一一〇ポンド砲(射程距離は二五〇〇〜四五〇〇ヤード)の着発弾(shell)猛攻により、次々と壊滅させられ、砲台弾薬庫は爆発し、城下北方に位置する集成館も破壊され、五艘の琉球船はハヴォック号により焼却された。この日、大暴風雨は夜まで荒れ狂った。

八月一六日(七月三日)午後三時、艦隊は抜錨して桜島南方に投錨、桜島側の諸砲台(桜島の西海岸に北から横山砲台と洗出砲台の二砲台、桜島西側沖の鳥島に鳥島砲台、南側沖の沖小島に二砲台が築造されていた)を破壊した。

八月一七日(七月四日)午後、艦隊は湾を出航し横浜に帰航する。

英艦が引き揚げたのは、この戦闘により燃料・弾薬・糧食が欠乏し、これ以上の戦闘が継続できなくなったためである。他方、薩藩側においては、英艦が搭載しているアームストロング砲が、日本側のそれとは比較にならない長距離の射程距離をもち、また正確に目標にむけ砲撃でき、さらに着発弾によりすべての砲台が破壊され、その脅威を骨身にしみて感じたのである。

英国海軍の戦闘総括

艦隊司令長官キューパーは、一八六三年八月二六日（文久三年七月一三日）付の報告（横浜で執筆）で、率直にこう述べている。

Should the question arise as to the nature of the force required here, should it be determined to carry out extensive operations, it would be well to remark that a mere naval force, composed chiefly of small vessels, the crews of which will not admit of a landing party being detached to follow up any success afloat, would be of little service in Japan, and to attack batteries without having the means of securing their ultimate demolition by the assistance of a land force, would be only an useless sacrifice of valuable life. Our experience have would lead us to be prepared at any time and at any one place to encounter thousands of resolute and (as in the case of the Prince of Satsuma) fairly disciplined men, rendering the prosecution of hostilities in Japan a matter demanding considerable energy and resource.[11]

キューパーは、砲台を完全に破壊する陸上部隊なしには日本での戦争は効果がないこと、日本ではあらゆる時、あらゆる場所で死を恐れない数千の（薩摩の場合にはよく訓練された）戦士がまちかまえており、その戦いに勝利するためには容易ならざるエネルギーと資源が必要となると海軍省に報告するのである。

六三年一〇月二一日(九月九日)付の『タイムズ』は薩英戦争の結果を左のように総括する。

(薩英戦争では)同時に、われわれの側にも重大な損失があった。死者一一名(海軍省宛報告書では一三名)、負傷者三九名(海軍省宛報告書では五〇名)のリストは、われわれの敵が大君自身ではなく、その無法な部下の一人にすぎぬことを考えると、大きすぎたとも言えよう。またこれは、われわれの小さな勝利に要したコストのすべてではない。というのは一一名の死者の中に二人の艦長ジョスリングとウィルモットの名前があるからだ。それはナイル河での戦闘(一七九八年ナポレオンとネルソンの海戦)のような激戦においてさえ大きな損失と考えられる高級士官たちの犠牲である。(中略)われわれは、ヨーロッパの艦船との最近の戦闘で示されたような、日本国民の軍事的素質並びに機械に強い素養に感心しないではいられない。アメリカ艦ワイオミング号は長門侯の要塞とその軍艦との戦いで一六名の命を失い、ついには戦線離脱を余儀なくされた。オランダ艦はあらかじめ用意していたのでうまくやったが、フランス艦一隻は戦闘能力を失い、もう一隻は多くの負傷者を出した。われわれは薩摩侯にわが艦隊が加えた砲撃がどんな損害を生じたか、まだ聞いてはいないが、人員の損害から見ても、それは軽微なものなどとは言えない。中国人だったら、彼らの町が火に包まれるずっと前に逃げ去ってしまっただろう。それに中国人はごく最近まで、日本で製造されているのに匹敵する兵器を持っていなかった。(中略)彼ら(日本人)は一人のアームストロングもウィットワースもまだ生み出していないが、彼らが一度施条砲を手に入れたなら、どうしたら模倣できるのかを知っていることは確かだし、多分、それに改良を加えるだろう。破壊的機械を生産できる彼らのこの能力は、現在のところでは、われわれにとってあまり愉快なこととは言いがたいが、この並外れた国民の知性と未来の運命への確信が、われわれの敬意を呼ぶだろうことは十分に考えられる(12)。

3 薩英戦争のその後

薩英和睦

この当時は未だ八・一八クーデタ以前の日本全土が奉勅攘夷体制のもとにあった時期であった。文久三(一八六三)年七月四日、薩摩藩主島津忠義は、朝廷と幕府の双方に対し、英艦を撃退したことを誇らかに報ずるのである。

しかしながら、英艦を今回は幸運にも退けたとはいえ、軍事力の格差は肝に銘じて認識せざるを得なくなり、この強力な英国艦隊が再来襲、再三来襲してきた時、完全に破壊された諸砲台の修築、武器弾薬の補充をはじめ、今回と同様の抗戦ができうるのか、薩藩に鋭くつきつけられたのである。支藩佐土原藩が対英講和の必要性を入説したこともあり、九月二八日、横浜において正使岩下佐次右衛門(方平)・応接掛重野安繹《やすつぐ》の両名が第一回の交渉をおこない(その背後に大久保利通が控えていた)、一〇月四日、五日、二九日と四回の交渉を重ねる中で、

一、犯人の捜索と処刑を約束する証書交付
二、賠償金二万五〇〇〇ポンドの支払い
三、交換条件として英国の軍艦購入斡旋

という合意で交渉は成立した。そして薩藩は幕府より全額を「借金」し、一一月一日、賠償金を支払ったのである。

薩英戦争が薩藩に与えた衝撃は甚大なものがあった。第一に、それまでのような藩内の和流・西洋流兵法優劣争いは完全に消滅した。軍事の全面的洋式化と軍事体制の近代化が至上命令となった。陸軍では江戸芝新銭座の江川太郎左衛門塾に大山巌以下の藩士が入学、洋式砲術を真剣に修得していく。海軍では勝海舟の神戸海軍操練所に伊東祐亨《すけゆき》以下の藩士が入ることになる。

誠忠組の奮闘と西郷の引き出し

第二は、薩英戦争で最も勇戦奮闘し功績を挙げたのが寺田屋事件の関係者とその周辺の人々、換言すれば薩藩尊攘激派誠忠組の藩士たちだったことである。彼らを抑えることが

久光と久光派にとってはもはや不可能となった。彼らは政治の前面に進出し、文久三(一八六三)年一〇月、久光の上京後は、京都藩邸でも中心的な勢力になってきた。彼らは、八・一八クーデタに薩藩が関与しても、そのイニシアチブと成果はすべて会津藩に取られ、一〇月以降の久光の在京活動も、なんら思わしい成果を生み出せず、すべて幕府の補強と強化にしか結果しないことに不満を増大させていった。

彼らにとって薩英戦争が明らかにした最大のことは、欧米列強の軍事的重圧に対抗するためには、薩摩一国の力ではなく、日本全体の国力を総結集しなければならないこと、このことであった。現在のような因循姑息な幕府の権威回復だけに力を借す薩藩の政治路線を大きく切りかえ、薩藩がイニシアチブをとってこの課題を果たしていかなければならない。そのためには、どうしても指導者が必要であり、流罪中の西郷を呼び戻し、京都において薩藩代表者として国事を周旋させるべきだ、ということになっていったのである。このような強硬意見がしぶりにしぶる京都の久光と久光派に押しつけられていった。しかも久光個人は反対するが、かといって自分としては上京後も思わしくは動けず、参予会議でもなんら事態打開の糸口を見つけることも、また参予の面々をまとめて一橋慶喜に対抗することもできず、なんら成果のかけらも挙げられず京地において身動きできない窮地に自らを追い込んでいたのである。

この間の動きを、寺田屋事件の関与者の一人である柴山龍五郎景綱が回想している。長文のものだが、その間の経緯がよくわかるものなので左に引用してみよう。

(薩英戦争後、病臥の柴山を見舞った奈良原)喜左衛門又曰く、今般の如き事変あるに当り、我国は人物に乏しければ、西郷吉之助ドン抔《など》も迅《はや》く帰国を命ぜられんことを望むと。大龍五郎意《おもえ》らく、奈良原氏にして今西郷の赦免を唱道する、是れ無上の幸慶なりと、希《ねがわ》くは、卿の尽力に依って至急帰国の命あらんことをと。爾来伏見同列の諸士(寺田屋事件関与者を指す)にも告げたるに、各大に喜び、今や今やと時機の至るを相待てり、此事変(薩英戦争)よりして、人々愛国の情愈々《いよいよ》深く、黒田了介(清隆)、久光公に西郷赦免の献言を為し、又川村与十郎(純義)、鈴木武五郎等、伊地知正治(当時軍賦役)に之を迫りしと聞く。而して川村・鈴木の諸氏へは、曽《かつ》て奈良原の発言ありしことを、龍五郎より疾《はや》く談話せしと覚ゆ。

(中略)(しかし)戦争の年も既に暮れたりと雖も、(京都)藩邸要路には、西郷赦免の説消滅して、一人の之を唱うるを聞かず、越えて元治元年正月、俄然高崎佐太郎(正風)・三島弥兵衛(通庸)の旅宿なる、京都室町の烏丸今出川通り米屋休兵衛の宅に集会し議して曰く、西郷の流刑を宥《めん》じて帰国せしめんことを久光公に嘆願し、若《も》し聴《ゆ》るされずんば、皆君前に割腹して死諫せんと。当時一坐の諸士は、龍五郎・三島弥兵衛・永山万斎(弥一郎)・篠原冬一郎(国幹)・椎原小弥太・宮内彦次(この時彦次は異論あり)・吉田清右衛門(清基)なり、是より先、三島弥兵衛・福山清蔵・井上弥八郎(石見)・折田要蔵(年秀)・龍五郎等を首《はじ》めとし十数人丸山に会し、西郷赦免を久光公に具状し、如《も》し聴許無《な》くんば君前に屠腹せんと決したり(正風・五六の筆記)。然るに当時、君前に伺候して諸事上陳する者は甚だ稀れなりしが、高崎佐太郎(正風)、高崎五六は近習を勤め、当に君側に出る者なれば黙止難くやありけん、往《ゆき》て大久保一蔵(利通、側役)に謀りしに、大久保曰く、伏見一挙列の沸騰も甚だくどいと。高崎曰く、否な否な、今般の事件は決して小事に非ず、愈々以て大事なりと。是に於て高崎五六、久光公前に出でて懇願し、退き言て曰く、予想の如く難事には非るが如し、或は許可さるるも知る可らずと。佐太郎之を聞き、君前に切願すること数回に及ぶも聴《ゆる》されざるのみならず、激怒益々熾《さか》んにして、復た諫む可らずと。然れども佐太郎、翌日又君前に出でて強て懇願止まず、然るに公怒り解けて曰く、左右皆賢と云うに、無学の久光、独り之を遮《さえぎ》るを得ず、此上は太守の裁決を請う可しと。小納戸岸良七之丞に書を齎《もた》らして本国に向わしむ。而して岸良帰京頗《すこぶ》る遅滞す、偶々《たまたま》龍五郎、永山万斎と共に錦邸の長屋を出て、海江田武次(信義)、奈良原喜左衛門・仁礼平助(景範)・山口金之進(鉄之助直秀)・志岐藤九郎・鈴木源五左衛門・鈴木昌之助・上床源助等の同居せる長屋の門前を過ぐ、時に万斎、大に奮激し、龍五郎に向て、曽て奈良原喜左衛門、汝の宅に於て西郷帰国の事を唱道せしに、今や既に水泡に帰したるが如し、想うに異論者ありて障碍を為すならん、此上は猶予に及ばず、決心以て此長屋に切り込まずんばある可らず、何如何如と云えることありぬ。又忠義公は久光公の書を一覧あり、遂に西郷帰国許可の返書を遣わさる。是に於て同感の諸士歓喜の余、国老小松帯刀等の門に至り謝意を表せり、黒田嘉右衛門(清綱)・折田要蔵・伊集院直右衛門(兼寛)等其中に在るを見る(13)

このように、薩英戦争直後より西郷呼び戻しの動きが始まり、文久三(一八六三)年一〇月、久光上京・国事周旋時期に運動が激化し、ついに久光が承諾するに至ったのである。文久四年一月二五日、西郷召還の使命を授った西郷従道と吉井友実の送別会が京都で開かれ、両名は二月二四日、沖永良部島に到着、二八日、三名ともに鹿児島に着した。さらに三月三日、西郷は上京の命を受け、着京後の同月一九日に軍賦役の重職を拝命、他方久光は三月九日に、一橋慶喜の対朝廷・対幕府・対参予への圧倒的優位に全くなすすべなく朝政参予の辞表を提出し、四月一八日、失意のまま出京、帰国する。藩自体が薩英戦争を機に性格を大きく変化させ、もはや久光が対中央政局にリーダーシップを発揮して藩内を統御しうる状況ではなくなってきた。藩内全体の輿望形成が従来の君臣関係では全く律し切れない形で具体化してきたのである。これ以降、久光は薩摩藩の動向で副次的役割しか果たすことができなくなる。

第二四章　下関戦争と禁門の変

1　攘夷決行と下関での外国艦船砲撃

外国艦船への砲撃

奉勅攘夷期の文久三(一八六三)年五月一〇日、攘夷決行の期日当日、長州藩は外国船に対し砲撃を開始した。当日、米国商船ペムブローク号が関門海峡に通りかかった。下関防禦責任者で長州藩家老毛利能登が砲撃するのを躊躇したため、久坂玄瑞《くさかげんずい》らの激派は藩船庚申丸・癸亥丸両艦に乗り込み米船を砲撃した。対岸の小倉藩は事態を傍観したため、同月二三日、太田市之進(御堀耕助)と野村和作《わさく》(靖)の両名が同藩に派遣され、問責・抗議したが、小倉藩は「幕命を奉ずるのみ」と回答した。

五月二三日、仏艦キンシャン号が関門海峡を通りかかり、長州藩は前田・壇ノ浦・専念寺砲台から砲撃するとともに、庚申・癸亥二艦も仏艦に迫り、仏艦は玄界灘に逃れた。

五月二六日、蘭艦メデュサ号が関門海峡に入り、長州藩は諸砲台と両艦より攻撃、メデュサ号は応戦、オランダ側は死者四名、重傷者五名を出し、メデュサ号は豊後水道より外洋に出た。

五月二七日、長州藩は久坂をして、攘夷期日を守り外国艦への砲撃をおこなったことを朝廷に報告させた。この前後、下関砲撃応援にかけつけていた中山忠光は、二〇日姉小路《あねがこうじ》公知《きんとも》暗殺後の京都状勢を憂慮し、数十名の激派とともに上京する。

六月一日、報復のため米艦ワイオミング号が下関に来襲し、亀山砲台を猛攻して沈黙させ、長州藩船の庚申丸と壬戌丸両艦を轟沈、癸亥丸を大破して横浜に戻るも、米国側にも死傷者十余名を出した。

六月五日、報復のため仏艦タンクレード号とセミラミス号二艦が下関に来襲し、前田砲台に猛烈なる砲撃をおこない、二五〇名の陸戦隊を上陸させ、正午には前田・壇ノ浦の両砲台を占拠、備砲を破壊し、弾薬を海中に投棄した。

奇兵隊の結成

六月一日の戦況に憂慮した長州藩庁は、亡命の罪で謹慎中の高杉晋作を宥免し下関防衛を命じた。五日の敗報を受け、高杉は翌六日下関に赴き、来島《きじま》又兵衛と議し、奇兵隊を組織することとなる。七日付高杉上書は「奇兵隊の儀は有志の者相集候儀に付、藩士陪臣軽卒不選《えらばず》、同様に相交り、当分力量を蓄い、堅固の隊相調可然と奉存候」(1)と説明している。藩内身分制を完全に打破した有志者戦闘集団の形成である。高杉の回想では「八組の士畏縮、此体なれば、一両日の中、又々夷艦襲来すれば、防長は塵になると相考、遂に奇兵隊を興し候(2)」とあるように、長州藩の場合、藩の上士層は戦闘意欲と戦闘能力に乏しかった。これらの藩士が構成する「正兵」に対し有志集団を高杉は「奇兵」と呼んだのである。

奇兵隊の具体的な創立過程を、ただちに参加した金子文輔の日記より見ていこう。

六月五日、(前田砲台が破壊され)隊長の怯惰は衆口一致なるが如し

六月七日、此日、余輩他行中、光明寺党(久坂が統轄していた五〇～六〇名の有志集団、下関の光明寺を本営とし、専念寺にも分屯し、五月一〇日の砲撃開始より活動していた)、滝弥太郎(松陰門下生)、赤根武人(同上)、入江九一(同上、野村和作の兄)等来営し、隊員に告げて曰、当地又有志党を編隊するを以て、志望あるものは入営を許す云々、我隊員、既に営を脱して有志党に投ずるもの若干あり、隊長等、百方之を拒む、然れども不及《およばず》

六月九日、(三名の仲間と)倶《とも》に営所を脱し、有志党に投ず、有志党の屯所は白石正一郎邸宅なり

六月一一日、本日有志党を奇兵隊と称す

六月一四日、本日、(入隊者追日増加のため)阿弥陀寺に移転す。隊則、不拒来者《くるものはこばまず》、不追去者《さるものはおわず》、犯法者罰《ほうをおかすものはばつし》、為賊者死《ぞくたるものにはし》

六月一五日、奇兵隊入隊の者倍《ますます》増加し、分営を隣寺極楽寺に設く

七月一七日、奇兵隊員は頃日《このごろ》皆甲冑を棄てて小袖袴となす

このように藩内身分制を問わない奇兵隊の勢力が拡大すれば、当然正規藩兵との間に軋轢が生ずることとなる。「八月一六日、今夜二更の頃、奇兵隊、裏町教法寺屯集の先鋒隊(上士部隊)の陣所を襲撃す(3)」というような衝突事件に、その対立は発展していった。この状況を回避するため、奇兵隊は九月六日小郡《おごおり》に移転する(元治元年三月、下関に復帰)。

金子の日記によると、文久三(一八六三)年一一月現在では、この非正規有志者戦闘集団は、奇兵隊のほかに、遊撃隊・撃剣隊・市勇隊・神威隊(防長両国神職者で組織)・金剛隊・郷勇隊・狙撃隊(猟師で組織)・荻野隊等が創られている。その外にも力士隊や屠勇隊など、いわゆる「諸隊」と称される戦闘諸集団が、これ以降正規藩兵をしのぐ長州藩の主要な軍事力となっていくのである。

2　長州藩に対する朝幕の対応

長州砲撃への朝廷の態度

六月一日、朝廷は長州藩に対し左の御沙汰書を発した。

兼《かね》て御布告有之候拒絶期限、不相違及《そういなくそうじょうにおよび》掃攘候段、叡感不斜《なのめならず》候、弥以《いよいよもって》勉励有之、皇国の武威を海外に可輝《かがやかすべき》様御沙汰候事(4)

五月一〇日の攘夷期日を忠実に守って実行した長州藩の行為を天皇が嘉納した、と告げたのである。続いて六月六日、朝廷より列藩に次のような御沙汰書が出された。即ち、外夷拒絶期限の事、先達て天下へ布告相成候上は、於列藩《れっぱんにおいて》夷船攘斥の心得勿論候処、傍観に打過候藩有之候趣、深被悩宸襟《ふかくしんきんをなやまされ》候、既に於長州《ちょうしゅうにおいて》兵端相開候、就ては皇国一体の儀に候間、互に応援掃攘有之、皇国の恥辱不相成様、闔藩《こうはん》一致、決戦尽力、叡慮貫徹致候様御沙汰候事[5]

この御沙汰書は小倉藩傍観の事態を踏まえ、報復の外国戦艦長州来襲に向け、皇国一体の決戦体制づくりを指示したものである。この指示を具体化するため、六月一四日には国事寄人正親町公董《おおぎまちきんただ》(中山忠能二男)が攘夷監察使に任ぜられ、長州をはじめ西国各藩に派遣された。さらに二日後の一六日には、監察使の使命実現を図るべく、朝廷は筑前・秋月・中津・小倉・津和野の各藩へ、

長州の危急は皇国の危急、非可論自国他邑《じこくたゆうをろんずべきにあらず》、急速出援兵《えんぺいをいだし》、尽精力《せいりょくをつくし》、可輝神州武威旨《しんしゅうぶいをかがやかすべきむね》、御沙汰候事[6]

との御沙汰書を出すのである。

長州藩としても、一藩攘夷を考えていたわけでははじめから全くない。攘夷そのものが、叡慮を奉じた全国一致体制の確立と幕府のゆるぎない奉勅攘夷姿勢を大前提としたものであった。

六月二八日付桂小五郎宛書状の中で、長州藩庁の実際的責任者周布《すふ》政之助《まさのすけ》は、「内地は既に割拠の勢、彼是に付、八面受敵《てきをうけ》候心地に罷居《まかりおり》申候」[7]と日本国内の不統一により長州

一藩が孤立している事態を危惧していた。だからこそ長州は正親町監察使に向かい、筑前・佐賀両藩に長崎鎖港を実行させるよう要請するのである。

正親町公董は七月六日山口に着し、八日長州藩主父子並びに支藩の藩主たちと会い、次のごとき勅書を渡した。

攘夷の儀布告の処、於長門宰相父子は不誤期限《きげんをあやまらず》膺懲の叡感不斜《ななめならず》候、依之為致慰撫軍労《ぐんろうをいぶいたさんがため》、勅使被差下《さしくだされ》、且隣藩へも応援の儀被命《めいぜられ》候間、早速奏成功掃洗国辱《せいこうをそうしこくじょくをそうせんし》、可奉安宸襟《しんきんをやすんじたてまつるべき》事(8)

長州砲撃への幕府の態度

このような朝廷の態度に対し、老中水野忠精は六月一二日、長州藩大坂留守居にむけ、長州藩の行為を次のように非難する。

夷国拒絶の儀に付内達の処、最早《もはや》兵端相開候に付、隠便の取計難相成《あいなりがたき》旨、被申聞《もうしきかされ》候得共、最前拒絶の儀に付相達候節、了解難被致廉《いたされがたきかど》も候わば、逐一相伺可申の処、其儀無之、殊に於横浜表談判中にて、いまだ御手切と不相成候間、猥《みだり》に兵端を開候ては、御国辱を引起し候に相当、以《もって》の外《ほか》に付、弥《いよいよ》御手切に相成候節は、早速相達可申候、其節は無二念《にねんなく》打払可申候、夫迄《それまで》の処、彼より襲来不申候内は、粗忽の所行不致様可心得候事(9)

諸藩に対する幕府の公式方針は、五月一〇日を期に条約破棄交渉に入り、交渉決裂となった時点において、幕達により夷船を打払うべし、というものであった。それに則ると長州藩の外国艦船砲撃は粗忽の所行にほかならず、敗戦という国辱を惹起するものとなる。この非難に対し、六月二三日、長州藩は老中にこう反論する。

元来御国辱と申候は、外国より皇国の正気衰弱仕候を被見込《みこまれ》候儀、第一に可恥《はずべき》事と被相考、勝敗のみにて栄辱を分ち候筋に有之間敷《これあるまじく》、六十余州の人心只管《ひたすら》正気を振起し、叡慮を遵奉仕候様御処置被仰付度《おおせつけられたき》御事と奉存候(10)

戦いの勝敗が栄辱を決するのではなく、国の「正気」の充満しているか衰退しているかの如何が国家の栄辱を決する、幕府は叡慮を遵奉し、六十余州の人民が一致団結して外敵と戦うように指揮しているのか、と長州藩は反撃するのである。「交渉が決裂したら打払いの幕達を発する」という板倉や水野の在京老中の意気込みも、江戸帰還後にはたちまち萎えてしまい、長州藩に対し説得力あるものとして響かなかったことも事実だが、依然として動こうとしなかったのは江戸の旗本・御家人の「沈黙の大集団」だけではない。長州藩内でも相似した事態となっていた。封建的軍役体制に固執するサムライ階級、特にその上士層の建前と本音のあまりの乖離に、高杉や久坂は非常手段として奇兵隊以下の諸隊を組織することになったのではないのか。攘夷期日後の自藩をも含むこの現実の混乱に対し、「六十余州の人心」の「正気」を振起するために、長州藩や他国の尊攘激派および草莽国事活動家が執った手段は、叡慮が不動たることを堅く信じて疑わず、その叡慮をますます急進化させ、しぶる幕府とサムライ階級の全体を朝廷からの指揮と命令によって攘夷の方向に駆りたてようとすることであった。ゆるやかな攘夷主義のまとまりにヒビが入り、日一日と拡大していく。

3　八・一八クーデタ後の長州藩

当初からの危機予測

諸列強長州来襲との強い危惧感は、先に述べたように当初から長州当局者の抱いていたものであった。前述の桂宛周布書状には、

夷情を熟察いたし候えば、九十月の比《ころ》、気候適宜の節には、必《かならず》大挙襲来可仕《つかまつるべし》、幕より内通にて、山口御住居も英仏などは承知の前に付、大挙候わば、決て山口を心掛候て襲来可仕と被考《かんがえられ》、且《かつ》は摂泉より皇城を可汚《けがすべし》と謀《はかり》候も必然と相見

と予想している。また周布の七月八日付高杉宛書状においても、

先月二十五日頃、仏英蘭三国の軍艦六艘、横浜を出帆、吾長へ向い候由、横浜風説申来候、今日まで襲来不仕候は、夷共の虚声にて可有之[11]

と極めて敏感に反応している。当然薩英戦争に関しては、すぐさま状況視察者を派遣し実態を調べさせている。「明日は我身」だからである。

このような切迫した危機意識が藩当局にいだかれている最中の八月二三日、驚天動地の八・一八クーデタの報が長州に達した。迫り来る外患に加え国内政治での長州藩孤立化という事態に陥ったのである。

この直後、全国一致体制がとれるどころの事態ではなくなった段階で長州藩は列強襲来に備え、防長二州の海岸線全体に警戒体制を敷いた。三田尻は家老毛利筑前、下関は家老毛利能登、周防国熊毛郡は家老毛利隠岐、石見国国境は家老益田右衛門介、長門国厚狭《あさ》郡は家老福原越後、周防国熊毛郡阿月(浦の所領)は家老浦靫負《うらゆきえ》という態勢である。

元治元(一八六四)年四月にも英蘭諸国下関に来襲との報があり、四月五日長州は幕府に、彼に先んじて砲撃することの許可を求めている。これは二月一二日、発砲しない限り無事通航せしむべしとの幕達があったためである。

八・一八クーデタにより長州藩上士層は活性化し、八月二九日には、上士層の代表が萩から藩庁の移転した山口に来て、藩主に対し要路の責任を問い、彼らを弾劾した。翌三〇日には上士層が群をなして山口に来て、直目付毛利登人《のぼる》、同前田孫右衛門、表番頭格周布政之助らの罷免を要求した。この藩内保守派の動きに対しては奇兵隊総管高杉晋作らが反撃し、保守派の重立《おもだ》ち坪井九右衛門が一〇月二八日、自刃を命ぜられることによって一応事態が収まり、尊攘派の高杉・長嶺内蔵太《くらた》・楢崎弥八郎が政務役に任ぜられることとなる。

長州藩主の闔藩告諭

孤立化し、しかも内部で動揺のおこった藩体制をまとめるため、長州藩主は文久三(一八六三)年一〇月一日、藩士に宛て左の示諭を発した。

　先君側《くんそく》の姦《かん》を除き、御国内の賊を滅し、竟《つい》に攘夷の大切を成し、可安宸襟《しんきんをやすんずべし》と決心せしめ候条、此旨相守り、於遂奉公《ほうこうをとぐるにおいて》は本懐たるべく候(12)

八・一八クーデタ後の天皇の意思表明は君側の姦が矯詐した偽りのものであり、君側の姦を除去した上で「攘夷の大成」を挙げようというものである。

藩主はまた同日、藩内全領民に宛て次の示諭を示した。

　只今正義一歩にても退き候得ば、逆賊は弥《いよいよ》勢を張り、二州は次第に退縮し、守るべく思う二州は決して守られず、此処能《よく》熟考し、今日吾を愛する心を推し、吾を助け、其職を尽すを心とし、万人心を一にせば、二州は一団の大正義に相成、皇国を確守するに足るべく、仮令《たとえ》夫にて二州傾敗に到るとも、御先霊に対し可畏《おそるべき》事無之に付、偏《ひとえ》に君臣の大義を明にし、毎々申聞する通、天朝への忠節凛然相立候えば、信義孝道随て相立候は今日の処置に有之候、我等父子、皇国の臣たるに背《そむ》かざる公明正大の道と存付候条、此旨《このむね》勘弁せしめ、吾等父子下知する所を謹で相守るべきものなり(13)

領民宛ての文書では、天朝への忠節が論理の出発に置かれ、この天皇と藩主の君臣の大義を軸に信義孝道という民衆倫理が成立するとされている。この筋をもって防長二州の正義の人心を固結するのだ、というのである。

この「闔藩告諭」もそうだが、長州藩は国内的に孤立し逆風の吹く中で、有志者と一般領民に依拠し、輿論を喚起する方向で、藩の安定を図ろうとする。その姿勢は朝廷に向けた雪冤運動にも如実に現われてくる。

文久三(一八六三)年九月一三日、家老根来上総《ねごろかずさ》は歎願書を携えて上坂するが、入京を許されず、一〇月に帰藩する。

一一月八日、家老井原主計《かずえ》は久坂を同伴して上京の途に就くが、この際井原は朝廷が不審とする条々の「取調書」と「奉勅始末」を携帯していた。後者は長州藩の国事運動と朝廷・幕府の関係を詳細に明らかにしたものであった。この文書は雪冤運動のため諸藩に工作する際の武器としても広く利用された。今日流に表現すれば「宣伝戦」を開始し、根拠を示す諸文書を輿論を喚起する武器として使い出したのである。しかし主計の入京も朝廷は拒み、かわって一二月一一日、長州家取継ぎ公家の勧修寺《かじゅうじ》家家臣が伏見に至り、主計の説明を聴取し、「取調書」と「奉勅始末」を収めて帰京した。

4　軍事行動への傾斜

態勢挽回策

英仏蘭米諸列強の来襲がいつ迫ってくるのか全く不明の状態であり、尊攘派の占める長州藩としては、それ以前に、自国を孤立させるのではなく、なんとしても中央政局を八・一八以前の、叡慮を奉じての挙国一致体制に復帰させなければならなかった。攘夷体制とは本来的にそのようなものだったのである。

また天朝に最も忠節を尽してきた藩主父子が冤罪を蒙っている、これを雪冤するのが臣としての本分だ、という主張が抑えようがなくなるほど高揚してきた。八・一八以前への復帰がいずれについても前提となる。特に諸隊でこの雪冤論が強硬に唱えられた。

高杉晋作は強硬派の遊撃隊隊長来島又兵衛を説得したが聴かれず、文久四(一八六四)年一月二四日、脱藩して上京し、京都留守居の宍戸左馬介や在京中の桂・久坂らに相談、この時には皆慎重論を持しており、高杉と同意見であった。しかし帰藩した高杉は脱藩の罪に問われ、三月末、野山獄に投ぜられた。

この時期の久坂らは、久光らの有志大名の国事周旋がなんら成果を収めず、逆に追放された長州の声望が日増にたかまってきており、暫時形勢を観望する方が得策と考えたのである。しかし四月に入るや、有志大名の活動は終息し、京都では一会桑体制が確立し、他方で横浜鎖港政策が朝幕間で決定し、関東では水戸激派が結集し始めた。形勢観望の時期ではなくなってきた。

四月一七日、長州藩主は、「無謀の征夷」云々と述べた正月二一日の勅諭につき、このままでは藩内に布告しがたいとして、不審の条々を朝廷・幕府に陳情する。

また同日、長藩京都留守居乃美織江《のみおりえ》と桂小五郎は議奏正親町三条実愛《おおぎまちさんじょうさねなる》に面会し、「朝議を攘夷と決せられ、政局を去年八月一八日以前に戻されたし」(14)と要請する。長州側からの巻き返し策である。

しかしながら、一橋慶喜の尋常ならざる政治的手腕により、京都での一会桑グループは諸藩の朝廷接近を許さず、朝廷と幕府の唯一の媒介者として活動するようになってきた。また孝明天皇もこのグループに絶大の信頼を置くようになった。したがって、この年二月二四日には、八・一八以前の長州の行動に糺すべき点ありとして、長州に対し、勅使問尋のため長州末家の者上坂すべき旨が達せられていたのだが、五月二五日には、それを取り消す左の御沙汰書が出された。

列藩より建議も有之、幕府へ総て御委任相成候間、政令一途に可心得、尚従幕府《ばくふより》相達候次第も可有之、依之《これによりて》最早勅使大坂表へ不被差遣旨《さしつかわされざるむね》、過日御沙汰候、就《つい》ては末家吉《きっ》川《かわ》監物家来等、大坂表へ罷出に不及《およばず》候(15)

これは、幕府に大政を委任し、政令一途になる体制をとったので、朝廷独自に勅使派遣などという政治行動はもはや取らない、と表明したことになる。

強硬論の浮上

一会桑グループの諸大名朝廷介入排除政策が進む中、欧米列強艦隊の来襲以前に一日も早く八・一八政変以前へ朝廷を復帰させなければならない長州藩では、この五月に入り、久坂も含め上京論が主流となっていく。その理由は以下の諸点である。

一、久光・春嶽ら有志大名はすべて退京した

二、京坂の人心は長州に同調する者多く、これに乗ずべきである

三、諸藩の中でも因州・岡山・対馬・安芸・筑前・津和野・加賀等の各藩は長州と朝廷の間を周旋してくれている

では、如何なる上京策をとるのか？

一、軍事的圧力なしには事態は動かないので、「進発・行軍」ならでは叶わざること

二、雪冤を切望している三条実美らを御同伴のこと

三、「進発」の名分は、「御宸翰御諫争」、次に「御不審の次第、至誠を以て御弁解被為在度《あらせられたく》」、この両条とすること

四、御著京後ただちに帥宮《そちのみや》(有栖川宮熾仁親王《ありすがわのみやたるひと》)はじめ有志の堂上御参内のこと(16)

この軍事行動には、筑波に結集する水戸激派との連携が前提とされており、藩庁は五月二七日、家老国司《くにし》信濃に上京を、三〇日、家老福原越後に江戸出府を命じた。そして然るべき時に世子を上京させる方針を立てたのである(世子上京は六月四日に決定)。藩内で慎重論をとったのは周布政之助と獄中の高杉ら、ごく少数の者となった。

この挙兵上京の動きを決定的にしたのが六月五日の池田屋事件であった。当日京都の尊

攘志士古高《こたか》俊太郎が新選組に捕縛され、その善後策を協議するため、三条通河原町東入ル池田屋で在京同志が急遽会合を開いた。集った人々は宮部鼎蔵(熊本)・松田重助(同上)・吉田稔麿(長州、松陰の愛弟子)・桂小五郎(同上)・杉山松助(同上、松陰門下)・望月亀弥太《かめやた》(土佐、勝海舟塾門人)・北添佶磨《きつま》(土佐)・石川潤次郎(同上)・野老山《ところやま》吾吉郎(同上)ら二〇名ほどである。その池田屋に新選組が切り込んだのである。

ここにおいて長州側にあった慎重論のタガが飛んでしまった。京地では「長州人と云わば、皆被縛候《ばくせられ》次第(17)」と意識され、目前の敵を会津藩に絞り込み、軍事的に圧倒し、朝議を旧に戻させようということになる。

軍事行動開始

池田屋の変が山口藩庁に報ぜられたのが六月一四日、即日家老益田右衛門介に上京が命じられ、世子と三家老東上と決した。

六月一五日、来島又兵衛は遊撃隊を率いて山口を出発、一六日、福原はおのれの隊兵を率い、また久坂玄瑞と長州藩政務顧問真木和泉(久留米水天宮神職)は忠勇・集義・八幡・義勇・宣徳・尚義六隊を率い、それぞれ三田尻を出帆した。この時点では、久坂らは洛外に屯し、池田屋の変を機に、京中狼藉者の清除を名目に、ひそかに戦機を窺う策を立てたのである。ただし列強連合艦隊来襲に備え、奇兵・膺懲二隊は上京部隊から除かれ下関に配備された。

六月二三日、福原勢は大坂を出立し伏見に向かった。

六月二四日、久坂・真木勢は大坂を出立し山崎に達し、淀川両岸の八幡・山崎を占領して伏見勢より背後の憂いを取り除いた。

六月二七日、伏見滞在の来島勢は天龍寺に本陣を移動した。

七月八日、国司勢は大坂に着し、翌九日山崎に至った。

七月一三日、益田勢は大坂に着し、翌一四日石清水に至った。

七月一四日、世子の部隊が三田尻を出帆した。三条実美ら五卿(沢宣嘉は潜伏、錦小路頼徳はこの年四月に病没している)もこれに同行したのである。

七月中旬に入った段階では、真木は諸侯と公卿を味方に引きつけ、軽兵をもって入朝し、会津藩の罪を上奏、すみやかに兵を率いて大内裏に入り、八・一八の故事にならい、「来者は縛し、不来者は伐之《これをうつ》」ということを考えていた。

しかしながら孝明天皇は長州勢の入京そのものを一貫して許そうとしなかった。天皇は軍事指揮の全権を禁裏守衛総督一橋慶喜に委ねた。六月二九日、天皇は慶喜に左の内容の勅諚を下した。

一、長兵の入京は不好事《このまざる》

二、福原越後(伏見滞留中)には、藩兵を退け、徐《おもむろ》に朝旨を待つべき旨を達すべき事

禁門の変の経緯

三、八月一八日のことは一《いっ》に自己の意思に出でし事(18)

慶喜は長州勢即時討伐論者と一線を画し、長州勢説諭方針を主張し、在京諸藩の合意を次第に形成させつつ、長州勢を孤立させていく極めてすぐれた政治手腕を発揮した。

そして七月一三日、慶喜は福原に大坂への退去を命じ、さらに一六日、幕府大目付を伏見に派遣し、一七日をもって撤兵すべしと命じ、十分な手続きを踏んだ上で、一七日の朝議において、長州勢撤兵の朝旨決定にもち込むのであった。

同日、撤兵すべしとの朝廷命令を受けた長州勢は石清水八幡において態度決定の軍議を開催した。

この場で久坂と六月まで京都留守居を勤めた宍戸左馬介は、一旦朝命を奉じて兵庫表に退却して世子を迎え、然る上にて進退を決するも遅しとせずと主張した。だが、真木と来島を先頭として、多数は「会津打つべし」との強硬論を唱え、ついに一八日、会藩松平容保討伐を名義とし、午後一二時、洛中進軍が決議された。勢いに乗った軍事行動においては通常強硬論が支配する。経験の蓄積なしには、この傾向は是正されえない。この時点では艦隊来襲という背後を断たれた危機感もからみ、全体状況と諸勢力の配置、そして軍事行動の正統性に関し、総体を押さえる核が長州勢には形成されていなかった。

禁門の変の戦闘が開始したのは七月一九日午前三時頃であった。禁裏守衛総督一橋慶喜は長州勢追討の勅許を得た。

伏見の福原勢は伏見街道を北上、藤森で大垣藩兵の迎撃に敗れ、その後佐久間佐兵衛と太田市之進の一隊が伏見より竹田街道を北上するも、丹波橋で彦根・会津両藩兵の迎撃に敗れ、山崎に潰走した。

天龍寺の国司信濃・来島又兵衛勢は蛤《はまぐり》御門を目指し、蛤門・公家門の間で同区域守備の会津藩と激戦となり、会藩が苦戦するも、桑名・薩摩両藩兵が応援にかけつけ、長州勢は大敗して来島は戦死した。

山崎屯集の真木・久坂勢は堺町御門に向かうも、福井藩兵が防禦して入ることができず、鷹司邸裏門より邸内に入ったが、福井・桑名・彦根藩兵をはじめ、薩摩と会津両藩兵も応援に来て、長州勢は大敗し、久坂玄瑞・入江九一・寺島忠三郎の三名の松陰門下生は鷹司邸で戦死あるいは自刃、真木和泉は山崎に下った。

七月二一日、市中の戦闘に勝利した会・桑・彦根・郡山各藩兵と新選組は西方の天王山に向かうが、同山に留っていた真木は、敗北して三条実美および毛利慶親父子に会わすべき面目なしと、長州への引揚げを拒み、「大山のみねの岩根に埋にけり　わがとしつきの大和魂」との辞世をのこし、同志たちとここで自刃した。

敗北した三家老、福原越後・国司信濃の両名、および石清水に屯して戦況を窺うも、敗軍のあまりに速やかだったため、遂に出陣の機を失した益田右衛門介は西下し、桂小五郎は死をかろうじてまぬかれ但州出石《いずし》に潜伏することとなる。

上京途次の世子が敗報を得たのは七月二一日、讃岐の多度津《たどつ》においてであった。ただちに五卿とともに帰国した。

禁門の変は京都に大火を引き起した。公家邸数十家、市中家屋二万八〇〇〇戸が焼失、二〇日には火の手が六角獄舎に及ぼうとしたので、囚人三三名が斬殺された。その一人平野国臣は「憂国十年、東走西馳、成否在天《てんにあり》、魂魄帰地《ちにかえる》」との辞世をのこして斬殺された。

朝命を受けながらもあえて大兵をもって禁裏に迫った長州勢に孝明天皇は激怒し、七月二三日、慶喜に対し長州追討の朝命を下した。即ち、

既に自ら兵端を開き、対禁闕《きんけつにたいし》発砲候条、其罪不軽《かるからず》、加之《これにくわうるに》父子黒印の軍令状授国司信濃由《くにしししなのにさずけしよし》、全軍謀顕然候、旁《かたがた》防長に押寄追討可有之事(19)

というものである。無二の叡慮遵奉藩たる長州藩はここに朝敵となり、慶喜は「追討第一・攘夷第二(20)」の許可をここに手に入れることができたのである。

5　四国艦隊下関砲撃事件

英仏蘭米四国海軍結集

英国公使オールコックが日本に帰任するのが一八六四年三月二日(文久四年一月二四日)、

本国政府から武力行使の権限を委ねられての帰任である。また仏国新任公使ロッシュが来日するのが六四年四月二七日(元治元年三月二二日)のことであった。

幕府の対外閉鎖政策に対しオールコックが取ろうとした手段は、対外強硬派を攻撃し屈服させることによって、それにひきずられている幕府の対外政策を転換させようというものであった。オールコックとともに対日軍事政策の責任者となる極東艦隊司令長官キューパーは、六四年五月二六日(元治元年四月二一日)付の海軍省宛報告書で、幕府の立場を次のようにとらえている。

It appears that the Tycoon's Government being impressed with the idea that Yedo has been rendered secure from any attack by Sea, and having weighed the chances of war with internal and external enemies, have resolved to accept the latter as the lesser evil. They therefore insist upon the withdrawal of foreigners from Yokohama, to submit to be restricted to the limits of Nagasaki and Hakodadi, in default of which they have determined upon our forcible expulsion, and this is understood to be the result of the conference of the Great Daimios, held recently at Miako, and at which the Foreign question was discussed.(21)

キューパーはこのように、幕府は対外戦争を国内内戦よりも、自分にとって、より危険ではない「悪」と考えている、それ故に外国人の横浜からの撤退、長崎と箱館のみの居住を主張し、拒絶された場合我々の追放を決意している、これはミヤコでの大名会議の結果だ、と指摘する。この幕府の外交姿勢から、対外強硬派の筆頭で、また幕府と内戦になった場合、最も手強い相手となるだろう長州を敗退させることが、英国を先頭とする仏蘭米四国の合意するところになる。

一八六四年五月三〇日(元治元年四月二五日)、右の四カ国は次の決議を採択した。

一、下関海峡通航の自由、長州侯処分の要求について、改めて日本政府に速かなる処分を促すため、厳重なる警告を発すること

二、横浜鎖港談判交渉には一切応じないこと

三、日本政府が条約既得権の擁護および在留外人の保護に関し保証しなければ、四国代表は各自本国政府に請訓して、最後の態度を決定すること

なんらの積極的動きも幕府が示さない中で、四国はいよいよ長州に対する大規模な軍事行動を起こすことを決定した。七月二二日(元治元年六月一九日)、四国は同文通牒を幕府に交付する。

一、下関通航に関し二〇日以内に改革し、将来の保証を与えるべきこと

二、さもなくば、無警告をもって軍事行動を起こすこと、また横浜鎖港談判には応じないこと

三、一八六二年条約(遣欧使節が締結したもの)不履行の際は、条約国は江戸・大坂・兵

庫・新潟の開市開港を要求すべきこと

下関攻撃準備を進めるオールコックのもとに、開戦間近の報を得てロンドンから急遽帰国した伊藤博文・井上馨の両名が、藩庁と交渉するため発航延期を要請、しかし帰藩した両名が説得に失敗(禁門の変以前だったことに注意)、ついに一八六四年八月二五日(元治元年七月二四日)、四国連合艦隊は横浜を出航した。

戦闘経過を見る前に、海底電線のないこの当時、本国政府と出先機関との意見調整が、緊急時にいかに困難だったかについて、若干触れておこう。

英国のラッセル外相は、帰任するオールコックに、「必要な場合に兵力を使用する権限を賦与したが、日本からのオールコックの強硬方針採択の報告に接し、「軍事行動を起こして日本領土の一部を占領し、強制的に新条約を締結するに必要なる経費と、常時相当有力なる艦隊を日本近海に浮かべ、英国居留民を保護するに要する費用とは、これを同日に論ずることはできない」として、英国船籍の日本領土内の内海、海峡(関門海峡は日本の内海で国際法上は日本の国家主権内の海域である)を出入通航することが国交を害する場合、その通航を禁止または制限する権能を公使に賦与する訓令を発し、さらに、大坂が開港されず、ミカドが京都で鎖港を主張している間は、内海通航は外国商業にそれほど重要ではないとして、下関砲撃のために英国艦隊を使用することを禁じる命令を出した。しかし、本国政府の指示が日本に到着したのは戦争終了後のこととなった。(22)

他方、禁門の変での敗報を受け、元治元(一八六四)年七月二八日、長州藩主父子は、徳山・長府・清末《きよすえ》の三支藩藩主および重臣達を集めて会議を開き、四国艦隊との交戦回避、講和締結を決した。このために高杉の親族預(それ以前に出獄させられていた)の処分を解き、八月三日、軍勢掛に、ついで政務頭に任じた。

四国艦隊下関砲撃の経緯

四国艦隊は一八六四年九月四日(元治元年八月四日)午後、長州砲台の射程距離外に投錨する。翌五日(八月五日)、井上馨と前田孫右衛門の両名が「下関進航差障無之様可致候(23)」との艦隊司令長官宛藩主書状を携えてキューパーのもとに渡ろうとしたが、それ以前、奇兵隊に対し「外艦より発砲しなければ我もまた発砲せず」と約束させるのに時間が取られ、両名が軽舟に乗じてキューパーのもとに赴いていた時、キューパーから与えられていた回答猶予期限の二時間が過ぎ去ってしまい、四国艦隊は旗艦ユーリアラス号の大砲発射の轟音を合図に一斉に砲撃を開始し、長州側砲台もただちに応戦に入った。

ここで四国艦隊の構成を見てみよう。英国海軍の旗艦(全体の旗艦ともなる)は薩英戦争時と同じくユーリアラス号、その他に八艦、内訳はスクリュー艦七、外輪艦二、大砲一六四門、海兵隊員五一〇名を入れて総員二八五〇名、このほかに通信・運送のため英国海軍は三艘を動員していた。九艦の内でバウンサー号は二〇〇トン級の六〇馬力ガンボートである。

仏国海軍は三艦(四九門)、オランダ海軍は四艦(五八門)、ただし米国は商船タキアン号に海軍士官を乗せ、また米艦ジェームスタウン号から一隊の要員を移動させて艦隊に参加した。積載砲は一門である。数字が英国史料と多少異なるが、『維新史』第四巻では四国艦隊一七艘、二八八門、総兵力五〇一四名と計算されている。[24]

さて、キューパーの海軍省宛報告[25]に従えば戦闘は次のように展開していった。

九月四日(八月四日)、午前九時、四国艦隊は姫島を出帆、午後、長州砲台の射程距離の外で投錨。

九月五日(八月五日)、状況を観察した上で、潮が好都合になった午後二時、前もって定められた位置を取るよう信号が掲げられた。それが完了するやいなや、ユーリアラス号の大砲が発射の合図をし、長州側も応戦した。午後四時三〇分、第四・第五砲台の砲撃が弱まり、すこしあとで沈黙した。午後五時三〇分迄に第六・第七・第八の三砲台も沈黙した。ペルセウス号(英艦)とメデュサ号(蘭艦)は第五砲台に最も近いところにあり、両艦から上陸、第五砲台の大砲火門に釘を打ち込んだ(使用不能にした)。

九月六日(八月六日)、第八砲台(壇ノ浦砲台)が再び発砲し、タタール号(英艦)とデュプリユー号(仏艦)に損傷を与えた。ただちに応戦され、しばらくして沈黙させられた。その後は散発的に砲撃があったのみである。英国海兵隊が上陸、仏から三五〇名、蘭から三〇〇名も上陸して主砲台を占領、火門に釘が打たれ、運搬用器と台(プラットフォーム)は焼却され、倉庫は爆破された。午後四時に引揚命令が下った。この時第五砲台の部隊が日本兵により強襲されたが反撃した。彼らは短く、しかし鋭い抗争をしたあと引き揚げた。キャプテン・アレクサンダーがこの闘いで足に重傷を負った。

九月七日(八月七日)、砲台の大砲積出し作業が早朝から開始。タタール号、メタレン・クルイス号(蘭艦)、デジャンビ号(蘭艦)、デュプリュー号の四艦は門司の西に赴き第九・第一〇砲台(彦島にあった弟子待《でしまつ》および床山砲台)を攻撃した。

九月八日(八月八日)、コケット号(英艦)及び前述の四艦は第九・第一〇砲台を攻撃するも、応戦はなかった。上陸して砲台を破壊し、九月一〇日夕刻までにこの砲台の大砲を積み込んだ。積み込み大砲数は六二門。当日(八日)、長州侯の使者が休戦交渉のために乗艦した。使者はこう述べた。

in the various acts of hostility towards foreign flags recently carried into effect,[26] the Prince had acted under the direct authority of the Mikado and of the Tycoon.

「最近実行された外国へのすべての敵対行為において、主君はミカドと将軍の直接的統轄のもとにそれを行なった。」

四国艦隊側の損傷は、英国が死者八名、負傷者四八名、仏国が死者二名、負傷者九名、オランダが死者二名、負傷者三名、総計で戦死者一二名、戦傷者六〇名を出している。

四国艦隊は長州の一〇砲台をすべて破壊し全備砲を鹵《ろ》獲《かく》した。内訳は大砲三八門、曲射砲(ホウィッスル砲)五門、臼砲(モルタル砲)三門、野戦砲一六門である。この六二門のうち五四門が四国間で戦利品として分けられた。内訳は英国二六門、仏国一四門、オランダ一三門、アメリカ一門である。

キューパーは長州諸砲台に関し的確な評価を、次のようにおこなっている。

The more important works, capable of making a good resistance, are those numbered 4, 5, 6, 8, 9, and 10, the other being detached gun or mortar batteries, capable of annoying vessels within their range, but not having power of themselves to offer any serious resistance. Of these works, nos. 4, 5, 6, and 8 were well fought, the Japanese in no. 4 and 5, being only driven out when the shot and shell were striking the work at the rate of six or eight a minute, the garrison of no. 8 opening fire again at daylight on the 6th, and only ceasing to fire shortly before the landing party entered the work on that morning. Nos. 9 and 10 did not respond to the fire of the Corvettes on the 8th, their garrisons evacuating them.

(大意)　重要な砲台は第四・五・六・八・九・一〇砲台であり、第四・五・六・八砲台はよく闘った。第四・第五砲台の日本兵士は一分間に六回から八回も砲弾が砲台に命中するまで退去しなかった。第八砲台守備兵は六日の夜明けに上陸部隊が砲台の中心に入る寸前まで砲撃を続けた。

そしてそれらの砲台建設は全て日本人の力によるものだと判断し、こう述べている。

I think they have not had the assistance of any foreigner in the design of their batteries, but have learnt all they know from books.

「日本人は彼らの砲台設計をいかなる外国人の援助も受けず、すべて書物から学んで行なった。」

ただし、長州砲台の築造には大きな問題があったことも指摘して、次のように述べている。

(第四・五・一〇砲台は)being elevated about 30 feet above. (しかし他は水位に近い高さで造られ、三つの砲台では、日本人は)made the serious mistake of putting the batteries where they had a nearly vertical cliff[27] behind them, and many of our shots and shells rebounded into the batteries from these cliffs.

(大意) 海水面すれすれに築造された砲台は設計に大きな過ちを犯した。砲台背後の断崖に当たった砲弾は砲台のなかにはね返ったのだ。

講和交渉は一八六四年九月八日(元治元年八月八日)に開始された。高杉晋作が正使として講和を申し入れ、伊藤博文と井上馨が通訳した。しかし、この和議は奇兵隊などから猛烈に反対され、八月一〇日、この日は再会談を約束した日であったが、高杉と伊藤は暗殺を警戒して潜伏したため、毛利登人《のぼる》が正使をつとめ、井上が参加した。この日の交渉で、キューパーは以下の要求を長州側につきつけた。

一、下関海峡通航の自由

二、薪水糧食の給与と避難者の上陸許可

三、砲台の新造又は修理は行なわないこと

四、下関市街を焼却しなかった報酬および戦費の支払い

八月一四日の第三回会談には高杉・伊藤も参加し、四項目承諾との回答を与えた。

これ以降、長州藩は朝敵の名を負わされ、しかも藩内上士層守旧派の再度の攻撃をうけ、藩当局者と激派は、かつてない苦境に立たされることとなる。

第二五章　第一次征長とその波紋

1　禁門の変直後の国内諸勢力

禁門の変で長州藩が朝敵とされた直後の国内政治諸勢力を大まかにここで押さえておこう。

《朝廷勢力》

まず朝廷勢力である。禁門の変直後、親長州派と見なされた有栖川宮幟仁《ありすがわのみやたかひと》・熾仁《たるひと》親王父子や鷹司輔熙《たかつかさすけひろ》をはじめとする皇族・公卿たちが朝政から排除されたことにより、八・一八クーデタにつづく朝廷内での第二次分裂が進み、日本人にとっての朝廷の重みは大きく低下した。孝明天皇その他の朝廷当事者は「朝敵長州追討第一、攘夷第二」の立場を明確にしたが、本州の地においては、横浜鎖港実施を幕府に求め続ける姿勢は一貫していた。

《幕府》

江戸の将軍＝譜代結合勢力にとっては、禁門の変での長州朝敵化は、全く自分が関与しておこったことではないものの、「棚からボタ餅」式の出来事であった。朝廷には誓約したが、横浜鎖港政策は棚上げし、関東での治安を維持すべく、筑波勢を賊徒ときめつけ、幕府と関東・奥州諸藩兵による賊徒征伐をくりひろげることとなる。

また、自らの関与なしの長州朝敵化の動きを、幕府の権威回復と錯覚し、元治元(一八六四)年九月一日には、参勤交代制の復活と大名妻子在府制度の復旧を諸大名に布達し、文久改革以前の事態に引き戻そうとした。

さらに、将軍＝譜代結合にとっては、京都の禁裏守衛総督一橋慶喜《ひとつばしよしのぶ》、京都守護職松平《まつだいら》容保《かたもり》、京都所司代松平定敬《さだあき》の一会桑(一橋・会津・桑名)グループは、文久改革以前の状態に戻す上での大きな障害物となり、彼らの江戸召還と、幕府軍事力による御所九門警衛の実現を狙ったのである。

《一会桑》

京都の一会桑グループにとっては、深刻な事態は継続したままであった。この段階では幕府の自殺行為になりかねない文久改革以前への復帰志向、および朝廷の幕政介入を嫌い京都から可能な限り距離を置きたいという将軍＝譜代結合の遠心力的力学の働きをいかにしても阻止しなければならない。逆に、幕府の今後の長期的政権安定のためには、将軍を上坂ないし上京させ、半永続的な京坂朝幕融和体制を創り出さねばならない。そしてこの体制を創ることが、一方では西国諸藩に「公儀」権力の威圧をかけることを可能とし、他方では西国諸藩による朝廷諸藩直結体制の形成への策動を阻止することを容易とする。慶喜は自分の置かれているきわめて微妙で危うい立場をよく理解していた。幕府に一切の口実を与えてはならない。慶喜への歎願を志した武田耕雲斎ら筑波西上勢に対する冷酷ともいえる彼の対応姿勢にも、この警戒心がそこには介在したのである。

《薩摩藩》

薩藩在京勢力の代表者となった西郷隆盛は、京都藩邸における従来の幕府や会津藩への協調的姿勢を修正していき、行動の基準を朝命遵奉の一点に据えた。彼は激動の奉勅攘夷期を全く経験しておらず、まず自分の目と頭で在京諸勢力の実態を見極めなければならなかった。行動の正統性から考えて、禁門の変では、薩藩兵が勅命と一橋慶喜の軍事指揮下に行動するのは当然のことであり、また慶応元(一八六五)年初頭までの薩藩在京勢は、幕府と禁裏守衛総督一橋慶喜との客観的矛盾を認識し、その亀裂を拡大させ、慶喜をも含み込んだ、幕府を圧倒しうる朝廷政権を形成することも、その選択肢の一つに入れていたのである。

《長州藩》

長州においては、禁門の変の大敗、さらに四国連合艦隊来襲への完敗と、甚大な打撃を再度受け、どのように藩を建て直すかをめぐり、藩内闘争が激化していった。しかも従来の尊攘激派においても、自藩が朝敵となってしまった以上、「叡慮遵奉《えいりょじゅんぽう》」の「え」の字も発言することはできなくなった。天皇の個別意思では全くなく、列強からの辱めをはねのけ、国家と民族の主権侵害を決して許さない「理念型」国家の在り方を、自らの頭で理論化しなければならず、逆に一国の君主たるものはその「理念型」国家を自らに体現しなければ君主たりえないのだ、と断言しうる強靭な精神性を確立しなければならなくなった。

2　サムライ階級以外の人々の意識と認識

京都の人心

この時期の歴史の動向を決定する基本は民心そのものであった。奉勅攘夷期の幕府の建前は、「征夷大将軍」職にあるものとして、全国の大名・サムライ階級に対し軍事統帥権を行使し、攘夷姿勢を前面に出して国内一致を実現し、政治のイニシアチブを握ろうとするものであったが、その後攘夷姿勢は消滅し、将軍として全大名を統御する志向性も存在しなくなっていった。逆に外国勢力の力を借りて国内反対派を追討しようとする方向性は国内に強烈な反発を生み、対幕関係を何よりも優先させる天皇と朝廷の権威と声望も大きく下落していった。それにかわり、この時期は〝正義藩〟長州支持の輿論が日増しに高まっていくのである。

禁門の変直後、在京薩摩藩士某は国許に次のように書通した。

長州人は能《よ》く人気を取り候事は不思議に候由、攘夷をなし万人の困苦を救い候などの事を以《もっ》て説得致し、夫故《それゆえ》、右米代などは直《ただ》ちに手に納め、万一の時は兵糧用に可出と

の約束も致居候由

右通人気を取り居候に付、争戦後も悪《あ》し様《ざま》には不申、正論と唱え、会・薩の暴業とのみ申し、殊に此戦争に烏丸辺より放火し、四条辺まで一円に焼失、又会津兵が重ねて放火し、七条迄も焼失したるには、其所業全く会・薩にありと大に憎居《にくみおり》候由(1)

四国艦隊下関砲撃事件の背後に、幕府の列強への使嗾《しそう》があると多くの日本人が考えており、朝命を奉じ薩藩兵を率い長州勢と闘った西郷隆盛も、元治元(一八六四)年八月一七日、書状の中で大久保利通にこう語りかけている。

長州の儀、異人より攻禿《せめはがし》候ては、人心の居合《おりあい》誠に六ケ敷《むつかしく》相成可申、後難今より世話を煎《や》き候事に御座候、定て幕吏の策を以て異人を募《つのり》候事歟と相考申候、又其より暴客盛に起立候半《そうらわん》、始終世運をちぢめ候策計《ばかり》に御座候(2)

大坂の人心

元治元年九月一〇日、大坂日本橋南詰高札場に、「天下万民」の名をもって「有志諸大名様」に宛てた形式の張紙が出された。当時の大坂町人の気持ちが率直に表現されているものと思われるので、左に紹介してみよう。

長州の如くほめらるる政事をいたすべし

一、去年来、将軍上洛に付、前後雑用、町人より出銀夥敷《おびただしき》事、一町内より渡世も止め、給仕等に罷出《まかりいで》候も、最初攘夷の御苦労、国家の為とおもいの外《ほか》、京都表へ乱妨職に会津等も残し置かる事なれば、将軍上洛はいらぬ事、此後万一上洛すれば迚《とて》、一文も出銀致《いたす》まじ、手製の金持参して賄可致《まかないいたすべき》事

一、公儀の恩は火盗の二つ也、然るに近来偽浪士押入、大金奪候事度々也、少も誠意慈悲の吟味もなく、訴出候えばグズグズおじけ、盗賊退去候後を考え参り、町中を騒す計也、京都の大火は会賊大砲を以《もって》放火し、万民を苦め、剰《あまつさえ》顕《あらわ》に不可言《いうべからざる》仕業有之由、京坂町人共の取引渡世を妨、米薪諸品は益々高直に相成候共、是又吟味なく、公義に於て何の恩かあらん、三百年来安堵の渡世は東照神君の鴻恩也、今の衣食は日月の恩也、当今の公義は万民の寇《あだ》也、寇讐《こうしゅう》の公義へ用金出す馬鹿もなし、たとい権威を以、用金申立候共、決て相成まじ、又は十分の一に直限候とも出金致なれども、捨るより惜き也、是《これ》民に仁政を不施故《ほどこさざる》なり、長州の如く国家安民を思う時は、催促せずとも百万金の御用途の処、土芥(卑賤の者)よろこびて出す也、天下万民服せざる時は将軍にあらず独夫なり、愚民すら是を知る

一、攘夷と申《もうす》は因循姑息にて、必勝の義防禦の備え申立は、国家安民を不思《おもわざる》奸夫《かんぷ》、己が利欲の為の遁辞にて、武備充実は癸丑已来、三才の赤子の口実にて、十年の間験不見《しるしみえず》候えば、此後十年経ても百年経ても同よう、大鏡を以て照《てらす》が如し、町人すら知之《これをしる》、可惶可患《おそるべくわずらうべし》、執権者能々《よくよく》可考もの也(3)

「当今の公義は万民の寇《あだ》」「天下万民服せざる時は将軍にあらず独夫なり」と、絶妙に感情を表現している。

当然幕府や朝廷を非難する民衆諷刺が出廻り、多くの風説留《ふうせつどめ》に写されていった。ここでは二点紹介しておこう。一つは「判じもの」である。両者とも元治元年一〇月二二日、大坂より紀州への書通の中にあるものである。

林裏　きんりにしめすなし
公二　くぼうにちからなし
一喬（一橋）　一はしにきなし(4)

もう一つは「元治元甲子年無《ない》もの尽《づく》し」である。

今年の様なるは無　下直なものは一つも無
其又高いを厭い無　交易する人首が無
夫《それ》でも矢張止ら無　百十匁（ママ）でも金子が無
給銀上げても下女が無　中国（長州を指す）智謀は並び無
夫を誉《ほめ》るは無理が無　夫を責るはたいが無
中国征伐（後述する第一次征長の役）行人が無　往たら負るに違い無
異国頼むはたいが無　東天下の気が知れ無
夷国も負て仕方が無　夫ですっぽり威光が無(5)

「夜明け前の世界」の人々

サムライ階級以外の人々の当時の「人心」を示すものとして最後に引くのは、『夜明け前』では浅見景蔵として登場する中津川本陣市岡殷政《いちおかしげまさ》の、征長総督に任じられた徳川慶勝宛の堂々たる征長中止、征長のための用金拒否を主張した元治元(一八六四)年一〇月付建白である。「夜明け前の世界」の人々の感情と論理をよく吐露している。

乍恐以書付奉申上候御事

方今の形勢不容易《よういならざる》折柄に付ては、度々の御上京、且《かつ》御国内御守衛向に付、莫大の御入費遂日相募《あいつのり》候に付、今般御領分一般へ調達金被仰付《おおせつけられ》、且医師共夫役迄被召連、奉恐畏候、然処《しかるところ》、乍恐《おそれながら》当御時勢を奉察候に、癸丑以降蛮夷船来、上下人心不穏、公辺おいて有司方菟角《とかく》事を左右に寄、所謂《いわゆる》御因循の御所置有之《これあり》、陽に朝命御遵奉の御示命は有之候得共、攘夷一挙おいては御等閑の御仕向粗《あらあら》有之、去亥(文久三年)四月十九日御参内の節、五月十日期限を以《もって》掃攘可仕との御請有之、其節列藩へも御布告に相成候処、如何成《いかなる》御差支御坐候哉、御日延被仰達《おおせたっせられ》、于今《いまに》何等の御沙汰も無之候処、長州家においては、去五月六月の間、夷船碇泊を見懸、及砲発《ほうはつにおよび》、攘夷の御手柄御坐候て、一旦は御賞美も有之候処、其後種々御難問有之、八月十八日、俄《にわか》に堺町御門御警衛御免相成、京都御立入も被禁止《きんしせられ》候程の儀に付、長州家は素《もと》より、諸列藩より御不審の廉々御尋問被為遊《あそばせられ》、入京御免被成下置《なしくだしおかれ》候様にと建白も有之候趣の処、終《つい》に御採用に不相成《あいならず》、当七月十八日、弥《いよいよ》長州御征罰と被仰出《おおせいだされ》候より、脱走の諸牢人及暴撃《ぼうげきにおよび》、禁闕近く干戈を動候段、返々《かえすがえす》奉恐入候御義に御坐候、就夫《それにつき》、弥近々長州家為御征罰《ごせいばつとして》、将軍家にも御進発被為在《あらせられ》候旨被仰出、諸侯方にも追々御用意御坐候由、深奉歎息候、右は元来奉肇天朝《てんちょうをはじめたてまつり》、下万民に至迄《いたるまで》、外夷の猖獗を飽迄《あくまで》も相悪《あいにく》み、且交易に付ては、物価沸騰、差当り諸人土炭に苦しみ候上、唯々渠《かれ》が術中に陥り、内乱の折柄を伺い、海岸八方より如何様の大患相発し候も難計《はかりがたく》、実に皇国の一大事と下々に至迄、旦暮不安寝食《しんしょくをやすんぜず》候

　前大納言様には御大任(征長総督)も被為蒙《こうむらせられ》候御義に御坐候得ば、因州侯、備前侯其余東西篤実正義の諸侯方被為仰合《おおせあわさせられ》、乍恐《おそれながら》

公武の御間柄之御諷諫被為遊《あそばさせられ》

将軍家御上洛、長州家御呼出、御不審の廉々御譴責の上、万一隠謀有之候わば、御即坐に御誅戮《ちゅうりく》被仰付、赤心明白においては攘夷の御先鋒被仰付、天下一致の掃攘の御決定相成候様仕度奉存候、当時筑波山へ盾籠り候僅《わずか》の諸浪人にても、尊攘を名とし必死を極め候事故《ことゆえ》、容易平定難相成《あいなりがたく》、初度討手の諸侯方には数度の御不覚も有之候趣、実に大歎息の至に候、長州家においては、素《もと》より勅諚・台命(将軍の命)を重じ、一藩中は勿論、農僧の徒に至迄質素倹約の国法を守、海岸守防、攘夷の外無他事《たじなき》様子に巷説

仕候間、御平定迄は五年十年と相懸り可申、左候えば、御領民は不及申《もうすにおよばず》、皇国中の疲弊と相成、専務重大攘夷の御時節に至、御成功如何可被為在哉《あらせらるべきや》と甚《はなはだ》心痛仕候、右等の事件は直言正路の御方御人撰にて為問聞《といきかせ》、隠密商人又は六部等に御仕立、市町辺土へ御差向、田夫野婦の風説、当時御所置振の褒貶《ほうへん》、又は諸国人情の向背迄御探索被為遊候わば、悉《ことごとく》虚実正体相分り可申と奉存候、近来数度の献金も被仰付候事故、万一心得違の者有之、御主意を拒、人気相離候様相成候ては以《もって》の外《ほか》の御義に付、何卒厚御仁恵を以、今般の調達金・夫役等一統御免被成下、御領民御撫育、賑竈《しんそう》の御所置相成候わば、攘夷御大事の節は、金銀米穀は勿論、卑賤の者に至迄、孰《いずれ》も抛身命《しんめいをなげうち》、可奉報御国恩《ごこくおんにほうじたてまつるべく》と奉存候、右願の趣御聞上被下置《くだしおかれ》、万一御採用にも相成前大納言公様へ被仰上《おおせあげられ》、右等の御周旋為御取計《おとりはからわせ》相成候わば、乍恐《おそれながら》公武への御忠節、千世万代鼓腹の基歟とも奉存候間、鄙言も不奉顧恐《おそれをもかえりみたてまつらず》をも、存意奉申上候[6]

殷政は、外夷の猖獗を許さず、外患を阻止し国内一致を目的とした攘夷の実行に対しては、卑賤の者に至るまで、身命・米金をいとわないと断言しているのである。国家解体の深刻な恐怖感は彼らから依然として去ってはいないのである。

3　第一次征長の役

征長軍の行動

孝明天皇による朝敵長州藩追討の命を奉じ、幕府は征長総督に尾張前藩主徳川慶勝を、副将に福井藩主松平茂昭を任じた。征長軍は元治元(一八六四)年一〇月二二日、大坂城中で軍議を開き、諸軍は一一月一一日までに各々持ち場に到り、一八日総攻撃に着手と決定した。そして総督は一一月一日、陸路中国路を下り一六日広島に、下関口の諸軍を指揮する副将は一一月二日大坂を出航、海路瀬戸内を西航し、一一日小倉《こくら》に到った。総督並びに征長軍参謀に任じられた薩藩の西郷隆盛は、平和裡に事態を収束させるため、毛利家支族、岩国藩主吉川経幹《きっかわつねもと》を仲介させることを狙った。

総攻撃の期日を一一月一八日としたため、もしこの期日の延期を総督府が諸軍に達するためには四日前の一一月一四日までに発令しなければならなかった。このことは、長州藩の立場からみれば、征長軍との交戦を避け謝罪・恭順の態度を明らかにするためには、この日までに、禁門の変の直接の責任を取らせる三家老を処刑し、その首実検を総督が行なえるようにしなければならないことを意味した。

三家老の首実検

一一月一四日、長州藩の使者が益田右衛門介・国司《くにし》信濃・福原越後三家老の首級を携えて広島の国泰寺に来り、幕府大目付永井《ながい》尚志《なおゆき》、総督名代成瀬《なるせ》正肥《まさみつ》が首実検をおこなった。長州藩使者はこの場において四参謀(宍戸左馬介・佐久間佐兵衛・竹内正兵衛・中村九郎)は二日前、野山獄で処刑したこと、三参謀(久坂玄瑞《くさかげんずい》・寺島忠三郎・来島《きじま》又兵衛)は既に禁門の変で戦死したことを報告した。

このため、とりあえず征長軍は一一月一八日と定められていた総攻撃の日延を各地に内達、一六日総督が、ついで老中稲葉正邦が広島に到り、一八日、両名は正式に三家老の首実検をおこなった。

一九日、総督は吉川経幹を本営に召致し、「直接の責任者の処刑は確認した、この上は長州藩主は伏罪書を提出し、山口城を破却し、三条実美ら五卿を他国に移転させ、その従士を処置するとの請書を藩主は差し出す必要があるので、その仲介を行なうよう」にと要求した。

吉川の報を受け、一一月二五日、長州藩主は伏罪書並びに城郭・五卿二件に関する請書を提出した。

右のうち山口城破却については、一一月一九日、幕府目付戸川鉾三郎《とがわほこさぶろう》が同地に到って破却見分を行ない、二一日には萩に至り城を巡見、藩主父子は目付旅館に参上、目付はこれを軍門謝罪と解釈した。

したがって、残る五卿の処分さえつけば、総督は西郷の意見を採用し、幕府側の反対意見を抑えても解兵する意向を固めた。長期滞陣や、または条件をつりあげて、それが拒絶された結果の交戦は、尾張藩財政を破綻させるとともに、国内分裂を激化し、日本の対外的立場をさらに弱体化させるだけだからである。

4　総督府参謀西郷隆盛の活躍

西郷の立場

西郷は元治元(一八六四)年三月上京以降、幕府から距離を置き、あくまで唯一朝命遵奉の基本線で動こうとし、他方、外圧に抗するため、国内一致の融和体制を形成し、国の内実を強化する方向を志向していた。このため、禁門の変では長州勢と真正面から戦闘はしたものの、民心は官軍側ではなく長州側にあることもリアルに認識する目と感覚を有し、一一月上旬頃には、禁門の変で捕えた長州兵一〇名を長州に送還した。西郷にとっては、朝敵追討の勅命が出された以上、長州藩主の謝罪恭順までは必要不可欠とはなったものの、交戦に突入することは、国内一致を実現するためになんとしても回避しなければならない課題だったのである。

もっとも、この段階の西郷は長州藩の内情について、よく知ってはいなかった。文久二(一八六二)年三～四月のごく短期間の接触後は全くの無関係のまま、元治元(一八六四)年三月の再上京である。京地での八・一八以前への状況復帰を是が非でも図ろうとする長州激派を「正党」に対立する「暴党」と見なしていたことも、これまたまぎれもない事実であった。それ故にこそ、西郷は九月三〇日、高崎五六をして吉川《きっかわ》に入説させ、「幕府の儀も近来は衰政、ことに覇者の所置に無之、折角夷賊四疆を窺い候折柄、責《せめ》て大藩だけなりとも、手をつなぎ合不申《もうさず》ては、皇国の衰運にも立ち至り、遺憾不少事に付、可成《なるべく》致御周旋度《ごしゅうせんいたしたく》」(7)と、「正党」を支族吉川側だと見ていたのである。

西郷は、長州が呑まねばならない条件を高くする主張に対しては、数万の兵が空しく日を送っては天下の疲弊を招くと断乎反対し、多数の意見を、山口城が破却され五卿が引き渡されれば征長軍は撤兵すべしという線にまで誘導した。それが故に、直面する五卿問題解決のためには、自らが率先して奔走する立場に立った。

五卿移送問題

西郷は一一月二一日広島を出発、二三日船で小倉に着した。ここで西郷は福岡藩尊攘派(親長州派)の月形洗蔵や早川養敬らと五卿移送方法について協議した。西郷は、五卿は太宰府に移し、そこでは福岡と薩摩、他に熊本・佐賀・久留米、総計五藩から派遣される藩士が警固する、幕府からの介入は薩藩が決して許さない、という案を提案する。五卿の長州からの移転という点では征長軍や幕府の主張を容れながらも(しかもそれは撤兵の条件でもあった）、幕府への引渡しという可能性の余地を当初から完全に取り去り、五卿や謝罪恭順政策そのものに頑強に反対する長州激派が容認しうる手掛りをも、そこにつけたのだった。しかも肝要の薩藩主導の五藩警固体制創設提唱は、他の四藩の藩状をよくふまえ、さらに薩藩藩政へのイニシアチブをしっかりと自分が掌握しているとの自信が前提となったものなのである。

一二月三日、月形と早川は五卿の滞在している長府《ちょうふ》に渡り、福岡藩主は五卿に配慮していることを告げ、五卿移転は撤兵の条件であると説得するが、五卿を守衛する諸隊は、「五卿方推立《おしたて》ざれば、恢復すべき様無之《ようこれなき》に、尊藩に移され候ては、是れ骨髄まで抜かるると云もの也」(8)と強く反対し、事態が進展しないまま膠着状態に陥った。撤兵不可能である。

一二月一一日、西郷は吉井友実《よしいともざね》・税所篤《さいしょあつし》を伴って下関に渡り、五卿の従士や諸隊の面々と会見、ここで西郷は五卿太宰府移転案に五卿と諸隊側を同意させた。彼の非凡な説得の能力と相手を信頼させる人間性の豊かさが推し測られる。他方、西郷は、それまで彼が「暴説・暴論家」と考え、「正党」に対する「暴党」と非難してきた長州藩内の激派や、五卿随従の諸藩脱藩浪士らを熟知することとなり、彼らの心情と国家への思いを理解することができるようになった。「薩賊会姦」と長州側が薩藩をののしり、「暴客」と薩州側が長州激派をあざけりあう局面が、この時から急速に変化しはじめた。元治二年一月一四日、三条実美ら五卿は長府功山寺を発って乗船し、一五日筑前国黒崎に上陸、二月一三日、五藩兵が警固する太宰府天満宮に入った。

この五卿移転決定の報を受け、征長総督は一二月二七日、長州藩が伏罪悔悟し藩内が鎮静化したとの理由で撤兵を令した。

西郷はどう見られていたか

この征長総督の戦争回避策は、薩藩参謀の意見に従ったものだとの見方が強かったのは事実である。この当時、幕府と朝廷間の融和関係を復活させようとし、一会桑グループへの協力を惜しまなかった熊本藩京都留守居《るすい》上田久兵衛は、元治元(一八六四)年一一月二八日、国許の父親に、こう書通している。

尾老公和議の論、薩州大島吉之助奸賊なり、私怨を捨《すて》周旋などと申事にて、筑前喜多岡勇平一同相働、督府の下帯、金の鯱と勘合不申、言語道断の模様、永井大監御存意一々相立不申、土崩瓦解の勢に相成候趣共申越候(9)

漢学に通じていた上田は文人肌の能吏永井とも親しく、永井が自分の主張が通らないと歎じていた事実も、ここから明らかである。

禁裏守衛総督の一橋慶喜も、一二月一二日、熊本藩公子細川良之助に、西郷を左のごとく評している。即ち、

総督の英気至て薄く、芋によい候は酒よりも甚敷《はなはだし》との説、芋の銘は大島とか申由《もうす》、

(中略)凡心には総督の底意難《かいしがたく》解候(10)

と述べるのである。西郷はじめ薩藩側では、この当時、慶喜と幕府を切り離し、慶喜を味方に引きつけようという一案も考えていたのだが、当の本人は、この書状のように薩藩を見つめていた。虚々実々とはこのことであろう。

5　長州藩守旧派の台頭と藩内支配

純一恭順派の台頭

禁門の変での大敗と朝敵化、それに続く四国艦隊下関砲撃という異常事態に陥れば、それまで排除されていた勢力が復活し、事態の責任者処罰と自派の復権を求めるのは理の当然、歴史の必然である。

元治元年七月二九日、参謀の佐久間佐兵衛と中村九郎の二名が、つづいて八月三日、参謀の宍戸左馬介・竹内正兵衛の二名が罷免され、八月二日には京都突入部隊の責任者だった益田・国司《くにし》・福原三家老が罷免され、徳山に監禁された。四連合国との和議成立直後の八月一五日、藩内には藩主父子謹慎の旨が布告された。

藩内は真二つに分裂した。守旧派は「純一恭順説」を執り、選鋒隊を編成して萩から山口に結集し、藩庁に当路の人事刷新を強く求め、自派を登庸させることに努めた。

他方、諸隊は「武備恭順説」を執って上書し、寸地も譲るなと主張しつづけた。

九月二五日、山口で午前一〇時から昼食抜きで午後六時までの大会議が開かれ、政務役参与の井上馨はこの席で「武備恭順説」を主張、退出後、刺客に襲われ瀕死の重傷を負った。この日深更、これまで実質上の藩政の責任者的立場にありつづけた周布《すふ》政之助《まさのすけ》が自刃した。

藩政府の転換

一〇月に入ると、守旧派が完全に藩政を掌握する段階に入った。同月二〇日、諸隊の総督たちは萩に招集され、解散を命ぜられた。しかし彼らは承服せず、一一月四日、諸隊は山口に集結し、三家老処罰反対、武備恭順を建白、さらに彼らは三家老の奪還を画策する。他方で吉川より一二日までに三家老を処刑すべしと求められた守旧派藩庁は、一二日、三家老を自刃させ、四参謀を斬罪の刑に処した。

粛清の嵐は全藩を覆った。天誅組《てんちゅうぐみ》の乱敗北後、長州藩に保護されていた中山忠光は一一月一五日、刺客に襲われて殺害され、一二月一九日には急進派の重立《おもだ》ちと見なされた前田孫右衛門・毛利登人《のぼる》・山田亦介・大和国之助・楢崎弥八郎・渡辺内蔵太《くらた》・松島剛蔵は斬罪に処せられ、同月二五日、周布とともに藩政中枢で活動してきた元家老清水清太郎は自刃を命ぜられた。またこの時期責任ありと見られた村田次郎三郎（清風の二男、大津唯雪《ただゆき》）・波多野金吾（広沢真臣《さねおみ》）・小田村素太郎（松島剛蔵の弟、楫取《かとり》素彦《もとひこ》）の面々は投獄されていったのである。

6　高杉晋作と諸隊の反乱

君命に従わず

高杉晋作は久坂玄瑞とならぶ尊王攘夷派の中心人物であり、捕縛され処刑される危険性は極めて濃厚であった。ただし彼は坐して縛を待つような素直な性格を持ち合わせてはいなかった。一〇月二九日、高杉は萩を脱出して下関に出、一一月四日、博多に渡って、福岡藩士の未亡人で勤王の志深く、月照や平野国臣を匿ったこともある野村望東尼《ぼうとうに》の山荘に庇護された。

また藩庁の命に服従しない諸隊は、一一月一五日、五卿を奉じて山口を出発し、一七日長府に入った。三田尻《みたじり》に駐屯していた忠勇隊も長府に移動した。

長州藩内の動静を見定めた高杉は二五日下関に移り、長府に赴いて守旧派藩庁の打倒を説くも、諸隊幹部は時機尚早として反対、ただ遊撃隊の河瀬真孝のみが賛成した。憤然として下関に戻った高杉に対し、下関駐屯の力士隊総管伊藤博文が挙兵に賛同し、高杉は遊撃・力士二隊をもって挙兵と決定、準備に入った。

一二月一六日、高杉と右の二隊は下関の会所を襲撃、占拠した上で、三田尻に至り、同地の藩艦癸亥丸を奪取して下関に戻り、同艦を海上砲台とした。

下関会所が襲撃され、藩内鎮静化の実なしと幕府に見なされるのを恐れた萩の守旧派藩庁は、一二月二四日、諸隊追討軍を組織した。

元治二(一八六五)年一月二日、高杉勢は再度下関会所を襲い、討奸の檄文を掲げた。この報に報した藩庁はただちに追討軍を発遣した。

高杉らの第一回挙兵の際には行動をともにしなかった諸隊は、その後の藩庁の追討軍組織化や反対派処刑・投獄の強行に対し反発をつのらせた。藩主との直接対決を恐れ、藩庁との協調論に固執する奇兵隊総督赤根武人の声望は失墜、かわって実権は山県有朋の手に帰した。この結果、萩・下関間の中間に位置する伊佐に移動していた奇兵隊をはじめとする諸隊五部隊は、下関の高杉勢に呼応し南下追討軍を撃破することを決定し、一月六日夜半、萩の南、美禰《みね》郡の絵堂《えどう》を急襲、藩主の命を奉じる追討軍を潰走させた。

この敗報をうけ、萩藩庁は多数の藩士を招集、諸隊の反抗を一挙に撃破しようとし、清末藩主を司令官とする藩庁軍は絵堂の南方、大田《おおだ》の地に進み、一月一〇日・一一日の両日、同地で迎撃する諸隊と激戦を続けたが、勝敗を決することができなかった。

他方太田市之進・山田顕義・野村靖らの伊佐に駐屯していた御楯《みたて》隊は、金穀・軍夫の便を得る目的で、一月七日小郡《おごおり》を占拠し、進んで山口に入った。小郡・山口地域の重立ちたちは諸隊を支援して義兵を挙げ、井上馨を擁して鴻城隊を組織し、山口・三田尻方面はすべて諸隊の勢力下に入った。小郡宰判大庄屋林勇蔵もこれら有志の中心人物として諸隊を助け、多大の金穀の援助をおこない、農兵を大田での戦闘に参加させるとともに、一二〇〇名の「戦争人夫」を大田に派遣し、追討軍と激戦する諸隊の軍事行動を援助した。

要衝の地大田を抜こうと、一月一四日、追討軍は攻撃するも撃退され、この当日、下関の高杉・伊藤・河瀬の一隊は大田の諸隊に合流し、一六日には、高杉らの遊撃隊が赤村の地で追討軍を破った。

この同じ一六日に、山口の鴻城隊もまた、山口と萩の中間に位置する佐々並《ささなみ》を奪取し、追討軍は明木《あきらぎ》に退却せざるを得なくなった。

藩権力の奪取

一月六日絵堂での敗北から、大田攻略も失敗という、萩藩庁総力を結集してすら諸隊勢力に勝利することができず、藩南半の地を喪失するという深刻な事態をにらみ、萩城下には、内訌中止を目指す鎮静会が組織され、勢力を拡大していった。その趣旨書にいう。

元来彼等(諸隊の人々)、尊攘の御正義に薫陶し、一途《いちず》に存詰、農町兵を説得し、専ら人心、渠等《かれら》に服し候勢に付、兵威難制《せいしがたく》、却て沸騰甚敷《はなはだしく》、彼が勢を煽動仕候様相成候処、公明正大の条理判然たる処を以て屈伏仕らせ候の外、他策有之間敷《これあるまじく》候(11)

農民・町人の支持を得た勢力には、サムライは立ち向かうことが不可能なこと、封建的な権威ではなく、公明正大な条理だけが合意をつくるものだ、とようやく認識されてきた真理が、この一文からもよく窺われる。

二月中旬に入ると、この鎮静会が萩藩庁の実権を掌握するようになり、ついに二月二七日には藩主自らが山口に出向き、同地で諸隊総督を引見・説諭して復権させる事態に至った。当然投獄されてきた村田次郎三郎・波多野金吾・小田村素太郎らは免ぜられ、藩庁が罪人とした前原一誠・太田市之進・佐々木男也・井上馨・河瀬真孝・野村靖・時山直八・高杉晋作らは罪を許され、三家老の家は再興を許された。このような状況に長州藩がなったからだろう、ながらく但馬国出石《いずし》に潜伏していた桂小五郎は四月二六日下関に上陸し、五月一三日、藩主に謁したのである。これ以降、桂は長州藩の代表的指導者として活躍することになる。

他方、閏五月二八日、守旧派指導者だった椋梨藤太《むくなしとうた》は斬首され、中川宇右衛門は自刃を命じられた。

「武備恭順」体制を固めた長州藩は村田蔵六(益次郎)を抜擢、洋式による兵制改革の総責任者とした。封建的軍役体制は完全に打破され、諸隊を基礎とする軍事力が形成されていくのである。

7　将軍進発に至る過程

江戸幕閣の錯覚

第一次征長で、長州藩が藩内急進派を処刑し「純一恭順」の態度を表したことにより、江戸幕閣は幕府の権威上昇と錯覚し、将軍＝譜代結合の旧式論理をさらに長州に押しつけようとした。

元治二(一八六五)年一月五日、上京途次の征長総督に対し、幕府は、①長州藩主父子の江戸差下し、②五卿の江戸差下し、③征長軍撤兵不可を達した。つづいて同月一五日、幕府は「此上御所置の儀は於当地《とうちにおいて》可被遊《あそばさるべく》候、依之《これによりて》、御進発は不被遊《あそばされず》候」(12)と布達する。前年八月二日、朝命を受けた幕府は一旦、将軍が朝敵追討のため進発すると布達したのだが、幕府の威令天下に布かれたと誤解し、恭順した長州への具体的処罰は江戸で下すと宣言したのである。幕府は三月まで、この方針に固執した。武田耕雲斎ら筑波西上勢は越前で加賀藩に降伏するが、幕府は水戸浪士三五二名もの多数を二月、越前敦賀で斬首し、幕府に背いた者たちの末路を天下に見せつけ、幕府を畏怖させようとした。このことも同様の幕府の心理状況を語っている。

他方、征長総督徳川慶勝は、朝廷への諸雄藩藩主召集を朝廷に奏請した。薩藩がこの方針を尻押しした。これと連動して薩藩は幕府と一橋慶喜の間にクサビを打ち込もうと画策した。元治元(一八六四)年一一月、薩の小松帯刀《たてわき》は慶喜に対し、幕府は一会桑の京都からの撤収を図っており、幕府の朝廷蔑如は以前のごとくになるだろう、この動きに抗するためには、閣老の首をすげかえるか、さもなくば、「諸侯を御頼、橋公の御手限にて朝命を御奉じ、天下の大政被相替《あいかえられる》か、両条外に見込も無御座(13)」と誘いをかけたのである。

一会桑グループとしては、一方で諸大名と朝廷の直結体制への方向性を封殺するとともに、他方で、幕命を帯びて上京し、一会桑排除を要求する老中たちに政治の実態を認識させ、幕府が自滅を欲するのではないのならば、将軍を長州処分のために進発させ、京坂の地に軍事力をもつ安定した長期の朝幕融和体制を創り出す以外に方法がないことを理解させなければならなかった。二正面作戦である。

将軍進発

元治二年二月、老中の本庄宗秀と阿部正外《まさとう》両名が上京し、慶喜の帰府、松平容保と松定敬《さだあき》の罷免、諸藩主の入京禁止、幕府兵による九門守衛を実現しようと京都で画策するが、二月二二日、両名が参内したところ、関白二条斉敬《なりゆき》は、

一、将軍は上洛召命を実行せず、何如

二、昨年家茂上洛の際、慶喜を名代として京都守衛・摂海防備に当たらしむる旨を、直筆をもって上申しながら、未だ一年も経ない中、その東帰を請うなどとはもって

のほか[14]

と叱責し、両名は逆に将軍上洛を約束させられた。両名は、京地での活動により、今更のように、江戸で長州処分を行なえるなどとの認識は絵空事でしかないことを痛感して帰府することとなった。江戸幕閣内では対立が強まり、四月一九日、諏訪忠誠《ただまさ》(信州高嶋藩主)と牧野忠恭(長岡藩主)の二老中が辞任して、進発反対派は政権外に出、またその当日、五月一六日に「将軍大坂御進発」と布達された。将軍家茂と幕府・譜代藩の大兵が江戸を出立するのが五月一六日、閏五月二二日に入京・参内、そして二五日、大坂城に入城した。

幕府は長州処分を朝命を奉じて遂行する方針を固め、六月一七日、不審の筋があるので長州末家を大坂に召致し、紀問するとの方針を上奏し許可された。だが長州側は七月二七日、幕命拒絶と決定、長州の遷延策に対し、幕府としては威圧をかける以外にはなく、九月二七日までに上坂すべし、さもなくば追討すると伝達、これにも服さなかったため、九月一五日、将軍は大坂を発ち、一六日入京、長州追討の勅許を奏請した。

ここで注意すべきことは、広島国泰寺での三家老の首実検は、長州伏罪のあかしとしておこなわれたものであり、その後、藩主父子の処分、藩の削封、その上での毛利家の相続等が申し渡されるはずだったのである。この論理からすれば将軍家茂や一橋慶喜が取り、また取ろうとした論理にはそれなりに筋が通っていたのである。しかし、藩内革命後、「武備恭順」の立場をとるようになった長州は、三家老の処刑で禁門の変に関する謝罪はすべて済ませた、朝敵となってもなんらやましいところなしとの確乎とした立場に立つようになっていた。論理を切断したのである。朝廷の権威自体、恐しいほど低下しつつあった。朝敵というレッテル貼りに効能がなくなっていった。朝廷と天皇は、その名目そのものではなく、その名称が体現すべき「理念」型国家の威厳と対外的自立性、そこに含まれる道義性・公共性との関わりの中でのみ、信頼され、心服されるべきものとなってきつつあったのである。

8　第二次反動

ただし、第二次征長を掲げた将軍進発と、大坂城将軍滞陣は、西日本全域に対し重苦しいまでの威圧を創り出したことも冷厳な事実である。安政大獄が第一次政治反動だとすれば、禁門の変後の長州の朝敵化と将軍進発は、元治元(一八六四)年八月から慶応元年にかけ第二次政治反動を引きおこした。この政治反動は、文久改革と奉勅攘夷、横浜鎖港期に全国諸藩内に尊攘派が形成された以上、すべての藩で展開していった。このことが薩長二藩とその他の諸藩の間に、その後決して埋めることのできない大きなギャップをつくり出したのである。

大藩では金沢藩がある。世子前田慶寧《よしやす》はその側近とともに長州側に親近感を持ち、周旋を試みたこともあって、禁門の変の際に京都を出るという行動を取った。そのため幕府と朝廷の意向を憂慮する同藩にとっては死活問題ととらえられ、勤王派の面々は、小川幸三が元治元年一〇月二六日、金沢で斬首されたように、続々と処刑され、また切腹を命じられていった。

土佐藩では既に八・一八クーデタ以前から過酷な弾圧が開始されていたが、禁門の変後はそれが極端になっていった。藩庁の弾圧政策に抗議し藩境の野根山に屯集した安芸郡勤王党二三名は、元治元年九月五日、同郡の海に近い奈半利《なはり》河原で全員が斬首され、土佐勤王党の指導者武市半平太は、慶応元(一八六五)年閏五月一一日、切腹させられた。藩庁と上級士族に対する土佐郷士層の怨恨はその後長く消えることがなくなってしまった。

五卿の太宰府移転という至難の課題を薩藩とともに協力して実現させた福岡藩は、将軍大坂滞陣の威圧が最も響いた藩となった。慶応元年六月頃より藩内反動化が進行し、一〇月大弾圧が決行され、月形洗蔵は一〇月二三日に斬首され、早川養敬は同月に幽閉され、野村望東尼は同月に姫島に流され、孫の助作は同月に玄界島への配流が命ぜられた。

将軍進発が藩内弾圧の引き金となった典型的な藩が近江国膳所《ぜぜ》藩である。閏五月、藩内急進派に不穏な計画ありとの讒訴が発端となり、閏五月一四日に大検挙、一一月二一日に一一名の人々が斬首された。

東国においては水戸藩が典型となる。前述したように元治二年二月の投降者の大量処刑と投獄により、水戸藩尊攘派は肉体的に壊滅させせられた。水戸学を担うべきサムライたちがこの世に存在しなくなった。さらに、その思想を掲げて西上した結果が、誰の目から見ても明らかに無意味なものとなってしまったのである。水戸学に未来はなくなった。ペリー来航以来、あれほど深く関東と東国の草莽層をつかんだ水戸学にかわり、この地に平田国学が広く浸透し始める。

第二六章　連合艦隊摂海進入と条約勅許

1　連合艦隊摂海進入

元治元(一八六四)年八月、四国連合艦隊下関砲撃の際にも、長州藩は、すべて朝廷と幕府の命に従って行動してきたと回答した。他方、禁門の変後は、長州藩朝敵化という好条件のもと、幕府は横浜鎖港を問題にはせず、長州追討を優先させ、さらに、それが成功したら次の反対勢力に圧力をかけようとする姿勢を明確化し、そして五月、将軍自らが進発し、京坂の地に大兵を進める事態になったのである。英仏蘭米の在日外国代表としては、またとない好機が到来した。最強硬派の長州藩は連合艦隊のため、すべての砲台を破壊され、国内的には朝敵として討伐の対象とされた。この機会に、最後の反対派であるミカドそのものから、すべての口実の源泉となっている「条約不勅許」という発言を撤回させ、安政条約を日本で最高の権威者から承認させること、このことが一八六五年一〇月三〇日(慶応元年九月一一日)、英仏蘭米四国代表が横浜に会合して決議された。これ以前の元治元年九月、幕府は下関事件償金三〇〇万ドル支払いに合意し、慶応元(一八六五)年七月、第一回の五〇万ドル支払いを完了していたが、四国側は残りの二五〇万ドルの支払いを帳消しとするかわりに条約勅許と六八年一月一日開港予定の兵庫の先期開港を幕府に求めた。そのための軍事圧力として連合艦隊を編成し摂海(大坂湾)に進入、大坂城に滞陣中の将軍に最後通牒をつきつけ、この課題を実現させようと計画したのである。

四国側としては、この軍事行動は、実は幕府の望んでいることに協力することなのだ、と考えていたことは、一〇月三〇日の合意文書の次のパラグラフからも明らかである。

This arrival could not but give the Japanese government the moral support that would facilitate the results of its measures, to the effect of obtaining from the Mikado the ratification of the treaties.(1)

「われわれ艦隊の到着は、条約勅許をミカドから獲得するという幕府の狙いを促進させる精神的支援を与えざるを得ないだろう。」

合意が成立した二日後の一一月一日(九日一三日)、英艦五艘、仏艦三艘、蘭艦一艘からなる連合艦隊は四国在日公使を搭乗させ、横浜から摂海にむけ出航した。米国は、この時は軍艦を提供せず、公使を乗船させるだけの行動をとった。

連合艦隊は一一月四日(九月一六日)、兵庫沖に到着、同港に碇泊し、翌五日(九月一七日)、A・シーボルト、マクドナルド(両名は英国通訳)、カション(仏国通訳)の三名の通訳が大坂に赴き幕吏と会見し、交渉の場所と期日を交渉する。

2　条約勅許

第二次征長勅許要請

九月二七日までの長州使節上坂はないと判断した将軍家茂は、九月一六日に入京、参内して追討の勅許を求めた。

薩藩の大久保利通は、これに対し、長州処分と外国交渉に関しては、諸大名を京都に召致し、簾前の衆議によって決定すべきだと朝議参加者たちに入説する。国家意思決定の新たな場の創設を求めるものであり、公論結集を眼目とした。

しかし、一会桑は、この朝藩直結・公議システム形成排除のためにこそ周旋してきたのである。九月二〇日、一橋慶喜・松平容保・松平定敬の三名は参内し、慶喜は当日の朝議に与った。内大臣近衛忠房は、薩摩の意を帯し、長州処分は諸藩に問えと主張するも、二条関白は、長州は明白な朝敵であるのに、それを諸藩に尋問するとは筋が通らないと反論、結局、朝敵処置を諸藩に問うては朝憲立たずとの慶喜の主張に従い、将軍の勅許申請を許可することが決定された。

征長勅許然るべしと決議された九月二一日、大久保利通は朝議に関わった朝彦《あさひこ》親王のもとに入説し、「勅命と可申候え共、非義の勅命は勅命に非ず[2]」という有名になる一句を親王に吐いた。またこの際、「今度大樹《たいじゅ》(将軍)願の通《とおり》御進発御免不宜《よろしからず》、急度《きっと》御止《とめ》め願度旨、防長罪決《けっし》て無之《これなく》、一度伏罪《つみにふくし》たるに依也」(3)と、長州「武備恭順」派の論理と同一のものをもって朝議の再審議を求めた。しかし、これも行なわれなかった。将軍に勅許が与えられた翌二二日にも大久保は朝彦親王邸に参上し、「朝廷是《これ》かぎりと、何共恐入《おそれいる》次第」(4)との捨てゼリフを残して、そのまま退出した。諸藩介入の余地を全く遮断した朝廷幕府結合態勢が確立し、それを一会桑グループが仲介するという形が朝廷でとられるようになり、藩レヴェルでは如何ともしがたい状況となったのである。

九月二二日、将軍は参内して征長の勅許を得、翌二三日出京、下坂する。

連合艦隊の要求

しかし将軍と幕閣を、大坂では条約勅許を求める連合艦隊が待ちかまえていた。

九月一九日、老中格小笠原長行(文久三年六月に罷免されたが、慶応元年九月四日に再任)が外国代表と外国艦上で交渉、外国側は条約勅許、兵庫先期開港、関税率改正の三項をつきつけて回答を迫り、回答なくば京都と直接交渉を行なう、と主張した。将軍に先だち二二日に下坂した老中阿部正外《まさとう》は、二三日英国旗艦プリンセス・ロイヤル号に赴き、二六日までの回答を約束した。

二五日より大坂城内の御用部屋で開かれた会議において、老中の阿部正外・松前崇広《たかひろ》は兵庫の即時開港を主張し、幕府方針は先期開港と決定、二六日午後、兵庫に赴いた阿部は、外国側に開港御免と回答する。

第二次征長に着手しようとする幕府にとって、この大坂で兵庫開港を軍事的圧力のもとに呑まされることが、老中の頭脳の中ではいざ知らず、一般的なサムライ階級にとって、いかに屈辱的なものとして意識されたかは、熊本藩京都留守居《るすい》上田久兵衛（当時在坂中）が小笠原の質問に応えた左の二四日付事態対応策（翌日の父親宛書状に述べられたもの）にも、よく窺うことができる。

大坂兵庫開港の儀は、此節決して難叶《かないがたく》、彼に兵を以《もって》威《おど》され御開港にては国威不立《たたず》、公武の御一和相破れ、天下の人心離散可仕、彼れに辞する詞は、貴国方にては、兼々戦争に御馴に付、わずか長防位の事は最易《もっともやすく》御討亡に相成可申候えども、日本は御承知被下《くだされ》候通り、二百余年偃武《えんぶ》の末にて、合戦は大不案内、長防の征討も義理にせまり討入候場に相成候えども、勝敗は定見無之位の仕合、御《お》恥《はずか》ケ敷《しき》次第ながら、実以《じつにもって》上下心配無限《かぎりなき》折柄、いまだ期限にも至不申《もうさざる》兵庫開港を、此中に御迫り被下候は、御懇親上の事に候哉、如何にも当惑千万、此大所置相済候上、至当の談判可仕、夫迄《それまで》は是非共御引取被下候様と、丁寧に応接、夫とも強《しい》て申募《もうしつのり》、御許容無之節は兵端を開《ひらき》候と申出候わば、夫は甚《はなはだ》迷惑の至、長州にすら如此《かくのごとく》行当《ゆきあたり》居候処、世界第一の御強国様方に敵対仕候力は有之間敷《これあるまじく》候えども、斯迄《かくまで》理を分《わけ》、申述候ても御聞入無之候わば、致方《いたしかた》無之、此上は可成丈《なるべきたけ》各国様御出被下、夫を御相手に滅亡可仕、日本の小島一つを、世界の強国打寄候て、漸滅亡候と申候わば、日本に取候ては如何計《いかばかり》面目、武門の栄と存候、御手にはたまり申間敷《もうすまじく》、恥ヶ敷候えども、最早無致方《いたしかたなく》決心仕候間、如何様とも御仕向可被下《くださるべく》候と、穏に決心の御答有之、日本焦土となる御覚悟を奉祈候、征夷将軍の御職掌、是迄寸斗《ずんと》立兼《たちかね》候処、此節の御死場《しにば》丈《だけ》、御心の乱れ不申、結纓《けつえい》(子路が闘死に際し冠のひもを結んだ故事)の御所置、祖宗に対し皇国に対し、のた打廻り未練の死は不被成《なされざる》様、御尽力奉懇禱《こんとうたてまつり》候段申上、屹度《きっと》(長行は)御同意に相成申候(5)

英国は世界第一の強国、日本は「小島一つ」との対比は上田の意識そのものだろうが、兵威をもっての開港は国威立たず、征夷大将軍の御職掌これまでまったく立ちかね候ところ云々などは、父親宛の書状でもあり、急進派でもない上田久兵衛のようなサムライにとっても、ごくありふれた恥辱感覚なのである。

薩藩の対応

征長勅許阻止工作に失敗した在京薩藩邸では、征長勅許問題および右の条約勅許・先期開港を迫る連合艦隊摂海進入事件の二懸案に関し、西郷・大久保・吉井友実らの間で会合が持たれ、諸雄藩藩主会同を実現し、これをもって長州再征を阻止し、また同一の方策をもって外交問題を解決することを決定、ただちに実践に移った。

吉井は伊達宗城《むねなり》を上京させるため、一〇月二日宇和島に着し、面謁して説得したが、宗城は幕府の嫌疑を憚り出馬を肯んじなかった。

大久保は松平春嶽を上京させるため、九月二七日福井に着し、面謁して説得した。春嶽は、これ以前から自ら上坂し、意を将軍に進言しようとしていた折柄でもあり、一〇月一日、上坂の途に就いたが、今庄にまで至った時、藩士毛受《めんじゅ》鹿之助が京都より下り、幕閣内が全く大混乱に陥っており、即今上京しては、福井藩が薩藩と同調しているとの幕府嫌疑をこうむるおそれがあり、暫時藩地に在って政局の推移を静観されたしと要請したため、春嶽は三日、福井に戻った。

西郷は九月二六日大坂を出航、一〇月四日着鹿し、京坂の状況を藩主父子に言上し、久光の上京を求めたが、条約勅許・外艦退去の報至るに及び、西郷は小松帯刀とともに精兵数百を率いて東上し、一〇月二五日着京した。

一橋慶喜の奮闘と条約勅許

右のごとき薩藩の機敏な動きの存在を念頭に置くと、慶喜のこの間の獅子奮迅の意味がよく理解される。それは政局の要《かなめ》を握って決して掌中から墜とさないこと、この一点に絞られていた。

九月二四日、在京の慶喜への「天下の重事、実に絶言語《ごんごにぜっし》候次第に至り候間、即刻御下坂可被成《なさるべし》」(6)との将軍家茂の急状に接し、慶喜はただちに出発、二六日未明に着坂、城中の会議に臨み、老中に対し論談するも行なわれず、小笠原長行が奏聞の上ということも聞かれず、阿部と松前両閣老は「奏聞中に戦争とならば日本は属国となり、如何にも面目なし、奏聞せざりしことを譴責せらるれば直ちに将軍職御断(7)」と主張して先期開港決定に持ち込み、阿部は乗切で兵庫に赴いた。

阿部出発後の大坂城内について伝聞した様子を、上田久兵衛は九月二八日付父親宛書状の中で、こう描写した。

其跡にて、会(会津)の公用人四五人登城、一橋様より右等の始末伺取、最早《もはや》天下は是切にて、公武の御扞格《かんかく》(争い)・列藩の沸騰、肥後守(松平容保)是迄尽力仕候も水の泡と相成、口惜き事・無情事を被成《なされ》候迚《とて》、皆々一同に声を発し泣申候由、一橋様も殊《こと》の外《ほか》御当惑、しかし致方無之、其儘引取、最早外交の面目もなし、会侯には御辞職、罪を国に御待の外は有之間敷、何様、是迄天下の事に世話いたし呉《くれ》候上田(久兵衛)には是迄の礼を述、且暇乞《かついとまごい》をいたし、爰許《ここもと》引払可申との申談にて、私下宿へ参り、何分面目も無之次第と落涙(8)

大の男たちが男泣きするのだから、その無念さも察するに余りある。慶喜と容保は協力しあって公武間の裂目を弥縫しつづけてきた間柄、ここで事態万事休すと見えた。

しかし冷静な慶喜である。阿部らの主張する事態の切迫性なるものが偽りであり、来月五日までは延ばすことが可能なことを確認するや、一旦確定された幕議を覆し、①兵庫開港差留《さしとめ》、改めて将軍が上洛し条約勅許を奏請すること、②開港を主張した二閣老は引責・謹慎と決定、急飛をもって京都守護職・京都所司代に伝えた。他方、若年寄立花種恭《たねゆき》を兵庫に急派し、回答延期を外国代表団に交渉させ、一〇日間の猶予を得させた。朝幕間の決定的決裂をなんとしても慶喜は阻止しなければならなかったのである。

九月二九日、一会桑も参内した上で朝議が開かれ、阿部・松前罷免と決定、両名の官位剝奪、国許謹慎の旨が武家伝奏より将軍宛封書で通達された(幕府は一〇月一日、この旨を両名へ申し渡した)。

だが、右の九月二九日付通達は大坂城内の幕臣たちを驚愕させ、潜在していた慶喜への敵意を爆発させた。城内の会議において、条約勅許と兵庫先期開港を奏請、主君家茂は将軍職を慶喜に譲り江戸に帰還する旨が決議され、朝廷への使者として徳川玄同(前尾州藩主徳川茂徳《もちなが》)が一〇月二日に上京、将軍辞表の提出につき関白と相談した。

一〇月二日、大坂城に幕臣総登城の命が出され、将軍家茂、翌三日東帰の旨が達せられる。再度朝幕完全分裂の危機到来であった。登城した会津藩その他の尽力により、「東帰」は「伏見において朝廷に伺い」との名目に変更された。

一〇月四日未明、伏見に至った将軍家茂は、同地で慶喜と容保の説得を受け東帰を翻意し二条城に入った。

一〇月四日の朝議の場で慶喜は、「勅許なき時は外夷は京都に殺到するも計り難し(9)」と条約勅許を奏請した。

ここにおいて一〇月五日、朝廷は在京一六藩の諸藩士を召集、条約につき意見を開陳させた。孝明天皇は「御簾聞《おみす》き」、天皇の右手には議奏と武家伝奏が、左手には老中格小笠原長行と一会桑、進行は慶喜が務めた。

最初に条約勅許やむなし、ただし兵庫先期開港反対と主張したのが熊本藩京都留守居の上田久兵衛、同様の意見を述べたのが会津の外島《としま》機兵衛、土佐の津田斧太郎、久留米の久《きゅう》徳《とく》与十郎他の人々、条約勅許に反対し連合艦隊を退去せしむべしと発言したのは薩摩藩の内田仲之助と岡山藩の花房虎太郎二人のみであった。

孝明天皇としては、大坂に征長の大軍が滞陣しながらも将軍と一会桑がこのような立場をとっている以上、もう打つ手はなくなってしまった。しかも、このような政策決定の形にもち込んだのは八・一八以降の天皇自身の意思だったのである。当日、「条約は勅許、但し兵庫開港の儀は差止め」との勅書が発せられた。慶喜にとっては忍耐と待機主義の数年間の努力が、ここにようやく結実したことになる。

一〇月七日、老中本庄宗秀が連合艦隊に赴き、勅書を伝達した。

事態の修復

この大混乱によって征長への勅許授与はやりなおさなければならなくなった。関白二条斉敬《なりゆき》は、連合艦隊へのあまりにぶざまな幕府の対応に怒りを爆発させ、九月末の段階では諸藩召集を真剣に考えたからである。関白の幕府への不信と怒りは継続したままであった。この事態打開に周旋するのが上田久兵衛であった。

一〇月一三日、征長勅許に関し上田は関白に入説した。関白は云う。

武門の棟梁と申者、敵も不見《みず》して逃帰、病気を申立、職譲など願出、何の面目に参内は出来可申哉(10)

上田はやわらかく切り返した。辞表を差し止めた以上は、将軍の職掌が立つように朝廷が助力するのが筋ではないか。長州が朝敵であるのだから、征伐は将軍に命じなければならないはずなのに、参内を拒絶しては人心の疑惑を招く。その行為は朝廷に何の益があるのか。諸藩召集が取り消されていない以上、諸藩が兵力を率いて入京しても阻止することはできず、御所近辺に再度紛擾が起こるかも測り知れない。しかしながら、将軍が参内後、ただちに下坂すれば、大坂の地において、登京の可否を差図することが可能になるのだ、と。

上田の説得に納得した関白は、二条城に控えている将軍参内の手続きを取り、まず一〇月一八日、会桑と老中(一〇月九日に老中となった)小笠原長行《ながみち》が参内、防長糺問のため大目付と目付が広島に赴き、その次第により将軍進発と言上、その勅許を得た。家茂参内のレールが敷かれたのである。

一〇月二七日、将軍が参内、征長許可の勅語を授り、一一月三日、将軍は出京した。既に一〇月二五日、数百の薩兵は京都藩邸に到着していたのである。

条約勅許に対する朝廷内の反応

孝明天皇も、天皇が最も頼りにしていた朝彦《あさひこ》親王（青蓮院宮が文久三年に還俗して中川宮となり、朝彦の名を賜り、元治元年一〇月、宮号を賀陽宮《かやのみや》と改称）も、攘夷を主張しつづけ、公武合体と一会桑の体制のもと、それは保証されつづけると信じていた。朝彦親王は条約勅許の二日後の日記に、こう記している。

諸藩、去年、関白・予両人なだめ、幕を助候処、今度の一件、誠に言語同断、実にだまし居《おり》候事共顕、不相済旨申答畢[11]

幕府への信頼が崩れたのである。

安政五（一八五八）年条約不勅許の段階より、朝権強化を狙い、強硬論の中心となり、和《かず》宮《みや》降嫁にかかわって失脚していた岩倉具視は、一〇月七日段階で今回の事態を次のように見ていた。

一、昨夜事件意外至極《しごく》、千歳の遺憾、可言辞《いうべきことば》も無之、乍恐《おそれながら》主上思召如何に哉、癸丑来国難に係り、死亡の者幾千人、悉《ことごと》く叡慮を助奉り、国辱を清めんと致《いたす》の外《ほか》無之候処、如何に一橋迫り奉候迚《とて》、朝廷より一応の詰問も不被為成《ならせられず》、勅許の事、御無情も

無限の次第、洪大息の外なく候

一、関白殿には三千年来の御失職と存候（中略）、定て御辞職と存候、無左《さなく》候ては、天下承服申間敷《もうすまじく》存候（中略）

一、此上外夷と合力、矢張伐長の趣、如何不審千万、愚見には、爰《ここ》に至ては決て伐長不可有《あるべからず》、朝廷幕府共に申解《もうしとけ》の事に可相成か、聊《いささか》の廉にても為立《たたせ》、鳴寝入位と存候所、案外案外の事に候、防長両国士民、何ぞ皇国の人に在《あら》ざらん、今に当て積年叡慮も御変動、条約勅許の事被遊乍《あそばされなが》ら、何を以て伐長可被聞食《きこしめさるべき》哉、最早皇国と云も今日迄の事にや

一、扨《さて》長藩已下、堂上幽閉の輩、草莽志士等、其罪速に被解《とかれ》候様、内公（内大臣近衛忠房）・貴藩（薩）差《さし》はまり、御尽力御周旋不相成哉、多年の宸意御変動、条約勅許の上は、国事関係の輩、科罪は大小なく一新可被解《とかるべく》、厳重御申立にても断然其辞被為有《あらせられ》候事と存候、右に至り候わば、堂上数人・防長二国・草莽士に渡り、内公・薩州の高義、必感戴と存候、右は後日必々御用に可立筋も可有之存候、一昨夜の所業、一会、肉を喰の外無之次第と存候

一、何分にも一度復古、薩長柱石一新、大に朝権被為建度《たてさせられたく》存候、却て此所を機会と被遊御深慮も候半《そうらわん》と申上候

一、一会勤幕攘夷とのみ存候所、何故箇様、俄《にわか》に変じ候哉、其筋丸々分り兼《かね》候(12)

岩倉にとっても条約勅許は「意外至極」の事態、一会桑を「勤幕攘夷」とのみ信じ込んできたのである。安政五年(一八五八)以来の未曽有の国内の動揺をひきおこした攘夷の「宸意」を消滅させた以上、長州を朝敵とする正当性も、長州追討を幕府に命ずる大義も朝廷はもつことはできなくなった。「最早皇国と云も今日迄の事」なのである。それをあえて行なおうとすれば、朝廷そのものの存立が危くなる。幕府及び一会桑と手を切り、薩長両藩を国家の柱石として、再度朝廷を国家の根軸に「復古」させなければならない。岩倉はこう見通す。

岩倉を助け、王政復古の方向に向け朝廷内部で活動するようになる人々の反応を次に見ていこう。

正親町三条実愛《おおぎまちさんじょうさねなる》は当日の日記に、左のように記している。

> 戊午年以来、叡旨を奉じ攘鎖の議を主張の処、今日に至り此《かく》の如《ごと》し、今においては無力、唯悲泣《ひきゅう》切歯、胸痛を発す、幕府は政体を失し叡念を奉ぜず、国体を殆損《たいそん》し、殊に事理を尽さず、況《いわ》んや自から紛擾を生じ時日を延《のば》す、切迫倉卒の間に及び、朝家を要して誣《あざむ》く、執柄以下当路の輩これを遂ぐ、誰か之に服すべき哉[13]

幕閣と一会桑に対する反感が溢れている。

中御門《なかみかど》経之《つねゆき》は一〇月七日、岩倉に書通してこう述べる。

> 一会の心底実に禽獣の至と歎息の外《ほか》無之候、皇基も此限りかと血涙《けつるい》候て悲歎此事に

候、(中略)一会の肉可喰義と存候、(中略)何卒一会首級早く可打取《うちとるべき》手段可致抔《など》と祈候事に候、(中略)此度の事件、偏《ひとえ》に一会に罪を帰、何卒朝憲不落様仕度存候、叡慮より条約御免に相成候様にては、実に実に致方無相成《あいなるなく》候間、一会相逼、驚《おどろかし》候に付、無拠《よんどころなき》次第と飽迄《あくまで》申ふらし度と存候(14)

経之にとっても、こうなっては、一会を相手にまわしての「朝憲」の維持、「皇基」の保全が死活の課題になっていた。

皇太子の外祖父中山忠能の日記一〇月六日条は左のごとくである。

(条約勅許のため)朝野有志の輩悲泣長歎、難尽筆記《ひっきにつくしがたき》者也、春来(開港説得のため)幕吏周旋百端といえども、開港に於ては従来叡旨御貫徹の処、終に幕吏隠謀に陥り勅許の段、実以《じつにもって》言語道断、被対神明《しんめいにたいせられ》叡慮如何哉、悲哉々々(15)

忠能は孝明天皇に向かい、皇霊に対し恥ずかしくないのかと厳しく難じている。幕府と一蓮托生となった朝廷の中に自分はいるのである。慶応元(一八六五)年一二月一日の彼の日記に「幕は弥悪《いよいよにくし》みを受、朝威は消滅、何れもつまらぬ事計《ばかり》に候(16)」とあるのは、この年の年末、五七歳の忠能の目に映った朝廷のありのままの実態なのであった。

3 条約勅許が意味したこと

ここで一八五八年以降の歴史的展開に関する著者の考えをまとめておこう。

安政五(一八五八)年三月二〇日、条約勅許せずと孝明天皇が明言してから始動した対外強力国家を形成する試行錯誤の時期は、同じ孝明天皇が万策尽きて条約を勅許した慶応元(一八六五)年一〇月五日をもって終止符が打たれた。広い意味での奉勅攘夷の時代が日本と日本人にとって永遠に過去のものになったのである。

民族的危機において皇室と朝廷は、日本古来からの王権を擁護する立場から極めて敏感に反応した。それは日本においては全国の神職層が国事運動に広く深く関与していくのと基盤を共有するものであった。いずれの国や地域でも、民族宗教とその担い手たちはアクティブにならざるを得ないのである。

この皇室と朝廷の態度と行動は、民族的危機感をいだいたサムライ層、一般民衆、その中でも豪農商層の民族意識を代弁し象徴するものとなった。彼らは孝明天皇の攘夷の「叡念」「叡慮」に「理念型」的国家と国家の安民思想を見出した。幕府の武威の衰退と反比例的に朝廷権威が高揚し、「叡慮」が将軍の意思より上位になるという逆転現象が現出した。天皇の意思は、勅諚降下や内勅の伝達という形式をとり、幕府の介在なしに諸大名に直接伝えられた。

この時期の条約を破棄し対外強硬策をとろうとする強力国家形成の論理の根本には、第一に天皇の強固な攘夷意思(条約不勅許の意志)、第二に自らの無勅許開港路線を違勅だったとして否定した(この立場自体は幕府倒壊まで持続している)幕府の強力な軍事統帥権と軍事指揮権という二つのものが据えられていた。朝幕一致、条約破棄、条約破棄を認めない場合、列強への戦争をも辞さない対外的強硬策、そして開鎖ともに自由にとることが自在な国家権力の急速な形成が狙われた。だが現実には幕府と旗本・御家人は動かず、また動けなかった。諸大名は家臣と領民の主従制・封建的身分制を無視して民族的危機に対応しようとした動きを許すことができなかった。そしてパンドラの箱を開けてしまった天皇と朝廷は、歴史の舞台正面に踊り出た諸藩陪臣や地方の神職、さらには百姓町人身分の人々の「不作法」さと身分秩序の実態的無視と否定に嫌悪感をつのらせていった。事態は秩序化されなければならなかった。文久三(一八六三)年八・一八クーデタがものの見事にこの課題を解決した。

狭義の奉勅攘夷期を、無謀で非合理主義的な排外主義運動と見るのが、明治二〇年代から今日までの日本人の普通の理解だが、著者はそうは見ていない。

民族運動の中でも、その地域に伝統的国家が長期にわたって存続し続けていた場合には、必ず国家性の回復という性格がそこにはまとわりついてくる。特に日本の場合には古代以来の王権が武家の組織する幕府と合体して、日本人にとっての伝統的国家観念を形成していた。当時の日本人の全員が感じた危機感とは、この国家解体の危機感、このままいってしまっては日本国家そのものが消滅してしまうのではないかとの得体の知れない恐怖感なのである。幕府が外圧に押され後退するたびに、この感覚は増幅され、それへの対抗運動と凝縮行動がとられていく。どのような具体的方策が提示されるかは、階級・階層・政治集団にとって異なるにしろ、通底するものはこの底知れない危機感と恐怖感なのである。

吉田松陰は刑死の直前、「天下将乱麻《まさにらんまならんとす》、此事不忍見《みるにしのびず》、故に死ぬると、此明らめ、大に吾と相違なり、天下乱麻とならば、大に吾輩力を竭《つく》すべき所なり、豈《あに》死すべけんや、唯今の勢は和漢古今歴史にて見及《みおよば》ぬ悪兆にて、治世から乱世なしに直に亡国になるべし」、「何卒乱麻となれかし、乱麻となる勢御見居《みすえ》候か、治世から直に亡国にはならぬか、此所、僕大に惑う」[17]と述べている。この乱世をおこす能力もない日本「亡国」化の危機感が彼をあのように刑死にまでつきうごかした根源なのである。彼は乱麻の世を渇望し、それを見ぬまま斬首された。そして幕府の動きをそのままにしていたら、日本は一挙に亡国となるとの思いが、日本人をして「叡慮」を手掛りとし、「印度・支那の轍を踏むな」を統一的スローガンとする未曽有の「乱麻」状況に追いこんだのである。

八・一八クーデタ以後、「無謀な攘夷は好む処に非ず」とする孝明天皇と幕府の公武合体運動が一会桑を媒介として進展していった。他方有志諸大名は、この「横浜鎖港」を名目とした朝幕結合の動きに抗し、新たな公共性の創造と国内統合を可能にする政治システムの構築に結局成功しなかった。また藩主主体の行動のため、身分制的軍役体制を打破する藩内軍事改革にも着手できないままとなった。

他方長州藩は、欧米列強襲来への防禦体制は日本を八・一八以前の体制に復帰させる以外に方法はないと、軍事的圧力をもって京都に迫るが、天皇の意志を変える上でも、幕府の強硬姿勢を復元させる上でも、その方策を見出すことができないまま、負けるべくして敗北し、朝敵となってしまった。

薩英戦争を回避せず、真正面から闘いぬいた薩摩藩は、国内体制の抜本的強化の必然性を認識し、身分制を打破する自藩軍事力強化と近代化を試み始め、同時に国内諸勢力の再編成、再結合のあり方を模索し出すが、この段階では、幕府や会津藩との提携を切断し、朝旨にのみ従うとの原則を西郷が確立しただけにとどまった。

禁門の変により、長州藩は朝敵となり、孝明天皇と朝廷は、「征長第一、攘夷はその次」という態度をとるようになる。「勤王攘夷」の一会桑を信頼すればこそである。一会桑はより完璧な朝幕融和体制を京坂の地に創り出すべく、将軍の京坂長期滞陣態勢を図り、諸大名への内勅降下システムを中止させ、朝幕間独占媒介者としての自己の立場を制度化した。この枠組みの中において第二次長州征伐を遂行し、それが成功すれば、さらなる反対勢力への威圧と自己の集権的(可能ならば郡県制的)国家体制の形成を展望したのである。

この体制に取りこまれてしまった以上、欧米列強の軍事的圧力のもと、孝明天皇が条約を勅許せざるを得ない窮地に追いつめられるのは必然であった。国内的には幕府権威の低落は、そのまま天皇の威信と朝廷権威の目をおおわんばかりの失墜を意味するものとなった。ここに、一蓮托生的衰退傾向を薩長両藩に依拠して大転換させようとする、岩倉を謀主とする王政復古派公家の結集が始まるのである。

上巻　注

第一章

（1）世界資本主義の外延化終了後、その内実化への転化と一体化への深化は、一九世紀後半の日本を考える上での不可欠の視点である。国際時間の規準化を含むこれらの問題については宮地正人「国際会議と国際条約」（歴史学研究会編『講座世界史4　資本主義は人をどう変えてきたか』東京大学出版会、一九九五年、所収）を参看のこと。

（2）宮地正人「船の社会史」（『歴史評論』一九八四年九月号、四一三号）でアームストロング砲の技術的問題に触れている。

（3）宮地正人『幕末維新期の社会的政治史研究』（岩波書店、一九九九年）、序章「ナポレオン戦争とフェートン号事件」を参看のこと。

（4）音吉らの動きについては、春名徹『にっぽん音吉漂流記』（昌文社、一九七九年）に拠る。

（5）A. G. Credland *"Whales and Whaling"*, Shire Publications Ltd., 1982, p. 30.

（6）金井圓『トミーという名の日本人』文一総合出版、一九七九年、二五頁。

（7）維新史料編纂事務局編『維新史』第一巻、明治書院、一九三九年、四四六頁。

（8）松村菅和・女子カルメル修道会共訳『パリ外国宣教会年次報告1』聖母の騎士社、一九九六年、一一二頁。

第二章

(1) 毛皮という商品を世界史的視野で研究した好著に下山晃『毛皮と皮革の文明史——世界フロンティアと掠奪のシステム』(ミネルヴァ書房、二〇〇五年)がある。

(2) 平川新監修『ロシア史料にみる一八—一九世紀の日露関係』第3集、東北大学東北アジア研究センター、二〇〇八年、一〇五—一八九頁。

(3) 注(2)第2集、二〇〇七年、九五—一二五頁。

(4) 大黒屋光太夫がラクスマンの意を体して「まつまええしまのかみさま」宛に「あだむらくすまん」名で差し出した和文書状は平田篤胤がどこからか密かに入手している。同書状は『国立歴史民俗博物館研究報告』第一二二集、二〇〇五年、一六一—一六二頁に翻刻されている。

(5) 吉田金一『近代露清関係史』近藤出版社、一九七四年、一八八—一九〇頁。

(6) 注(2)第1集、二〇〇四年、一三八—一四二頁。また一八〇二年コディアクにエリザベタ号で到着した海軍士官フヴォストフとダヴィドフの任務に関しては、Ilya Vinkovetsky, *"Russian America 1804-1867"*, Oxford University Press, 2011, p 68, 90 を参看のこと。

(7) フォン・ベニョウスキーに関しては、沼田次郎訳『ベニョフスキー航海記』(平凡社東洋文庫、一九七〇年)を参看のこと。

(8) 根室市博物館開設準備室編『郷土の歴史シリーズ1　クナシリ・メナシの戦い』(根室歴史研究会、一九九四年)が簡潔に問題の全体をまとめている。

(9) A. David *"William Robert Broughton's Voyage of Discovery to the North Pacific 1795-1798"*,

The Hakluyt Society, 2010, p. 72–82, 161–163 に室蘭滞在中の詳細な航海日誌が翻字されている。

(10) オランダ通詞の動きに関しては、片桐一男『阿蘭陀通詞の研究』(吉川弘文館、一九八五年)が詳細である。

(11) 鈴木圭介『写本の運命　ケンペル『鎖国論』の書誌学』(非売品、一九九八年)が克明に写本の流れを追究している。歴史研究の醍醐味がここにある。

第三章

(1) 本章で論じた平田篤胤に関する著者の理解の詳細は、宮地正人「伊吹迺舎と四千の門弟たち」(『別冊太陽　知のネットワークの先覚者　平田篤胤』平凡社、二〇〇四年、所収)を参照されたい。

(2) 『国立歴史民俗博物館研究報告』第一二二集、二〇〇五年、一六七頁。

(3) 国立歴史民俗博物館企画展示図録『明治維新と平田国学』二〇〇四年、二五頁。

(4) 宮負定雄『下総名勝図絵』国書刊行会、一九九〇年、四二六頁。

(5) 内田八朗『幕末土佐・天保庄屋同盟指導者細木庵常の生涯』土佐史談会、一九八九年、口絵写真。

(6) 維新史料編纂事務局編『維新史料聚芳』一九三六年、一七三頁掲載写真。

(7) 渋沢栄一『楽翁公伝』岩波書店、一九三七年、一一六頁、天明八年一〇月の「御心得之箇条」。

(8) 兼清正徳『桂園派最後の歌人　松浦辰男の生涯』作品社、一九九四年、一四二頁。

第四章

（1） FO 424/159, "Correspondence respecting the Interpretation of Article 42 of the English Capitulations of 1675", (Printed for the use of the Foreign Office. May 1889).

（2） FO 78/181, No. 48, 19/9/1829. 英国外相宛駐オスマン帝国大使書状。

（3） F. Wharton *"A Digest of the International Law of the United States"*, vol. 2, 1886, p. 292-304.

（4） FO 78/273, No. 71, 15/5/1836. 英国外相宛駐オスマン帝国大使(ポンソンビー)書状。

（5） 英国公文書館蔵 Papers relative to The Jurisdiction of Her Majesty's Consuls in The Levant (presented to both Houses of Parliament by Command of Her Majesty), 1845.

（6） Hansard's Parliamentary Debates 1838, vol. 44, p. 744.

（7） G. W. Keeton *"The Development of Extraterritoriality in China"*, vol. 1, 1928, p. 147.

（8） 注(7)p. 174.

（9） 注(3)vol. 1, 1886, p. 801-825は、不平等条約を締結した諸国への米国領事の職務を、第一三章"Judicial Functions in Semi-civilized Lands"とのタイトルのもと、詳細に論じている。

（10） ホーンビーのレヴァントでの活躍に関しては、Turan Kayaoğlu *"Legal Imperialism Sovereignty and Extraterritoriality in Japan, the Ottoman Empire, and China"*, Cambridge University Press, 2010, p. 124-126を参照のこと。

（11） 国際ニュース事典出版委員会編『国際ニュース事典　外国新聞に見る日本』第二巻、毎日コミュニケーションズ、一九九〇年、三三六—三三八頁。

第五章

（1）　幕藩制国家における朝幕関係をいかに理解するかは、各論者の維新論の組み立て方と直結する基本問題だが、著者の考え方の詳細は宮地正人『天皇制の政治史的研究』（校倉書房、一九八一年）第一部第一章「朝幕関係からみた幕藩制国家の特質——明治維新政治史研究の一前提として」を参看のこと。

（2）　村井早苗『天皇とキリシタン禁制』（雄山閣、二〇〇〇年）はキリシタン禁圧をめぐる幕府と朝廷との相互関係を明らかにした好著である。

（3）　河内祥輔『日本中世の朝廷・幕府体制』吉川弘文館、二〇〇七年、四—五頁。

（4）　江戸期の天皇の具体的あり方については山口和夫「近世の朝廷・幕府体制と天皇・院・摂家」（大津透編『王権を考える』山川出版社、二〇〇六年、所収）に多くを学んだ。

（5）　朝廷側は幕府より報告を求める根拠として、文化年間に先例があるとした。文化四年六月にその事実が存在したことを藤田覚氏が明らかにしたこと（『幕末の天皇』講談社選書メチエ、一九九四年、一二三—一二四頁）は同氏の優れた業績の一つである。第二章二五頁以下で指摘した深刻な対外危機は、国家の必要不可欠な構成要素たる天皇・朝廷の存在を明確化した。文化期の対外危機を勘考しなければ、幕末史の展開も正しく理解することは不可能である。

第六章

（1）　松方冬子『オランダ風説書と近世日本』東京大学出版会、二〇〇七年、一五八頁。オランダ風説書に関しては本書に拠る。

（2）　岩下哲典「開国前夜の政局とペリー来航予告情報」（『日蘭学会会誌』第一五巻二号、一九九一年）に拠る。

（3）　私はアヘン戦争から一八五八（安政五）年にかけての日本の社会史を「世界地誌」の時代として論じたことがある。詳細は宮地正人「幕末・明治前期における歴史認識の構造」（田中彰・宮地正人共編『日本近代思想大系13　歴史認識』岩波書店、一九九一年、所収）を参看のこと。

（4）　山口県教育会編『吉田松陰全集』第七巻、大和書房、一九七二年、五一―五三頁。

（5）　注（4）五四頁。

（6）　注（4）五六頁。

（7）　注（4）六三―六四頁。

（8）　注（4）六七頁。

（9）　注（4）九三頁。

（10）　注（4）一一〇頁。

（11）　注（4）一六八頁。

（12）　『松浦竹四郎研究会会誌』第一五号、一九九四年、所収。

（13）　注（12）第一六号、一九九四年、所収。

（14）　注（12）第一七号、一九九五年、所収。

（15）　注（12）第一七号、一九九五年、所収。

（16）　注（12）第一九号、一九九六年、所収。

（17）　注（12）第一七号、一九九五年、所収。

(18)　注(12)第一七号、一九九五年、所収。
(19)　注(12)第一七号、一九九五年、所収。
(20)　注(12)第一八号、一九九六年、所収。
(21)　注(12)第一八号、一九九六年、所収。
(22)　注(12)第一九号、一九九六年、所収。
(23)　注(12)第一九号、一九九六年、所収。
(24)　注(12)第二一号、一九九七年、所収。
(25)　注(12)第二三号、一九九八年、所収。

第七章

(1)　種々の漂流民たちの漂流と帰国の経緯に関しては川合彦充『日本人漂流記』(社会思想社、一九六七年)の「近世日本漂流編年略史」に拠る。
(2)　土屋喬雄・玉城肇訳『ペルリ提督日本遠征記㈢』岩波書店、一九五三年、一七〇頁。
(3)　東京大学史料編纂所編『大日本古文書　幕末外国関係文書』第三二巻、一九六二年、一七三―一七五頁。
(4)　東京大学史料編纂所所蔵「大日本維新史料稿本」万延元年一月七日条所収英文書翰。
(5)　長壽吉・小野精一編『広瀬淡窓旭荘書翰集』弘文堂、一九四三年、四二三―四二四頁。
(6)　第一章注(3)『幕末維新期の社会的政治史研究』二四六頁。
(7)　『週刊朝日百科　日本の歴史・別冊　歴史の読み方6　文献史料を読む・近世』朝日新聞社、

一九八九年、四九頁。
(8) 石井研堂『異国漂流奇譚集』福永書店、一九二七年、四三〇―四三九頁。
(9) 金井圓「栄寿丸(永住丸)の漂流」『地誌と歴史』第四〇号、一九八八年、六―七頁。
(10) 注(5)三三一頁。
(11) 木部誠二『添川廉斎――有所不為斎雑録の研究』無窮会、二〇〇五年、二八二頁。
(12) 松浦武四郎研究会編『校注簡約松浦武四郎自伝』北海道出版企画センター、一九八八年、三三一―三三五頁。
(13) 『松浦竹四郎研究会会誌』第二三号、一九九八年、一一頁。この史料は同号の佐野芳和「松浦武四郎を「北」に向かわせた長崎酒屋町組頭津川文作蝶園」論文が引用しているものである。

第八章

(1) 第七章注(3)『大日本古文書　幕末外国関係文書』第一巻、一九一〇年、二六〇頁。
(2) 第一章注(7)『維新史』第一巻、一九三九年、六〇二頁。
(3) 石井良助・服藤弘司編『幕末御触書集成』第六巻、岩波書店、一九九五年、四五二頁。
(4) 外務省編『旧条約彙纂』第一巻、一九三四年、三―四頁。
(5) 外務省編『日本外交年表並主要文書(上)』原書房、一九六五年、九頁。
(6) W. G. Beasley *"Great Britain and the opening of Japan 1834-1858"*, 1951, London, p. 122.
(7) ヘダ号にかかわっての史実は戸田村文化財専門委員会編『ヘダ号の建造』(一九七九年)が詳細である。

第九章

（1）第一章注（3）『幕末維新期の社会的政治史研究』第三章「風説留から見た幕末社会の特質――「公論」世界の端緒的成立」を参看のこと。風説留の幕末史研究への利用に関しては、特に東大史料編纂所所蔵「聞集録」（全一〇八冊）が明治初年からなされており、幕末民衆史研究の古典『側面観幕末史』の種本ともなっている。この「聞集録」をめぐっては田中正弘氏が著書『幕末維新期の社会変革と群像』（吉川弘文館、二〇〇八年）第二章「『聞集録』の編者と幕末の情報網」の中で、風説留研究の模範となる見事な研究をおこなっている。

（2）宮地正人「江戸後期の手紙と社会」（『講座・日本技術の社会史』第八巻、日本評論社、一九八五年、所収）を参看のこと。その後定飛脚問屋の活動とそれを在地で支える「飛脚取次所」の機能に関し、巻島隆氏が「武蔵国北部における上州の飛脚利用」（『群馬文化』第二九五号、二〇〇八年、所収）や「近世後期における主要街道の飛脚取次所――定飛脚問屋「京屋」のネットワーク」（和泉清司編『近世・近代における地域社会の展開』岩田書院、二〇一〇年、所収）等によって研究を深化させている。

（3）藤村潤一郎「京都「諸州国々飛脚便宜鑑」について」『史料館報』第二六号、一九七七年、所収。

（4）『古事類苑』政治部・九八。万延元年の「庚申改正　六組飛脚屋名鑑」は著者所蔵のもの。

（5）東京大学社会情報研究所所蔵刷物資料「火事―八四―一五」。

（6）東京大学社会情報研究所所蔵刷物資料「火事―三三一」。

(7) 一九世紀に全国展開した狂歌文芸を社会史として明らかにしたものに、高橋章則『江戸の転勤族――代官所手代の世界』(平凡社、二〇〇七年)がある。
(8) 金沢市立図書館所蔵「蒼龍館文庫」第二九七番「異国船記録」所収「異国船入港小記」が坪井信良の第一報である。
(9) 宮地正人編『幕末維新風雲通信――蘭医坪井信良家兄宛書翰集』(東京大学出版会、一九七八年)を参看のこと。
(10) 注(1)『幕末維新期の社会的政治史研究』第四章「幕末政治過程における豪農商と在村知識人――紀州日高有田両郡を視座として」を参看のこと。
(11) 東京大学史料編纂所所蔵「彗星夢雑誌」(写真帳)第一巻上。

第一〇章

(1) 第九章注(9)『幕末維新風雲通信』四六頁。
(2) 第九章注(11)「彗星夢雑誌」第一巻下。
(3) 第一章注(7)『維新史』第二巻、一九四〇年、三〇六頁。
(4) 『松浦竹四郎研究会会誌』第五三号、二〇〇八年、所収。
(5) 浜野章吉編『懐旧紀事』一八九九年、五〇五―五〇六頁。
(6) 注(5)五〇四頁。
(7) 注(5)五一六頁。
(8) 注(4)第三一号、二〇〇〇年、所収。

（9）この問題の詳細は、宮地正人「混沌の中の開成所」（東京大学創立百二十周年記念東京大学展学問の過去・現在・未来（第一部）『学問のアルケオロジー』東京大学出版会、一九九七年、所収）を参看のこと。

第一一章

（1）第六章注（4）『吉田松陰全集』第八巻、一九七二年、三三―三四頁。
（2）東行先生五十年祭記念会編『東行先生遺文』民友社、一九一六年、一七頁。
（3）この詩は事件後世上に流布していった。坪井信良も嘉永七年閏七月二一日付の家兄宛書状（第九章注（9）『幕末維新風雲通信』八九頁）でこの詩を伝えているが、それには佐久間象山が当時全国に知れわたった一流の知識人だったこともあずかっている。
（4）注（1）第一〇巻、一九七四年、四〇五頁。
（5）注（1）第一〇巻、一九七四年、三九五頁。
（6）宋代朱子学の位置づけについては、余英時『宋代士大夫政治文化的研究　朱熹的歴史世界』上・下（允晨文化実業股份有限公司、二〇〇三年）に多くを学んだ。

第一二章

（1）第七章注（12）『校注簡約松浦武四郎自伝』三九頁。
（2）『松浦竹四郎研究会会誌』第一号、一九八四年、所収、高木崇世芝「松浦武四郎作製の蝦夷地図」㈠、七頁。

(3) 注(2)第一八号、一九九六年、所収。
(4) 注(1)五〇頁。
(5) 注(2)第五三号、二〇〇八年、所収。
(6) 注(1)一二五頁。
(7) 注(1)一四九頁。
(8) 注(1)一五六頁。
(9) 注(1)一六三頁。
(10) 注(2)第二号、一九八四年、一七頁。
(11) 注(1)一八九頁。
(12) 注(1)二七四頁。
(13) 注(1)二七六頁。
(14) 注(1)二八五頁。
(15) 注(2)第四七号、二〇〇五年、所収。
(16) 注(1)三一七頁。
(17) 注(1)三一八頁。
(18) 注(1)三一九頁。
(19) 東京大学史料編纂所所蔵島津家史料中「南部弥八郎報告書」第三冊所収のもの。この史料には推定年が「元治元年」とあるが、内容から慶応二年のものと著者は判断した。
(20) 笹木義友・三浦泰之編『松浦武四郎研究序説――幕末維新期における知識人ネットワークの諸

相』(北海道出版企画センター、二〇一一年)には、北添佶磨の武四郎宛文久三年八月二日付書状(四三六頁)および一二月二六日付書状(三四三頁)が翻刻されている。江戸で世話になった御礼並びに蝦夷地の件が述べられている。北添は坂本龍馬の同志、惜しくも元治元年六月の池田屋事件で闘死した青年である。

(21) 谷沢尚一作成「肝付兼武履歴書付」(著者所蔵)に拠る。

第一三章

(1) 第七章注(3)『大日本古文書　幕末外国関係文書』第一四巻、一九二二年、四九四―四九五頁。
(2) 注(1)第一五巻、一九二二年、五〇八―五一五頁。
(3) ハリス『日本滞在記』中巻、岩波文庫、一九五四年、一五七頁。
(4) 注(1)四二二頁。
(5) 注(1)第一五巻、一九二二年、六八二頁。
(6) 注(1)第一五巻、一九二二年、八二二頁。
(7) 注(1)第一六巻、一九二三年、七二四頁。
(8) 注(1)第一七巻、一九二四年、七〇六頁。
(9) 日本弘道会編『泊翁叢書』東京大橋新太郎刊、一九〇九年、三四五頁。
(10) 侯爵細川家編纂所編『肥後藩国事史料』第一巻、一九三二年、九四九頁。
(11) 外務省編『日本外交年表並主要文書(上)』原書房、一九六五年、一〇―一六頁。
(12) 注(1)第一八巻、一九二五年、五四五―五六一頁。

(13) 注(3)下巻、一九五四年、一二〇—一二一頁。
(14) 注(1)第六巻、一九一四年、三六〇—三六八頁。
(15) 維新史料編纂事務局編『大日本維新史料』第三編一、一九三八年、三八頁。
(16) 『水戸藩史料』上巻坤、一九一五年、一六頁。史料は本書第一四章二六〇頁に引用する。
(17) 千葉県企画部県民課編『千葉県史料近世編　堀田正睦外交文書』一九八一年、一一四頁。
(18) 川路寛堂『川路聖謨之生涯』吉川弘文館、一九〇三年、五六三頁。
(19) 注(15)第三編二、一九三九年、三一六—三二五頁。二月一一日のことである。
(20) 注(17)四二頁。
(21) 注(3)下巻、一九五四年、一六八—一六九頁。
(22) 注(15)第三編三、一九三九年、七八八—七八九頁。
(23) 注(15)第三編四、一九四〇年、七四頁。
(24) 中根雪江編『昨夢紀事』第三巻、一九二一年、二九九—三〇〇頁。
(25) 注(24)三二九頁。
(26) 注(18)六〇六頁。
(27) 注(24)三三六頁。

第一四章

(1) 日本史籍協会編『岩倉具視関係文書』第一巻、一九二七年、一二〇—一三三頁。
(2) 第一三章注(10)『肥後藩国事史料』第二巻、一九三二年、一〇八—一〇九頁。

(3) 日本史籍協会編『中山忠能履歴資料』第二巻、一九三三年、六三頁。
(4) 佐伯仲蔵編『梅田雲浜遺稿並伝』有朋堂、一九二九年、一五六頁。
(5) 注(4)一六頁。
(6) 注(2)一〇七—一〇八頁。
(7) 第六章注(4)『吉田松陰全集』第四巻、一九七二年、三三九頁。
(8) 第七章注(5)『広瀬淡窓旭荘書翰集』五三七—五三八頁。
(9) 注(8)五四三頁。
(10) 注(8)五四五頁。
(11) 注(8)五五一頁。
(12) 注(8)五六三頁。
(13) 現在、中津川市中山道歴史資料館に市岡家より寄託されている。
(14) 注(13)「市岡殷政風説留」第一冊、第四六号文書。
(15) 第一三章二二一頁にある申立ての一箇条である。
(16) 第一三章注(3)『日本滞在記』下巻、一九五四年、八七頁。
(17) 注(16)一〇五頁。
(18) 注(16)一〇七頁。
(19) 英国の軍事的圧力のもとでの五カ国条約締結という事態は、一四年後の同国でも話題となっている。岩倉使節団応待のため帰国していた駐日公使パークスは、議会でエイトーン議員が、一八五八年の英日条約はエルジン卿が圧倒的軍事力の圧力のもとに締結させたものだ、と発言したことに対し、タイムズ紙に投稿し、エルジン卿は二艘のみで日本に赴き、条約の締結は友好的かつ短期間に行なわれた、エイトーンはペリー艦隊のことと混同している、その時は、米国政府は強力な艦隊をもって遣日使節を援護することが望ましいと考えていたのだ、と反論した。その投書は一八七二年三月一二日付タイムズ紙に掲載された。同月一五日の同紙にはジョン・チャイナマンなる人物が投書し、パークスの主張を次のように批判している。パークス氏は次のことを忘れている。天津条約締結を告げる祝砲の轟きが消えるか消えないかの間に米国軍艦が戦闘の場面から離れ、大沽砲台の奪取並びに清国との間に締結された強制条約のニュースを携え日本に航行し、我々の連続砲撃の轟きを米国領事が同様の譲歩を日本に強要する上に役立てたのを助けたということを。(中略)もしもエルジン卿が二艘の軍艦のみを伴うだけで、あるいは彼の清国での成功した遠征の報道が直前にとどいていなかったのなら、パークス氏は、実際はそうだったのだが、それほど速やかにかつ完璧に日本においてエルジン卿の申込みが成功を収めたということを世界に向かって信じさせることはできないだろう、と。

(20) 第一章注(7)『維新史』第二巻、一九四〇年、四八七頁。
(21) 『孝明天皇紀』第五三巻、一九〇六年、所収、安政六年一〇月一六日付宸翰。
(22) 注(20)五二二頁。
(23) 注(2)一九〇頁。
(24) 注(20)四九八—四九九頁。
(25) 注(2)二七三—二七四頁。
(26) 東京大学史料編纂所所蔵「大久保要関係文書」第六一号。

(27) 井伊家所蔵、安政大獄押収史料の内「大久保要関係文書」第二冊(史料編纂所写)。
(28) 注(27)。
(29) 注(26)第六二号。
(30) 第一三章注(16)『水戸藩史料』を参看のこと。
(31) 東京大学史料編纂所所蔵、維新史料引継史料、史Ⅱへ―一八九。
(32) 『江戸』第九号、一九一六年、六六頁。
(33) 注(26)第四五号。
(34) 世古格太郎『銘肝録』(『維新史料』一八九二―一八九三年連載後単行本にしたもの)四二頁。
(35) 注(20)五六五頁。
(36) この伊十郎は江戸小網町一丁目名主で、本姓は深津復蔵。逃亡したが、この九月二〇日に捕縛、手鎖のまま投獄されたが、安政六年一一月に釈放された。江戸随一の情報家でもある松浦武四郎は、文久元年一月の書状で、その後の彼の軌跡を次のように報じている。

　橋村、横浜見物致し度由被仰下《おおせくだされ》候間、横浜諸役所御用達河内屋源左衛門と申候者へ差向遣し候様手配等仕り候、此者(源左衛門を指す)小網町一町目名主普□《(ふ)》仁十郎《(伊十郎)》事、其後西川宗造と相成り、戊午のとし水戸様内意事にて召捕に相成候、入牢、去々未霜月十八日御免に相成り、かまいなしと被仰付《おおせつけられ》候、名主の株は倅へ被下《くだされ》候仁にて、頗る有志の者、当時横浜住居仕り、河内屋源左衛門と相成り、諸役所御用達相勤候、老侯へ御目見も仕り、七人扶持頂戴仕居候仁也(第一二章注(20)『松浦武四郎研究序説』一八四頁)

第一五章

(1) 東京大学史料編纂所編『大日本維新史料　井伊家史料』第一四巻、一九八五年、二四一頁。
(2) 池内大学は九月七日梅田が縛されるや、同月一二日、松坂の世古格太郎の許に逃げ、次いで伊勢の楢林昌建にかくまわれるが、昌建に説得されて自訴した。自訴行為により処罰が軽くされたのである。第一四章注(34)『銘肝録』四三頁および『松浦竹四郎研究会会誌』第三六号(二〇〇二年)所収楢林書状を参照のこと。
(3) 注(1)第一二巻、一九八一年、一一八―一三四頁。
(4) 第一章注(7)『維新史』第二巻、一九四〇年、五九七頁。
(5) 注(4)五九八頁。
(6) 注(1)三〇〇頁、一二月三〇日の勅書は同書二七一―二七二頁。
(7) 第六章注(4)『吉田松陰全集』第八巻、一九七二年、三六一頁。
(8) 注(7)第九巻、一九七四年、五七四頁。
(9) 注(4)六五八頁。
(10) 注(4)六七六―六七七頁。
(11) 注(4)六七九頁。
(12) 注(4)六八〇頁。
(13) 注(4)七三一―七三二頁。
(14) 桜木章『側面観幕末史』(啓成社、一九〇五年)二八七―三五四頁に当時の諷刺が翻刻されている。

第一六章

(1) 安藤良雄編『近代日本経済史要覧 第2版』東京大学出版会、一九七九年、三八頁。

(2) 第二次アヘン戦争へのロシアの対応と対馬占拠事件に関しては、Б. Н. БОЛГУРЦЕВ "*Русский флот на Дальнем Востоке* (*1860–1861гг.*) *Пекинский договор и Цусимский инцидент*", Владивосток, Дальнаука, 1996 に拠る。

(3) 国立歴史民俗博物館所蔵「平田篤胤関係資料目録」和装4—60—1—1より4—60—3—10まで全二四冊、対馬事件に関しては「形勢聞見録」第五冊に収められている。

(4) 第一四章注(13)。

(5) 第一四章注(14)「市岡殷政風説留」第二冊、第四五号文書。

(6) 注(5)第四六号文書。

(7) 注(5)第四七号文書。幕末期の民衆諷刺的偽文書(正しくはパロディ文芸)に関しては宮地正人「幕末維新史の史料学」(安田常雄編『歴史研究の最前線 第三 新しい近現代史研究へ』吉川弘文館、二〇〇四年、所収)を参看のこと。

(8) 『松浦竹四郎研究会会誌』第四〇号、二〇〇三年、所収。

(9) 注(8)。

(10) 注(8)。

(11) 注(8)。

(12) 注(8)第四一号、二〇〇三年、所収。

(13) 第九章注(11)「彗星夢雑誌」第八巻中。
(14) 注(13)。
(15) 注(13)。

第一七章

(1) 第一章注(7)『維新史』第二巻、一九四〇年、七六三頁。
(2) 注(1)七六九頁。
(3) 注(1)七八一頁。
(4) 東京大学史料編纂所所蔵、維新史料引継史料「風雲秘密探偵録」第一冊(Ⅱ―ほ―252―1)。
(5) 妻木忠太『前原一誠伝』積文館、一九三四年、一〇六頁。
(6) 宮地正人「小説『夜明け前』と中津川」(『街道の歴史と文化』中津川市中山道歴史資料館、二〇〇四年、所収)を参看のこと。
(7) 日本史籍協会編『木戸孝允文書』第一巻、一九二九年、七九―八〇頁。
(8) 注(1)八〇五頁。
(9) 周布公平監修『周布政之助伝』上巻、東京大学出版会、一九七七年、六四二―六四三頁。
(10) 注(9)六四七―六四八頁。
(11) 妻木忠太『久坂玄瑞遺文集』上巻、泰山房、一九四四年、二四四頁。
(12) 注(11)二七九―二八四頁。
(13) 注(9)七〇四―七〇六頁。

(14) 注(9)七二五頁。
(15) 注(9)七三三―七三四頁。
(16) 日本史籍協会編『武市瑞山関係文書』第一巻、一九一六年、六〇頁。
(17) 妻木忠太『偉人周布政之助翁伝』有朋堂、一九三一年、一二九頁。

第一八章

(1) 『国立歴史民俗博物館研究報告』第一二二集、二〇〇五年、一八三頁。
(2) 勝田孫弥『西郷隆盛伝』第一巻、一八九四年、五三頁。
(3) 注(2)五二頁。
(4) 注(2)三五頁。
(5) 注(2)四四頁。
(6) 第一章注(7)『維新史』第二巻、一九四〇年、三九七頁。
(7) 注(6)三九八頁。
(8) 注(6)三九九頁。
(9) 注(6)四〇六頁。
(10) 注(6)五〇三頁。
(11) 注(6)三九七頁。
(12) 注(6)六九九頁。
(13) 鹿児島県歴史資料センター黎明館編『鹿児島県史料　玉里島津家史料』第一巻、一九九二年、一九〇頁。
(14) 注(2)第二巻、一八九四年、五頁。
(15) 注(13)一九八頁。
(16) 勝田孫弥『大久保利通伝』上巻、同文館、一九一〇年、一二一―一二三頁。
(17) 注(6)七〇四頁。
(18) 注(16)一四七頁。
(19) 注(13)二〇二頁。
(20) 注(16)一八五頁。
(21) 渡辺盛衛『有馬新七先生伝記及遺稿』海外社、一九三一年、三六六頁。
(22) 注(16)一八七頁。
(23) 注(13)三三七―三三八頁。
(24) 注(13)三六四頁。
(25) 北有馬太郎は本書第二一章四〇九頁に言及している。
(26) 注(21)二一〇頁。
(27) 真木保臣先生顕彰会編『真木和泉守遺文』一九一三年、四九―六〇頁。
(28) 注(13)三七一頁。
(29) 春山育次郎『平野国臣伝』平凡社、一九二九年、四〇一―四〇四頁。
(30) 注(2)第二巻、一八九四年、四四―五四頁および六五頁。
(31) 注(2)第二巻、一八九四年、五六頁。

第一九章

(1) 瑞山会編『維新土佐勤王史』冨山房、一九一二年、五四頁。
(2) 第一七章注(16)『武市瑞山関係文書』三六—五三頁。
(3) 注(1)一四八頁。
(4) 注(1)三六八頁。
(5) 宮地佐一郎『龍馬の手紙』旺文社文庫、一九八四年、三九頁。
(6) 第三章注(6)『維新史料聚芳』と同一。
(7) 宮内省編『修補殉難録稿』前篇、吉川弘文館、一九三三年、二六七頁。
(8) 中野邦一『中野方蔵先生』一九三六年、一一五頁。

第二〇章

(1) 第一章注(7)『維新史』第三巻、一九四一年、一〇一—一〇三頁。
(2) 注(1)一一一頁。
(3) 注(1)三三頁。
(4) 注(1)三四頁。
(5) 大日本明道会編『勤王文庫』第四編、一九一九年、二三八—二四〇頁。
(6) 第一七章注(9)『周布政之助伝』下巻、一九七七年、一二九—一三一頁。
(7) 注(1)一三〇頁。

(8) 注(1)四八〇頁。
(9) 注(1)四八四頁。
(10) 注(1)二三三頁。
(11) 注(1)二三二頁。
(12) 日本史籍協会編『続再夢紀事』第一巻、一九二一年、六五頁。
(13) 注(1)二七六頁。
(14) 注(12)一二三―一三〇頁。
(15) 注(1)二八二頁。
(16) 第一三章注(10)『肥後藩国事史料』第三巻、一九三二年、三六四頁。
(17) 注(12)八六頁。
(18) 注(12)八七―八八頁。
(19) 注(12)九二頁。
(20) 注(12)九二頁。
(21) 注(12)九二頁。
(22) 注(12)一〇八頁。
(23) 注(12)一二二頁。
(24) 注(1)二九四頁。
(25) 注(12)二三九頁。
(26) 注(12)二四六頁。

(27) 注(12)二六七―二七〇頁。
(28) 注(1)三〇四―三〇五頁。
(29) 注(16)五一一頁。ユニークな思想家横井小楠のとらえ方に関しては、宮地正人「外から見た横井小楠と肥後実学党」(『横井小楠と変革期思想研究』第五号、二〇一〇年、所収)を参看のこと。

第二一章

(1) 千代田区教育委員会編『原胤昭旧蔵資料調査報告書(3)』(二〇一〇年)一一六頁によると、文久元年五月一九日、江戸町奉行所より清河八郎・伊牟田尚平・村上俊五郎・石坂周造・北有馬太郎・池田徳太郎・水野広蔵(庄内藩士)・笠井伊蔵八名の捕縛命令が発せられており、既に権力側による内偵が相当進められていたことが判明する。清河の血気に任せた大事の前の「無謀」な無礼討ちではなかったことが本史料により明らかとなった。
(2) 山路愛山編『清河八郎遺著』民友社、一九一三年、四七三頁。
(3) 第九章注(11)「彗星夢雑誌」第八巻下。
(4) 注(3)第九巻中。
(5) 愛知県稲武町古橋茂人家所蔵史料。
(6) 宮和田保編『宮和田光胤一代記』非売品、二〇〇八年、九四―九五頁。
(7) 国立国文学研究資料館所蔵杉浦梅潭関係史料中「杉浦正一郎手留　浪士一件」。
(8) 沢井常四郎『維新志士池田徳太郎』三原図書館、一九三四年、二九―三〇頁。
(9) 注(8)四八頁。

(10) 平川新『日本の歴史　開国への道』小学館、二〇〇八年、三一三—三二五頁。
(11) 斎藤源十郎の御子孫である斎藤徳雄氏より教示を得た。
(12) 日野市立新選組のふるさと歴史館叢書第一輯『特別展　新選組誕生』(二〇〇六年)第一篇第一章「多摩の歴史と天然理心流」を参看のこと。また浪士組徴募に関しては宮地正人『歴史のなかの新選組』(岩波書店、二〇〇四年。のち岩波現代文庫、二〇一七年)巻末の「隊士一覧表」をみられたい。
(13) 小島日記研究会編『小島日記』三〇、一九九七年、一一四頁。
(14) 千葉県史料研究財団編『千葉県の歴史　資料編近世1(房総全域)』二〇〇六年、八八一頁。
(15) 日本史籍協会編『東西紀聞』上巻、一九一七年、一八二頁。
(16) 大川周明全集刊行会編『大川周明全集』第四巻、一九六二年、一三三頁。
(17) 注(16)一三四頁。
(18) 注(12)『特別展　新選組誕生』三〇頁掲載写真による。
(19) 日本史籍協会編『会津藩庁記録』第一巻、一九一八年、二三九—二四一頁。
(20) 注(18)。
(21) 平尾道雄『定本新選組史録(新装版)』新人物往来社、二〇〇三年、五一頁。
(22) 注(21)二四九頁。関東における志士の動向は種々のものがあり、一橋家家臣となった川村恵十郎はその好例となる。川村に関しては藤田英昭「八王子出身の幕末志士川村恵十郎についての一考察」(松尾正人編『近代日本の形成と地域社会』岩田書院、二〇〇六年、所収)を参看のこと。

第二二章

(1) 第一章注(7)『維新史』第三巻、一九四一年、三四〇頁。
(2) 注(1)三四〇頁。
(3) 注(1)四〇三頁。
(4) 注(1)四〇九頁。
(5) 注(1)四〇六頁。
(6) 注(1)四三九頁。
(7) 注(1)四四五頁。
(8) 注(1)四四八頁。
(9) 注(1)四五一頁。
(10) 注(1)四五三頁。
(11) 注(1)四四七頁。
(12) 東京都江戸東京博物館都市歴史研究室編『勝海舟関係資料　海舟日記』第一冊、二〇〇二年、六二頁。
(13) 島田三郎『開国始末』輿論社、一八八八年、四五〇頁。
(14) 『杉浦梅潭目付日記』みずうみ書房、一九九一年、五二三―五二四頁。
(15) 国分胤之編『魚水実録』上巻、一九一一年、二三六―二三八頁。
(16) 『松浦竹四郎研究会会誌』第四七号、二〇〇五年所収。松浦の批判する幕臣たちの内在的論理を追い、そこに一つの可能性を見出そうとする考えも古くから存在していた。最近の実証的研究に奈良勝司『明治維新と世界認識体系』(有志舎、二〇一〇年)がある。
(17) 第一九章注(5)『龍馬の手紙』六一一—六一二頁。
(18) 山崎正董『横井小楠』下巻、明治書院、一九三八年、四一六—四一七頁。
(19) 第二〇章注(12)『続再夢紀事』第二巻、一九二一年、四二五—四二六頁。
(20) 第一四章注(21)『孝明天皇紀』第八四巻、一九〇六年。
(21) 注(20)第八五巻、一九〇六年。
(22) 注(20)第八六巻、一九〇六年。
(23) 注(1)五五六—五六〇頁。
(24) 注(1)六四二頁。
(25) 日本史籍協会編『維新日乗纂輯』第三巻、一九一五年、一〇五頁。
(26) 注(1)五八八頁。
(27) 注(1)六七八頁。
(28) 注(1)六八二頁。
(29)『福沢諭吉全集』第一四巻、岩波書店、一九六一年、三六六頁。
(30) 第一九章注(7)『修補殉難録稿』中篇、一九三三年、六九頁。
(31) 注(19)四一六頁。
(32) 注(1)六九八—六九九頁。奉勅攘夷期から一会桑グループ形成に至る幕末激動期の政治構造の著者の理解に関しては、第五章注(1)『天皇制の政治史的研究』第一部第三章「幕末過渡期国家論」を参看されたい。

第二三章

（1）第四章注(11)『国際ニュース事典　外国新聞に見る日本』第一巻、一九八九年、二九三頁。
（2）“Correspondence respecting affairs in Japan in continuation of Correspondence presented to Parliament in February 1863, presented to Both Houses of Parliament by Command of H. M. 1864” 所収　Neale to the Japanese Ministers for Foreign Affairs (6/4/1863).
（3）注(1)二六一頁。
（4）第一章注(7)『維新史』第三巻、一九四一年、四六八頁。
（5）注(4)四七三頁。
（6）注(1)二六四頁。
（7）注(1)二七三―二七四頁。
（8）注(1)二七四―二七五頁。
（9）注(1)二八一頁。
（10）ADM1/5825, No. 321 “Expedition to Kagosima” (22/8/1863) でキューパー司令官は詳細に経過を報告している。
（11）ADM1/5825, No. 328 “State of Affair in Japan” (26/8/1863) でキューパー司令官はこのような判断を下している。
（12）注(1)二九一―二九二頁。
（13）『史談速記録』第六五号、一八九八年、四五―四九頁。

第二四章

(1) 第一章注(7)『維新史』第三巻、一九四一年、五二〇頁。
(2) 第一一章注(2)『東行先生遺文』一五七―一五八頁。
(3) 第二三章注(25)『維新日乗纂輯』第五巻、一九二五年、一五一―一六四頁。
(4) 注(1)五二五頁。
(5) 注(1)五二六頁。
(6) 注(1)五二六頁。
(7) 第一七章注(9)『周布政之助伝』下巻、一九七七年、五五四頁。
(8) 注(1)五二七頁。
(9) 注(7)五六三頁。
(10) 注(7)五六六頁。
(11) 注(7)五五八頁。
(12) 注(1)六二五頁。
(13) 注(1)六二五―六二六頁。
(14) 第一章注(7)『維新史』第四巻、一九四一年、二五頁。
(15) 注(14)二六頁。
(16) 注(14)二八頁。
(17) 注(14)三五頁。

(18)　注(14)五八—六〇頁。
(19)　注(14)一二一頁。
(20)　日本史籍協会編『朝彦親王日記』上巻、一九二九年、八一頁。
(21)　ADM1/5876, No. 187 "Affairs in Japan H. M. Minister's interview with the Gorogio" (26/5/1864).
(22)　注(14)二一七—二二〇頁。
(23)　注(14)二四八頁。
(24)　注(14)二四二頁。
(25)　ADM1/5876, No. 354 "Operations in the Straits of Simono Seki" (15/9/1864).
(26)　注(25)報告第二二節にこの発言がある。
(27)　ADM1/5876, No. 354 Encl. 10. 連合艦隊下関砲撃事件に関する最近の研究に保谷徹『幕末日本と対外戦争の危機』(吉川弘文館、二〇一〇年)がある。

第二五章

(1)　鹿児島県維新史料編纂所編『鹿児島県史料　忠義公史料』第三巻、一九七六年、四四四頁。
(2)　第一八章注(2)『西郷隆盛伝』第二巻、一八九四年、一二八頁。
(3)　第九章注(11)「彗星夢雑誌」第一九巻上。
(4)　注(3)第一九巻中。
(5)　注(3)第一九巻中。

(6) 第一四章注(14)「市岡殷政風説留」第四冊、第一〇六号文書。
(7) 第一章注(7)『維新史』第四巻、一九四一年、四四五頁。
(8) 注(7)一八九頁。
(9) 宮地正人編『幕末京都の政局と朝廷』名著刊行会、二〇〇二年、八〇頁。
(10) 第一三章注(10)『肥後藩国事史料』第五巻、一九三二年、五五一頁。
(11) 注(7)四三二頁。
(12) 注(7)三七四頁。
(13) 第一六章注(13)『鹿児島県史料　玉里島津家史料』第三巻、一九九四年、七一八頁。
(14) 注(7)三七七頁。

第二六章

(1) "Papers relating to Foreign Affairs accompanying the Annual message of the President to the first session 39 congress Part III," Washington, 1866, p. 267.
(2) 第二五章注(1)『鹿児島県史料　忠義公史料』第四巻、一九七七年、三頁。
(3) 第二四章注(20)『朝彦親王日記』上巻、一九二九年、四〇八頁。
(4) 注(3)四〇九—四一〇頁。
(5) 第二五章注(9)『幕末京都の政局と朝廷』一七一頁。
(6) 第一章注(7)『維新史』第四巻、一九四一年、二七六—二七七頁。
(7) 注(5)一七三頁。

(8)　注(5)一七三頁。
(9)　注(6)二八九頁。
(10)　注(5)一八九―一九〇頁。
(11)　注(3)四三七頁。
(12)　第一四章注(1)『岩倉具視関係文書』第二巻、一九二九年、二七六―二七九頁。
(13)　日本史籍協会編『嵯峨実愛日記』第一巻、一九二九年、三一八頁。
(14)　注(12)第三巻、一九三〇年、九三―九五頁。
(15)　日本史籍協会編『中山忠能日記』第二巻、一九一六年、二四二頁。
(16)　注(15)三〇〇頁。
(17)　第六章注(4)『吉田松陰全集』第八巻、一九七二年、二八八頁。

本書は二〇一二年八月、岩波書店より刊行された。

幕末維新変革史（上）

2018 年 10 月 16 日　第 1 刷発行

著　者　宮地正人《みやちまさと》

発行者　岡本　厚

発行所　株式会社　岩波書店
〒101-8002 東京都千代田区一ツ橋 2-5-5

案内 03-5210-4000　営業部 03-5210-4111
現代文庫編集部 03-5210-4136
http://www.iwanami.co.jp/

印刷・精興社　製本・中永製本

ISBN 978-4-00-600391-3　　Printed in Japan

岩波現代文庫の発足に際して

新しい世紀が目前に迫っている。しかし二〇世紀は、戦争、貧困、差別と抑圧、民族間の憎悪等に対して本質的な解決策を見いだすことができなかったばかりか、文明の名による自然破壊は人類の存続を脅かすまでに拡大した。一方、第二次大戦後より半世紀余の間、ひたすら追い求めてきた物質的豊かさが必ずしも真の幸福に直結せず、むしろ社会のありかたを歪め、人間精神の荒廃をもたらすという逆説を、われわれは人類史上はじめて痛切に体験した。

それゆえ先人たちが第二次世界大戦後の諸問題といかに取り組み、思考し、解決を模索したかの軌跡を読みとくことは、今日の緊急の課題であるにとどまらず、将来にわたって必須の知的営為となるはずである。幸いわれわれの前には、この時代の様ざまな葛藤から生まれた、人文、社会、自然諸科学をはじめ、文学作品、ヒューマン・ドキュメントにいたる広範な分野のすぐれた成果の蓄積が存在する。

岩波現代文庫は、これらの学問的、文芸的な達成を、日本人の思索に切実な影響を与えた諸外国の著作とともに、厳選して収録し、次代に手渡していこうという目的をもって発刊される。いまや、次々に生起する大小の悲喜劇に対してわれわれは傍観者であることは許されない。一人ひとりが生活と思想を再構築すべき時である。

岩波現代文庫は、戦後日本人の知的自叙伝ともいうべき書物群であり、現状に甘んずることなく困難な事態に正対して、持続的に思考し、未来を拓こうとする同時代人の糧となるであろう。

（二〇〇〇年一月）

G387
『碧巌録』を読む
末木文美士

「宗門第一の書」と称され、日本の禅に多大な影響をあたえた禅教本の最高峰を平易に読み解く。「文字禅」の魅力を伝える入門書。

G388
永遠のファシズム
ウンベルト・エーコ
和田忠彦訳

ネオナチの台頭、難民問題など現代のアクチュアルな問題を取り上げつつファジーなファシズムの危険性を説く、思想的問題提起の書。

G389
自由という牢獄
―責任・公共性・資本主義―
大澤真幸

大澤自由論が最もクリアに提示される主著が文庫に。自由の困難の源泉を探り当て、その新しい概念を提起。河合隼雄学芸賞受賞作。

G390
確率論と私
伊藤清

日本の確率論研究の基礎を築き、多くの俊秀を育てた伊藤清。本書は数学者になった経緯や数学への深い思いを綴ったエッセイ集。

G391
幕末維新変革史(上)
宮地正人

ペリー来航から西南戦争終結に至る歴史過程の全体像を、人々の息遣いを伝える多彩な史料を駆使し、筋道立てて描く幕末維新通史。

岩波現代文庫[学術]

G393
不平等の再検討
―潜在能力と自由―

アマルティア・セン
池本幸生
野上裕生 訳
佐藤仁

不平等はいかにして生じるか。所得格差の面からだけでは測れない不平等問題を、人間の多様性に着目した新たな視点から再考察。

G394
墓標なき草原(上)
―内モンゴルにおける文化大革命・虐殺の記録―

楊海英

戦慄の悲劇を招いた内モンゴルの文革。その要因と拡大化の過程を、体験者の証言から克明にたどる。第一四回司馬遼太郎賞受賞作。

2018.10